Costura Para Leigos

Ao começar um projeto de costura, "meça duas vezes para cortar uma" é essencial para seu sucesso. Siga estas instruções para tirar medidas corporais precisas e comprar a quantidade certa de tecido para seus projetos. E lembre-se: a melhor agulha para o serviço é uma agulha nova, então escolha o tipo certo para o tecido usado e comece a costurar.

Folha de Cola

Tirando Medidas Corporais Precisas para Fazer Roupas

Quando quer costurar roupas, você começa com um molde. Determinar o tamanho do molde para você mesmo(a) pode ser uma tarefa ultrajante, pois depende que você meça seu corpo; mas é um passo essencial para garantir que a peça final caiba perfeitamente. Seguem algumas dicas para tirar medidas precisas para que seu projeto seja finalizado no tamanho certo:

- Chame outra pessoa para tirar suas medidas. É impossível tirá-las sozinho(a) e ter uma visão precisa, então encontre alguém em quem confie, faça um pacto de sigilo e comece a medir.

- Vista sua roupa íntima ou body, passe uma fita estreita ou um pedaço de elástico ao redor da cintura natural, mas não muito apertado. Mova a fita ou elástico até que esteja posicionado na sua linha natural da cintura. Perceba que esta linha pode não ser a mesma onde você usa sua calça ou jeans favoritos.

- Meça posicionando a fita métrica em volta do busto o mais paralelo ao chão possível.

- Faça com que seu ajudante tire as seis seguintes medidas:

  - Altura: _____
  - Circunferência do alto busto, na curva das axilas, a aproximadamente 5 centímetros acima do busto: _____
  - Circunferência do busto, na parte maior do busto: _____
  - Circunferência da cintura natural (a parte mais estreita) na fita ou elástico: _____
  - Circunferência do quadril na parte mais estreita e a aproximadamente 17 centímetros acima da cintura natural: _____
  - Comprimento das costas, medido desde o osso que fica na base da nuca até a linha natural da cintura: _____

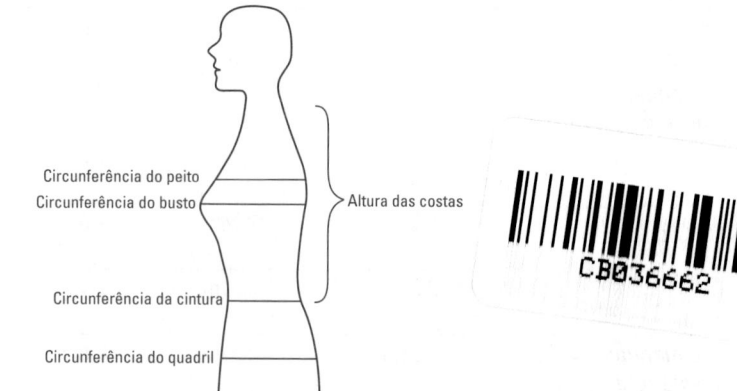

Circunferência do peito
Circunferência do busto
Altura das costas
Circunferência da cintura
Circunferência do quadril

Para Leigos: A série de livros para iniciantes que mais vende no mundo.

Costura Para Leigos

Calculando a Metragem de Tecido Necessária para Peças Femininas Habituais

Quando você vai às compras, pode encontrar o tecido que procura... e muitos outros para inspirá-lo(a). Quando você não tem uma fazenda específica em mente mas encontra um tecido com o qual faria, por exemplo, uma bela calça, você pode usar este guia para ajudá-lo(a) a comprar tecido suficiente para dar asas à imaginação.

Por causa da grande variação na largura dos tecidos e pelos moldes não possuírem muitas opções de largura a serem usadas, você pode recorrer a este guia para comprar a quantidade certa para a largura do tecido.

A tabela a seguir lhe dá uma referência rápida e aproxima os requisitos de metragem para tamanhos femininos de 38 a 42, com uma altura média de 1,62 metros. Outros tamanhos terão variação de 22,86 a 11,43cm. Em caso de tecidos com uma parte macia (felpuda) ou com face única, adicione 22,86cm a cada 91,44cm especificados. Para tecidos enxadrezados, adicione o comprimento de uma fileira de xadrez a cada 91,44cm especificados.

Peça	Tecido com Largura de 88 a 91 cm	Tecidos com Largura de 1,11 a 1,15 cm	Tecidos com Largura de 1,27 cm	Tecidos com Largura de 1,32 a 1,37 cm	Tecidos com Largura de 1,47 a 1,52 cm
Calça comprida	2,97m	2,4m	2,4m	2,05m	2,05m
Calça capri	2,51m	2,05m	1,94m	1,82m	1,37m
Shorts e Bermuda	2,28m	1,94m	1,71m	1,6m	1,14m
Saia reta	1,82m	1,48m	1,37m	1,25m	1,14m
Saia evasê	2,05m	1,6m	1,48m	1,37m	1,25m
Saia franzida	2,05m	1,6m	1,48m	1,37m	1,25m
Saia/blusa de mangas curtas	1,82m	1,48m	137m	1,25m	1,14m
Saia/blusa de mangas longas	2,28m	1,94m	1,6m	1,6m	1,48m
Blusa de mangas longas com laço	3,42	2,62m	2,4m	2,17m	2,05m
Blusa com mangas cavadas	1,82m	1,48m	1,37m	1,25m	1,14m
Camisola com corte enviesado	1,21m	1,21m	1,04m	1,02m	92cm
Vestido de mangas curtas e saia reta	3,88m	2,85m	2,51m	2,4m	2,17m
Vestido de mangas longas e saia reta	4,57m	3,31m	2,97m	2,85m	2,74m

Verifique a Folha de Cola completa na página do livro no site www.altabooks.com.br.

Para Leigos: A série de livros para iniciantes que mais vende no mundo.

Costura

PARA LEIGOS®

Tradução da 3ª Edição

Costura

PARA

LEIGOS®

Tradução da 3ª Edição

por Jan Saunders Maresh

ALTA BOOKS
E D I T O R A

Rio de Janeiro, 2013

Produção Editorial	Supervisão Gráfica	Conselho de Qualidade Editorial	Design Editorial	Marketing e Promoção
Editora Alta Books	Angel Cabeza	Anderson Vieira	Bruna Serrano	Daniel Schilklaper
Gerência Editorial	**Supervisão de Qualidade Editorial**	Angel Cabeza	Iuri Santos	marketing@altabooks.com.br
Anderson Vieira	Sergio Luiz de Souza	Jaciara Lima		
Editoria Para Leigos	**Supervisão de Texto**	Marco Aurélio Silva Natália Gonçalves		
Evellyn Pacheco	Jaciara Lima	Sergio Luiz de Souza		
Equipe Editorial	Brenda Ramalho Claudia Braga Cristiane Santos Daniel Siqueira	Danilo Moura Juliana de Paulo Juliana Larissa Xavier Licia Oliveira	Livia Brazil Marcelo Vieira Milena Souza Paulo Camerino	Thiê Alves Vanessa Gomes Vinicius Damasceno
Tradução	**Copidesque**	**Revisão Técnica**	**Revisão Gramatical**	**Diagramação**
Marcella de Melo	Priscilla Therezo	Cristina Pratini *Professora de patchwork*	Bárbara Azevedo Evellyn Pacheco	Diego Oliveira

Dados Internacionais de Catalogação na Publicação (CIP)

M325c   Maresh, Jan Saunders.
          Costura para leigos / de Jan Saunders Maresh. – Rio de Janeiro, RJ : Alta Books, 2013.
          408 p. : il. ; 24 cm. – (Para leigos)

          Inclui material online.
          Modo de acesso: <http://www.altabooks.com.br>
          Inclui índice e apêndice.
          Tradução de: Sewing For Dummies (3. ed.).
          ISBN 978-85-7608-672-7

          1. Costura. 2. Máquina de costura. I. Título. II. Série.

          CDU 646.2
          CDD 646.2

Índice para catálogo sistemático:
1. Costura   646.2

(Bibliotecária responsável: Sabrina Leal Araujo – CRB 10/1507)

Rua Viúva Cláudio, 291 – Bairro Industrial do Jacaré
CEP: 20970-031 – Rio de Janeiro – Tels.: 21 3278-8069/8419 Fax: 21 3277-1253
www.altabooks.com.br – e-mail: altabooks@altabooks.com.br
www.facebook.com/altabooks – www.twitter.com/alta_books

ALTA BOOKS
EDITORA

Sobre a Autora

Jan Saunders Maresh é uma jornalista especializada em costura, muito conhecida nos Estados Unidos, designer de interiores e profissional certificada de valorização imobiliária (Home Staging). Após a graduação no Adrian College, em Michigan, ela tornou-se diretora educacional de uma das maiores empresas de máquinas de costura do país e, em seguida, diretora de educação do consumidor para a maior cadeia de tecidos dos Estados Unidos. Ambas as experiências profissionais proporcionaram uma sólida base na indústria de costura doméstica, para a qual ela continua a trabalhar com seus numerosos projetos de livros, marketing e consultoria para a indústria.

Além de escrever para diversas publicações de costura doméstica, ela também é uma autora de best-seller para diversas editoras, com 16 livros publicados. Seu livro mais recente é *Home Staging For Dummies* (Wiley, 2008), do qual ela foi coautora, com Christine Rae. Muitos de seus livros foram escolhidos como seleções principais para o *Crafter's Choice Collection*, uma divisão do Book-of-the-Month Club.

Para promover seus projetos, Jan tem sido uma convidada habitual de vários programas de televisão da rede PBS. Também fez aparições regulares no Home Shopping Network e é a especialista que dá dicas de estilo de vida e técnicas de decoração na área ocidental de Massachusetts.

Quando não está escrevendo, Jan mantém-se ocupada ensinando e motivando os consumidores a criarem casas bonitas e sustentáveis. Ela também é Instrutora Certificada pelo Live Green Live Smart Institute. Desde que foi transferida para a Nova Inglaterra, sua última aventura tem sido reformar, com seu marido, uma fazenda construída em 1959, usando todos os materiais de construção ecologicamente corretos e sustentáveis que a indústria (e seu orçamento) tem a oferecer.

Jan mora atualmente em Longmeadow, Massachusetts (próximo a Springfield), com seu marido, seu cachorro e uma coleção de livros, equipamentos de costura, tecidos e materiais ecológicos de reforma escondidos ordenadamente em todos os cantos disponíveis de sua casa.

Dedicatória

Este livro é dedicado ao meu marido, Ted Maresh, e meu filho, Todd Moser. Depois de tantas noites comendo pizza e cereais no jantar, eles merecem todo o crédito por terem aturado os meus projetos literários por todos esses anos. Obrigada, rapazes.

Agradecimentos da Autora

Aos 7 anos de idade, aprendi a costurar sob o olhar atento de minha avó. Quando eu terminei de costurar, à mão, as mangas embutidas da jaqueta de uma boneca, chorei muito porque não parecia nada bom. Vovó, então, gentilmente tomou a jaqueta de minhas mãos e virou as mangas do "avesso". Foi um milagre — a jaqueta se parecia com a que era vendida na loja. Daquele momento em diante, a costura me fisgou. Desde então, tornou-se uma parte essencial de quem eu sou. Obrigada, Vovó, por ter sido minha primeira professora.

Um grande agradecimento também vai para meus pais, Ray e Bernice Saunders. Apesar de eu ter sido criada sob um orçamento apertado, sempre havia dinheiro para tecidos e elogios de sobra para as minhas criações feitas à mão. Papai já se foi, mas tenho certeza de que as muitas horas em que passei prestando atenção em seu trabalho de engenheiro civil enquanto ele revisava novas plantas, ajudaram-me a pensar de maneira tridimensional — o que é crucial para o que faço hoje.

Tenho a mais extraordinária rede de amigos que tem influenciado o que faço em minha vida e em minha carreira. Vocês me proporcionam inspiração, conhecimento, estímulo e competência, e agradeço a cada um de vocês do fundo do meu coração. Sem vocês, este livro teria sido escrito por outra pessoa. Obrigada, Robbie Fanning, por ter me ensinado tanto sobre escrever, costurar e manter a vida em perspectiva. Obrigada, Jackie Dodson, por seu incrível senso de humor, por sua ajuda nos prazos de entrega apertados, seu talento criativo e amizade. Obrigada, Gail Brown, por seu incentivo constante e por sua compreensão do mercado. Obrigada, Karyl Garbow, por nossa afinidade de espírito por quase 30 anos. Obrigada, Sue Hausmann, por sua dedicação ao ensino da costura em nossa indústria e por sempre compartilhar sua sabedoria comigo, não importando a hora do dia. Obrigada, Judy Raymond da Simplicity Pattern Company, por sua ajuda e apoio neste projeto e por publicar e promover os moldes de costura para o livro *Costura Para Leigos*. Muito mais pessoas têm a coragem de costurar pela primeira vez por causa de seus esforços. Por fim, obrigada a Cindy Cummins do DIYStyle por sua amizade e pela assistência em alguns dos projetos neste livro, bem como por sua zelosa pesquisa que torna o apêndice um recurso muito útil e atualizado para leitores em toda parte.

Obrigada, Lisa Reed, por suas mãos tremendamente talentosas e por seu olhar crítico ao ilustrar esta Edição. E obrigada, Mike Lewis, Elizabeth Rea e Caitie Copple, o time de editores incríveis da Wiley Publishing que ajudou minhas palavras a soarem brilhantes e encorajaram meu senso de humor a respeito deste ofício que amo tanto. Vocês todos são realmente maravilhosos no que fazem e como o fazem.

Sumário Resumido

Sumário

Parte II: Dominando as Habilidades Básicas de Costura 77

Capítulo 5: Dando Início à Sua Aventura na Costura 79

Capítulo 6: Garantindo Costuras Sensacionais 105

Introdução

●●

*E*u amo costurar. Ponto. Inicialmente, tenho a satisfação imediata de completar um projeto usando lindos tecidos e ótimas ferramentas que economizam meu tempo. Depois, posso desfrutar do reconhecimento pessoal — admiro meu trabalho e escuto os elogios de minha família e amigos. Acima de tudo, economizo dinheiro costurando, pois posso fazer as coisas (e fazê-las corretamente) em vez de comprá-las (e pagar para modificá-las, caso seja necessário). Uau, que hobby!

Aposto que quando você tiver realizado alguns projetos, vai adorar costurar tanto quanto eu.

Sobre Este Livro

Costura Para Leigos, Tradução da 3ª Edição, é um livro tanto para os principiantes quanto para os costureiros experientes. Se você for um marinheiro de primeira viagem, ficará grato por eu explicar tudo aquilo que é necessário para costurar projetos de nível iniciante e por eu não presumir que você já tenha colocado as mãos em agulha e linha algum dia. Se agulha e linha (ou máquina de costura e pedal) não são estranhos para você, *Costura Para Leigos, Tradução da 3ª Edição*, ainda tem algo a oferecer — dou dicas e truques que levei anos para adquirir. Todos os costureiros podem aproveitar os projetos neste livro, não importando qual seu nível de experiência.

Com a "ecologização" do mundo na mente de todos hoje em dia, usei uma nova abordagem nos projetos nesta edição. Muitos deles começam com uma peça de roupa pronta, já existente em seu armário que, com um pequeno truque de costura, ganha uma nova vida. O restante dos projetos foi reformulado e modernizado para refletir as últimas tendências da moda e também nossas vidas cada vez mais eficientes e organizadas. A melhoria mais significativa da edição foi o acréscimo de mais de cem novas ilustrações educativas. Uma imagem vale por mil palavras, desta forma, as instruções claramente escritas e diretas pelas quais os livros *Para Leigos* são famosos são realçadas por ilustrações excepcionais para garantir seu sucesso. Como sempre, essa edição totalmente nova inclui minhas técnicas favoritas de costura e os truques inovadores aprendidos durante minha carreira. Lembre-se, cometi todos os erros de costura conhecidos pelo homem (ou mulher), para que você não os repita!

Convenções Utilizadas Neste Livro

Ao costurar, você vai depender bastante das ferramentas de seu kit de sobrevivência de costura, que eu descrevo no Capítulo 2. Mantenha-o à mão e bem equipado. Você precisa dele para quase todos os projetos relacionados neste livro — escrevi supondo que você o possua e use essas ferramentas.

Ao longo de todo o livro, você também verá instruções que podem ser concluídas usando uma máquina de costura ou uma máquina *overloque*. Esta última é uma máquina especializada que economiza muito tempo de costura; ela faz as costuras, chuleia as bordas e, então, corta o excesso de tecido a partir da margem de costura — tudo ao mesmo tempo. Vejo uma máquina overloque como o forno de micro-ondas da costura — geralmente, você não faz um projeto inteiro em uma overloque, mas certamente ela acelera o processo.

Penso que...

Enquanto escrevia este livro, fiz algumas suposições sobre você e suas necessidades:

- Você ainda não sabe costurar ou está procurando por um curso de atualização.
- Você quer dominar os fundamentos da costura.
- Você está à procura de dicas e truques para tornar seu projeto de costura mais fácil e divertido.
- Você quer começar a costurar o quanto antes.

Se você se encaixa nesse perfil, você veio ao livro certo!

Como Este Livro Está Organizado

Organizei este livro em seis partes de forma que seja fácil para você achar exatamente a informação de que precisa.

Parte I: Preparando-se para Costurar

Nesta parte, examino rapidamente as ferramentas de que você necessita para costurar e lhe digo como usá-las — incluindo sua máquina de costura, tecido, linha, agulhas, alfinetes, ferro de passar e moldes.

Parte II: Dominando as Habilidades Básicas de Costura

Leia os capítulos desta parte para descobrir como fazer as tarefas mais básicas relativas à costura, tais como colocar a linha na agulha, dar um nó, fazer uma costura e uma bainha.

Parte III: Fundamentos da Costura de Moda

Quando você costura uma roupa, geralmente começa com um molde e uma série de instruções para criar seu projeto. Para um iniciante, estas instruções do molde às vezes podem ser um pouco intimidadoras; tais instruções podem lhe dizer para fazer algo (como costurar uma pence ou colocar um zíper) que você não saiba como fazer. Os capítulos desta parte ajudam você a decifrar técnicas como pregar botões e zíperes, juntar mangas e costurar bolsos, essenciais para uma costura de moda bem-sucedida.

Parte IV: Costurando para Sua Casa

Costurar sua própria moda para casa significa que você consegue exatamente aquilo que quer e economiza dinheiro — uma combinação imbatível! Esta parte do livro lhe permite transformar um pouco de conhecimento de costura em incontáveis economias para sua casa. Eu mostro como costurar travesseiros, um edredom, uma saia para cama, cortinas, guardanapos, caminhos e toalhas de mesa e mais. Utilizando os capítulos desta parte, você poderá criar, de forma rápida e econômica, estilos harmônicos para quase todos os cômodos de sua casa.

Parte V: Fazendo Reformas e Ajustes Rápidos por um Guarda-Roupa Sustentável

Você está sofrendo dos *terríveis demais* — roupas que estão apertadas demais, frouxas demais, compridas demais ou curtas demais? Esta parte é um salva-vidas quando você precisa de soluções criativas para consertar aquilo que aflige suas roupas e conseguir usá-las um pouco mais antes de jogá-las fora. Eu também lhe mostro como fazer consertos básicos de furos, rasgos e outros acidentes de percurso.

Parte VI: A Parte dos Dez

Nesta parte, compartilho dicas para evitar erros comuns de quando se começa a costurar. Incluo as diretrizes que são de grande importância para costurar com mais rapidez e inteligência, além de dicas para combinar tecidos sem cometer gafes de estilo ou causar danos à decoração de sua casa. Também incluo um apêndice de recursos e sites populares para lhe ajudar a encontrar os materiais de que precisa.

Ícones Utilizados Neste Livro

Ao longo deste livro, eu guio você em direção a assuntos importantes utilizando os seguintes ícones:

Algumas ferramentas são essenciais para a costura e outras não, mas ainda assim é bom tê-las enquanto você trabalha. Experimente os utensílios mencionados ao lado deste ícone — você poderá encontrar um que lhe ajude bastante no tipo de projeto que você gosta de fazer.

Ao lado deste ícone você encontra informação que deveria guardar no fundo de sua mente. Esses pontos são essenciais para uma costura criativa e eficiente.

A informação ao lado deste ícone lhe diz como fazer algo da melhor e mais rápida maneira possível.

Certifique-se de ler o texto junto deste ícone. Ele pode lhe poupar muito sangue, suor e lágrimas.

De Lá para Cá, Daqui para Lá

Se você é um novato na costura, sugiro que comece a ler pelos capítulos das Partes I e II. Você pode achar algumas informações essenciais sobre costura nestas partes. Depois disso, pode pular de capítulo em capítulo no livro, lendo sobre os tipos de costura e sobre os projetos que lhe interessam.

Escrevi este livro para que seja seu companheiro de costura. Em vez de colocá-lo na estante para referências futuras após terminar de lê-lo e fazer os projetos, use-o ativamente a cada vez que costurar — seja em casa ou em alguma das muitas aulas de costura disponíveis no seu revendedor de máquinas de costura ou loja de tecidos local. Mantenha-o à mão, assim, quando as instruções na folha de molde lhe derem orientação para fazer algo, você poderá conferir neste livro a maneira mais rápida e eficiente de executar a tarefa.

Passei toda a minha vida profissional acumulando estes (e outros) métodos de costura, e eles impulsionam o meu caso de amor com o ofício cada vez que sento em frente à máquina. Minha fervorosa esperança é de que, após passar algum tempo com este livro, um belo pedaço de tecido e sua querida máquina de costura, seu próprio caso de amor com a costura florescerá. Aproveite!

Parte I

Preparando-se para Costurar

A 5ª Onda

Por Rich Tennant

"É um kit de costura para iniciantes que eu montei para você. Tem tesoura, agulhas, curativos, gaze, antisséptico..."

Nesta parte...

Para concluir um projeto de costura bem-sucedido, você precisa começar com bons materiais. Estes materiais incluem sua máquina de costura, agulhas, linha, tecidos e moldes, entre outras coisas. Nesta parte, eu lhe conto a respeito das melhores ferramentas para seus projetos de costura. Além disso, digo como usar essas ferramentas, depois que você as tiver, inclusive como pilotar uma máquina de costura e como dispor um molde.

Capítulo 1

O Mundo da Costura

*P*or que costurar? Colocando de maneira simples, é divertido. Você também tem a satisfação de fazer algo útil e bonito, além do reconhecimento pessoal de amigos e familiares que ficam admirados com seu talento bruto e natural. Sem mencionar que aquilo que você aprende sobre tecidos, fibras e moda é útil em outras áreas de sua vida.

Você pode pensar na costura como um hobby no qual você faz roupas. Mas ao circular de um lugar para outro durante sua vida ocupada, comece a prestar atenção na quantidade de tecido que é usado em toda parte. Você pode costurar fantasias de Halloween, ursos de pelúcia, vestidos de baile, e bolsas. Pense na moda em decoração. A decoração de uma mesa para um jantar não está completa sem uma linda toalha de mesa — que você pode fazer, é claro. Você pode modernizar sua casa, fazendo um enxoval de travesseiros com um conjunto de cobertas para cada estação ou costurando uma nova capa para edredom. Precisa dar um presente? Faça uma manta ou encha uma cesta com um jogo de guardanapos. Meu amigo e editor, Robbie Fanning, chamou este conjunto de possibilidades de "o mundo da costura".

Como o tema da costura é tão vasto e eu só disponho de umas tantas páginas neste livro, eu organizei cuidadosamente o mundo da costura para você. Primeiro, conduzo você através do processo de costura usado na fabricação de roupas e, em seguida, passo para as maneiras de costurar para sua casa e consertar e refazer roupas já existentes para um guarda-roupa mais sustentável. Minha esperança é que, após ter conhecido um pouco mais sobre este empreendimento criativo e ter obtido algum êxito com os projetos deste livro, você abra suas asas e pesquise o vasto mundo da costura.

Descobrindo o que Vem Antes: a Ideia ou as Ferramentas?

Minha família vivia com um orçamento restrito quando eu era jovem, então eu lia minhas revistas *Seventeen* (revista americana voltada ao público adolescente) e ia para o shopping ver o que todas as meninas vestiam. Depois de ver só o que eu queria e, sabendo que era muito caro, eu estudava minuciosamente os catálogos com os moldes, à procura das últimas tendências juvenis que eu poderia "clonar".

Próxima parada — a loja de tecidos. Lá eu vasculhava os rolos à procura do tecido, cor e textura certos e ia para a seção de aviamentos para encontrar os botões no tamanho correto. Mal sabia eu que já estava dando forma às habilidades que agora uso para criar algo moderno para mim, meus familiares e minha casa.

Então, para responder à questão sobre o que vem em primeiro lugar, a ideia ou as ferramentas, para mim, a ideia ou inspiração vem antes e aí a aventura de buscar o molde e o tecido certos para o projeto dá início à minha viagem. Depois de encontrar todas as coisas, levo tudo para casa e coloco junto com as ferramentas — mas não quaisquer ferramentas; ferramentas que sejam prazerosas de usar. Continue lendo para entender o que quero dizer.

O prazer de usar boas ferramentas

Você pode preparar uma refeição gourmet de cinco pratos para oito pessoas usando caçarolas velhas e panelas sujas, e ainda cozinhar em fogo aberto, mas não será muito divertido. O mesmo é verdade para a costura — você pode fazer um projeto costurando tudo junto com uma agulha de mão e linha, mas isso toma muito tempo e paciência, e você pode não gostar dos resultados. Para mim, o prazer de costurar está em ter ferramentas de qualidade ao alcance de minhas mãos. Nada de correr pela casa para tentar encontrar um par de tesouras que não tenham sido usadas na oficina do meu marido ou alfinetes tirados de embalagens de camisas sociais. Claro, bons utensílios são um investimento, mas se você está realmente comprometido em aprender a costurar, nada te deixa mais perto do sucesso do que o prazer de usar uma ferramenta de qualidade que funciona perfeitamente cada vez que a utiliza. Não tem certeza se vai gostar de costurar mas ainda assim quer experimentar? Faça uma aula de costura na loja de tecidos ou em seu revendedor de máquinas de costura local, onde você pode usar ótimas ferramentas e equipamentos de qualidade.

Dê uma olhada no Capítulo 2, pois passo algum tempo ali compartilhando minhas ferramentas favoritas com você. Além do tecido e do molde, eis aqui o que tornará sua experiência de costurar um verdadeiro prazer:

> ✔ **Instrumentos de medida para pequenas e grandes áreas de um projeto.** Amo minha régua-guia ajustável de 15 centímetros, minha

fita métrica flexível de vinil, e minha régua transparente O'Lipfa, com graduação de 0,63 centímetros.[1]

✔ **Ferramentas de corte para seu projeto.** Eu uso tesouras de costureira com cabo dobrável de 20 centímetros, tesouras de 12 centímetros para cortar áreas pequenas, uma tesoura de bordado para aparar e desfazer pontos indesejados. Para cortes longos e retos, o cortador circular (como um cortador de pizza) é o melhor. [2]

✔ **Ferramentas de marcação que mostram como transformar um pedaço de tecido plano e sem forma em algo útil.** Você precisa de uma ferramenta de marcação para tecidos de cor escura e outra para tecidos de cor clara. Os meus favoritos são o giz de alfaiate removível com água e as canetas marcadoras solúveis em ar.

✔ **Utensílios tanto para alfinetar quanto para prender os alfinetes.** Meus alfinetes favoritos para 90% da costura que faço são aqueles de cabeça de vidro, com 3 centímetros. Para evitar que meus alfinetes se espalhem por todo lugar, uso três porta-alfinetes magnéticos (um para minha tábua de passar, outro na mesa de corte e outro perto de minha máquina de costura). Também gosto de um alfineteiro de punho com uma almofada de feltro para que eu possa transportar meus alfinetes.

✔ **Agulhas novas para costura à mão e à máquina.** Após algum uso, as agulhas se desgastam e precisam ser descartadas. No que diz respeito às agulhas para costura à mão, há agulhas específicas disponíveis para quase todas as tarefas deste tipo de costura. Na maioria das vezes, uso "agulha para cego" para o básico de costura à mão e consertos fáceis — eu já usava essas agulhas mesmo antes de precisar de óculos de leitura, porque a linha fica presa no lugar, sem precisar espremer os olhos ou empurrar a ponta da linha dentro de buracos microscópicos.

✔ **Linha para manter tudo junto.** Cuidado para não economizar na linha — quando você encontrar três carretéis por R$ 1,99, corra (para longe da loja, e não para dentro dela!). A qualidade desta linha não vale o carretel no qual está enrolada. Leia mais sobre como escolher linha de qualidade no Capítulo 2.

✔ **Uma boa máquina de costura para desfrutar a experiência da costura.** Eu disse que você precisa de uma máquina boa e não de uma máquina cara — e não precisa ser nova. Basta comprá-la de um representante de máquinas bem conceituado, que possa oferecer-lhe um serviço confiável e aulas, caso necessário.

✔ **Uma máquina *overloque* — *caso* você descubra que gosta de costurar e queira elevar sua habilidade recém-descoberta a um novo patamar.** Se você é inexperiente na costura, não precisa de uma overloque, mas depois que tiver alguma experiência, ela torna o processo de costura mais rápido e mais dinâmico (o mesmo que o forno de micro-ondas faz pela culinária).

---

[1] N.E.: A régua transparente O'Lipfa é produzida nos EUA, a similar nacional é da marca Olfa.
[2] N.E.: No Brasil, o cortador circular mais usado é o da marca Olfa.

Compreendendo os tecidos e fibras

Entre outras vantagens de se aprender a costurar, uma coisa legal é que você adquire mais conhecimento sobre tecidos, fibras, a forma como reagem (ou não) à lavagem, ao desgaste, ao ferro de passar e, no fim das contas, este conhecimento faz de você um comprador de roupas prontas mais experiente. E como o seu tempo e empenho têm algum valor, gaste seu tempo de costura de forma sábia, comprando o melhor tecido que puder pagar e a melhor fibra para o projeto que está fazendo. Então, qual a diferença entre *fibra* e *tecido?*

Tecidos são fios entrelaçados ou tricotados que, por sua vez, são criados pela torção das fibras. Seja o tecido de lã pura ou uma mistura de algodão e poliéster, cada fibra tem suas vantagens e desvantagens, o que faz com que um seja melhor do que outro para determinado projeto. (Veja informações mais específicas sobre os tipos mais comuns de fibras e tecidos no Capítulo 3.)

Se você não tem certeza sobre sua escolha de tecido, o vendedor de sua loja de tecidos local é uma ótima fonte para determinar qual o tecido certo para o projeto. A maioria deles possui conhecimento que você demoraria anos para adquirir, portanto, não seja tímido. Peça ajuda, diga-lhe o que quer fazer, e peça o melhor conselho dele. Isto pode lhe poupar tempo e guiá-lo em seu caminho para o sucesso.

Adquirindo noções de costura

Em muitas lojas de tecido ou armarinhos, você encontra uma seção de aviamentos repleta de ferramentas específicas e coisas de costura que podem ser embaladas e expostas. Aviamentos variam desde alfinetes, agulhas, tesouras e instrumentos de medida até botões, fechos de sutiã, palhetas de colarinho e joelheiras aplicadas a ferro de passar. Se seu molde ou projeto não vier com a lista de aviamentos necessários, não hesite em perguntar aos vendedores dos armarinhos ou das lojas especializadas em aviamentos — o que você precisa pode estar debaixo do seu nariz.

Considerando o molde

Algumas lojas de tecido possuem catálogos de moldes que você pode folhear, mas basta você fazer uma rápida busca pela internet por "moldes de costura" e o mundo da costura estará a seu alcance. Procurando por um projeto em especial? Digite o projeto que pretende fazer e em seguida acrescente "molde de costura" para achar ainda mais opções. A internet traz moldes para sua casa e coloca o projeto certo a apenas um clique de distância. Ela também facilita a pesquisa por designers independentes de moldes.

Escolha um molde elaborado para seu nível de habilidades. Se um molde é descrito como fácil, a pessoa que escreveu as instruções geralmente supõe que você tenha algum conhecimento de costura, então, se você for um novato de verdade, escolha moldes para iniciantes. Caso contrário, você pode desanimar e nunca mais costurar novamente!

Escolhido o molde, veja as orientações para saber qual tecido funciona melhor a fim de atingir o resultado desejado, quanto tecido comprar para o tamanho da peça que você está fazendo e do que precisa em matéria de acabamentos e aviamentos (veja acima).

Junto com alguns moldes você pode encontrar uma folha de instruções comumente chamada de *folha-guia do molde*. A folha-guia do molde mostra quais peças você precisa usar para uma determinada versão do molde (várias versões ou concepções podem ser acondicionadas em um único molde), mostra como dispor as peças do molde sobre o tecido e dá instruções passo a passo sobre como montar seu projeto. Embora eu costure há anos, às vezes ainda recorro à folha-guia do molde para me certificar de que não esqueci de fazer algo. Você pode ler mais sobre como trabalhar com moldes no Capítulo 4.

Use este livro para complementar as instruções da folha-guia do molde. Muitas vezes, os autores das instruções do molde presumem que você sabe fazer uma pence ou colocar um zíper, e podem deixar de fora informações essenciais para o seu êxito. Se não entender o que as instruções lhe dizem, consulte minhas recomendações para completar uma determinada técnica. Estou segura de que se você experimentar o meu jeito vai conseguir dar conta do serviço e pegará a prática e o jargão enquanto trabalha no projeto. Então, por onde começar? Na seção seguinte, faço uma análise e dou a você uma ideia geral de para onde você está indo — pense nisso como seu GPS da costura.

Avaliando o Processo de Costura

Como qualquer novo empreendimento, a costura possui vocabulário, conjunto de habilidades e processo próprios. Após decidir-se por um projeto, escolher seu molde e tecido, e reunir os aviamentos e ferramentas de que precisa, o processo de costura, para a conclusão de um projeto, segue as etapas básicas resumidas nesta seção.

Ao folhear o restante deste capítulo, pode ocorrer-lhe que muita coisa acontece antes que você realmente comece a costurar as coisas. Já reparou que as equipes de construção de rodovias levam muito tempo preparando-se para assentar uma nova estrada e então, como que da noite para o dia, ela está pronta e pode cruzá-la alegre e suavemente? É assim com a costura. Quando você pega seu molde e tecido, dispõe, alfineta, corta e marca as peças de seu molde, une a entretela e arremata as bordas do tecido, você já concluiu dois terços do trabalho. Mas eu estou me precipitando. Eis uma breve análise do processo de costura e da jornada criativa na qual você está prestes a embarcar.

Pré-encolhendo o tecido

Quando chegar em casa, depois das compras de tecidos, pré-encolha os tecidos para que no projeto final não encolha mais após ser lavado. (Você pode encontrar as maneiras e porquês do pré-encolhimento no Capítulo 3.)

 Se a vida ficar complicada e você tiver que colocar seu projeto de lado temporariamente, ainda assim pré-encolha o tecido logo que levá-lo para casa. Dessa forma, não terá que se perguntar se o tecido está "pronto para a agulha" quando você estiver.

Encontrando as peças corretas do molde

A maioria dos moldes tem algumas variações incluídas. Cada variação é chamada de *versão* e requer peças específicas dos moldes. Confira a folha-guia do molde para ver quais peças são necessárias para a versão que você está fazendo, e, em seguida, recorte as peças da grande folha impressa do molde e deixe-as de lado. Leia conteúdo mais aprofundado sobre isso no Capítulo 4.

Dispondo o molde sobre o tecido

A folha-guia do molde tem uma disposição sugerida do molde para a largura do tecido que estiver usando (veja "Compreendendo os Tecidos e Fibras" acima). Este é o passo mais importante, pois se você dispuser ou cortar algo de forma torta ou incorreta, não adianta costurar, passar, implorar ou fazer promessa para fazer com que o tecido comporte-se da maneira que você quer. Aprenda os certos e errados no Capítulo 4.

Alfinetando e cortando

Quando você tiver as peças do molde dispostas no tecido, alfinete cada peça ao tecido que esteja pronto para ser cortado. Conforme você corta cada peça do molde, repare se há alguma marcação especial tais como uma pence ou um ponto maior que o normal. Caso haja, coloque os pedaços cortados que precisam ser marcados em uma pilha e aqueles que não precisam em outra. Continue lendo para saber por quê.

Marcando

Mesmo que você não saiba o que as marcações aleatórias no molde significam, à medida que você continua em seu projeto, as instruções na folha-guia lhe dirão. Quando estiver com dúvidas, transfira a marcação do papel de molde para o tecido. O Capítulo 4 lhe dá diversos métodos para fazer isso. Caso você não o faça, vai perder muito tempo examinando papéis de molde que removeu do tecido para encontrar e marcar algo que deveria ter feito antes. (Acredite em mim — eu cometo os erros para que você não tenha que cometê-los.)

Colocando a entretela

Depois de cortar as peças do molde e marcá-las, sua folha-guia pode lhe dizer para cortar entretela para várias peças de molde. Alguns moldes até disponibilizam para você pedaços separados de papel de molde para a entretela. Então, o que é entretela e por que você deveria se importar com isso?

Certos lugares de um projeto precisam de um pouco de estabilidade extra — como uma gola, punhos, cós ou a parte da frente de uma camisa ou jaqueta com botões e casas de botões. Se o que você está usando tem um cós, dê uma olhada nos dois pedaços separados de tecido que formam o exterior e o interior do cós. Na parte de dentro e no meio dessas duas camadas de tecido está um terceiro pedaço de tecido chamado *entretela*, que evita que seu cós se alargue ou que os ganchos, colchetes, botões e fechos de pressão saiam do tecido. Portanto, mesmo que isso possa parecer uma etapa desnecessária e uma despesa extra, a entretela dá ao seu projeto um acabamento profissional e proporciona uma excelente durabilidade. Leia mais sobre entretelas e como usá-las no Capítulo 3.

Passando a ferro para o melhor caimento

Uma de minhas professoras de alfaiataria no New York Fashion Institute of Technology afirmou: "Ao costurar, tenha um caso de amor com seu ferro de passar." Nessa época eu já costurava há 14 anos e nunca tinha dado muita atenção ao meu ferro, mas ela estava certa. A melhor maneira de conseguir um projeto com uma aparência bastante profissional é passar todas as costuras e passá-las bem. Saiba mais sobre este assunto quente no Capítulo 5.

Mudando para Agulha e Linha

Pedaços de tecido são unidos usando-se agulha e linha para costurá-los juntos, de uma maneira que tudo fique bem ajustado. Os pontos são feitos à mão ou à máquina, e alguns pontos funcionam melhor do que outros para determinado trabalho. Consulte o Capítulo 5 para a análise dos pontos mais comuns para costura à mão e à máquina.

Arrematando as bordas primeiro

Se você usa um tecido que desfia, precisa tratar as bordas do tecido de alguma forma que as impeça de desfiar. Esse tratamento é chamado de *acabamento* das bordas e é executado antes de as costuras serem feitas. Você pode finalizar as bordas com tesouras de picotar, para obter aquele corte em zigue-zague encantador que é imune ao desfiar, ou costurando as bordas na máquina de costura ou overloque. Descubra o que funciona melhor para seu projeto no Capítulo 6.

Ajustando

Para modelar um pedaço de tecido de forma que fique bem ajustado, aperta-se um pouco daqui ou alarga-se um pouco ali. Então, antes de juntar as peças de um molde, você precisa modelá-las com uma pence, pregas ou dobras para que elas se ajustem à parte do corpo que vão cobrir.

Para apertar e alargar ao mesmo tempo, você costura uma *pence* — uma pequena fatia de tecido em forma de triângulo, largo em uma extremidade e costurado a um ponto na outra extremidade. Após ser passada, a pence transforma aquele pedaço de tecido plano e sem vida em algo que se ajusta à forma de sua cintura, busto, joelho ou cotovelo, de modo que o tecido pode mover-se com você e ser confortável.

Precisa de um aperto aqui e de mais volume ali? Então costure uma dobra — ela tem uma finalidade semelhante à da pence, exceto que o tecido é dobrado para dentro, costurado em linha reta, e é aberto (em vez de convergir para um ponto) em uma ou em ambas as extremidades. Adicionar pregas e elásticos são outras maneiras de ajustar onde você quiser. Saiba tudo sobre essas técnicas transformadoras no Capítulo 8.

Fazendo a costura

O lugar onde dois pedaços de tecido se unem é chamado de *costura*. As costuras podem ser retas, curvas ou angulares. Depois que as costuras são feitas, elas são submetidas ao ferro de passar para que aquele pedaço plano de tecido possa seguir os contornos de seu corpo ou de um móvel. O que acontece se você cometer um erro? Não se preocupe. Pontos indesejados podem ser removidos de várias maneiras. Você pode descobrir mais sobre fazer costuras, passar e descosturar no Capítulo 6.

Fechando

Depois que sua peça está terminada, você precisa de uma maneira de mantê-la vestida, e normalmente consegue isso com um zíper ou botões e casas de botões. Além de serem práticos, ambos os métodos de fechamento podem ser incorporados como elementos de design. Contudo, existem alguns truques para costurá-los bem, e as folhas-guia do molde raramente fornecem as instruções de que precisa. Confira o Capítulo 9 para uma orientação passo a passo sobre a instalação de zíperes e para descobrir como costurar um botão pode ser, também, um empreendimento criativo.

Fazendo a bainha

A menos que queira pagar alguém toda vez que precisar alterar uma bainha, aprender a fazê-la é uma habilidade vital — assim como pregar um botão. Você provavelmente sabe o que é uma bainha (por via das dúvidas, é a borda dobrada e arrematada de um projeto), mas você sabia que pode costurar bainhas largas, estreitas, dobradas (ou italianas), retas, curvas, duplas e invisíveis? Quando você sabe como fazer bainha e que bainhas ficam melhor em quais projetos, você está a caminho do sucesso. Adquira essa habilidade vital antes de todo mundo no Capítulo 7.

Acrescentando Detalhes de Moda com Mangas e Bolsos

Mesmo que a moda mude, as técnicas básicas de costura de mangas e bolsos permanecem as mesmas. Existem muitos tipos de mangas e muitas vezes elas acrescentam o detalhe que faz a diferença. Podem ser curtas, longas, raglã, embutidas, forradas, abertas, com punho, sino, morcego ou borboleta; franzidas, bufantes, pregueadas, dobradas ou com enchimento. (Ufa!) As cavas podem ser rematadas com um debrum (um ornamento) ou revestidas com um tecido que combine. (Leia mais sobre revestimentos no Capítulo 10.) Fique ligado para descobrir o que a moda vai fazer com as mangas, mas saiba isto: quando você aprende o básico e sente-se confortável com as mangas convencionais, já conquistou a parte mais difícil. Quando a moda mudar, você estará pronto para atacar qualquer investida das tendências.

Enquanto bolsos são bem menos volúveis, são um detalhe que pode definir uma peça de roupa. Pense no bolso de trás de um jeans, por exemplo. Quem diria que traseiros de todo o tipo de classes sociais poderiam assumir tantos desenhos diferentes? Leia mais a respeito desses pequenos pedaços de inspiração no Capítulo 11.

Costurar para o Lar É Economizar

Se você é fã de programas de TV sobre transformação de decoração de interiores, dificilmente sintoniza em algum programa em que alguém não está usando uma máquina de costura. O que adoro a respeito de costurar para minha casa é que consigo o visual que quero, gastando muito menos do que se eu mandasse fazer sob medida. E o trabalho de costura anda rápido porque a maioria dos projetos envolve cortar e costurar linhas retas.

O que difere entre costurar para sua casa e costurar roupas é que você precisa de mais espaço para espalhar e cortar o tecido. Além disso, você usa uma margem de costura de 1,27 centímetro (1/2 polegada) ao invés de 1,58 centímetro (5/8 polegadas), que é a margem utilizada na composição típica de vestuário. Tecidos para decoração de interiores são geralmente um pouco mais pesados e mais largos que tecidos para vestuário, e há toda uma série de acabamentos e aviamentos específicos para projetos de decoração para o lar.

Se você é iniciante na costura de projetos para sua casa, experimente fazer os projetos menores para sua mesa ou almofadas para a sala de estar, encontrados nos Capítulos 12, 13 e 14. Se na sua lista de tarefas consta uma mudança na decoração das janelas ou uma transformação no quarto, então os capítulos 15 e 16 são úteis para seu sucesso na decoração.

Fazendo Sua Parte Pelo Planeta com um Guarda-Roupa Sustentável

Minha mãe e minha avó estavam sempre costurando. Além de fazerem muitas de minhas roupas, elas ajustaram as roupas de todo mundo, fazendo e refazendo bainhas, consertando costuras desfeitas, repondo zíperes, pregando botões e adicionando enfeites. Ajustar e modernizar as roupas era algo normal.

Um salto rápido para os anos 80, 90 e início dos anos 2000; a economia estava progredindo e as roupas compradas em lojas eram baratas e mais facilmente descartadas do que consertadas. Graças a Deus que agora recobramos o juízo e vemos o valor de reparar, reciclar e reaproveitar coisas. Os capítulos 17, 18 e 19 lhes dão a emoção de salvar do lixo peças de caimento ruim ou danificadas. Você pode fazer com que algo fique bonito e ajustado e ter a satisfação de terminar o serviço em uma única e curta sessão. Embora esses capítulos estejam no final do livro, os trabalhos de conserto talvez sejam algumas das primeiras costuras que você faça, e espero que descubra imediatamente que costurar é muito divertido. É uma saída criativa para realizar algo útil, bonito ou prático. É também um hobby que você pode desfrutar para o resto da vida, então, bem-vindo ao mundo da costura. Estou feliz que você esteja nele comigo.

Capítulo 2

Montando Seu Kit de Costura

• •

Neste Capítulo

▶ Descobrindo quais ferramentas você precisa para costurar e porque precisa delas

▶ Dando uma olhada nos utensílios que são úteis, mas não necessários

▶ Decidindo as melhores ferramentas para passar

▶ Familiarizando-se com sua máquina de costura e seus componentes

• •

Como a maior parte dos hobbies, projetos de costura bem-sucedidos começam com algumas boas ferramentas e um pouco de conhecimento. Claro, você pode encontrar algumas dessas ferramentas por toda sua casa — aquela tesoura velha da garagem, a régua na gaveta da escrivaninha, alfinetes tirados de uma camisa recém-aberta — mas você terá uma experiência de costura melhor usando as ferramentas destinadas a esse tipo de trabalho.

Neste capítulo relaciono e explico as necessidades — as ferramentas que uso quase toda vez que costuro e que são essenciais para criar os projetos neste livro. Também dou algumas dicas sobre ferramentas adicionais que vêm a calhar conforme suas habilidades progridem. Considere estas ferramentas como parte de seu kit de sobrevivência de costura.

Mantenha seu kit de sobrevivência de costura em uma pequena caixa de artigos para pesca ou use um dos muitos organizadores para costura ou artesanato disponíveis em uma loja local de tecidos ou artesanato. Escolha um organizador que tenha uma alça e um trinco seguro para que você possa facilmente carregá-lo sem derrubar as coisas por todo o lugar.

Marque a lista abaixo quando você reunir as ferramentas para seu kit de sobrevivência de costura. Os itens são exibidos na Figura 2-l, e o restante deste capítulo os explica mais detalhadamente e oferece sugestões adicionais de ferramentas que são legais de ter mas não tão necessárias quanto essas:

❑ Fita métrica

❑ Régua-guia para costura

❑ Tesoura de costureira

❑ Tesoura multiuso

❑ Marcadores para tecidos claros e escuros

❑ Alfinetes de cabeça de vidro e alfineteiro (de punho, magnético ou ambos)

❑ Agulhas para costura à mão e dedais

❑ Agulhas para máquina de costura

❑ Abre-casas (ou desmanchador de costuras)

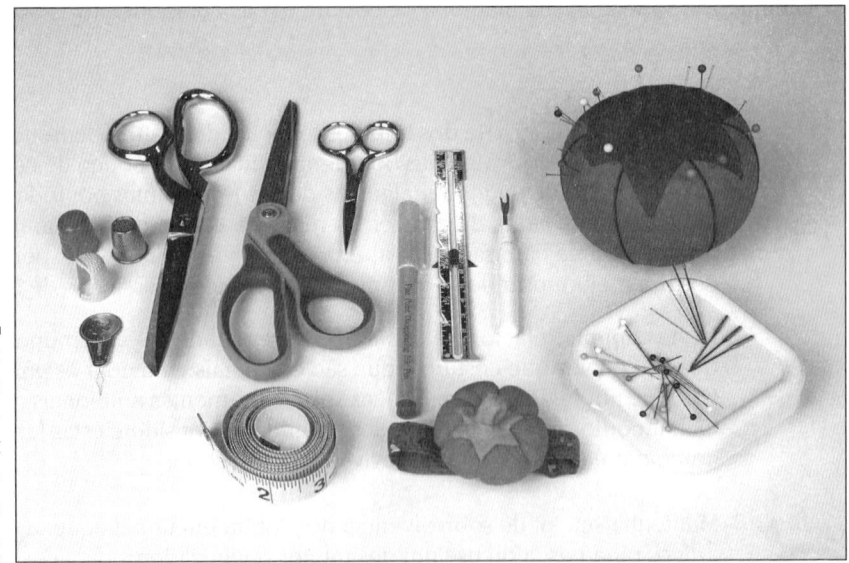

Figura 2-1: O conteúdo indispensável de um kit de sobrevivência de costura.

Certificando-se de que Sua Costura Está à Altura

"Meça duas vezes para cortar uma" não é apenas um velho provérbio; ele é essencial para o sucesso na costura. Uso as seguintes ferramentas de medida toda vez que costuro. Cada uma tem um propósito específico tendo como base como e o que você está medindo:

- ✔ **Fita métrica:** você usa uma *fita métrica* para tirar suas medidas, checar as medidas de um molde e outras tarefas de medição. (Consulte o Capítulo 4 para mais informações sobre moldes.)

  Recomendo que você use uma fita métrica plastificada. Ela não estica, desta forma você consegue sempre medições precisas. A maioria das fitas têm aproximadamente 2 centímetros de largura, e 1,5 metro de comprimento, como a fita métrica na Figura 2-2. Muitas fitas apresentam tanto o sistema métrico (em metros e centímetros) como o sistema inglês de medição (em polegadas e jardas) e têm dois tons para que você perceba quando a fita está torcida.

  Quando estou dispondo um molde, prefiro o tipo de fita métrica que posso pendurar ao redor do pescoço em vez de uma que seja retrátil, de modo que esteja à mão sempre que eu precisar verificar uma medição ou ver se um molde está paralelo ao fio do tecido. (Veja o Capítulo 4 para mais informações sobre a disposição de seu molde.)

⁵/₈" (1.5 cm) margem de costura

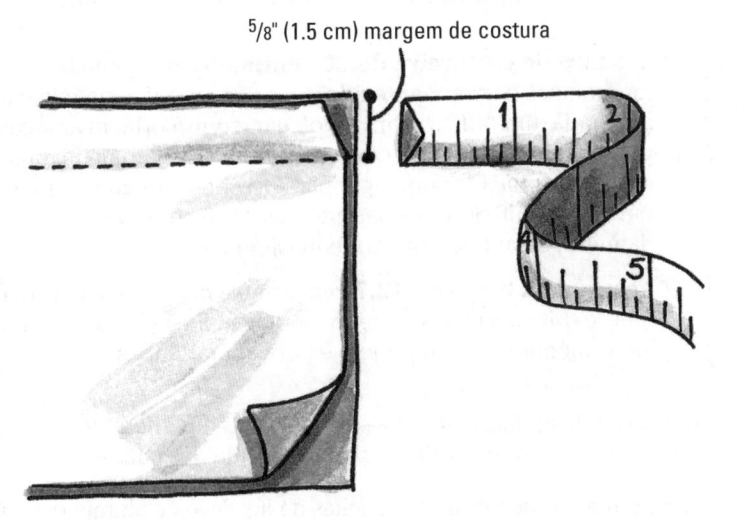

Figura 2-2: Fitas métricas têm 2 centímetros de largura e 1,5 metro de comprimento.

- ✔ **Régua-guia para costura:** a fita métrica basta para a maioria dos trabalhos de medição, mas para medir coisas pequenas e estreitas, tais como bainhas e casas de botão, use uma *régua-guia*. Esta régua de aproximadamente 15 centímetros possui uma guia regulável que desliza para baixo e para cima ao longo do comprimento da régua, permitindo que você verifique se as bainhas ou casas de botão estão no tamanho desejado.

Régua: a borda em linha reta e as graduações de 0,63 centímetro das réguas são úteis quando você precisa marcar tiras iguais de tecido (como em muitos projetos de decoração). Tenho duas réguas O'Lipfa transparentes — uma com 61 centímetros de comprimento e 13 de largura, e a outra com 91 centímetros de comprimento e 10 de largura. Uma régua e uma base de corte (consulte a seção "Cortando (Sem Despedaçar)" para saber mais) trabalham juntas como uma régua T — útil para marcar e cortar quadrados ou retângulos perfeitos com 90 graus e para cortar tiras; além disso, corta-se mais facilmente o tecido quando a régua fornece uma guia para que o cortador circular possa segui-la. Procure por réguas com uma borda proeminente, que vai apertar a base e evitar que a régua saia do lugar. Você pode encontrar um monte de réguas transparentes de comprimentos diversos no mercado, e talvez descubra, assim como eu, que quer usar uma régua quase todas as vezes que costurar.

Cortando (sem Despedaçar)

Se eu pudesse ter apenas duas ferramentas para corte, usaria as seguintes:

Tesoura de costureira de 20 centímetros: tesouras são as melhores ferramentas para cortar tecido. Elas têm uma lâmina reta e a outra inclinada, um orifício para o polegar e outro orifício alongado para o dedo, para um corte preciso e confortável. A lâmina inclinada dá ao seu dedo indicador um lugar para descansar quando é preciso efetuar um corte muito longo e permite que você corte sem levantar o tecido da mesa, garantindo um corte mais preciso.

Tesoura multiuso de 12,7 centímetros: essas tesouras têm lâminas retas e orifícios para seu dedo e polegar. Elas vêm a calhar para cortar áreas menores de um projeto e para aparar linhas.

Ao comprar tesouras, certifique-se de testá-las em diferentes tecidos. As boas tesouras executam um corte limpo até a ponta das lâminas.

Algumas marcas de tesouras são feitas de liga leve de alumínio. Os modelos leves geralmente ajustam-se mais confortavelmente à sua mão, são geralmente um pouco mais baratos do que outros modelos e podem ser afiados várias vezes, embora em algumas marcas as lâminas mais leves podem não cortar tão facilmente tecidos pesados ou múltiplas camadas de tecido. A marca Fiskars fabrica ferramentas leves, de boa qualidade e ergonomicamente confortáveis.

Tesouras de aço são mais pesadas, o que significa que cortam facilmente tecidos mais pesados e mais camadas de tecido. Contudo, por serem mais pesadas, podem não ser tão confortáveis de usar quanto suas versões mais leves e geralmente são mais caras. Como cada lâmina é feita de um pedaço maciço de aço, você pode afiar as tesouras pesadas mais vezes que as do tipo leve, e costumam ficar afiadas por mais tempo. Recomendo que você procure pela marca Gingher.[1]

Não obstante o peso, tesouras com um parafuso unindo as lâminas geralmente cortam tecidos mais pesados e mais camadas do que aquelas que são rebitadas.

Depois de gastar dinheiro em um bom par de tesouras, não deixe a família se apossar delas e cortar plástico, papelão, arame ou qualquer coisa que você normalmente não corta quando costura. Estes materiais fazem com que as lâminas tornem-se irregulares e cegas, e lâminas com superfícies irregulares não só mastigam e puxam o fio de seu tecido como também cansam sua mão quando você tenta usá-las.

Também costumo usar um par de *tesouras de bordado*, com aproximadamente 8 centímetros. As lâminas pontudas e finas são perfeitas para eliminar pontos indesejados e aparar rendas, aplicações e lugares difíceis de alcançar.

Mantendo sua tesoura afiada

Tesouras cegas podem tornar a tarefa de cortar uma chatice: você tem que se esforçar em dobro para usá-las e os resultados não são nem de longe bons. Mantenha suas tesouras afiadas para que seja um prazer usá-las. Afinal de contas, boa parte da costura é feita de cortes, e se isso for uma tarefa desagradável, você não vai gostar de costurar. A maioria dos revendedores de máquina de costura afiam tesouras. Além do mais, muitas lojas de tecido têm um amolador de tesouras que visita a loja periodicamente. Depois que o profissional terminar de amolar suas tesouras, verifique se elas estão cortando até a ponta da lâmina.

Depois de decidir que gosta de costurar, brinde a si mesmo com um *cortador circular*, que se parece com um cortador de pizza, e uma *base de corte*, que protege a mesa e ajuda a manter a lâmina rotativa afiada. Você usa essas ferramentas, mostradas na Figura 2-3, sem levantar o tecido da base de corte, de modo que pode cortar linhas com muita precisão. Cortadores circulares vêm em vários tamanhos — gosto do modelo maior porque você pode cortar mais e mais rápido. Mas não descarte sua tesoura; você precisa dela para cortar peças complexas do molde.

---

[1] N.E.: A marca Gingher é importada. Tesouras de costura nacionais podem ser das marcas Mundial, Tramontina ou Toke Crie.

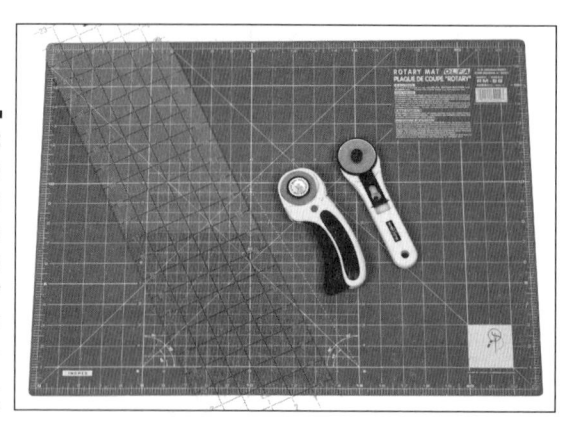

Figura 2-3: Corte tecido de forma rápida e precisa com um cortador circular, uma base de corte e régua.

Bordas cortadas podem significar bordas desfiadas, mas você pode dar um fim nisso com *selante de costura*, um líquido que, ao secar, torna-se macio e transparente. Desta forma, você não vê nenhum resíduo no tecido, que, por sua vez, não puxará fio ou rasgará. Ele vem em um pequeno frasco de plástico com um bico para ajudar na pontaria. Além de usar o selante ao longo das bordas cortadas do tecido, salpique-o em nós de linha para impedir que se desfaçam e pingue uma gota nas bordas cortadas de fitas para evitar que se desfiem.

Deixando Sua Marca

Ao costurar, você deve combinar precisamente as peças de seu projeto — caso contrário ficará com a manga esquerda na cava direita e acabará se sentindo como se estivesse andando de trás para frente. Para ajudá-lo a combinar suas peças de tecido do molde corretamente, o molde para um projeto inclui *marcações*, denominados piques e pontos, impressos no papel de seda do molde. (O Capítulo 4 tem tudo o que você precisa saber sobre moldes.) Você usa marcadores para tecido para transferir essas marcações para o tecido.

Marcadores para tecido feitos especialmente para costura fazem com que a transferência das marcações do papel do molde para o tecido sejam uma tarefa fácil e rápida. Use um dos seguintes marcadores (alguns dos quais aparecem na Figura 2-1), dependendo do tipo de tecido que você deseja marcar:

- **Giz de alfaiate (ou de costura):** excelente para marcar tecidos escuros, o giz de costura desaparece em cerca de cinco dias ou quando você lava ou passa ferro sobre a marca.

- **Lápis lavável:** esse lápis aparece bastante ao marcar tecidos escuros e é apagado com uma gota de água fria. Parece um lápis regular com grafite branco, rosa ou azul claro.

- ✔ **Marcador que desaparece:** melhor para a marcação de tecidos de cor clara, este marcador com ponta de feltro geralmente tem tinta rosa ou roxa que desaparece de 12 a 24 horas, a menos que você viva em um clima úmido onde as marcas podem desaparecer em minutos.

- ✔ **Marcador lavável com água:** este marcador com ponta de feltro para tecidos de cor clara em média tem tinta azul, que desaparece com água. Esse marcador funciona melhor do que o marcador que desaparece se você estiver costurando em um ambiente úmido.

A tinta do marcador que desaparece e do lavável com água utiliza um produto químico que pode reagir com corantes e produtos químicos de tecidos sintéticos. Sempre teste os marcadores em um pedaço de tecido para se certificar de que pode remover a marca e de que esta não voltará quando você passar o tecido.

- ✔ **Fita adesiva transparente removível ou invisível:** estas são ferramentas de marcação úteis, mas não essenciais. A fita invisível tem uma aparência turva que você pode ver facilmente na maioria dos tecidos. A fita removível tem a mesma cola que os papéis autoadesivos e não puxa o *pelo* (lanugem) do veludo comum nem do cotelê ou o de lã. Eu uso fita invisível ou removível com cerca de 1,30 centímetro de largura como um gabarito de costura para pregar um zíper (abordados no Capítulo 9), como uma guia para dar pontos em linha reta (falo sobre pontos no Capítulo 5) e para um monte de outros pequenos trabalhos. Entretanto, esconda-a de sua família, ou a fita pode desaparecer quando você quiser usá-la.

Alfinetando Seus Projetos

Você precisa de alfinetes para costurar. Ponto. Você utiliza-os para prender o molde no tecido, manter juntos os pedaços de tecido antes de costurá-los, e para várias outras tarefas. Por serem uma companhia tão constante quando você costura, compre alguns alfinetes que mantenham seus dedos felizes.

Recomendo usar alfinetes longos, finos, com cabeça de vidro. A cabeça de vidro encaixa-se confortavelmente em seus dedos quando você alfineta várias camadas de tecido e o comprimento extra faz com que a tarefa seja mais segura. E mais, se você acidentalmente passar a ferro sobre as cabeças de vidro, elas não derretem como poderia ocorrer com as de plástico.

Você também precisa de um lugar para guardar seus alfinetes. Alguns vêm embalados em convenientes caixas de plástico que servem como ótimos recipientes de alfinetes. Mas, para economizar tempo, uso um alfineteiro de punho (um alfineteiro atado a uma correia que se prende confortavelmente ao redor de seu pulso) para que meus alfinetes fiquem comigo aonde quer que eu vá.

 Um alfineteiro magnético, disponível em um modelo de pulso ou de mesa, é conveniente em sua área de corte e na tábua de passar. Além de alfinetes, pequenas tesouras e um desmanchador de costura também aderem à superfície magnetizada. Um alfineteiro magnético é maravilhoso para pegar alfinetes e objetos de metal extraviados que caem no chão.

 Evite colocar um alfineteiro magnético perto de máquinas de costura computadorizadas. Não é tão provável que elas sejam afetadas por ímãs hoje em dia assim como eram no passado, mas você não quer correr o risco de apagar a memória da máquina.

Direto ao Ponto com Agulhas, Dedais e Abridores de Casas Certos

Há variedades de agulhas para costura à mão e à máquina, e você pode encontrar muitas formas, tamanhos e tipos dentro de cada variedade. A agulha que você seleciona depende do tecido que usa e do projeto que pretende costurar.

 Geralmente, quanto mais fino o tecido com que você trabalha, mais fina a agulha, e quanto mais pesado o tecido, mais pesada a agulha.

Selecionando agulhas para costura à mão

Ao selecionar agulhas para costura à mão, uma embalagem sortida abastecerá você com aquilo de que precisa para seus projetos de costura à mão mais básicos. Esse tipo de embalagem varia de marca para marca, mas geralmente têm de cinco a dez agulhas de vários comprimentos e espessuras. Algumas têm até olhos (os buracos através dos quais a linha passa para se manter presa à agulha) de diferentes tamanhos.

Eu também gosto de usar agulha para cego, que têm dois buracos. O olho de cima tem um entalhe aberto, com um gancho de mão única. O entalhe permite inserir a linha dentro do buraco superior, enquanto o gancho impede que a linha saia da agulha. O outro olho tem o mesmo uso que o de uma agulha convencional, então, caso você esteja costurando à mão e o recurso do buraco superior se quebre, você tem um plano reserva. A parte de cima de uma agulha para cego pode ser um pouco desconfortável se você não estiver usando um dedal, mas mesmo assim, depois que descobri essas agulhas, nunca mais usei outras. Procure pelos diferentes tipos de agulhas para costura à mão em sua loja de tecidos local.

Em uma emergência, você pode usar qualquer agulha de mão, desde que a ponta possa facilmente penetrar no tecido e que o buraco não seja tão pequeno que desfie a linha.

Selecionando agulhas para máquinas de costura

No tocante às agulhas para máquinas, os tamanhos nº 11 (na classificação americana, que também é utilizada no Brasil) ou nº 12/80 (na classificação europeia) funcionam bem para costura em geral em cerca de 80 por cento dos tecidos atuais.

Para se certificar de que você tem a agulha no tamanho certo para o tecido, leia o manual de instruções de sua máquina de costura ou pergunte a seu revendedor local de máquinas. Algumas agulhas apresentam tipos diferentes de ponta, projetadas para trabalhar com diferentes técnicas de ponto e tipos de tecido. Para a maioria dos projetos, entretanto, uma ponta multiuso ou Universal funciona maravilhosamente. Compre um pacote ou dois de agulha para máquina de costura multiuso nº 11 americana ou nº 12/80 universal europeia e você estará preparado.

Ao comprar agulhas para máquina de costura, tenha com você a marca e o número do modelo de sua máquina. Alguns modelos podem usar somente sua marca de agulha sem causar danos à máquina. Em caso de dúvida, pergunte a seu revendedor local de máquinas o que comprar.

Durante o andamento de um projeto, uma agulha de máquina é usada e abusada, e quando ela fica torta, cega ou lascada (como a ponta enganchada do espinho de um carrapicho), a agulha pula pontos e pode puxar o fio do tecido. Ao contrário das agulhas de mão, a agulha da máquina precisa ser substituída com frequência. A melhor agulha para máquina, em qualquer projeto, é uma agulha nova, portanto comece cada projeto com uma nova agulha.

Fortaleça as pontas de seus dedos com dedais

Dedos são ferramentas fabulosas, mas deixam um pouco a desejar quando se trata de empurrar uma agulha através da pesada espessura do tecido. Proteja as suaves pontas de seus dedos de uma dor em potencial com um dedal, que é uma espécie de pequeno chapéu firme para seu dedo.

Dedais são encontrados em uma variedade de tamanhos, portanto escolha um que se encaixe confortavelmente no dedo médio de sua mão dominante. Experimente diferentes tipos de dedais até encontrar um que seja ideal — então, use-o! Você pode poupar seus dedos de muito desgaste.

Você descoserá o que costurou

Se você costura, deve descoser o ponto irregular. Quando cometer erros, corrija-os, desfazendo pontos, ou descosturando (ver Capítulo 6 para instruções).

Faça com que a tarefa de desmanchar os pontos seja a mais agradável possível. Compre um *abre-casas* (ou *desmanchador de pontos*) afiado, um pequeno utensílio com uma ponta que levanta o ponto do tecido e corta a linha com uma lâmina (recorra à Figura 2-1 para ver o abre-casas).

Coloquei muitos furos indesejados em um projeto ao usar um desmanchador sem corte. Isso porque eu tinha que fazer muita força para tirar um ponto e acabava atravessando os pontos e rasgando o tecido. Quando seu desmanchador ficar cego, jogue-o fora e compre outro. Não é possível afiá-los.

Selecionando Linha para Seu Projeto

Linha de uso geral é o tipo de linha cujo peso funciona bem com a maioria dos tecidos. Você pode encontrar muitas marcas de linhas deste tipo em sua loja de tecido ou representante de máquinas de costura local.

Algumas linhas de uso geral são um poliéster coberto de algodão; outras linhas para uso geral são 100 por cento poliéster ou 100 por cento algodão. Pergunte a seu representante de máquinas de costura que marca de linha funciona melhor em sua máquina. Depois de escolher a linha apropriada, desenrole do carretel um pequeno pedaço e olhe-o atentamente. Verifique se ele tem um aspecto macio e uniforme. Pegue esse fio de linha desenrolado e disponha-o em cima de seu tecido. Para uma combinação perfeita, a cor da linha deve ser ligeiramente mais escura do que a de seu tecido.

Se você vir cinco carretéis de linha por R$ 1,99, fuja. Esta "barganha" é linha promocional, feita com fibras curtas, que fica ondulada e esfiapada rápido demais. As ondulações causam uma tensão irregular na linha, criando costuras franzidas que você não consegue alisar passando a ferro. Além disso, a lanugem em excesso deposita-se sob a agulha e pode levar a máquina a pular pontos. Portanto, use linha boa e limpe assiduamente os fiapos de tecido onde estiverem acumulados para ter uma costura regular e livre de problemas (consulte o manual de instruções da sua máquina para orientações sobre limpeza).

A máquina overloque, uma máquina de costura especial usada para determinadas tarefas, usa seu próprio tipo de linha. (Você pode descobrir mais sobre máquinas *overloque* na seção posterior "Máquinas de Verdade: Máquinas de Costura e Overloques"). Linhas de uso geral para overloque, feitas de poliéster, algodão ou algodão coberto de poliéster, são fios finos e com duplo-filamento, disponíveis em algumas poucas cores básicas em cones que podem conter 900 metros de linha ou mais. (Um *filamento* é um fio mais fino, ligeiramente torcido, usado para fazer a linha.) Quando três, quatro ou cinco linhas separadas são usadas para chulear um ponto, a linha mais fina da overloque cria um acabamento mais suave do que a linha de uso geral com triplo-filamento usada em uma máquina de costura convencional. Por ser uma linha mais fina, a linha para overloque deve ser utilizada apenas na overloque e não para costura de uso geral em sua máquina de costura. Você pode ver exemplos dos dois tipos de linha na Figura 2-4.

Figura 2-4: Linha de qualidade para a máquina de costura e cone de linha para a overloque são especificamente projetados para cada máquina.

Assuntos Quentes

Por que você se encanta quando alguém pergunta se sua torta é feita em casa mas sente-se insultada quando alguém aponta para seu vestido e pergunta: "Foi você que fez?" Em costura, se alguém consegue dizer de imediato que seu projeto foi feito em casa, é porque provavelmente alguma coisa está... Errada. Em geral, isso acontece porque o projeto não foi devidamente passado durante a elaboração. Bons utensílios de passar são a diferença entre um bom projeto e um ótimo projeto.

A lista a seguir abrange ferramentas essenciais para passar e alguns pontos a se considerar ao escolhê-las:

✔ **Ferro:** você precisa de um bom ferro. Eu não disse um ferro *caro* — apenas um bom ferro. Escolha um ferro que tenha diversas configurações de temperatura e que faça vapor. Alguns ferros desligam automaticamente após alguns minutos, o que é ótimo quando você está passando uma camisa, mas um verdadeiro tormento quando está costurando, pois tem que esperar o ferro esquentar a cada vez que passar uma costura. Portanto, escolha um que não tenha o recurso de desligamento automático. Além disso, escolha um ferro que tenha uma *base* lisa (a parte que esquenta) e que seja fácil de limpar.

Se você usa *produtos termocolantes*, tais como estampas aplicadas a ferro que colam quando aquecidas, você pode facilmente arruinar seu ferro. Uma base antiaderente é fácil de limpar e proporciona uma superfície lisa e escorregadia para passar a ferro sem problemas.

✔ **Tábua de passar roupas:** certifique-se de que você tem uma tábua de passar acolchoada. Sem o estofamento, as costuras e bordas pressionam contra uma superfície dura que marca o tecido. Essas marcas fazem sombra no lado visível do tecido, então, quando uma costura é passada aberta, pode ficar parecida com pistas de esqui nos dois lados da costura. E superfícies duras também podem fazer com que o projeto terminado fique com uma aparência lustrosa e marcada que é difícil — senão impossível — de remover.

Escolha uma capa para tábua não refletiva ou de musselina. As capas prateadas e refletivas são muito escorregadias e às vezes aquecem demais, causando chamuscamentos desnecessários em alguns tecidos sintéticos.

✔ **Pano de passar:** um *pano de passar* é essencial para passar uma variedade de tecidos, desde finas sedas até roupas e misturas de lã mais pesadas. Você coloca o pano entre o ferro e o tecido para ajudar a prevenir o brilho e as marcas. Use um pano de prato ou guardanapo limpo, nas cores branco ou creme, 100 por cento algodão ou linho, ou compre um pano de passar.

Se estiver cogitando um tecido estampado ou tingido para pano de passar — desista. As tintas podem manchar e arruinar seu projeto. Tecido atoalhado também não é uma boa escolha. A superfície peluda de uma toalha pode deixar sua textura irregular no tecido.

Uma amiga que é costureira profissional usa uma fralda de pano como pano de passar. A fralda é branca e retém a umidade necessária para o trabalho, você pode usar duas ou três peças, dependendo do uso, e tem um bom tamanho.

Depois que você decidir fazer da costura um hobby regular e sentir-se confortável para investir um pouco mais de dinheiro em seus projetos, considere a compra das seguintes ferramentas mostradas na Figura 2-5:

✔ **Rolo de passar:** este cilindro de tecido mede cerca de 30 centímetros de comprimento por 7 de diâmetro. Você coloca o rolo por baixo das costuras que está passando, e a margem de costura (o tecido do lado de dentro do projeto que fica de cada lado da costura) cai pelos lados do rolo de passar, longe do ferro. Isso impede que o ferro deixe marcas nos dois lados da costura que aparecem no lado visível do tecido.

✔ **Almofada de alfaiate:** esta almofada estofada, de formato triangular, tem várias curvas que simulam as curvas de seu corpo. Você usa a almofada para passar e assentar costuras ao longo do lado da cintura, mangas, pences no peito e outras áreas curvas em uma peça de roupa.

Ao comprar tanto o rolo como a almofada, certifique-se de que ambos tenham um lado de pano 100 por cento algodão feito de tecido pesado do tipo musselina para passar tecidos em alta temperatura, tais como algodão e linho, e um lado de lã para passar tecidos em baixa temperatura, como seda e sintéticos.

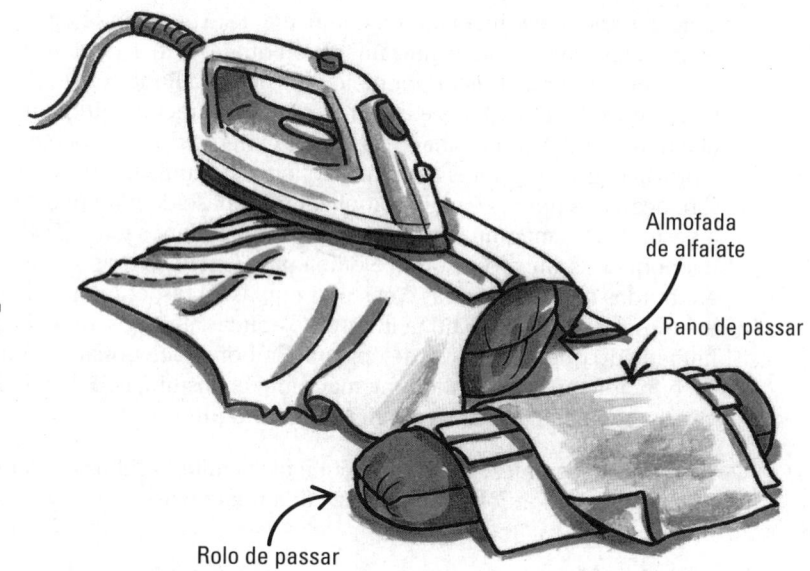

Figura 2-5:
Ferramentas
para passar
que transfor-
mam projetos
caseiros em
roupas feitas
sob medida.

Almofada
de alfaiate

Pano de passar

Rolo de passar

Máquinas de Verdade: Máquinas de Costura e Overloques

Se você quiser ferver água para um chá, tem duas escolhas: pode usar uma chaleira no fogão ou colocar uma xícara no micro-ondas. No mundo da costura, algumas tarefas também podem ser realizadas com duas máquinas diferentes:

- Uma máquina de costura
- Uma overloque (às vezes chamada de máquina overloque)

A máquina de costura faz um ponto chamado *ponto fixo* com duas linhas separadas — uma enfiada através da agulha e outra enrolada em uma bobina que está localizada em uma caixa embaixo da agulha. (Leia mais sobre as partes e peças operacionais da máquina de costura na seção seguinte.) Com uma máquina de costura você consegue uma capacidade de manobra ideal e pode fazer costuras retas e curvas, pregar botões e fazer suas casas. Você também pode costurar cantos, colocar elásticos e aplicações, bordar e dar acabamento nas bordas não trabalhadas de tecidos. Algumas tarefas, entretanto, são demoradas e cansativas com uma máquina de costura e quase instantâneas com uma overloque.

Uma overloque é uma máquina compacta de aspecto industrial. As overloques mais comuns utilizam três ou quatro linhas para fazer uma costura de 0,6 centímetro, chulear por meio de "tricô" da linha sobre a borda do tecido usando lançadores e cortar o excesso de tecido, tudo em uma única etapa rápida. (Dê uma olhada na costura interna do que você está vestindo; é provável que os pontos tenham sido feitos por uma overloque.) Como a formação dos pontos é mais complicada e a base da máquina é menor do que a base de uma máquina de costura, o tecido é menos manejável ao usar uma overloque. Assim, a overloque é ótima para fazer costuras, dar acabamento em bordas não trabalhadas e costurar curvas largas; com prática, você pode até mesmo fazer uma bainha invisível e aplicar elásticos, mas ela é muito mais limitada do que a máquina de costura. Embora você possa fazer um projeto do princípio ao fim usando uma máquina de costura, isso é mais difícil, e às vezes impossível de se fazer com uma overloque.

Nas seções seguintes, você verá com mais detalhes ambas as máquinas para obter uma melhor compreensão de cada uma delas.

Trabalhando com uma máquina de costura

Assim como seu carro, você quer que sua máquina de costura seja confiável. Ela não precisa ser nova em folha, nem precisa ter todas as comodidades modernas conhecidas pelo homem: ela só precisa funcionar bem. Se você herdou a máquina velha de sua tia, peça a um revendedor capacitado para avaliar a condição da máquina, para descobrir se você realmente pode usá-la. Se você quer comprar uma máquina nova, alguns representantes permitem que você teste as máquinas na loja ou alugue uma para experimentar.

Familiarizar-se com as partes da máquina de costura e saber como ela funciona mantém você e sua máquina de costura livres de problemas. Considere esta seção do livro como um mapa para pilotar sua máquina de costura. Eu lhe conto tudo sobre as partes de uma máquina típica (mostrada na Figura 2-6) e qual a função de cada uma delas.

É claro que sua máquina de costura pode parecer um pouco diferente do que você vê na Figura 2-6, ou você pode estar trabalhando em uma overloque (nesse caso, confira a seção "Entendendo-se com a Máquina Overloque" mais adiante neste capítulo). Se as coisas em sua máquina não correspondem exatamente ao que mostro, consulte o manual de instruções que vem com sua máquina para verificar quais são as partes correspondentes.

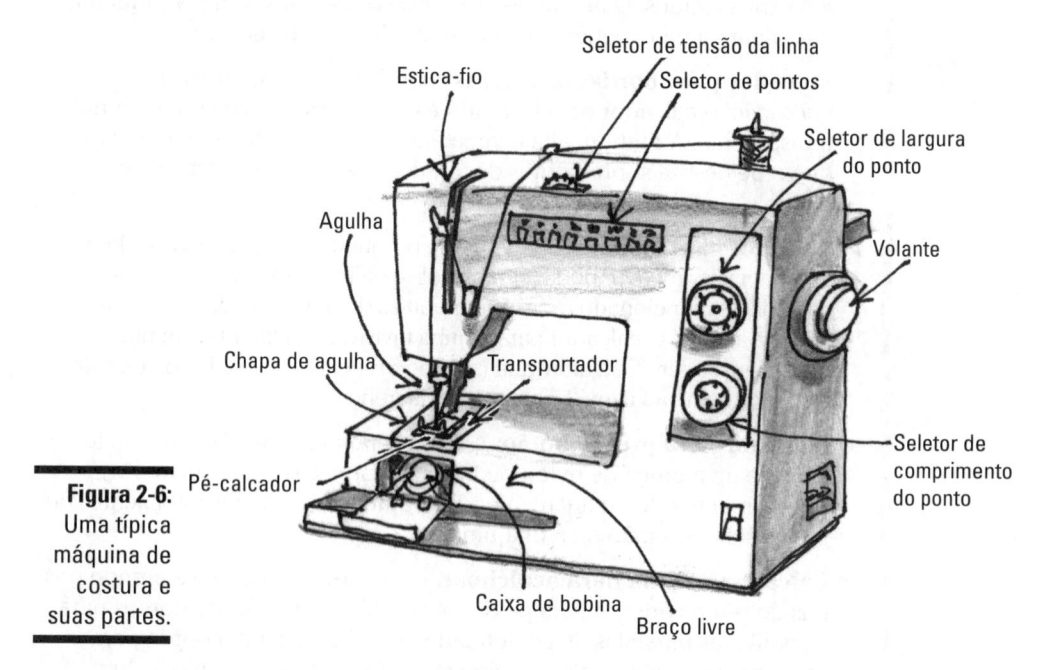

Figura 2-6: Uma típica máquina de costura e suas partes.

Agulha

A parte mais importante da máquina de costura é a agulha. É tão importante que dedico uma seção à agulha, "Selecionando Agulhas para Máquinas de Costura", anteriormente neste capítulo.

Sempre inicie um novo projeto com uma nova agulha. Uma nova agulha não vai pular pontos ou puxar o fio do tecido, e trocar sua agulha regularmente pode poupar-lhe de um passeio desnecessário ao representante apenas para descobrir que tudo que você precisa é de uma nova agulha. (Pergunte-me como sei disso.)

Pé-calcador

Às vezes chamado de sapata ou sapatilha, o *pé-calcador* segura o tecido firmemente contra o transportador (confira a seção "Transportador" mais adiante neste capítulo para... bem, saber mais sobre transportadores), de modo que o tecido não oscile de baixo para cima a cada ponto.

Para a maioria das máquinas, você pode comprar calcadores para trabalhos especializados. A maior parte das máquinas vem com quatro ou cinco das variações mais úteis, incluindo as seguintes (mostrados na Figura 2-7):

- **Calcador universal:** este pé, normalmente de metal, funciona bem em vários tecidos. O pé muitas vezes está disponível com revestimento teflon para uma experiência de costura ainda mais suave.

- **Calcador para bordado:** às vezes chamado de *calcador para aplicação*, o calcador para bordado é geralmente feito de um material transparente. A ranhura alta e larga entalhada na parte de baixo permite que o pé deslize sobre pontos decorativos de cetim sem esmagá-los no tecido.

- **Calcador para bainha invisível:** este pé ajuda a costurar uma verdadeira bainha invisível (você pode ler mais sobre bainhas no Capítulo 7). Os calcadores mencionados acima têm pontas do mesmo tamanho de cada lado da agulha. O calcador para bainha invisível geralmente tem uma borda larga à direita, e uma guia (que pode ser ajustável) e borda estreita à esquerda (olhe a Figura 2-7 para ver a diferença).

- **Calcador para pregar botão:** esse pé geralmente tem bordas muito curtas e uma pinça de nylon ou borracha projetada para segurar o botão firmemente no lugar. (Veja no Capítulo 9 maneiras inteligentes de pregar botões à mão ou à máquina.)

- **Calcador ou guia para acolchoar:** essa barra desliza ou se prende por trás do pé-calcador. A guia passa sobre a fileira anterior de pontos para fazer fileiras paralelas de acolchoado ou próximo a uma borda para pespontos perfeitamente posicionados. (Consulte o Capítulo 5 para saber mais sobre pespontos.)

- **Calcador para zíper:** não é de se espantar que você use esse pé para costurar um zíper. (Veja o Capítulo 9 para obter detalhes sobre zíperes.) O pé tem uma borda e você pode ajustá-la tanto deslizando o pé por cima ou prendendo-o no outro lado da base.

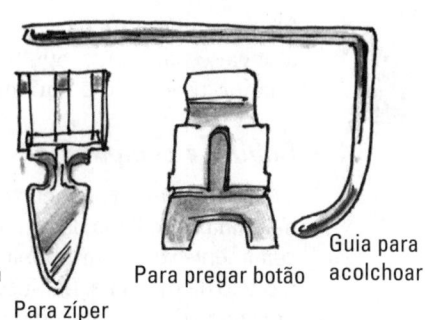

Figura 2-7: Típicos pés-calcadores de uma máquina de costura.

Universal · Para bordado · Para bainha invisível · Para zíper · Para pregar botão · Guia para acolchoar

Alavanca do pé-calcador

Localizada perto da parte de trás da agulha, a *alavanca do pé-calcador* é usada para elevar o calcador. Isso libera a tensão superior para que você possa remover o tecido.

A alavanca de joelho, recurso que economiza tempo e é comum em máquinas de costura comerciais, está disponível em algumas marcas de máquinas de uso doméstico. A alavanca de joelho permite que você levante o calcador sem usar as mãos, mantendo-as livres para remover o tecido de baixo do pé-calcador ou para girar o tecido em torno de um canto.

Transportador

Transportador, às vezes chamados de *dentes impelentes*, são dentes em forma de serra ou pontas que movem o tecido através da máquina. Você imprensa o tecido entre o calcador e o transportador e, conforme a agulha dá pontos, o transportador agarra o tecido e move-o sob o calcador.

A maioria das máquinas permite costurar com o transportador para cima ou para baixo. Você faz a maior parte da costura com os dentes na posição para cima; você usa a posição para baixo principalmente para pregar botões ou para remendar e fazer bordado livre à máquina, no qual você move livremente o tecido sob a agulha conforme ela faz os pontos[2].

Chapa de agulha

Às vezes conhecida como *chapa de ponto*, a *chapa de agulha* está apoiada na base da máquina e se encaixa sobre o transportador. Ela tem um pequeno orifício, que pode ser alongado, por onde a agulha atravessa. A chapa de agulha frequentemente possui uma série de linhas que incluem graduações de 0,60 centímetro a partir da agulha. Essas linhas servirão de guia conforme você costura uma margem de costura, sobre a qual você pode ler mais no Capítulo 6.

---

[2] N.E.: Desta maneira também pode ser feito quilt livre em patchwork.

Para a maior parte das costuras, você usa a chapa de agulha com o furo alongado para que a agulha tenha o espaço livre necessário e não quebre quando usada um ponto que faça zigue-zague.

Bobina e companhia

Uma bobina é um pequeno carretel que suporta de 35 a 65 metros de linha. A máquina usa a linha da agulha e a linha da bobina para dar um ponto. As máquinas geralmente vêm com 2 bobinas que são feitas especialmente para a marca e o modelo da máquina. Bobinas são enroladas (preenchidas com linha) utilizando-se uma parte da máquina chamada de *enchedor de bobina*. Verifique seu manual para instruções adequadas sobre enchimento da bobina e colocação de linha. Depois que você enrolou a linha na bobina, ela se encaixa em uma *caixa de bobina*, e a linha pode ser puxada para cima através da chapa de agulha, pronta para a costura.

Se você está enchendo uma bobina que tem um buraco do lado, dobre cerca de 2,5 centímetros de linha e torça a ponta da linha na dobra. Em seguida, empurre a ponta dobrada da linha através do buraco, de dentro para fora da bobina. Coloque a bobina no enchedor, segurando a ponta da linha firmemente. Comece a enrolar até que a linha pare. Desta forma, quando você chegar ao final de uma bobina, a ponta contrária da linha não se prenderá acidentalmente no ponto.

Quando encher uma bobina, não enrole linha demais se quiser uma costura suave e pontos de melhor qualidade.

Braço livre

Um *braço livre*, às vezes chamado de *braço não fixo*, é um cilindro quadrado na base da máquina que lhe permite costurar em torno de áreas tubulares como pernas de calças, mangas, punhos e cavas, sem romper nenhuma costura.

Volante

A extremidade direita da máquina tem um *volante*, ou *roda de mão*, que gira enquanto você costura. O volante conduz a agulha para cima e para baixo e coordena o movimento da agulha com o transportador quando se está fazendo um ponto. Em certas máquinas, o volante permite que você controle manualmente a agulha, o que ajuda a girar o tecido sob a agulha quando está costurando cantos.

Para girar o tecido sob a agulha, basta rodar o volante para que a agulha desça até o tecido, levantar o pé-calcador, rodar o tecido, abaixar o calcador, e então continuar costurando. Algumas máquinas têm a função parada de agulha em cima e embaixo (discutido mais adiante neste capítulo), que facilita ainda mais o giro.

Dependendo do modelo da máquina, alguns volantes têm uma *trava* ou botão que você deve liberar quando estiver enchendo a bobina. Consulte seu manual para obter instruções específicas sobre enchimento de bobina.

Seletor de comprimento do ponto

O *seletor de comprimento do ponto* determina a distância que o transportador move o tecido sob a agulha. Quando o transportador move-se com golpes mais curtos, a máquina faz pontos mais curtos. Quando o transportador move-se com golpes mais longos, os pontos são mais longos. Seu seletor de comprimento dá pontos das seguintes maneiras, dependendo da marca e modelo da máquina:

> ✔ Milímetros (mm)
>
> ✔ Pontos por polegada

Ao longo deste livro forneço as configurações do comprimento do ponto em milímetros (mm) e em pontos por polegada.

O comprimento médio do ponto para tecidos de peso médio é de 2,5 a 3 mm/10 a 12 pontos por polegada. Para tecidos finos, use de 1,5 a 2 mm/13 a 20 pontos por polegada. (Qualquer coisa menor é quase impossível de descosturar quando você comete um erro.) Para tecidos mais pesados, alinhavo e pesponto, use de 3,5 a 6 mm/4 a 5 pontos por polegada. (Você pode ler mais sobre alinhavo e pesponto no Capítulo 5.)

Seletor de largura do ponto

O *seletor de largura do ponto* define a distância que a agulha percorre de um lado a outro. Você sempre mede essa distância em milímetros (mm). Algumas máquinas de costura têm uma largura máxima do ponto de 4 a 5 mm. Outras fazem pontos que podem chegar a 9 mm. Uma largura de 5 mm resolve o problema da maioria das costuras comuns. (Ao longo do *Costura Para Leigos*, forneço uma quantidade de configurações para largura de ponto que funciona para a maioria das máquinas de costura.)

Posição da agulha

A *posição da agulha* refere-se à posição da agulha em relação ao orifício na chapa de agulha. Na posição central da agulha, você centraliza a agulha sobre o buraco alongado na chapa de agulha. Na posição à esquerda, você coloca a agulha à esquerda do centro. Na posição à direita, você coloca a agulha à direita do centro.

Alguns modelos um pouco mais antigos e menos caros têm ou uma agulha permanente na posição à esquerda ou uma agulha na posição central. A maioria dos modelos feitos nos últimos 25 anos aproximadamente tem um ajuste da posição da agulha, que vem a calhar quando você pesponta, prega botões e coloca zíperes. Em vez de posicionar manualmente o tecido sob a agulha, basta mover a agulha para o lugar certo. O controle de posição da agulha geralmente é perto ou faz parte do seletor de largura do ponto. Se você não consegue localizá-lo, leia o manual de instruções.

Seletor de pontos

Se sua máquina de costura faz mais do que ponto reto e em zigue-zague, há uma maneira para você selecionar um ponto. (Consulte o Capítulo 5 para obter mais informações sobre pontos básicos de máquina de costura.) Os *seletores de pontos* de máquinas antigas são discos, alavancas, botões ou cames. Modelos mais recentes e computadorizados têm teclas ou superfícies de toque que não só selecionam o ponto, mas também definem automaticamente o comprimento e a largura do ponto.

Seletor de tensão da linha

A fim de fazer pontos uniformes, sua máquina exige uma certa quantidade de tensão na linha conforme costura. Você ajusta a tensão usando o *seletor de tensão da linha*, que geralmente está localizado na parte superior ou frontal da máquina.

A tensão da linha normalmente é marcada em números — quanto mais alto o número, maior a tensão, e quanto mais baixo o número, menor é a tensão. Algumas marcas têm a tensão da linha marcada com um sinal de mais (+), significando mais tensão, e um sinal de menos (-), significando menos tensão.

O velho ditado "Se não está quebrado, não conserte" definitivamente aplica-se ao seletor de tensão da linha. A menos que você tenha problemas sérios como tecido franzindo ou linha se enrolando, deixe a tensão da linha em paz. Se você tiver esses problemas, consulte o manual de instruções ou um representante capacitado de máquinas de costura para uma opinião sobre ajuste da tensão.

Ajuste da pressão

O *ajuste de pressão*, que você geralmente encontra acima da barra que prende o pé-calcador, controla quanta pressão o calcador exerce contra o tecido.

Para a maioria dos projetos de costura, você deve deixar a pressão na configuração máxima. Assim, o tecido não fica deslizando sob o pé-calcador, criando costuras tortas enquanto você costura. Para alguns serviços, como costurar tecidos muito pesados ou diversas camadas ou fazer bordados com desenhos complicados, a pressão leve funciona melhor. Consulte seu manual de instruções para particularidades sobre o controle de pressão de sua máquina e quando ajustá-lo.

Estica-fio

A alavanca do *estica-fio* ou elevador de linha é muito importante na colocação de linha e no funcionamento normal da máquina de costura. Essa alavanca puxa apenas a quantidade suficiente de fio do carretel para o próximo ponto.

Função parada de agulha em cima e embaixo

Máquinas mais recentes têm uma função agulha em cima e embaixo que detém automaticamente a agulha na posição para cima ou para baixo sem que você tenha que manualmente girar o volante. Ajuste essa função para a configuração para cima, e a agulha detém-se fora do tecido — você não desenfia a agulha com o ponto seguinte. Ajuste-a para baixo e a agulha detém-se no tecido para girar mais facilmente em torno dos cantos.

Controle de velocidade

A maioria das máquinas mais recentes têm um *controle de velocidade* (verifique o manual de instruções para ver se você tem esse recurso em sua máquina e onde ele está localizado). Ele funciona como o controlador de velocidade de cruzeiro em seu carro, limitando o quão rápido você pode costurar. Você ajusta o controle para a velocidade mais rápida com a qual você se sinta mais confortável para costurar.

Botão de retrocesso

No início e ao final de costuras, muitas vezes você deseja reforçar os pontos de alguma forma para que não se desfaçam. Você pode amarrar cada costura à mão (ui) ou use o botão de retrocesso. Basta costurar três ou quatro pontos, apertar o *botão de retrocesso* e o transportador volta o tecido uns dois pontos. Solte o botão e a máquina recomeça a costurar para frente. Os pontos, então, estão travados e seguros.

Entendendo-se com a máquina overloque

A overloque está para a costura assim como um forno de micro-ondas está para cozinha. Adoro minha overloque porque ela realmente acelera o processo ao fazer uma costura, dar acabamento na borda (para evitar que desfie) e então cortar o excesso de tecido em uma única etapa. Você pode usar uma overloque para costurar uma ampla variedade de tecidos e ela ainda trabalha muito mais rápido do que uma máquina de costura padrão, mas não é tão versátil. Por exemplo, você não pode fazer uma casa de botão nem ajustar a margem de costura.

Uma máquina overloque, mostrada na Figura 2-8, tem quase todas as partes e peças de uma máquina de costura. Entretanto, em vez de usar uma bobina, a overloque usa laçadores, com fios passados através da máquina a partir de um cone de linha, que essencialmente entrelaçam a linha pelas bordas não acabadas do tecido e dão ao avesso da roupa aquela aparência industrializada.

Se quiser fazer um test-drive em uma overloque antes de decidir se vai comprar a sua, visite o representante local de máquinas de costura e experimente uma ou inscreva-se em uma aula.

A maioria dos iniciantes começa com máquinas de costura padrão. No entanto, caso queira costurar com uma overloque, eu lhe dou instruções especiais onde você precisar ao longo desse livro.

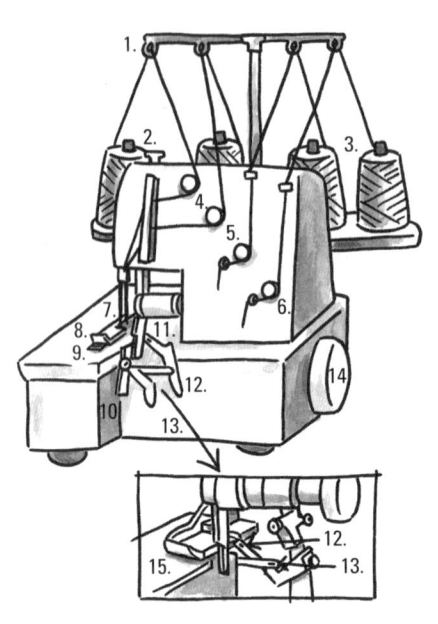

1. Suporte telescópico do guia-linhas
2. Regulador de pressão
3. Porta-cones
4. Tensão da linha da agulha
5. Regulador de tensão da linha do laçador superior
6. Regulador de tensão da linha do laçador inferior
7. Agulhas
8. Pé-calcador
9. Transportador
10. Faca inferior
11. Faca superior
12. Laçador superior
13. Laçador inferior
14. Volante
15. Chapa de agulha

Figura 2-8: Uma overloque faz as costuras, dá acabamento nas bordas do tecido e corta o excesso de tecido em uma única etapa simples.

Capítulo 3

Selecionando Tecidos, Materiais de Artesanato e Entretela

*V*ocê se lembra como se divertia comprando o material para a volta às aulas quando era criança? É assim que me sinto a cada vez que inicio um novo projeto de costura ou de decoração. Visualizo o projeto terminado, fico animada de andar por uma loja de tecidos selecionando aqueles itens perfeitos para o meu projeto e imagino os elogios que receberei dos meus amigos e família quando ele estiver concluído. E como tudo que você costura é escolhido por você e feito sob medida, você nunca precisa devolver alguma coisa por não ser exatamente aquilo que queria.

Este capítulo aborda o que você precisa saber sobre tecido e os materiais envolvidos na costura, incluindo informações sobre o conteúdo das fibras (não daquele tipo que auxilia na digestão, mas aquele que compõe o tecido), como comprar bons tecidos, o que levar em conta quando selecionar acabamentos e materiais de armarinho e a finalidade de um item misterioso chamado *entretela*.

Escolhendo o Tecido Certo para Seu Projeto

Alguma vez você já comprou em promoção uma calça linda, com ótimo caimento, pensando que tinha feito um ótimo negócio — apenas para descobrir após a primeira lavagem que a calça caiu aos pedaços, encolheu mais de um tamanho, ou sofreu de amassado irreversível? É possível que aquela calça que foi uma barganha estivesse infestada de fibras ruins.

Você pode se perguntar o que faz com que um tecido seja bom e como saber se você está obtendo o máximo da relação custo-benefício de seu tecido. Esta seção lhe ensina sobre as vantagens e desvantagens das fibras comuns para que possa fazer a melhor escolha para cada projeto.

Entendendo as fibras

Fibras são os ingredientes brutos usados para fazer um tecido. Fibras são importantes porque determinam as características de um tecido, incluindo:

- **Tato:** neste negócio, chamamos isso de toque do tecido. Ele é confortável de se usar? Será que veste bem e mantém sua forma?
- **Peso:** é muito pesado? Muito leve?
- **Cuidados:** é só lavar e usar ou precisa ser lavado a seco?
- **Durabilidade:** como ele mantém a cor depois de ser lavado com água ou a seco?

As fibras dividem-se nas quatro categorias a seguir:

- **Naturais:** estas fibras incluem algodão, seda e lã. Fibras naturais respiram, aceitam bem tingimento e caem muito bem. Como ponto negativo, elas têm uma tendência a encolher, desbotar na lavagem com água ou a seco, amassar e deformar com uso moderado.
- **Artificiais:** acrílico, acetato e rayon são os membros mais distintos do grupo de fibras artificiais, os quais utilizam matéria de plantas que produzem celulose. O acrílico é macio, quente e resistente a manchas de óleo e produtos químicos, mas as fibras acrílicas podem deformar e *dar bolinha* (pequenas bolas formadas por fiapos) com o uso. O acetato não encolhe, é resistente à traça e tem bom caimento; no entanto, pode perder sua cor e rasgar com o uso, transpiração e lavagem a seco. O rayon, ou raiom (que tem sido chamado de seda artificial), respira, cai bem e aceita bem tingimento. Rayon também amassa e encolhe, por isso deve ser lavado a seco ou à mão e passado rigorosamente.
- **Sintéticos:** náilon, poliéster, elastano e as microfibras estão entre as centenas de fibras sintéticas produzidas a partir de petróleo refinado

ou gás natural. O náilon é excepcionalmente forte, elástico quando molhado, resistente à abrasão, brilhante e fácil de lavar, com baixa absorção de umidade. O poliéster não encolhe, não amassa, não estica nem desbota. É resistente a manchas e a produtos químicos, é fácil de tingir e de lavar. Mas, a menos que você compre roupas 100 por cento poliéster que sejam quimicamente projetadas para respirar, você perceberá que o poliéster é melhor quando misturado com fibras naturais. O elastano (incluindo a Lycra, uma marca de elastano facilmente reconhecida) é leve, suave e macio, além de mais forte e mais durável e tão elástico quanto borracha. As microfibras são de fácil tingimento, laváveis e duráveis, têm alta resistência e vestem bem.

🖊 **Misturas:** as fibras podem ser misturadas de modo que o produto final tenha a vantagem das fibras combinadas. Por exemplo, uma mistura algodão/poliéster lava, desgasta e respira por causa do algodão e amarrota menos do que o algodão 100 por cento por causa do poliéster. Tecidos populares para roupas esportivas são misturas algodão/elastano, as quais produzem uma peça confortável e bem ajustada que se move e se dobra sem estrangular suas pernas ou cintura.

Você quer que as fibras de tecido atendam às suas necessidades e estilo de vida. Por exemplo, minha mãe não gosta de passar roupa ou de levar as peças para lavagem a seco, então fibras sintéticas de fácil manutenção, que possam ser lavadas e secas à máquina, e que não amarrotem são suas escolhas. Meu marido gosta de tecidos respiráveis, tais como algodão, linho e lã. Ele não se importa de ir à lavanderia e pagar o preço para ter suas camisas lavadas e seus ternos limpos e passados, então, (você adivinhou) ele é um cara que prefere fibra natural.

Familiarizando-se com os tipos comuns de tecido

Milhões de tecidos são produzidos em todo o mundo a cada ano. A maioria é utilizada por fabricantes para fazer tudo, desde a moda mais recente das passarelas até assentos para carros, e apenas uma porcentagem muito pequena acaba em sua loja local de tecidos. Ainda assim, há tantos tecidos disponíveis por metro para escolher que você pode sentir-se atordoado. Nesta seção, dou uma visão geral dos tipos mais comuns de tecido, mas antes você precisa se familiarizar com duas categorias básicas de tecidos: os entrelaçados (ou planos) e os tricotados (ou malhas).

Desvendando os tecidos entrelaçados

Tecidos são feitos em um tear semelhante ao que você deve ter usado quando era criança para fazer pegadores de panela. Os fios longitudinais são chamados de *urdume* (ou *teia*) e são os fios mais fortes no tecido. Os fios transversais são chamados de *trama*. Tecidos planos são estáveis nas direções longitudinal e transversal, mas se esticam pouco quando puxados pelo *viés* — a diagonal entre os fios longitudinais e transversais.

Os tecidos podem ser entrelaçados de forma frouxa ou apertada. Para um tecido plano, entrelaçado de forma frouxa, pense na gaze ou morim. Quando você coloca esses tecidos contra a luz, quase consegue ver através deles. Para um tecido com entrelace apertado, pense numa lona de barco, que é mais uniforme e pesada que a gaze, porque seus fios são entrelaçados de forma muito firme.

Conhecendo mais sobre os tecidos tricotados

As malhas são construídas com uma série de laçadas longitudinais denominadas *colunas* e pontos transversais denominados *carreiras*. Devido a esta construção em laçadas, você trata as malhas de forma diferente dos tecidos planos quando costura. A maioria das malhas tem elasticidade no sentido transversal e estabilidade no sentido do comprimento, para que se movam e se acomodem ao corpo. Como os tecidos planos, há vários tipos de malhas: os mais comuns são a malha de trama, que se enrola para um lado quando esticada transversalmente ao fio, e a malha de teia, que não enrola.

Dando uma olhada nos tecidos comuns

A lista a seguir descreve alguns dos tecidos mais comuns disponíveis a metro. Note que a maioria é entrelaçado ou malha, mas alguns tecidos podem vir nas duas variedades.

- **Casimira:** um tecido de peso leve a médio, de trama uniforme, de algodão, seda ou lã, utilizado em camisas masculinas e ternos finos.

- **Brocado:** originalmente feito de seda pesada com um elaborado padrão de fios de prata ou ouro, o brocado de preço acessível agora é feito a partir de fibras sintéticas e tem uma aparência pesada, com desenhos em relevo. Brocados são utilizados tanto no vestuário como em projetos de decoração de interiores.

- **Canvas:** um tecido pesado, de trama fechada e uniforme, geralmente feito de algodão e usado para assentos e encostos de cadeiras de diretores de cinema, sacolas de compras e outros projetos que exigem resistência e uso pesado e prolongado.

- **Cambraia:** um tecido de peso leve a médio, de algodão ou mistura de algodão de trama uniforme, que você encontra em roupas de trabalho, camisas e pijamas. A cambraia, que se assemelha ao brim, mas com peso mais leve, é geralmente feita com um fio de urdume colorido e com o fio da trama branco.

- **Chenile:** derivado da palavra francesa para *lagarta*, o chenile é um fio felpudo usado para criar tecidos para estofamento e roupa de cama.

🖊 **Chintz:** tecido plano de trama fechada, de algodão ou mistura de algodão/poliéster, frequentemente usado em cortinas. Este tecido é impresso com figuras — mais comumente flores — e tem um acabamento suave, brilhoso e lustroso.

🖊 **Veludo cotelê:** tecido de peso médio a pesado, de algodão de *trama felpuda* (listras em relevo peludas) que é entrelaçado criando as nervuras características no sentido longitudinal do fio. O cotelê vem em listras de larguras diversas, liso ou estampado, e é comumente usado em roupas de crianças e roupas esportivas ocasionais (não confundir com roupas esportivas "ativas" usadas para ginástica na academia).

🖊 **Crepe:** um tecido plano ou malha, com superfície granulosa. Por conta da superfície crespa, os crepes puxam mais fio e não caem tão bem como tecidos mais uniformes como a popeline. O crepe é mais usado em roupas femininas, tais como tailleurs, vestidos e blusas.

🖊 **Damasco:** é mais liso que o brocado e reversível, com um padrão de cor diferente no lado oposto. Os desenhos muitas vezes são minuciosos e foram originalmente tecidos em seda. Os damascos de hoje são feitos de algodão ou linho e podem ser misturados com fibras sintéticas ou artificiais.

🖊 **Brim:** um tecido forte, de peso médio a pesado, com estrutura sarja, no qual os fios do urdume são de uma cor (geralmente azul) e os fios da trama são brancos ou creme. O brim está disponível em muitos pesos, dependendo da finalidade, e é ótimo para calças, jaquetas, saias e projetos de decoração para casa.

🖊 **Malha dupla:** uma malha de peso médio, em que ambos os lados são tricotados de forma idêntica. A malha dupla mantém sua forma e tem boa recuperação. Utilize a malha dupla para fazer vestidos, blusas, saias e jaquetas.

🖊 **Seda dupioni (ou doupion):** uma seda de acabamento liso, com uma aparência de linho *torcido* — pequenas irregularidades na fibra que dão ao tecido uma textura perceptível. Como a seda tinge-se de forma muito bonita e tem um toque tão flexível, o dupioni é utilizado no vestuário e na decoração. É um tecido razoavelmente frágil, por isso, quando usá-lo em projetos de decoração de interiores, mantenha-o longe da luz solar direta para evitar que estrague.

🖊 **Lona:** um tecido pesado de linho ou algodão, de trama fechada, disponível em estrutura tafetá ou sarja. Canvas e lona são usadas de forma intercambiável e dão ótimos aventais e capas para móveis. (Mas nem pense em beijar essa lona.)

🖊 **Laise:** um algodão bordado disponível a metro para blusas e vestidos ou em larguras menores, para acabamentos. O bordado característico possui furos que são debruados com pontos em zigue-zague.

- **Pele sintética:** um tecido de lanugem pesada que tem a aparência, o toque e quase o calor da pele animal, mas é muito menos dispendioso. Peles falsas são normalmente feitas a partir de fibras modacrílicas (aquelas usadas para fazer tecidos felpudos, como para brinquedos de pelúcia) misturadas com outras fibras sintéticas ou naturais, e tornaram-se tão boas que muitas versões sofisticadas são cópias exatas de seus equivalentes animais. A maior parte das peles sintéticas é feita sobre um forro de malha, o que significa que elas não vão desfiar, podem ser lavadas com água ou a seco, e não vão deixá-lo em apuros com o pessoal dos direitos dos animais.

- **Flanela:** tecido de algodão ou lã, de peso leve a médio, de estrutura tafetá ou sarja. A flanela de algodão penteado tem uma superfície macia e peluda e é usada para camisas de trabalho e pijamas. A flanela de lã geralmente não é penteada e é usada em ternos.

- **Fleece:** uma malha de poliéster dupla-face, de peso leve a pesado, *hidrofóbica* (que odeia água), usada em pulôveres, jaquetas, mitenes, botas, cobertores, chinelos e cachecóis. Um nome comercial comum para este tipo de fleece é polar fleece. Você também pode encontrar agasalhos de fleece feitos de algodão e misturas de algodão/poliéster. Veja "Tomando cuidados especiais ao trabalhar com fleece", mais adiante neste capítulo.

- **Gabardine:** um tecido forte, de peso médio a pesado, de ligamento sarja, feito a partir de várias fibras ou misturas de fibras. Pode ser encontrado em roupas esportivas, ternos, capas de chuva e calças.

- **Malha interlock:** uma malha fina e leve usada em camisetas e outras roupas esportivas. A malha interlock é geralmente feita de algodão e misturas de algodão e é muito elástica.

- **Jacquard:** damascos, tapeçarias, brocados, matelassê, e tecidos para estofamento com figuras elaboradas são todos tecidos jacquard entrelaçados em um tear que tem o nome de seu inventor, Joseph Jacquard.

- **Jérsei:** malha fina, de peso leve a médio usada em blusas, vestidos e roupas esportivas de melhor qualidade. O jérsei existe em cores lisas, com listras ou estampado.

- **Matelassê:** palavra francesa (matelasse) que significa *almofadado* ou *acolchoado,* refere-se ao tecido com uma superfície acolchoada produzido em um tear de Jacquard. Cobertores de matelassê são populares nas roupas de cama modernas.

- **Microfibra:** este tecido de poliéster de alta qualidade é chamado de *microfibra* porque a própria fibra tem um diâmetro menor do que a seda. Tecidos de microfibra existem em pesos variados, indo desde tecidos leves para costura até pesadas sarjas, camurças sintéticas e veludos. Por ser feita de poliéster, a microfibra não respira muito bem, então, quando escolher um molde, escolha um que seja mais folgado.

- **Popeline (ou popelina):** tecido de peso médio a pesado, de trama fechada com um fio riscado horizontal. A popeline é geralmente feita de algodão ou mistura de algodão e é ótima para roupas esportivas e para atividades ao ar livre e vestuário infantil.

✔ **Cetim:** este termo refere-se a uma trama de tecidos. O cetim pode ser feito de algodão, seda, fibras sintéticas e misturas. Muitos tipos de tecidos de cetim são usados tanto em vestuário como em mobília, mas todos têm uma aparência brilhante característica devido à forma como o tecido é entrelaçado.

✔ **Toile de Jouy:** muitas vezes chamado apenas de *toile,* esse tecido, normalmente de algodão ou linho, é estampado em uma única cor sobre um fundo liso, com cenas, paisagens e pessoas que descrevem a vida na França do Século XVIII. Atualmente, é um tecido muito popular na decoração de interiores de estilo provençal.

✔ **Tricô:** uma malha leve, transparente com nervuras verticais no lado direito do tecido e transversais sobre o avesso (parte de trás) do tecido. Estique o tecido transversalmente ao fio (veja o Capítulo 4 para mais informações sobre a linha do fio e porque ela é importante) e ele enrola para o lado direito do tecido. Use tricô para fazer lingerie. O tricô também pode ser usado como entretela termocolante. (Consulte "Investigando a Entretela" neste capítulo para detalhes.)

✔ **Tule:** tela aberta feita de orifícios atados por nós e dispostos geometricamente. Produzido em pesos diversos, o tule varia de muito fino, usado em vestidos de noivas e roupas de dança, até telas pesadas de náilon, utilizadas na elaboração de projetos de artesanato. O tule é feito de seda ou náilon e varia em largura de 1,20 metro a 3 metros.

✔ **Velour (ou veludo de lã):** tecido plano ou malha com felpa (fibras levantadas na superfície do tecido, que dão uma textura macia e felpuda) curta e espessa e geralmente tingido em cores fortes e escuras. Use o velour de malha para blusas e roupões e o velour plano em projetos de decoração. O velour é um tecido mais informal que o veludo (veja o próximo item). O velour requer um plano de corte *com sentido determinado.* (Consulte a próxima seção.)

✔ **Veludo:** tecido de seda ou sintético com felpa curta (fibras levantadas na superfície do tecido, que dão uma textura macia e felpuda). Use o veludo para trajes formais, ternos sob medida e projetos de decoração de interiores. O veludo exige um plano de corte *com sentido determinado* (Consulte a próxima seção).

✔ **Suede:** um tecido de algodão com felpa curta (fibras levantadas na superfície do tecido, que dão uma textura macia e felpuda), feito de forma semelhante ao veludo, mas sem as nervuras. Use o suede em vestuário infantil, em projetos de decoração e em trajes formais.

✔ **Tecido de lã cardada:** um tecido plano fino de lã, de trama fechada, com uma superfície firme e lisa. Tecidos de lã cardada dão ótimos ternos por terem uma trama muito fechada e ficam com ótima aparência ao longo dos anos de uso.

Levando em consideração tecidos de sentido determinado

Tecidos têm brilho, textura, desenho, cores e estampas que tornam o projeto interessante. Estes fatores criam o _sentido_ e podem exigir que você compre mais tecido e tome cuidado extra ao dispor e cortar o molde.

Determinando se o tecido tem sentido determinado

Seu tecido tem sentido determinado caso se encaixe em qualquer uma das seguintes categorias:

- **Possui um desenho com direção única:** com um desenho floral direcional, caso corte algumas das peças do molde em uma direção e outras peças do molde na direção oposta, você vai ter flores de cabeça para cima em uma parte do projeto e de cabeça para baixo em outra parte do mesmo projeto. Você precisa de tecido a mais para fazer com que todas as flores sigam (ou cresçam) na direção certa.

- **Possui uma textura felpuda:** tecidos felpudos incluem veludo, veludo cotelê, polar fleece e alguns agasalhos de fleece. Quando escovado em uma direção, o tecido é macio; em outra direção, é áspero. Essa diferença de textura traduz-se em uma diferença de cor, portanto é necessário comprar mais tecido para cortar as peças do molde na mesma direção.

- **Possui listras desiguais:** para coincidir as listras nas emendas, você precisa de tecido a mais porque tem que dispor o molde na mesma direção. Consulte a seção "Dispondo xadrezes, listras e desenhos com sentido único", no Capítulo 4, para mais informações.

- **Possui xadrez regular ou irregular:** as faixas coloridas em um xadrez devem se alinhar vertical e horizontalmente. Se as listras coloridas têm o mesmo espaçamento e estão na mesma ordem em ambas as direções ao longo da ourela (a borda longa e arrematada do tecido quando ele sai do tear; veja o Capítulo 4 para mais informações sobre ourelas), o xadrez é regular, o que significa que você pode dispor as peças do molde em ambas as direções. Se as listras coloridas não são simétricas em uma ou em ambas as direções, o xadrez é irregular, então você precisa dispor todas as peças do molde na mesma direção. Você precisa de mais tecido para fazer com que qualquer tipo de xadrez case. Confira o Capítulo 4 para saber mais sobre como trabalhar com xadrezes.

Tomando cuidados especiais ao trabalhar com fleece

Trate-o bem e o fleece (muitas vezes chamado de polar fleece) vai lhe fornecer projetos duráveis que terão uma aparência tão boa quanto seu toque. Mas por melhor que o fleece seja para decoração de interiores e vestuário, ele exige um tratamento especial.

Aqui estão alguns "faça" e "não faça" gerais para ajudá-lo a obter os melhores resultados quando trabalhar com fleece:

- ✔ **Saiba a diferença entre o lado direito e o avesso do fleece:** com o uso, a cor desbota de forma diferente no direito e no avesso do fleece. Isso não é grande coisa a menos que você use dois lados diferentes para um projeto. Para descobrir qual é cada lado, estique-o na ourela (a borda longa e terminada do tecido quando ele sai do tear; veja o Capítulo 4 para mais informações sobre ourelas). O fleece enrola-se para o lado direito. Quando esticado contra o fio, ele se enrola para o avesso.

- ✔ **Marque o lado avesso do tecido usando um lápis ou giz de costura depois de cortar seu molde:** marque o centro da parte frontal com um sinal simples e o centro da parte traseira com um sinal duplo. Se as peças de frente e verso do molde são parecidas uma com a outra, você poderá diferenciá-las pelas marcações. Lápis ou giz de costura marcam facilmente o fleece e não borram.

- ✔ **Marque os piques com um giz de costura em vez de aparar na margem de costura:** a maioria dos projetos com fleece usa margens de costura de 1,27 centímetro e se você aparar longe demais para dentro da margem, será difícil corrigir o corte.

- ✔ **Lave seu projeto concluído virando-o do lado avesso:** use água morna, ciclo para roupa delicada e sabão em pó. Sabão líquido pode danificar o acabamento químico no fleece mais leve, prejudicando suas capacidades de absorção de umidade.

- ✔ **Não pré-lave o fleece:** fazer pré-lavagem não é necessário. O fleece é geralmente feito de poliéster ou de uma mistura de poliéster que não encolhe. Você não vai danificar o tecido se fizer o pré-encolhimento, mas não é preciso fazê-lo.

- ✔ **Não passe o fleece, nem mesmo depois que você fizer as costuras:** colocar um ferro quente diretamente sobre o tecido esmaga o pelo e pode derreter as fibras. Se em determinado momento você encontrar uma costura irritante no fleece que precisa ser modelada, configure o *vapor* do ferro e mantenha-o a 8 ou 10 centímetros acima da linha de costura, deixando o vapor penetrar nas fibras. Segurando e batendo de leve sua mão sobre a costura, modele-a com a pressão dos dedos até que o tecido esfrie.

Levando em conta a largura e metragem de tecido necessários

Os tecidos vêm em larguras diferentes e quando você vai comprá-los para seu projeto de costura mais recente, pode ser necessário fazer alguma conversão, porque o molde usado pede algo diferente do que se vê na loja. A Tabela

3-1 converte a metragem requerida da largura de um tecido para outra. Por exemplo, se seu molde pede um metro de tecido de 1,5 metro de largura e o tecido que você deseja usar só tem 1,15 metro de largura, a tabela diz que você precisa de 1,24 metro do tecido de 1,15 metro de largura para fazer o projeto.

Tabela 3-1	Tabela de conversão de metragem de tecido			
0,9 metro	*1,15 metro*	*1,27 metro*	*1,37 metro*	*1,5 metro*
1,58m	1,24m	1,13m	1,02m	0,91m
1,82m	1,46m	1,36m	1,24m	1,13m
2,04m	1,57m	1,46m	1,36m	1,24m
2,27m	1,93m	1,57m	1,57m	1,46m
2,59m	2,04m	1,82m	1,68m	1,57m
2,84m	2,27m	2,04m	1,82m	1,68m
3,06m	2,48m	2,15m	2,04m	1,82m
3,39m	2,59m	2,37m	2,15m	2,04m
3,86m	2,84m	2,48m	2,37m	2,15m
4,09m	3,06m	2,73m	2,48m	2,37m
4,30m	3,28m	2,95m	2,59m	2,48m
4,55m	3,50m	3,06m	2,84m	2,59m

Lendo as etiquetas e as extremidades dos rolos

Na loja de tecido, você vê o tecido envolvido em *rolos* — tábuas de papelão ou tubos cilíndricos. As tábuas de tecido ficam sobre mesas e os rolos cilíndricos são armazenados na vertical em prateleiras ou ficam enrolados em uma vara de madeira e são pendurados horizontalmente em uma prateleira para uma melhor visualização. Nas extremidades das tábuas ou em uma etiqueta você encontra um rótulo como o que se vê na Figura 3-1 que lhe diz muitas coisas importantes sobre o tecido, incluindo a composição das fibras, a largura do tecido, instruções de cuidados, preço por metro, e muitas vezes, o fabricante.

Figura 3-1: Leia a extremidade do rolo para obter as informações necessárias sobre o tecido.

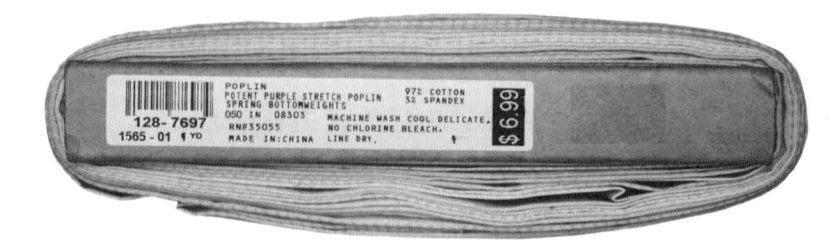

A largura da fazenda determina quantos metros de tecido que você precisa comprar para um projeto em particular. Quando precisar comprar tecido, pergunte ao vendedor qual a largura da fazenda, e não sinta vergonha em questionar quantos metros serão necessários.

As larguras de tecido mais comuns são as seguintes:

- ✔ **0,9 metro a 1,40 metro de largura:** a maioria dos tecidos de algodão, misturas de algodão, estampas diferentes, tecidos para costura e para colchas vem nessa largura.

- ✔ **1,50 metro a 3,0 metros de largura:** muitas malhas, lãs e tecidos para decoração para casa vêm nessa largura.

Ocasionalmente, você encontra tecidos com 1,80 metro de largura, e alguns tecidos transparentes, tal como tule para roupas de noiva, podem chegar a até 3 metros de largura.

Noções sobre Aviamentos

Fitas, acabamentos, laços, vivos, rendas, elásticos e zíperes estão todos incluídos na categoria de *aviamentos* ou *materiais de armarinho* — talvez porque você os guarde em um pequeno armário.

O básico sobre fita de viés

Fita de viés é uma tira longa e contínua, feita de uma mistura de algodão e poliéster, usada para arrematar ou encobrir uma borda não terminada de tecido. Por ser cortada no viés, a fita se molda a uma borda reta, tal como uma margem de costura, e pode ser facilmente moldada para se ajustar a uma curva ou borda de bainha. (Leia mais sobre o que significa *viés* no Capítulo 4.)

A fita de viés[1] existe em diversas configurações, incluindo de dobra única, dobra dupla, extralarga, para revestimento de bainha e debrum de bainha.

Loucos por galão

Você usa galão para cobrir uma borda ou para adornar a superfície de um tecido. Galão está disponível em vários tipos. O *galão comum* é usado para decorar bordas. O *galão sutache* são tranças planas, estreitas, muitas vezes vistas em trajes de marinheiro e uniformes de bandas de música. O sutache vem em dois formatos: o primeiro, com diversos sulcos finos que percorrem o comprimento da trança, e o segundo tem um sulco profundo no centro que percorre o comprimento da trança.

---

[1]N.E.: Se você estiver fazendo um projeto de patchwork poderá fazer seu próprio viés com o tecido que estiver usando.

Ficando elástico

Dê uma olhada na Figura 3-2 e veja muitos tipos diferentes de elásticos — e estes são apenas alguns dos tipos mais populares. O tipo e largura necessários para um determinado projeto são determinados pela forma como você o usa:

- **Elástico para cós:** esta malha elástica tem um cordão passando através de seu centro — perfeito para o uso em shorts de cordão e calças de moletom.

- **Cordão elástico:** parece um galão sutache, mas que estica. Use-o para revestir punhos ou cinturas (veja o Capítulo 16 para obter mais informações sobre revestimento). Elástico para roupas de banho é um cordão elástico tratado para resistir ao desgaste na água salgada ou clorada.

- **Elástico roliço:** esse cordão é mais pesado que o fio elástico e pode ser ziguezagueado para um tratamento mais macio e elástico dos punhos.

- **Linha elástica (ou lastex):** use este para franzir tecido (veja o Capítulo 16), para fazer bainha em roupas de banho (veja o Capítulo 7) e para outras aplicações decorativas.

- **Fita elástica:** é macia e extremamente elástica. Quando você estica o elástico trançado enquanto costura, a agulha desliza através das laçadas da malha de modo que o elástico não estrague ou fique maior do que o comprimento cortado durante a aplicação.

- **Elástico de embutir:** este elástico funciona de forma maravilhosa através de um cós de cintura ou na cintura de shorts, calças e saias sem zíper. Suas nervuras mantêm o elástico firme de modo que ele não dobre ou enrole no cós.

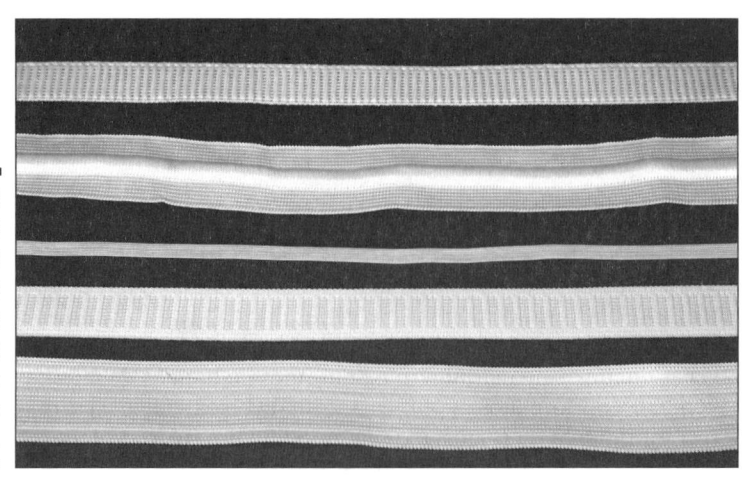

Figura 3-2: Existe uma variedade de tipos e larguras de elástico dependendo da finalidade de uso.

Um amor de renda

A renda mostrada na Figura 3-3 é vendida a metro e existe nestas e em muitas outras variedades:

- **Barrado:** essa renda é fina e reta em ambas as bordas como o entremeio de renda (veja mais adiante nesta lista). Por ser usada do lado de dentro de uma peça na borda da bainha, o barrado não precisa ser caro nem sensacional para dar conta do trabalho.

- **Renda passa-fita:** esse acabamento de renda feito à máquina tem bordas retas e uma fileira de pontos abertos passando pelo centro de forma que a fita possa ser entrelaçada por ela. Geralmente é usada como uma passagem para um cordão de fita.

- **Guipura:** pode ter a borda reta ou recortada. Usa-se guipura para adornar uma bainha ou um punho, geralmente em costura feita em estilo antigo. Você também usa guipura para adornar a borda de dobras. (Confira o Capítulo 9 para saber mais sobre dobras.)

- **Bordado inglês:** o bordado inglês é feito de algodão ou linho e apresenta pequenos orifícios no tecido, que são arrematados com pontos em zigue-zague curtos e estreitos chamados de *ponto cheio* ou *acetinado*. Bordado inglês também pode ser franzido em uma faixa e usado como borda de bainha.

- **Entremeio de renda:** essa renda tem bordas retas de modo que você possa facilmente inseri-la entre outros dois pedaços de renda ou de tecido. Entremeio é mais comumente usado em peças em estilo antigo.

Figura 3-3: Estas são apenas algumas das rendas comuns disponíveis.

Um viva para o vivo e cordões

Vivos e cordões, como os exibidos na Figura 3-4, têm bordas orladas e são imprensados entre dois pedaços de tecido na linha de costura. Uma borda orlada é uma aba achatada de tecido ou de fita que é presa à extremidade do cordão para fácil aplicação. Os tipos mais comuns de vivo e de cordão incluem o seguinte:

- **Cordão vivo:** você usa esse acabamento na maioria das vezes em projetos de decoração para o lar. Uma borda deste aviamento tem um cordão torcido; a outra borda é uma aba. A aba é costurada ao cordão, e você pode removê-la puxando o final da linha de ponto corrente. (Veja o Capítulo 12 para mais informações sobre o uso de cordão vivo em seus projetos de decoração.)

- **Cordão para preenchimento:** Esse cordão preenche o meio do vivo, que é enrolado e costurado com tecido. Esse cordão existe em uma ampla gama de larguras.

- **Vivo:** o vivo é puramente decorativo. Você o usa para adornar as bordas de capas de sofá, travesseiros e almofadas. No vestuário, use o vivo nas bordas de bolsos, punhos, golas e palas nas costuras.

Figura 3-4: Procure por estes quando precisar de cordão vivo, cordão para preenchimento e vivo.

Correndo com fitas

Você pode usar fitas para tudo, desde adornar roupas até decorar arranjos florais. Existem centenas, talvez milhares de configurações, tipos de fibra, larguras, cores, acabamentos, texturas e bordas. Listo aqui os três tipos mais comuns de fitas, mas você tem um mundo inteiro de fitas para explorar:

- **Fita de gorgorão:** essa fita tem uma textura nervurada e é muito fácil de costurar. Use-a para dar acabamento em roupas de alfaiataria ou, por não puxar fio facilmente, em roupas infantis.

> ✔ **Fita de cetim:** tem uma textura macia e brilhante. Use-a em projetos mais formais e nos que você precise de uma aparência mais elegante.
>
> ✔ **Fita de seda:** ótima para bordado à mão ou à máquina, a fita de seda aparece em várias larguras e é uma fita popular para decorar projetos feitos à mão.

Revigorando com sianinha e fita de sarja

Sianinha, uma fita estreita em zigue-zague, como a que você vê na Figura 3-5, é encontrada em diversas larguras e cores. Use-a na superfície de uma peça de roupa para disfarçar vincos de bainha que você não conseguiu passar a ferro, ou deixe apenas um pedaço à mostra na beira de um bolso, na margem de costura, para um charme extra.

Fita de sarja, como mostrada na Figura 3-5, é feita com um tecido de sarja. Pode ser estreita, média ou larga e é muito estável. Devido à sua estabilidade, você pode usar a faixa de sarja para estabilizar costuras nos ombros e em outras áreas de uma roupa que possam esticar ou perder sua forma.

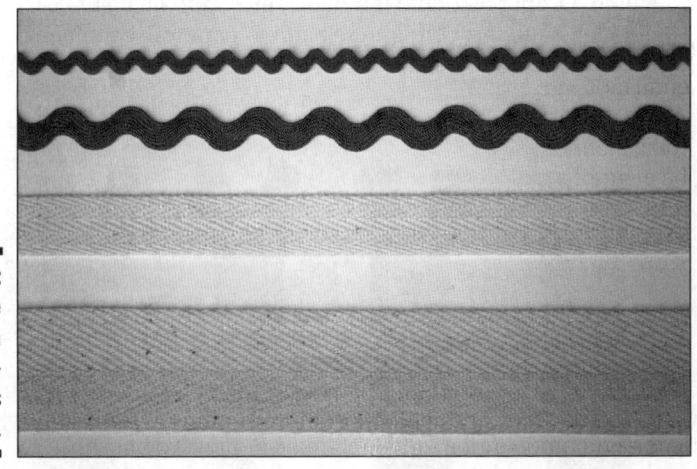

Figura 3-5: Sianinha e fita de sarja vêm em muitas larguras e cores.

A verdade sobre entretela para cortina

A entretela para cortina é usada no alto de uma cortina para dar estabilidade, firmeza e, às vezes, um lugar para encaixar os ganchos da cortina (consulte o Capítulo 15 para mais informações sobre como fazer uma cortina e como usar a entretela para cortina). A entretela geralmente se apresenta em poucas larguras (de 8 a 10 centímetros) e pode ser feita de material tecido ou não tecido.

Mais rapidez com zíperes

Zíperes são encontrados em uma variedade de tipos e configurações, incluindo os seguintes (veja o Capítulo 9 para todas as coisas relacionadas ao zíper):

- **Zíper fechado comum de náilon:** o legal sobre esse zíper, mostrado na Figura 3-6, é que ele pode consertar a si mesmo — se o zíper se separa, você simplesmente puxa o zíper para cima e para baixo, e ele *conserta*. O zíper pode aguentar só algumas poucas dessas separações, portanto, use um zíper comum em áreas de pouca tensão em roupas para adultos.

- **Zíper invisível:** quando costurado corretamente, o zíper invisível (veja a Figura 3-6) fica parecido com uma costura.

  Para costurar um zíper invisível, você precisa de um pé-calcador especial. Então, quando comprar seu primeiro zíper invisível, lembre-se de levar a marca e o número do modelo de sua máquina de costura para que compre o pé-calcador certo para zíper invisível.

- **Zíper vislon:** esse zíper tem dentes individuais feitos de metal ou de náilon. O zíper de dente moldado (mostrado na Figura 3-6) é bastante durável, o que faz com que seja ótimo para roupas infantis, para atividades ao ar livre, mochilas, jaquetas e sacos de dormir.

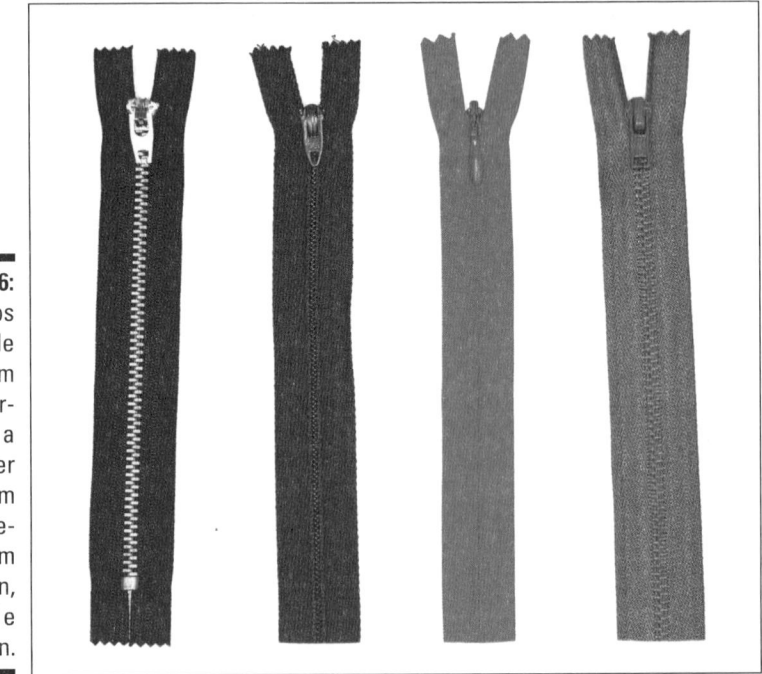

Figura 3-6: Tipos comuns de zíper incluem (da esquerda para a direita) zíper comum com dente de metal, comum de náilon, invisível e vislon.

Investigando a Entretela

Entretela é uma camada adicional de tecido usada para dar às áreas que mais se desgastam em uma roupa mais forma e durabilidade. Use a entretela em punhos, coses, vistas do pescoço e carcelas frontais (as partes das camisas onde ficam os botões e suas casas) para que essas áreas mantenham sua forma.

Se acha que pode economizar algum tempo e dinheiro suprimindo a entretela requerida pelo molde, pense novamente. Seu projeto com certeza vai ficar, digamos, *horrível*. Sem entretela, o tecido simplesmente não se sustenta, o colarinho e os punhos de uma peça se enrugam e franzem... Você entendeu.

Entretela existe nas seguintes formas:

- ✔ **Em malha:** feita de malha de náilon, essa entretela é maravilhosa para usar com tecidos de malha, porque tem a mesma elasticidade do tecido. Disponha as partes para que a elasticidade vá na mesma direção do tecido.

- ✔ **Não tecida:** essa entretela é a mais fácil de usar porque você pode dispô-la da maneira que quiser.

- ✔ **Tecida**: você dispõe essa entretela ao longo da mesma linha do fio que as peças de tecido. Se a sua peça do molde de tecido for cortada em sentido longitudinal ao fio, a peça do molde de entretela deve ser cortada da mesma forma. (Veja o Capítulo 4 para obter detalhes sobre o corte dos moldes.)

Você também pode escolher entre entretela *termocolante*, que é passada a ferro no tecido, e entretela *costurável*, que você aplica à moda antiga — costurando-a na peça de roupa. Adoro entretela termocolante. Depois de devidamente aplicada (colada) ela fica onde você quer, e como a entretela termocolante é usada com frequência nas roupas vendidas em lojas, você obtém um acabamento mais profissional em seus originais feitos à mão.

Qual é o melhor tipo de entretela para usar? Depende do tecido. Se ficar em dúvida, consulte o vendedor na loja de tecidos para ajudar na seleção de uma entretela que seja compatível com seu tecido.

Pré-encolhendo Seu Tecido

Antes de dispor e cortar seu projeto e antes de dar um ponto, você deve *pré-encolher* seu tecido. O pré-encolhimento permite que você veja como seu tecido comporta-se — isso mostra o quanto ele encolhe, se as cores desbotam, o quanto enruga, e outras características importantes.

As únicas exceções são fleece, tecidos somente laváveis a seco como lã e seda ou misturas de lã e de seda, e tecidos para decoração do lar e acabamentos.

✔ O fleece não encolhe quando lavado, portanto não é necessário pré-encolher. (Ver "Tomando cuidados especiais ao trabalhar com fleece", anteriormente neste capítulo.)

✔ Para tecidos somente laváveis a seco, acabamentos e zíperes, configure seu ferro a vapor para vapor máximo. Segure o ferro acima da superfície do tecido, deixando que o vapor penetre nas fibras, mas sem encharcar o tecido ou zíper. Seque o tecido no varal e, em seguida, passe o tecido de forma plana com o ferro seco (não configurado para vapor).

✔ Tecidos para decoração e acabamentos podem se tornar sem brilho e frouxos quando pré-encolhidos — então, não o faça. Dê uma olhada nas instruções de cuidados nos acabamentos, etiquetas e extremidade dos rolos para instruções mais completas.

Assim que chegar da loja de tecidos, pré-encolha seu tecido. Se você pré-encolher e adiar o projeto, não terá que ficar se perguntando depois: "Eu já pré-encolhi meu tecido?"

Pré-encolhendo entretela termocolante

Se a entretela termocolante não for colada de acordo com as instruções do fabricante, ela pode encolher depois que você lavar o projeto, deixando-o com um aspecto ondulado e cheio de bolhas. Ela também pode desgrudar ou tornar-se muito enrugada para o tecido, resultando em uma aparência dura, como um papelão, que grita F-E-I-T-O-E-M-C-A-S-A.

Pré-encolher a entretela termocolante tecida ou de malha reduz as chances de tais desastres. Eu pré-encolho esses tipos de entretela mergulhando-os em água quente da torneira até que estejam completamente molhados e, em seguida, deixo-os secar no varal ou ao ar livre.

Malha termocolante, que é uma maravilhosa entretela leve de malha, enrola-se terrivelmente quando você pré-encolhe. Então, em vez de pré-encolher a malha, eu corto as peças do molde da entretela no viés (leia mais sobre o viés no Capítulo 4), e a malha comporta-se muito bem no projeto final. Outras entretelas termocolantes que funcionam bem sem pré-encolher são as do tipo não tecidas, desde que você siga as instruções do fabricante para a aplicação, impressas na entrefolha de plástico embrulhada na entretela. Essas instruções lhe dizem tudo o que você precisa saber sobre o uso do produto, incluindo informações importantes, tais como o modo de cortar as peças do molde, a temperatura de seu ferro, e por quanto tempo deixar o ferro sobre o tecido.

Para os tecidos laváveis, faça o pré-encolhimento lavando-o da mesma forma que faria com seu projeto concluído. Por exemplo, se você planeja lavar sua roupa na máquina de lavar com sabão em pó regular e depois secá-la na secadora, lave e seque seu tecido da mesma forma para pré-encolhê-lo. Para evitar desfiamento descontínuo dos tecidos planos, arremate antes as bordas não terminadas usando um dos pontos de máquina de costura ou de overloque mostrados no Capítulo 6. Depois do pré-encolhimento, passe seu tecido de forma lisa e plana. Agora o tecido está pronto para o processo de disposição e corte (veja o Capítulo 4).

Também pré-encolha quaisquer acabamentos, fitas e vivos que você pretenda usar em seu projeto. Enrole-os em torno de sua mão e remova sua mão dos acabamentos, criando um *novelo*, ou rolo. Coloque um elástico em volta do novelo e lave-o junto com o tecido do projeto.

Capítulo 4

Trabalhando com Moldes

Neste Capítulo

▶ Achando o molde que você quer
▶ Entendendo o molde
▶ Dispondo, alfinetando e cortando o molde
▶ Transferindo marcas importantes para o tecido

Além de começar com um bom pedaço de tecido e um molde adequado para seu tipo de silhueta, dispor, cortar e marcar corretamente as peças do molde são a base de seu sucesso na costura, como você verá neste capítulo. Depois que compreender estes passos importantes, você irá disparar em direção à conclusão do projeto.

Comprando Moldes

Moldes são vendidos em revistas de moldes, as quais podem ser encontradas em bancas de jornal, livrarias, lojas de tecidos ou mercados locais. Alguns desenhistas independentes de moldes vendem seus moldes em suas páginas na internet e/ou na loja online `www.etsy.com`. (Pense na Etsy como o eBay dos produtos feitos à mão.) Você também pode encontrar moldes em algumas lojas que vendem tecidos para moda (tecidos usados na confecção de roupas, em oposição aos tecidos usados em decoração de interiores, artesanato ou projetos de colchas).

Mesmo um molde categorizado como *fácil* ou *rápido* pode ser difícil e demorado para um iniciante. Muitos autores de instruções de moldes supõem que você possui um certo conhecimento geral sobre costura. Se você é, de fato, um novato, procure por moldes com poucas costuras e linhas simples.

Fazendo Medições para Costura de Moda

Determinar seu tamanho de molde para uma roupa pode ser uma lição de humildade. Moldes para adultos costumam ser menores do que os tamanhos prontos encontrados em lojas de roupas — triste, mas é verdade. Isso significa que, por exemplo, caso você normalmente vista roupas tamanho 42, talvez se descubra utilizando um molde tamanho 44. Contudo, moldes para crianças funcionam ao contrário e são maiores do que os tamanhos prontos.

E tenho outras más notícias: para uma medição precisa, alguém deve tirar e anotar suas medidas. Você simplesmente não consegue obter medidas precisas de si mesmo, então nem tente. Encontre uma pessoa em quem você confie, faça-a jurar segredo absoluto, e comece a medição. (Veja o Capítulo 2 se estiver no mercado comprando uma fita métrica para tirar suas estatísticas vitais.)

Para tirar suas medidas e decidir seu tamanho de molde, você precisa localizar sua *linha natural da cintura*, que não fica necessariamente no mesmo lugar em que você usa suas calças. Para tanto, vista sua roupa íntima ou um *collant* e amarre um pedaço de fita estreita ou elástico em torno de sua cintura. Não aperte a fita com muita força. Mexa-se um pouco até que a fita ou elástico encontre sua cintura natural — geralmente a parte mais estreita de seu tronco, cerca de 18 a 22 centímetros acima da parte mais cheia de seus quadris.

Peça para seu ajudante tirar as seis medidas a seguir. A Figura 4-1 mostra o exato local de cada medida:

- Altura: _____
- Circunferência do busto: _____
- Circunferência do peito (medida entre a clavícula e a circunferência total do busto): _____
- Circunferência da cintura: _____
- Altura das costas (medida do osso na base do pescoço à linha da cintura): _____
- Circunferência do quadril: _____

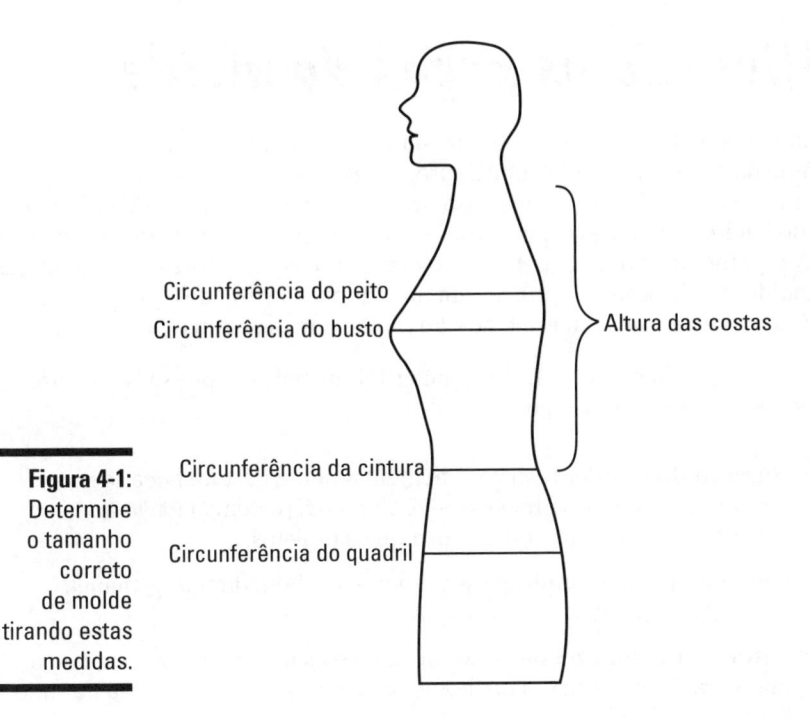

Figura 4-1: Determine o tamanho correto de molde tirando estas medidas.

Circunferência do peito

Circunferência do busto

Altura das costas

Circunferência da cintura

Circunferência do quadril

Se estiver comprando um molde em um site, em algum lugar dele você encontrará uma tabelas de medidas. Usando sua altura e altura das costas, determine tamanho, e então compare suas outras medidas com as da tabela para encontrar o tamanho de molde que se aproxime mais de suas medidas. Esse é o seu tamanho de molde.

Comprar moldes pela internet é muito conveniente. Confira o apêndice deste livro e veja as páginas das empresas de molde mais populares.

Em projetos de decoração para casa, você poderá ter várias versões de um projeto básico para decoração de janelas. Outros projetos podem ter diversas versões de travesseiros ou várias opções de capa para cadeiras. As versões apenas lhe dão opções de estilo para criar o mesmo projeto básico.

Decodificando as peças do molde

Quando você olha para suas peças do molde e vê somente uma manga, metade da parte da frente de uma blusa, metade das costas de uma blusa, metade de uma gola etc., pode pensar que a empresa esqueceu de imprimir o molde inteiro. Nada disso. Como você dobra o tecido pela metade, no sentido do comprimento (normalmente com o direito do tecido para dentro), as peças do molde são dispostas e cortadas em uma dupla camada de tecido. Assim, você geralmente usa apenas metade do molde para fazer uma peça completa.

Todas as peças do molde têm as seguintes informações impressas no centro ou próximas ao centro de cada uma:

- **Número do molde:** caso você acidentalmente misture peças de moldes de diferentes projetos, esses números podem ajudá-lo a descobrir quais peças pertencem a quais projetos.

- **Nome da peça do molde:** esses nomes são bem diretos — manga, frente da calça etc.

- **Letra ou número da peça do molde:** esses identificadores ajudam a encontrar todas as peças de molde para a versão que você está fazendo.

- **Tamanho:** muitas peças de molde apresentam diversos tamanhos. Cada tamanho é indicado com clareza, desta forma você não deve ter muito trabalho para manter tudo em ordem.

- **Número de peças que você precisa cortar:** muitas vezes, você precisa cortar mais de uma de cada peça do molde. Por exemplo, no molde de manga talvez você veja *cortar 2* a fim de que obtenha tanto a manga direita como a esquerda. Se dispuser e cortar a manga em uma dupla camada de tecido, isso conta como duas mangas.

As marcações de molde listadas abaixo e mostradas na Figura 4-2 aparecem no contorno das peças do molde:

- **Linha de corte:** esta linha exterior e mais grossa na peça do molde indica onde cortar e pode apresentar figuras de tesouras.

- **Linha de costura:** você geralmente encontra essa linha tracejada de 0,6 centímetro a 1,60 centímetro para dentro da linha de corte. Moldes com vários tamanhos talvez não tenham uma linha de costura impressa no molde. Leia a folha-guia do molde para determinar a largura da margem de costura. (O Capítulo 6 fala mais sobre costuras.)

- **Piques:** você usa esses pontos de encontro em forma de diamante na linha de corte para juntar com precisão uma peça de molde em outra. Piques únicos, duplos e triplos podem ser encontrados em um único molde.

- **Círculos, pontos, triângulos ou quadrados:** não, isso não é uma aula de geometria. Essas formas indicam pontos de encontro adicionais que auxiliam na elaboração, ajuste e desenvoltura na criação do projeto. Por exemplo, pontos grandes no molde podem indicar onde você franze uma cintura. A instrução correspondente em sua folha-guia do molde traz algo como "franza de um ponto grande até outro ponto grande".

✔ **Símbolos ou colchetes da dobra do tecido:** use esses símbolos para dispor a peça do molde exatamente na dobra do tecido, que costuma estar ao longo do sentido do comprimento do fio do tecido. Quando você corta a peça do molde e remove o molde de papel, o tecido desdobra em uma peça única que é o dobro do tamanho do molde.

✔ **Indicações para aumentar ou diminuir:** com base em suas medidas, seu corpo pode ser maior ou menor do que a peça de papel do molde. Essas linhas duplas mostram onde você pode cortar o molde para aumentá-lo ou dobrar a peça do molde para diminuí-la.

✔ **Pences:** as pences ajudam a moldar o pedaço de tecido plano em um que se ajuste às formas do corpo humano (veja o Capítulo 8). Linhas de costura tracejadas encontram-se em um ponto para criar a pence. Alguns moldes também têm uma linha inteiriça que corre pelo comprimento da pence e mostra onde dobrar o tecido para criar a pence.

✔ **Centro da frente e centro das costas:** essas instruções estão claramente indicadas por uma linha de corte inteiriça ou símbolo da dobra do tecido (reporte-se àquele item anterior nessa lista). Se o molde tem uma linha de corte inteiriça, significa que a roupa possui uma costura descendo pelo centro da frente ou pelo centro das costas. Se, em vez disso, você coloca o centro da parte da frente ou o centro das costas na dobra, você não tem uma costura descendo por essas áreas da roupa.

✔ **Posição do zíper:** esse símbolo mostra a colocação do zíper. As marcas superiores e inferiores (geralmente pontos) mostram o comprimento do zíper. (O Capítulo 9 fala sobre colocação de zíperes.)

✔ **Linha do fio:** a marcação mais importante do molde, o símbolo de linha do fio é uma linha reta que pode ou não ter setas em cada extremidade. A linha do fio é paralela às *ourelas* (bordas acabadas) do tecido. Veja a seção "Colocando as peças do molde paralelas ao fio" mais adiante neste capítulo para descobrir por que esta marcação é crucial para seu sucesso.

✔ **Símbolos de direcionamento da costura:** esses símbolos, os quais costumam parecer com pequenas setas ou com símbolos de pés-calcadores, indicam a direção que a costura deve seguir.

✔ **A linha da bainha:** essa instrução no molde mostra o comprimento máximo recomendado do projeto, que varia de pessoa para pessoa. Mas, ainda que a linha da bainha varie, isso não acontece com a *margem da bainha* (a distância recomendada da linha da bainha à margem de corte). Veja o Capítulo 7 para mais informações sobre a largura das bainhas.

A Figura 4-2 mostra toda a gama de marcações que podem ser encontradas em uma peça de molde.

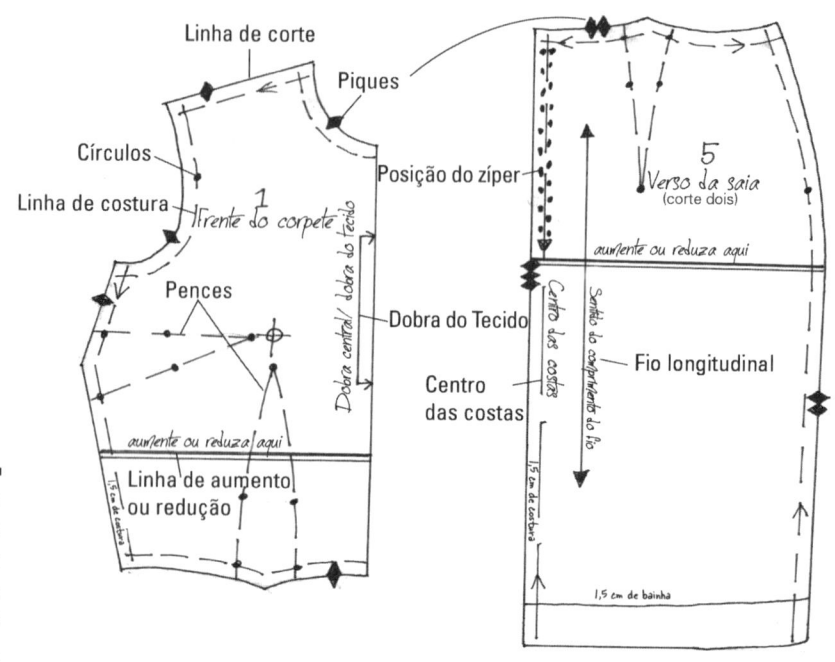

Figura 4-2: Marcações nas peças do molde são o mapa para seu projeto.

Dispondo o Molde

Antes de dispor o molde sobre o tecido, você precisa entender um pouco da terminologia básica de tecidos. Compreender as partes do tecido e cortar as peças do molde paralelas ao fio significa que as costuras permanecem passadas e retas, as pernas das calças e mangas não se torcem quando você as veste, e as pregas em suas calças e as listras, o xadrez e as estampas permanecem perpendiculares ao chão.

Conhecendo seu tecido

Se você escuta a palavra *fio* e pensa em cabelo, ainda não está preparado para dispor seu molde. Conhecer bem uma peça de tecido é crucial para seu sucesso na costura. Examine a Figura 4-3 para se familiarizar com as quatro facetas-chave dos tecidos:

- ✔ **Ourelas:** as bordas acabadas onde o tecido se solta do tear, as ourelas são paralelas ao sentido do comprimento do fio.

- ✔ **Fio longitudinal ou fio reto:** o fio longitudinal corre pelo comprimento do tecido paralelo às ourelas. Em malhas, o fio reto costuma ser mais estável e menos elástico que o fio transversal.

✔ **Fio transversal ou atravessado:** esse fio corre através da largura do tecido, de ourela a ourela e perpendicular ao fio reto. Em malhas, a maior parte da elasticidade normalmente está no fio transversal.

✔ **Viés:** trata-se do ângulo de 45 graus entre os fios longitudinal e transversal. Quando você puxa um tecido plano no viés, ele se estica e é muito maleável. É por isso que a fita de viés (Capítulo 3) e acabamentos são cortados no viés e podem ser facilmente moldados para acompanhar uma borda curva.

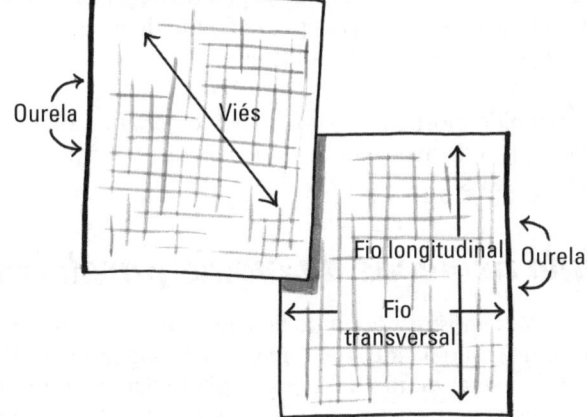

Figura 4-3:
As partes de um pedaço de tecido.

Preparando o tecido

Usar um tecido tirado diretamente do rolo é um pouco como comer uma torta de maçã crua: você pode fazer, mas o resultado não vai ser muito bom. Uma etapa importante é omitida quando você não pré-encolhe e passa seu tecido antes de começar. (Veja o Capítulo 3 para mais informações sobre pré-encolhimento; quanto à torta de maçã, fica por sua conta.)

Mesmo depois de pré-encolher e passar o tecido, você pode notar um vinco no lugar onde o tecido estava dobrado no rolo. É possível tirar esse irritante vinco da maioria dos tecidos borrifando partes iguais de vinagre branco e água em um pano de passar e então colocar o pano sobre o vinco entre o ferro de passar e o tecido, e passar até que o tecido fique seco.

Depois de passar o tecido, deixe-o secar completamente e então dobre novamente o vinco original do rolo a fim de que as ourelas se igualem. Depois, dê uma olhada no tecido: quando você o dobra pela metade para que as ourelas fiquem juntas, as bordas não trabalhadas estão perpendiculares às ourelas, e as ourelas estão paralelas entre si? Em caso negativo, o tecido pode ter sido cortado do rolo de forma desigual, ou talvez o fio precise ser alinhado.

Para tanto, desdobre o tecido novamente, puxe-o no viés (veja a Figura 4-3) e endireite-o. Se o pedaço de tecido for muito grande, consiga alguém para ajudá-lo a puxar o tecido de uma extremidade enquanto você puxa o tecido da extremidade oposta.

Distinguindo o certo do errado

O *lado direito* do tecido é o lado bonito que todo mundo vê. A maior parte dos tecidos é dobrada ou enrolada sobre o rolo com o direito dobrado para dentro para mantê-lo limpo. O *lado avesso* do tecido é a parte de dentro que ninguém vê quando você veste o projeto. Quando dispuser o molde para cortá-lo, certifique-se de que todas as peças do molde estejam dispostas da forma mostrada pelas instruções na folha-guia do molde.

A folha-guia do molde mostra o direito do tecido com um sombreado em uma cor mais escura que a do avesso do tecido, para que você possa entender as ilustrações passo a passo.

Colocando as peças do molde paralelas ao fio

Cada peça do molde mostra a linha do fio (que pode ser também um símbolo da dobra do tecido), que da mesma forma é o fio longitudinal. (Veja a seção "Decodificando as peças do molde" neste capítulo para mais informações sobre os garranchos encontrados nas peças do molde.) A linha do fio permite que você corte a peça paralelamente ao fio, o que significa que a peça do molde se alinha com o fio longitudinal.

Caso você não tenha uma mesa grande ou uma bancada sobre a qual possa cortar, compre uma base de cortar dobrável. É uma folha grande e plana de papelão ondulado com uma ou duas dobras no meio, e que geralmente vem com uma graduação de polegadas e centímetros impressa sobre ela. Coloque-a sobre uma mesa pequena e você tem um espaço para cortar instantâneo. Quando terminar, dobre-a e guarde-a debaixo da sua cama ou atrás do armário.

Siga esses passos para dispor as peças do molde sobre o tecido:

1. **Encontre e corte as peças de papel do molde que você precisa para fazer sua versão do projeto; separe-as.**

   Se estiver usando um molde definitivo com vários tamanhos e queira preservar a opção de fazer o projeto em um tamanho diferente no futuro, desenhe o tamanho do molde que você precisa no papel manilha (papel para molde), lembrando-se de transferir todas as marcações do molde definitivo.

Quando você cortar as peças de papel do molde, não as corte exatamente sobre a linha de corte; deixe um pouco de papel além da linha de corte. Deixar o papel extra torna o corte das peças de papel mais rápido e mais fácil quando você as coloca no tecido.

2. Localize o fio longitudinal ou símbolos da dobra do tecido nas peças de papel do molde.

Em um tampo de mesa plano, antes de dispor o papel de molde sobre o tecido, marque esses símbolos com uma caneta marca-texto para facilitar a consulta.

3. Dobre e então disponha o tecido sobre a mesa ou tábua de cortar, da forma como é mostrado nas instruções da folha-guia do molde.

Se o tecido for mais comprido que sua mesa ou tábua de cortar, dobre e assente o excesso de tecido na beirada da mesa, a fim de evitar que seu peso estique e puxe o tecido.

4. Seguindo o plano de corte sugerido na folha-guia do molde, disponha o molde paralelamente ao fio, certificando-se de que a linha do fio está paralela às ourelas como mostrado na Figura 4-4.

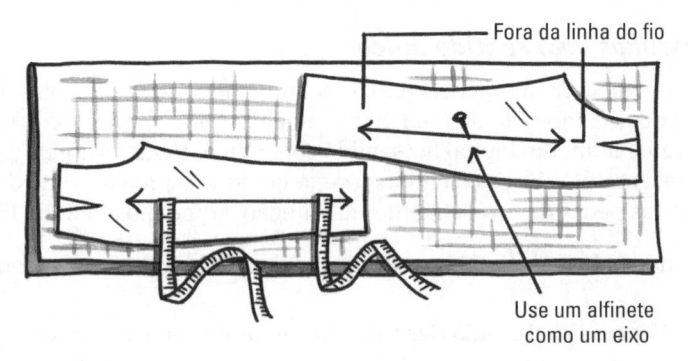

Figura 4-4: A linha de fio de seu papel de molde deve ser paralela às ourelas do tecido.

Fora da linha do fio

Use um alfinete como um eixo

Verifique se cada peça do molde está precisamente colocada paralela ao fio espetando um alfinete reto no fio do tecido, medindo a distância em linha reta entre uma extremidade da linha do fio e a ourela, e em seguida medindo a distância entre a outra extremidade da linha do fio e a mesma ourela. Cerifique-se de fixar um eixo no papel do molde a fim de que cada extremidade da peça do molde esteja equidistante da ourela. Lembre-se de usar essa técnica somente se uma tábua de cortar ou outra cobertura proteger o tampo de sua mesa.

Dispondo xadrezes, listras e desenhos com sentido único

Não se vê com frequência xadrezes e listras perfeitamente alinhados em roupas vendidas em lojas — a menos que se queira gastar muito dinheiro. Os fabricantes de roupas acham muito difícil alinhar estampas porque eles empilham muitas camadas de tecido a uma altura de até 30 centímetros e então cortam cada peça de molde com uma serra. Esse sistema permite que eles cortem 100 mangas esquerdas de uma só vez, mas deixa pouca margem para precisão. Na costura doméstica, contudo, você corta uma roupa de cada vez, desta forma é possível conseguir mais facilmente um alinhamento perfeito de desenhos de sentido único, listras ou xadrez.

Evite uma grande dor de cabeça: se você planeja usar um tecido xadrez, listrado ou com desenho de sentido único, fuja de moldes que dizem "não apropriados para xadrezes, listras ou desenhos com sentido único". Nas costuras do corte princesa (costuras que correm do ombro, sobre o busto, até a linha da bainha) e moldes com compridas pences verticais também são difíceis de alinhar se você usa esses tipos de tecido.

Desenhos com sentido único

Seu tecido contém um desenho de sentido único se a estampa somente faz sentido quando vista de uma única direção. Por exemplo, tecido com uma estampa floral direcional faz sentido somente se todas as flores apontam para cima. Para deixá-las no sentido correto em todo o projeto, você deve dispor todas as peças do molde na mesma direção, como mostrado na Figura 4-5.

Quando trabalhar com desenhos de sentido único, considere os seguintes fatores:

✔ **Tamanho de cada desenho da estampa:** se o tecido tiver uma estampa pequena, que ocupe toda a área do tecido (o que significa que a estampa tem um desenho que aponta em todas as direções), você não precisa se preocupar tanto com seu alinhamento. Se a estampa for grande — digamos, de 6 a 8 centímetros em qualquer direção — o desenho deve seguir a mesma direção na frente, nas mangas, e nas costas da roupa.

A colocação das peças do molde é importante quando se trabalha com uma estampa grande, por isso pense antes de cortar. Por exemplo, você não quer que uma estampa com grandes balões vermelhos termine com um balão no ponto central do busto. Você também não quer veleiros posicionados sobre seu traseiro, pois pode parecer que grandes ondas os agitam quando você anda.

✔ **Tamanho da repetição do padrão:** este tamanho significa a distância entre cada desenho repetido no tecido. Se a repetição tem 1,20 centímetro, um pequeno exemplo, talvez você não tenha que alinhá-lo. Se a repetição tiver 10 centímetros, contudo, ela é grande e deve ser alinhada.

Figura 4-5:
Para um desenho de sentido único, disponha as peças do molde de forma que estejam na mesma direção — pense em "este lado para cima".

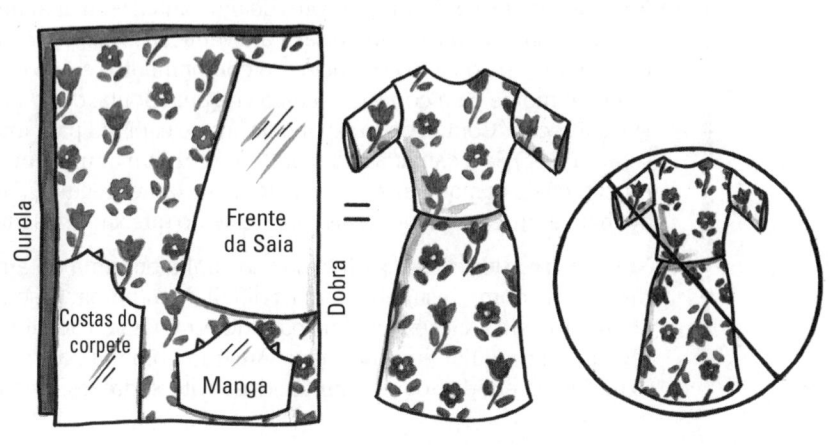

Listras iguais e desiguais

Listras são barras de cores impressas, tricotadas ou trançadas, seja horizontalmente, seja verticalmente, no tecido. Listras vêm em duas variedades:

✔ **Listra uniforme:** essa estampa tem um número uniforme de barras de cores, e todas essas barras têm a mesma largura. Pense em uma camiseta feita com listras brancas de 2,5 centímetros e listras azuis de 2,5 centímetros alternadamente. Quando trabalhar com listras iguais, você pode dispor as peças do molde em qualquer direção (com a extremidade superior do molde na parte superior do tecido ou a extremidade superior do molde na parte inferior do tecido), e as listras se alinham.

✔ **Listra desigual:** esse padrão tem listras de mesma largura e um número indefinido de barras de cores, ou listras com diferentes larguras com um número indefinido ou uniforme de barras de cores. Por exemplo, uma camiseta feita com listras horizontais, sendo uma listra vermelha de 2,5 centímetros, uma listra branca de 1,3 centímetro e uma listra azul de 2,5 centímetros, tem um padrão de listras desiguais. Se você cortar as peças do molde em direções opostas, as listras não se alinham. As barras de cores ficam ordenadas como vermelha, branca e azul em um pedaço, e como azul, branca e vermelha em outro pedaço.

Como iniciante, você deve evitar listras desiguais. Se não tiver certeza se o tecido que escolheu possui listras iguais ou desiguais, pergunte ao vendedor da loja de tecidos para identificá-lo. Se não o fizer, vai acabar com S.F.A.C. — Síndrome de Frustração Aguda com a Costura.

Xadrezes regulares e irregulares

Tecidos xadrezes têm barras de cores estampadas ou entrelaçadas no tecido, tanto horizontais quanto verticais. Como pode ver na Figura 4-6, xadrezes vêm em dois tipos diferentes:

- **Xadrez regular:** as barras de cores de um xadrez regular alinham-se nas direções longitudinal e transversal. Para verificar se o xadrez é uniforme, dobre o tecido ao meio no sentido do comprimento (como quando você dispõe o molde para cortá-lo) e então vire uma ponta, dobrando-a no viés. (Veja a seção "Conhecendo seu tecido" neste capítulo para informações sobre o viés.) Se a camada superior do xadrez formar uma imagem espelhada da camada inferior, você tem um xadrez regular. É possível alinhar xadrezes regulares mais facilmente do que xadrezes irregulares.

- **Xadrez irregular:** esse xadrez não se alinha em uma ou ambas as direções e, como resultado, é mais difícil de trabalhar. Use o teste acima no item "Xadrez regular" para determinar se você tem um xadrez regular ou irregular em suas mãos. Até que obtenha considerável experiência em dispor e cortar tecidos, evite xadrezes irregulares.

Xadrezes irregulares apresentam problemas para o iniciante em razão da dificuldade em alinhá-los. Se não tiver certeza se o tecido é ou não um xadrez irregular, pergunte ao vendedor da loja de tecidos para identificá-lo por você. À medida que suas habilidades melhorarem, comece com um pequeno xadrez regular e ganhe confiança antes de manejar xadrezes irregulares.

Figura 4-6:
Xadrezes regulares possuem uma imagem espelhada quando dobrados no viés. Os xadrezes irregulares, não.

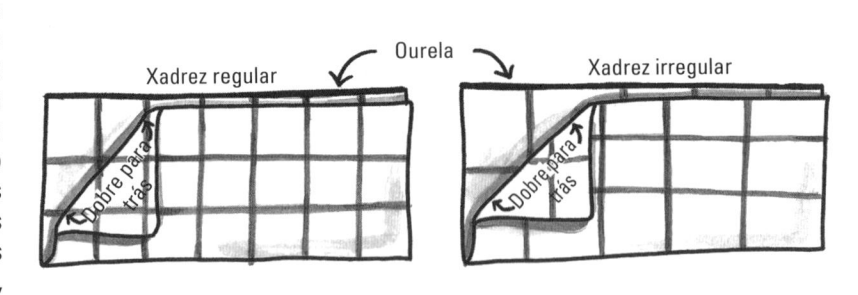

Depois de alfinetar a peça do molde ao tecido (explicado mais tarde em "Alfinetando e Cortando as Peças"), use um marcador solúvel em ar para delinear o desenho sobre o papel de molde, seguindo as barras de cores dominantes nos piques ou próximos a eles. Na Figura 4-7 você pode ver as costas e a frente das peças de uma blusa e notar os piques simples ou duplos nas costuras laterais. Ao delinear o xadrez no papel de molde, você pode facilmente ver como posicionar as peças do molde de forma a alinhar o desenho quando as costuras são unidas. Se precisar cortar cada peça do molde separadamente em uma única camada de tecido, remova o papel de molde sobre o qual você desenhou, vire-o ao contrário, a fim de cortar o outro lado da peça do molde, e coloque-o sobre o tecido, para que as barras de cores no xadrez ou listra que você vê marcadas no papel de molde fiquem alinhadas com aquelas no tecido.

Figura 4-7:
Alinhe um xadrez delineando o desenho sobre o papel de molde nos piques ou próximo a eles.

Disponha duas vezes, corte uma

As dicas a seguir ajudam na disposição do molde para grandes desenhos em sentido único, listras, e mesmo xadrezes:

- **Centralização:** decida o que você quer no centro do projeto e dobre o tecido ali, alinhando as listras, xadrezes, ou desenhos em sentido único transversalmente à largura e comprimento do tecido. Fazendo assim pode significar que as ourelas não estão alinhadas. Talvez também tenha que prender o tecido com alfinete a pequenas distâncias, a fim de evitar que o tecido se desloque quando você o dispuser e cortar de acordo com o molde.

- **Colocação:** geralmente, você coloca a listra ou barra de cor dominante em um projeto diretamente sobre, ou o mais próximo possível, a borda da linha da bainha. Este arranjo significa colocar a linha da bainha marcada no papel de molde ao longo da barra de cor dominante do tecido. Evite colocar a listra dominante, a barra de cor dominante ou os grandes balões vermelhos transversalmente ao busto ou sobre as partes mais volumosas dos quadris.

- **Alinhamento transversal:** use os piques nas peças do molde para alinhar o desenho do tecido de peça a peça. Por exemplo, para alinhar o desenho nas costuras dos ombros, observe onde os piques nas peças do molde recaem em uma barra de cor particular e dentro do próprio xadrez.

> O alinhamento transversal é mais fácil quando centraliza a primeira peça do molde onde quer no tecido. Depois de centralizar o molde, pegue a peça do molde que você quer alinhar com o tecido e coloque-a sobre a primeira, alinhando os piques.

Alfinetando e Cortando as Peças

Alfinete a peça do molde à camada dupla do tecido, para que os alfinetes atravessem ambas as camadas de tecido e fiquem perpendiculares à linha de corte e dentro dela. Isso previne que o tecido saia do lugar durante o processo de corte. (Veja a seção "Dispondo o Molde", anteriormente neste capítulo, para mais informações sobre como dobrar o tecido para criar uma camada dupla.)

Minha avó ensinou-me a alfinetar paralelamente à linha de corte. Ao pesquisar para este livro a maneira *correta* de alfinetar, percebi que estava fazendo tudo errado durante todos estes anos, mas ainda assim conseguia resultados lindos. Então, aqui está a mensagem: sempre que encontrar uma maneira de fazer alguma coisa na costura que você goste e que funcione, use-a.

Você não precisa alfinetar cada centímetro. Apenas alfinete nos piques e em todos os lugares que o molde mudar de direção. Em bordas longas e retas, tais como pernas de calças e costuras de mangas, coloque alfinetes a cada 10 centímetros, mais ou menos.

Corte suas peças do molde usando um par afiado de tesouras de costureira. (Veja o Capítulo 2 para mais informações sobre a escolha de tesouras certas para o corte.) Para manter a precisão, corte no meio da linha de corte inteiriça marcada no papel de molde, tentando não levantar muito da mesa o tecido durante o corte.

Melhor que cortar em torno de cada pique individual, economize tempo cortando na linha de corte, ignorando os piques. Depois de cortar completamente a peça do molde, volte e, com a ponta de suas tesouras afiadas, corte dentro do pique cerca de 0,5 centímetro. Um pique simples recebe um corte no centro; um pique duplo recebe dois cortes, um no centro de cada pique; um pique triplo recebe três cortes. Quando você for combinar as peças do molde nos piques, apenas combine os cortes — uma tarefa rápida e precisa.

Deixando Sua Marca

Depois de cortar as peças do molde e cortar e colar qualquer entretela necessária (veja o Capítulo 3 para saber mais sobre entretela termocolante), você está pronto para marcar. A marcação é importante porque você não quer chegar na metade do projeto, perceber que a folha-guia do molde diz que você deve costurar desta marca para aquela marca, e perceber que esqueceu de marcar algo (ou pensou que isso não era importante). Evite frustração e perda de tempo marcando os pontos, círculos, quadrados ou triângulos, mesmo que pense que não vai precisar deles mais tarde (acredite em mim, você vai precisar).

Marcando o que importa

Você precisa marcar os seguintes itens de suas peças do molde para o tecido:

- ✔ Pences (veja o Capítulo 8)
- ✔ Pregas (veja o Capítulo 8)
- ✔ Dobras
- ✔ Pontos, círculos, triângulos e quadrados (veja a seção "Decodificando as peças do molde" anteriormente neste capítulo)

Quando você começa a construir um projeto, transfere as marcas do molde que indicam pences, dobras, pregas e outros símbolos para suas peças de tecido do molde por uma razão muito boa: para ver e compreender o que os desenhos e textos na folha-guia do molde querem que você faça. Por exemplo, quando marcar uma prega, dobra ou pence, em vez de marcar toda a linha de costura, marque apenas os pontos nas linhas de costura. Quando você juntar os lados direitos para costurar, alfinete o projeto juntando os pontos: costure de ponto a ponto (alfinete a alfinete). Para instruções específicas sobre marcação e costura de pences, dobras e pregas, verifique as instruções em sua folha-guia do molde.

Usando a ferramenta certa no momento certo

Você encontra muitas ferramentas para marcação no mercado, mas usar alfinetes, giz de alfaiate e uma caneta marcadora solúvel em ar ou água é o caminho mais fácil de seguir. O Capítulo 2 lhe dá mais informações sobre essas ferramentas.

Use as seguintes técnicas de marcação, dependendo do tipo de tecido a ser usado no projeto:

- ✔ **Marque tecidos claros usando sua caneta marcadora solúvel em ar ou água.** Coloque a ponta do marcador no papel de molde sobre o ponto ou círculo, como mostrado na Figura 4-8. A tinta atravessa o papel de molde, a primeira camada de tecido e, então, a segunda camada de tecido, efetuando uma marcação precisa. As marcas feitas pelos dois tipos de marcador são facilmente removidas com água.

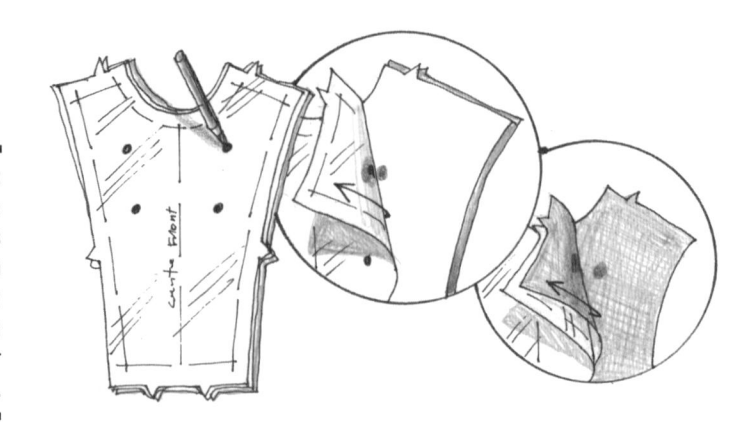

Figura 4-8: Marque tecidos claros com uma caneta marcadora solúvel em ar ou água.

✔ **Marque tecidos escuros usando giz de alfaiate.** Espete alfinetes nos pontos, através do papel de molde e de ambas as camadas de tecido, como mostrado na Figura 4-9. Abra o tecido e marque ambas as camadas nos locais onde os alfinetes penetram o tecido.

Quando marco com giz, prefiro marcar o avesso do tecido. A marcação é mais visível e não aparece no direito do tecido. Mas cuidado: o vapor de um ferro de passar às vezes pode remover a marcação, o que não causa problemas quando você quer que ela desapareça e enlouquece quando ocorre acidentalmente.

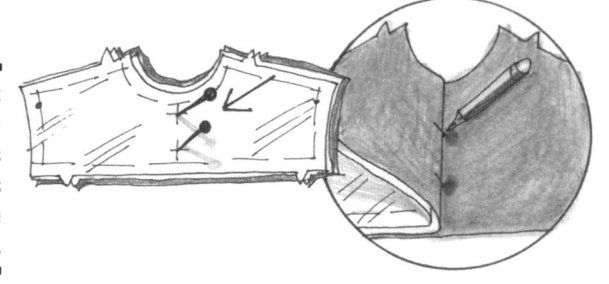

Figura 4-9: Marque tecidos escuros com alfinetes e giz de alfaiate.

✔ **Marque tecidos difíceis de marcar com alfinetes.** Dois alfinetes são inseridos nos lados opostos a fim de que se mantenham em cada peça quando as peças do molde são retiradas. Para fazer isso, espete o alfinete através de ambas as camadas de tecido, e então vire o tecido e repita o processo. Cuidadosamente remova o papel de molde de um lado arrancando-o pela cabeça do alfinete, e depois separe as camadas do tecido. Os alfinetes ficam presos pelas cabeças e marcam corretamente o tecido, como pode ser visto na Figura 4-10. Em seguida, ajuste os alfinetes de modo que eles passem normalmente pelo tecido, e o ponto por onde o alfinete entra marca o local. Deixe os alfinetes presos até que você complete a etapa que usa a marcação.

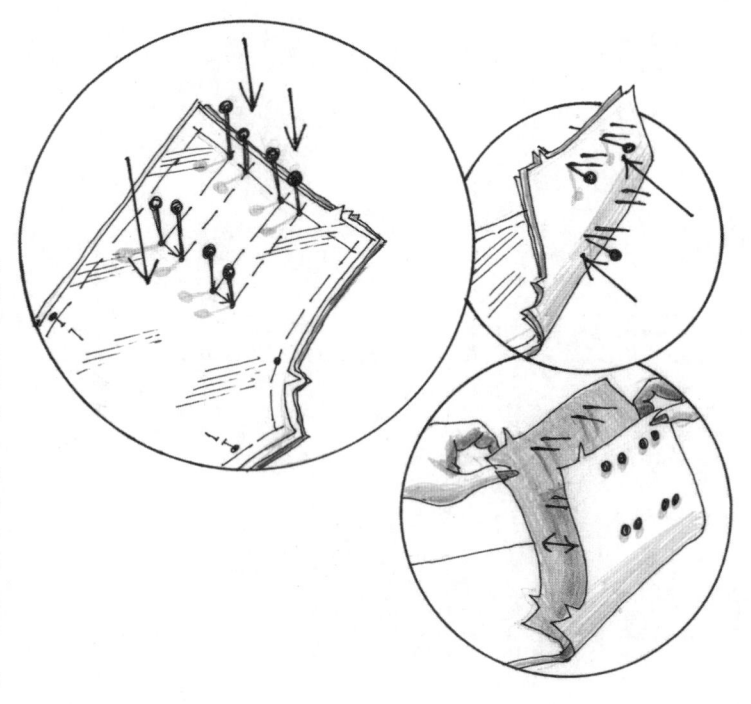

Figura 4-10: Marque peças de molde espetando alfinetes através de ambas as camadas de tecido nos pontos marcados no papel de molde.

Parte II

Dominando as Habilidades Básicas de Costura

A 5ª Onda   Por Rich Tennant

"O intruso não era páreo para a velhinha. Ela o derrubou e o costurou no tapete antes que ele soubesse o que estava acontecendo. Alguém abra o zíper de sua boca para que possamos ouvir o que ele tem a dizer."

Nesta parte...

Os capítulos nesta parte focam nos fundamentos da costura. Se você for totalmente novato na costura, definitivamente vai gostar da cobertura passo a passo de como colocar linha em uma agulha, costurar muitos tipos comuns de pontos manuais, usar um ferro de passar de forma eficaz, dar acabamento a bordas de tecido, fazer costuras e bainhas, entre outros fundamentos divertidos da costura. Se você já costurou antes, pode ficar tentado a pular os capítulos desta parte — mas não faça isso! Cada capítulo traz dicas e sugestões que ajudam até um costureiro mais experiente. Além disso, esta parte tem alguns ótimos projetos que você não vai querer perder.

Capítulo 5

Dando Início à Sua Aventura na Costura

Quer você seja ou não um fã de futebol, o momento mais empolgante do jogo é o pontapé inicial. Nunca se sabe como o jogo vai terminar e você está cheio de expectativas. É assim que me sinto quando começo um novo projeto de costura. Na minha mente, consigo ver os resultados e antecipar os aplausos e elogios de meus amigos e familiares quando eles veem o produto final. A melhor notícia sobre costura é que, na maioria das vezes, você sempre ganha, porque em uma sessão ou duas de costura você consegue ver bons resultados bem à sua frente.

Você precisará de agulha, linha, tecido e algum conhecimento de costura, seja para fazer uma colcha, bordar, consertar ou construir um projeto. Este capítulo abrange os importantes fundamentos da costura.

Colocando a Linha na Agulha

Quando uma motorista *costura o trânsito*, ela avança em zigue-zague, quase atingindo outros carros durante o processo. Ainda que colocar linha em uma agulha não seja tão perigoso, requer alguma habilidade. É, ainda, uma tarefa que varia, dependendo do tipo de agulha com a qual você está trabalhando — para costura à mão ou à máquina.

Agulhas de costura à mão

Para começar a passar a linha na agulha, desenrole um fio de linha com cerca 45 a 60 centímetros de comprimento (fios mais compridos tendem a embaraçar e desgastar antes que você os use). Começando com a extremidade da linha que sai primeiro do carretel, faça um corte limpo e em ângulo com um par de tesouras afiadas. Cortar em ângulo deixa a linha com uma pequena ponta que passa facilmente pelo olho da agulha.

O aviamento mais barato do mercado é sua própria saliva. Umedeça a extremidade da linha para ajudá-la a deslizar através do olho da agulha.

Como algumas agulhas têm olhos muito pequenos e algumas pessoas não têm visão muito boa, um *passador de linha*, que pode ser encontrado em sua loja local de suprimentos para costura, ajuda em situações apertadas. Para usar um passador de linha, atravesse o laço de arame fino pelo olho da agulha, empurre a extremidade da linha através do laço de arame e então puxe o passador. O arame segura a linha e a puxa pelo olho da agulha, como mostrado na Figura 5-1.

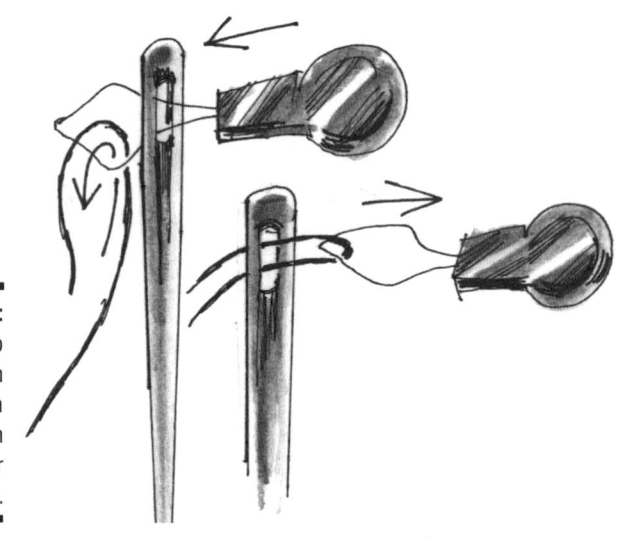

Figura 5-1:
Passando a linha em uma agulha manual com um passador de linha.

"Agulhas para cego" tornam a passagem da linha ainda mais fácil. Para usar uma agulha para cego de costura à mão, segure a agulha e um pedaço de linha em uma das mãos. Puxe a extremidade da linha através do primeiro olho (o que facilita a passagem da linha) de forma que a linha repouse na fissura. Mova a linha para dentro da fissura até que ela fique presa no lugar, como mostrado na Figura 5-2. Se a linha ficar saindo depois de várias utilizações, significa que o primeiro olho está gasto, portanto jogue a agulha fora e use uma nova. Note que o outro olho abaixo do primeiro pode ser usado como uma agulha comum.

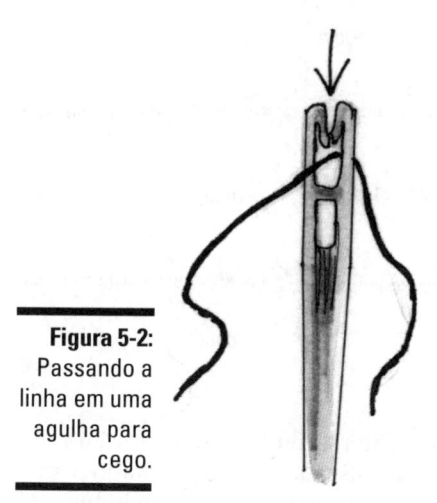

Figura 5-2: Passando a linha em uma agulha para cego.

Não há quantidade de saliva que ajude a passar uma agulha de tapeçaria porque o fio ou linha de bordado normalmente usados com essas agulhas tendem a ficar encrespados na extremidade. Apenas dobre a extremidade do fio ou linha e empurre-a através do olho, como mostrado na Figura 5-3.

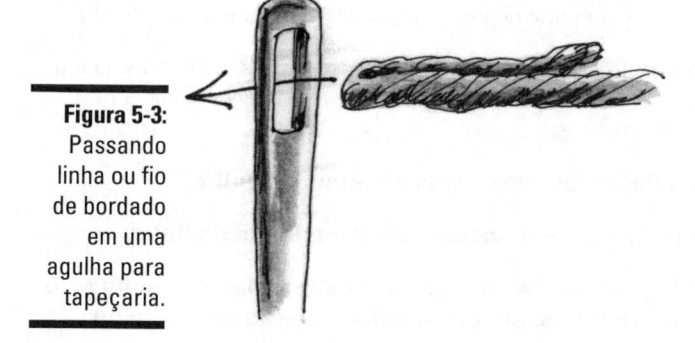

Figura 5-3: Passando linha ou fio de bordado em uma agulha para tapeçaria.

Agulhas para máquinas

Uma *agulha para máquina*, que é uma agulha para uma máquina de costura padrão ou para a maioria das overloques, tem um lado redondo e um plano, como mostrado na Figura 5-4. (Veja o Capítulo 2 para mais informações sobre máquinas de costura e overloques.)

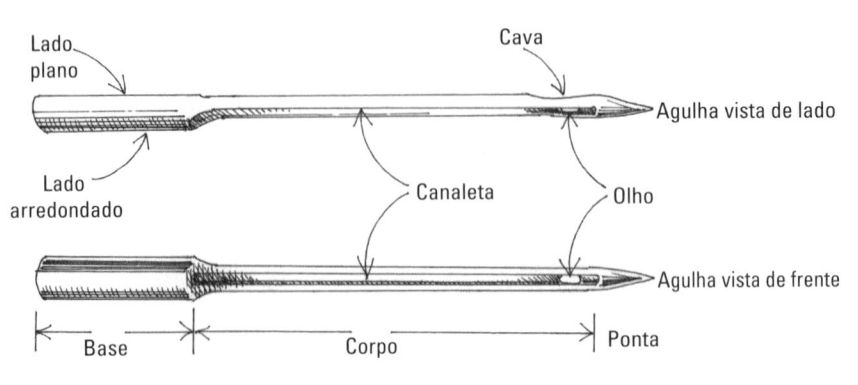

Figura 5-4:
Uma agulha
para uma
máquina
de costura
e para a
maioria das
overloques.

Para máquinas de costura com uma bobina lateral (onde a bobina está no lado esquerdo da máquina), o lado plano da base da agulha fica virado para a direita. Para a maioria das overloques e máquinas de costura com bobina frontal e superior (onde a bobina está na frente ou colocada dentro da tampa da base da máquina, onde o tecido repousa na máquina durante a costura), o lado plano da base da agulha fica virado para trás.

Certifique-se de posicionar a agulha corretamente em seu tipo de máquina. A canaleta comprida ao longo do corpo protege a linha enquanto ela dá pontos pelo tecido. A cava, a pequena reentrância atrás do olho, cria um laço que permite que a linha da bobina se prenda à linha superior, formando um ponto. Se você colocar a agulha na máquina de trás para frente, nada funcionará direito.

A anatomia de uma agulha para máquina faz com que passar a linha seja mais fácil do que em uma agulha de costura à mão. Em vez de passar saliva na linha, apenas siga estes passos:

1. **Lamba seu dedo e esfregue-o atrás do olho da agulha.**

2. **Faça um corte limpo e em ângulo na extremidade da linha.**

3. **Começando logo acima do olho, passe a extremidade da linha pelo corpo na canaleta frontal até que a linha passe através do olho.**

   Quando a linha atingir o olho, a umidade permite que ela deslize por ele, e você está pronto para puxar a linha pelo olho da agulha.

4. **Puxe 10 ou 12 centímetros de linha através da agulha para que ela não saia da agulha quando você começar a costurar.**

Atando um Nó de Costura

Você pode pensar que ter um nó em sua linha é uma coisa ruim. Isso é verdade se não foi você que o colocou ali e a linha se embaraça quando você não quer que isso aconteça. Não se preocupe se você atou o nó intencionalmente para evitar que a linha passe completamente pelo tecido enquanto costura um botão e em outras ocasiões em que quer prender a extremidade da linha.

Ao me preparar para escrever este livro, fiz uma pesquisa não oficial entre meus colegas de costura para descobrir se costureiros destros atam um nó de costura com suas mãos direitas (sou destra e faço assim). Constatei que a maneira como você ata um nó não parece ter nada a ver com a mão dominante; o que é natural no que diz respeito a atar nós depende da forma como você foi ensinado.

Usando qualquer mão que preferir (mostro tanto os passos para a mão direita como para a mão esquerda a fim de que você possa tentar ambas as formas), siga estes passos para atar um nó de costura:

1. **Segure a linha entre o polegar e o dedo indicador e dê uma volta, formando uma laçada a cerca de 5 centímetros da extremidade da linha, em torno da ponta do dedo indicador de sua outra mão, como mostrado na Figura 5-5.**

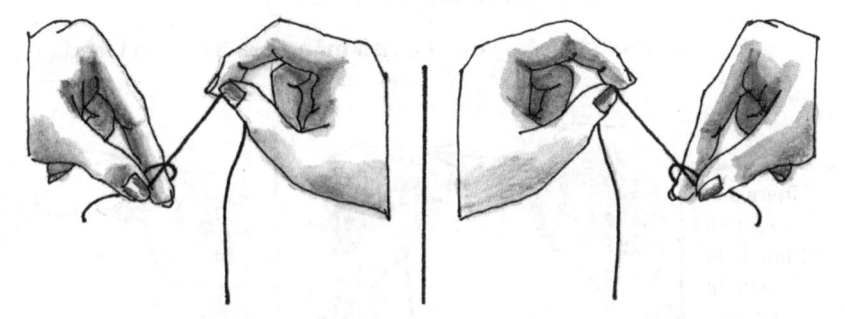

Figura 5-5:
Dê uma volta.

2. **Enrole essa laçada entre seu dedo e contra seu polegar de modo que a laçada fique torcida, como mostrado na Figura 5-6.**

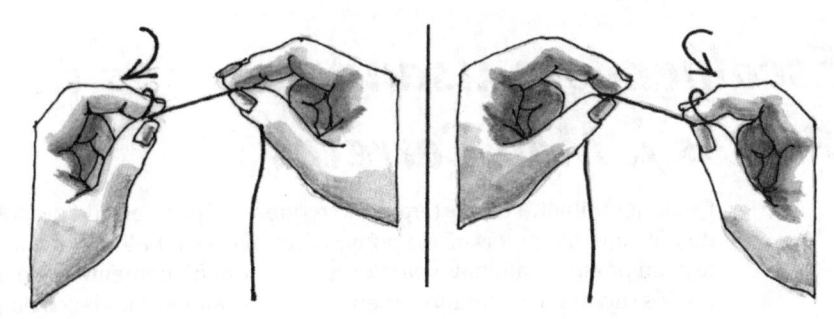

Figura 5-6:
Torça a
laçada.

3. Deslize seu dedo indicador para trás enquanto enrola a linha até que a laçada esteja quase fora de seu dedo, como mostrado na Figura 5-7.

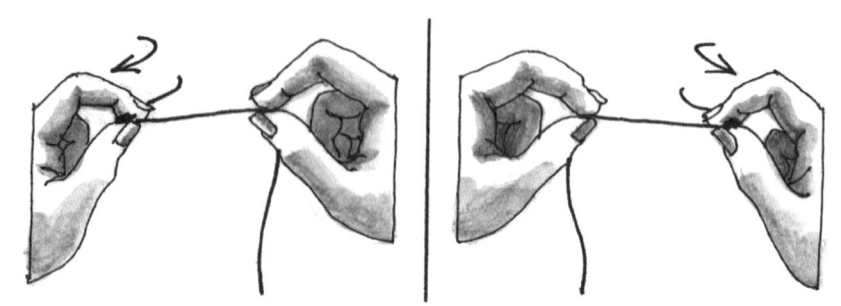

Figura 5-7: Enrole a laçada até a ponta de seu dedo.

4. Traga seu dedo médio até a extremidade torcida da laçada, remova seu dedo indicador, e coloque seu dedo médio com firmeza na frente da linha torcida contra o polegar, como mostrado na Figura 5-8.

5. Puxe a linha com a outra mão para fechar a laçada e formar o nó.

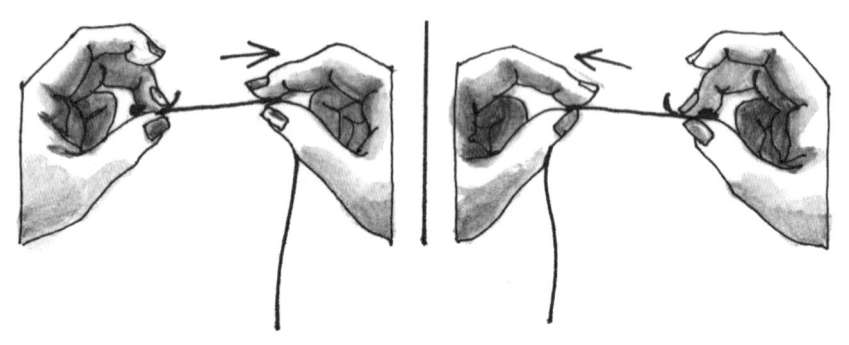

Figura 5-8: Segure a extremidade da laçada com seu dedo médio, e em seguida aperte o nó.

Escolhendo e Usando os Pontos à Mão Corretos

Qualquer trabalho de costura pode requerer vários tipos de pontos, e você definitivamente precisará do ponto certo para o trabalho. Por exemplo, não use um ponto de alinhavo para costurar permanentemente um macacão: os pontos são muito separados e seu macacão cairá aos pedaços na primeira vez que você tentar puxar um barco ou carregar um fardo. Nesta seção, você irá se familiarizar com os pontos manuais básicos e seus usos.

O ponto de arremate

Na costura manual, você prende a extremidade de um ponto costurando um nó — independente do ponto. Para costurar um nó, dê um pequeno arremate e forme uma laçada por sobre a ponta da agulha. Quando você puxa a linha através da laçada, ela aperta a linha e prende um nó na base do tecido (veja a Figura 5-9). Quando estiver arrematando uma área de muito desgaste, costure dois nós.

Figura 5-9:
Use essa técnica para amarrar com segurança um ponto costurado à mão.

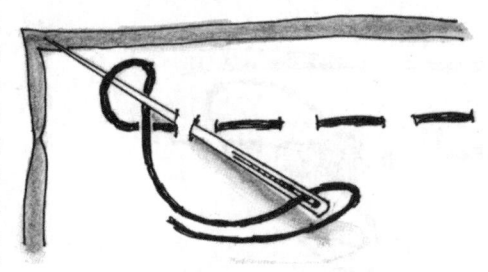

O ponto de alinhavo

Você usa pontos de alinhavo para unir temporariamente duas ou mais camadas de tecido. (Veja a seção "Alinhavando os Projetos para um Melhor Encaixe", mais adiante neste capítulo, para mais informações sobre sua finalidade.) Se você usa uma linha de cor contrastante com o tecido, os pontos são mais fáceis de enxergar e de desfazer depois que os pontos permanentes são costurados.

Trabalhando da direita para a esquerda (para destros) ou da esquerda para a direita (para canhotos), passe a ponta da agulha para dentro e para fora do tecido por vários pontos antes de puxar a linha através do tecido (veja a Figura 5-10). Faça cada ponto de alinhavo com cerca de 0,5 centímetro de comprimento, e menos de 0,5 centímetro entre cada ponto.

Figura 5-10:
Você alinhava simplesmente passando a agulha para dentro e para fora do tecido.

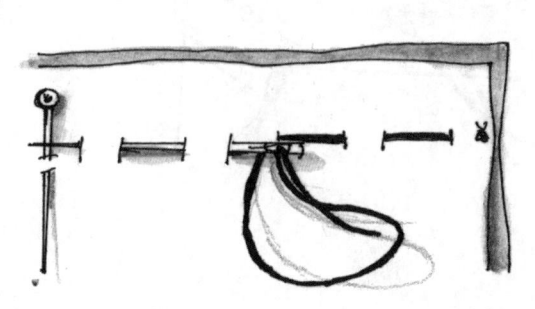

O ponto corrido

Você usa esse ponto curto e uniforme para costuras delicadas, consertos e franzidos. O ponto é curto e apertado e, como consequência, costuma ser permanente. Eu o uso para reparar rápida e temporariamente uma costura que se desfaz.

Para fazer um ponto corrido, passe a ponta da agulha para dentro e para fora do tecido fazendo pontos muito curtos (0,15 centímetro) e regulares antes de puxar o resto da agulha pelo tecido (veja a Figura 5-11).

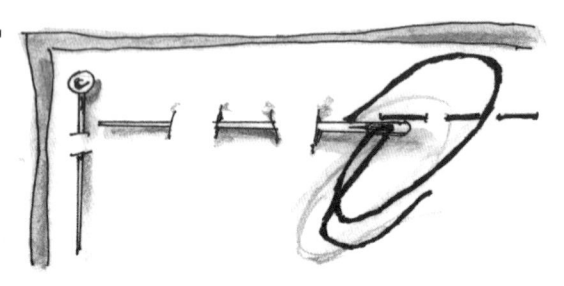

Figura 5-11: Use pontos curtos e uniformes quando der pontos corridos.

O ponto atrás

O ponto atrás é o ponto à mão mais forte. Em razão de sua durabilidade, esse ponto é usado com mais frequência no reparo de costuras em tecidos mais densos e pesados do que aqueles nos quais o ponto corrido é utilizado.

Para criar o ponto atrás, passe a agulha para fora do tecido e a espete de volta no tecido meio ponto atrás do lugar onde a linha subiu pela primeira vez. Suba a agulha meio ponto na frente do lugar onde a linha subiu pela primeira vez (veja a Figura 5-12). Repita essa ação por todo o comprimento da costura.

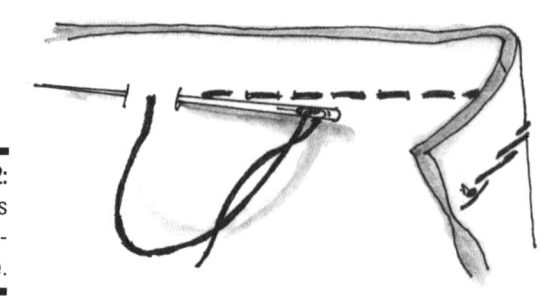

Figura 5-12: O ponto atrás é extremamente forte.

O ponto de bainha invisível

Você costura esses pontos dentro da margem da bainha, entre a bainha e a peça de roupa (veja o Capítulo 7 para mais informações sobre os pontos delicados de bainha). Com um pouco de prática, agulha e linha finas, bons pontos de bainha invisível não ficam visíveis no lado direito — por isso o nome *invisível*.

Você precisa dobrar a margem da bainha e passá-la a ferro, para mantê-la no lugar antes de usar o ponto de bainha invisível. Você também deve dar acabamento à borda da bainha, picotando ou chuleando-a. (Veja o Capítulo 6 para saber mais sobre acabamento de bordas.)

Dobre a margem da bainha de volta cerca de 1,0 centímetro e dê o primeiro ponto curto cerca de 0,6 centímetro da borda da bainha. Dê o próximo ponto curto apanhando apenas uma linha do tecido. Continue com pontos separados por cerca de 1,20 centímetro, apanhando a margem da bainha em um ponto e dando um ponto tão fino quanto possível na peça de roupa. Dê pontos de um lado para outro entre a margem da bainha e a roupa em torno da linha da bainha até que complete a bainha invisível (veja a Figura 5-13).

Figura 5-13: Bainha invisíveis requerem pontos finos separados cerca de 1,20 centímetro.

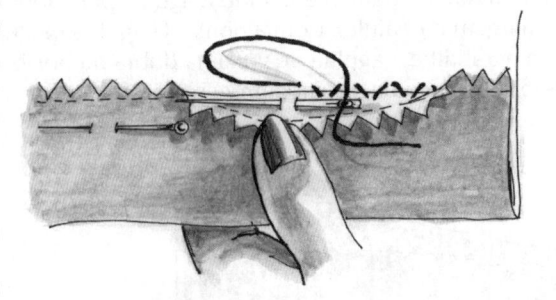

O ponto luva ou ponto de bainha inclinado

Esse ponto é o mais rápido — mas menos durável — dos pontos de bainha, porque há muita linha na superfície da borda da bainha (se você já prendeu seu calcanhar na bainha da calça e a puxou, pode ter sido vítima do ponto luva ou ponto de bainha inclinado). Portanto, use o ponto luva ou ponto de bainha inclinado somente se estiver com pressa e estiver fazendo a bainha da parte inferior de uma blusa que você usa para dentro da calça. Dê um ponto em torno da borda da bainha e então pela peça de roupa, apanhando apenas uma linha do tecido da peça (veja a Figura 5-14).

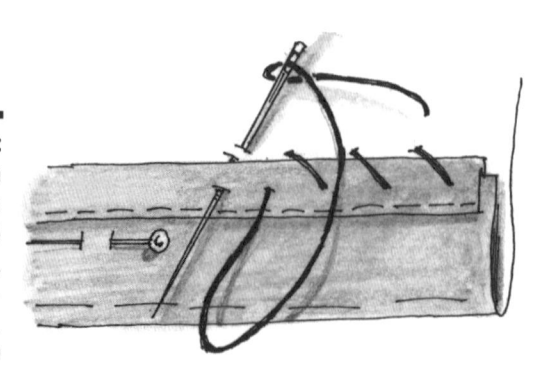

O ponto de bainha

Você usa o ponto de bainha quando trabalha com (adivinhe?) uma borda de bainha dobrada. Esse ponto é bastante durável e quase invisível. (Veja o Capítulo 7 para mais informações sobre fazer bainhas.)

Amarre a linha à margem da bainha enfiando a agulha pela dobra da bainha e trazendo-a pela margem da bainha. Com a ponta da agulha, pegue uma linha da peça de roupa e trabalhe a agulha de volta na dobra da borda da bainha (veja a Figura 5-15). Em seguida, repita o processo.

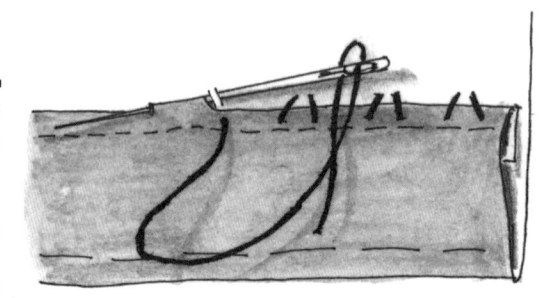

Figura 5-15:
O ponto de bainha é bastante durável e quase invisível.

O ponto invisível

Você pode unir duas bordas dobradas usando o ponto invisível. Mais frequentemente, esse ponto surge quando você quer reparar uma costura do lado direito, porque ela é difícil de alcançar pelo avesso do projeto.

Amarre a linha e a traga para fora na borda da dobra. Dando pontos finos, deslize a agulha pela dobra em uma borda e puxe a linha bem esticada. Dê outro ponto, deslizando a agulha pela borda dobrada oposta (veja a Figura 5-16).

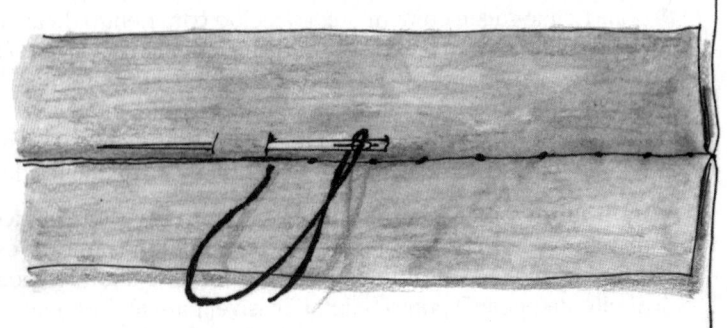

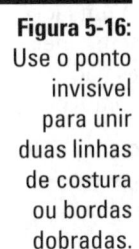

Figura 5-16: Use o ponto invisível para unir duas linhas de costura ou bordas dobradas.

Trabalhando com Pontos à Máquina

Meus pais me deram uma máquina de costura quando terminei o ensino médio. Depois de colocar linha na máquina, a primeira coisa que fiz foi tentar todos os pontos. Não tinha ideia do que eles faziam e pensei que não usaria a maior parte deles. Mais tarde, depois da faculdade e durante meu treinamento profissional como economista doméstica na White Sewing Machine Company, descobri que os vários pontos economizam tempo e produzem resultados mais profissionais.

Por exemplo, em vez de pregar botões manualmente, se eu usar o ponto zigue-zague, os botões quase nunca caem. Em vez de usar demoradas técnicas de acabamento manuais, posso fazer o acabamento das bordas não trabalhadas com minha máquina de costura ou com a overloque usando um dos muitos pontos de chuleio discutidos nessa seção e no Capítulo 6. Faço lindas bainhas costuradas à máquina em uma fração do tempo que levo para fazê-las manualmente. Descobrir como usar esses pontos foi uma epifania e estou feliz de compartilhar esse conhecimento prático com você.

Examinando os pontos à máquina básicos

A Figura 5-17 mostra os pontos à máquina básicos. Claro, sua máquina pode oferecer mais ou menos opções de pontos. A maioria das máquinas, contudo, tem uma boa seleção, portanto compare o que está disponível em sua máquina de costura com estes.

- **Reto:** você usa o ponto reto para alinhavar, costurar e pespontar.
- **Zigue-zague:** amplie a largura do ponto para fazer pontos em zigue-zague. O tecido se move sob o pé-calcador enquanto a agulha se move de lado a lado. Você usa o ponto zigue-zague para dar pontos em torno de aplicações, fazer casas de botões, pregar botões e bordar. O ponto zigue-zague é tão prático quanto divertido.

✔ **Zigue-zague de 3 pontos:** quando usado na largura mais ampla, o ponto zigue-zague comum puxa o tecido para dentro de um túnel e o tecido enrola sob o ponto — o que não é muito desejável. O zigue-zague de 3 pontos elimina este problema. A agulha dá três pontos em um lado e então três pontos no outro lado, deixando o tecido plano e sem túneis. Use o zigue-zague de 3 pontos para dar acabamento em bordas não trabalhadas, costurar elásticos, cerzir rasgos e fazer efeitos decorativos.

✔ **Bainha invisível e bainha invisível para tecidos elásticos:** o ponto de bainha invisível é projetado para fazer bainha em tecidos planos a fim de que os pontos fiquem quase invisíveis quando você olha o direito da peça. O ponto bainha invisível para tecidos elásticos tem um ou dois zigue-zagues extras para fazer bainha em malhas de forma invisível. Ambos os pontos também têm aplicações decorativas.

✔ **Overloque:** muitos dos pontos do tipo overloque nas máquinas de costura atuais são projetados para costurar e dar acabamento a costuras em uma única etapa, simulando os pontos overloque vistos em roupas prontas para usar. Alguns desses pontos funcionam bem em tecidos planos; outros funcionam melhor em malhas.

✔ **Decorativo:** pontos decorativos pertencem a duas categorias básicas: pontos do tipo cheio (ou acetinados) e fechados (tais como o bola e o diamante) e pontos do tipo rendilhados e abertos (tais como o estrela e o colmeia). Você pode programar muitas das máquinas mais modernas para combinar esses pontos com outros pontos, alongar os desenhos para um efeito decorativo mais evidente, e mesmo bordar o nome de alguém.

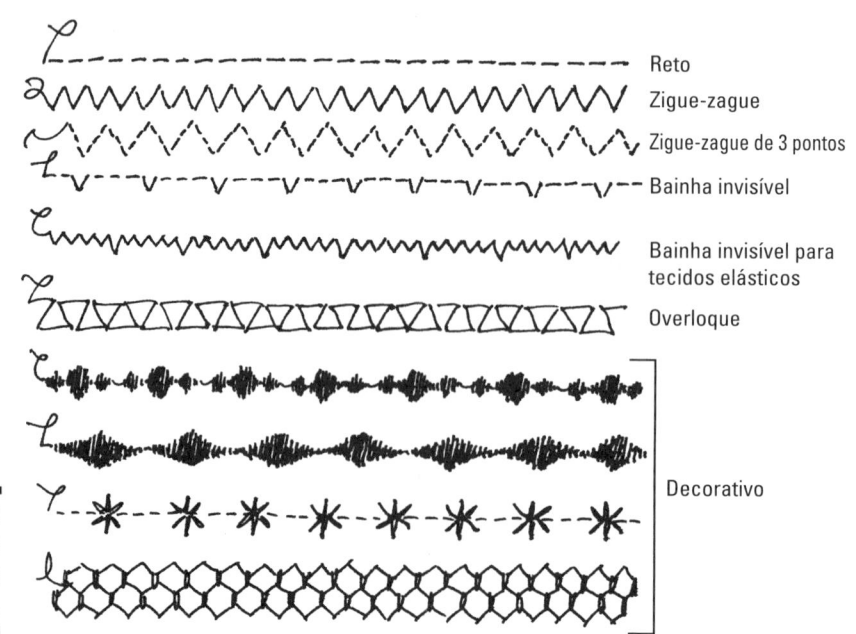

Reto

Zigue-zague

Zigue-zague de 3 pontos

Bainha invisível

Bainha invisível para tecidos elásticos

Overloque

Decorativo

Figura 5-17: Pontos à máquina básicos.

As máquinas de costura mais modernas e sofisticadas também podem criar intrincados bordados (como aqueles vistos em roupas prontas para vestir) usando *cartões de bordado*. Estes, que são como os cartões de memória das câmeras digitais, podem armazenar diversos motivos grandes e intrincados. Algumas máquinas também oferecem scanners, os quais permitem que você adicione padrões à biblioteca de pontos da máquina. Entre em contato com os fabricantes de máquinas para conhecer todas as opções (veja o Apêndice).

Selecionando um tipo de ponto

Se sua máquina de costura faz mais do que os pontos reto e zigue-zague, ela deve disponibilizar alguma forma de seleção do ponto que você quer usar.

Máquinas mais antigas têm discos, alavancas, botões ou cames como *seletores de ponto*. Modelos mais modernos e computadorizados têm teclas ou superfícies de toque não apenas para selecionar o ponto, mas também para automaticamente configurar o comprimento e a largura do ponto. Consulte o manual de instruções de sua máquina de costura para os detalhes sobre como selecionar um tipo de ponto.

Escolhendo o comprimento do ponto

O comprimento do ponto determina sua durabilidade. Pontos curtos (de 2 a 3 mm, 9 a 13 pontos por polegada) são muito fortes e destinados a serem permanentes. Pontos mais compridos costumam ser temporários ou usados como pesponto decorativo. (Veja a seção "Pesponto" neste capítulo.)

A distância na qual os transportadores movem o tecido sob a agulha determina o *comprimento do ponto*. Quando os transportadores se movem com golpes curtos, os pontos são mais curtos. Quando eles se movem com golpes mais longos, os pontos são mais compridos. (Veja o Capítulo 2 para mais informações sobre transportadores.)

Você mede o comprimento do ponto de duas formas diferentes — em milímetros (mm) e em pontos por polegada. A graduação usada depende da marca e do modelo de sua máquina.

Ao longo deste livro, mostro o comprimento necessário do ponto nas duas graduações. Consulte a Tabela 5-1 se quiser comparar o comprimento em milímetros com o comprimento em pontos por polegada.

Tabela 5-1	Convertendo Comprimentos dos Pontos
Comprimento do Ponto em Milímetros	*Comprimento do Ponto em Pontos por Polegada*
0,5	60 (configuração fina)
1	24
2	13
3	9
4	6
5	5
6	4

Use as seguintes regras gerais para comprimentos de pontos:

✔ O comprimento médio de pontos para tecidos de peso médio é de 2,5 a 3 mm/10 a 12 pontos por polegada.

✔ O comprimento médio de pontos para tecidos delicados é 2 mm/13 a 20 pontos por polegada.

✔ Para tecidos mais pesados, alinhavo ou pesponto, use de 4 a 5 mm/5 a 6 pontos por polegada.

Selecionando a largura do ponto

O controle de *largura do ponto* estabelece a distância que a agulha percorre de um lado a outro enquanto dá um ponto. Você não precisa se preocupar com a largura do ponto quando der pontos retos — apenas ajuste o controle para 0 (zero).

Todas as máquinas medem a largura do ponto em milímetros (mm). Algumas marcas e modelos têm uma largura máxima de 4 a 6 mm. Outras dão pontos tão largos quanto 9 mm.

Maior é melhor? Quando se trata de pontos decorativos, normalmente sim. Para os pontos mais práticos usados em acabamento de costura, bainha invisível ou para fazer casa de botões, uma largura mais estreita (de 2 a 6 mm) funciona melhor.

Ao longo deste livro, indico opções de larguras de pontos que funcionam para a maioria das marcas e modelos.

Dando pontos em vala

Você usa essa técnica simples para prender vistas e alinhavar rapidamente um punho ou bainha. Apenas siga esses passos:

1. Coloque a fenda da costura com o direito para cima e perpendicular ao pé-calcador de modo que a agulha fique suspensa sobre a linha de costura.

2. Usando um ponto reto, costure de maneira que os pontos afundem na fenda da costura, como mostrado na Figura 5-18.

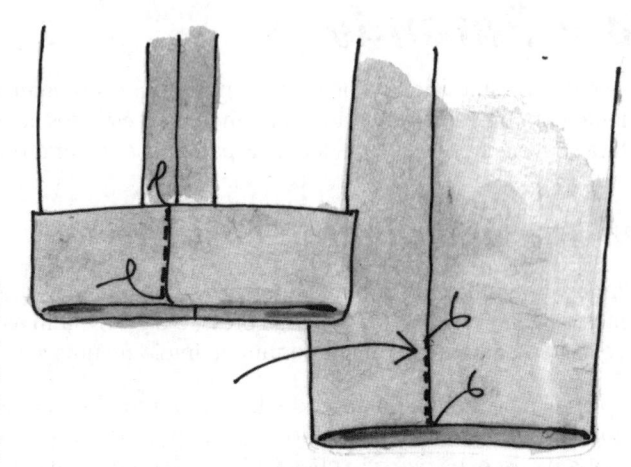

Figura 5-18: Prenda punhos e vistas dando pontos em vala.

Em vez de arrematar, puxe as linhas para o lado avesso do projeto e amarre-as. (Veja Capítulo 6 para saber mais sobre amarração de linhas.)

Pesponto

Pesponto é uma fileira extra de pontos no direito do tecido que fica paralela à linha de costura ou que costura uma bainha. Você vê pespontos no direito de um projeto como um bolso, mostrado na Figura 5-19, portanto ele precisa ter boa aparência. As instruções do molde lhe dirão exatamente em que lugar do projeto você deverá pespontar.

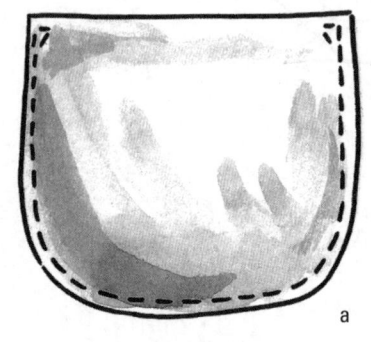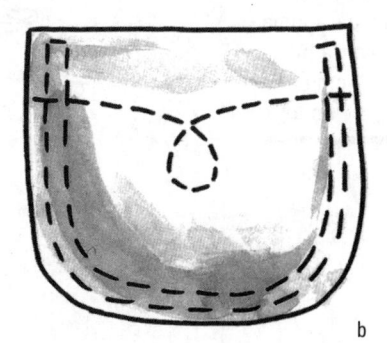

Figura 5-19: Use o pesponto para segurar um bolso em uma camisa (a) ou par de jeans (b).

a

b

Para executar o pesponto, coloque o projeto sob a agulha, com o lado direito para cima, e dê o ponto no local certo. Como o pesponto costuma ser uma parte importante do projeto total de uma roupa, você usa um comprimento de ponto mais longo do que o usado para costurar, e amarra as linhas (veja o Capítulo 6) em vez de arrematar na extremidade de cada costura pespontada.

Iniciando e Parando

Certifique-se de que sua máquina de costura e overloque seja iniciada e parada corretamente para prevenir danos ao equipamento ou estragos ao tecido. Para uma costura suave e fácil, siga essas técnicas para iniciar e parar pontos.

...com sua máquina de costura

Puxe as linhas da agulha e da bobina para a direita ou para a esquerda da agulha antes de abaixar o pé. Desse jeito, a pressão do pé segura as linhas com firmeza e elas não embaraçam ou emperram no início de uma série de costura.

Abaixe o pé-calcador no tecido antes de dar um ponto, como mostrado na Figura 5-20. Caso não faça isso, o tecido se mexe por toda a parte enquanto a agulha sobe e desce, e você não chega a lugar nenhum. Talvez a máquina acabe mesmo ficando obstruída — uma chatice. Após algumas costuras, abaixar o pé torna-se uma ação automática.

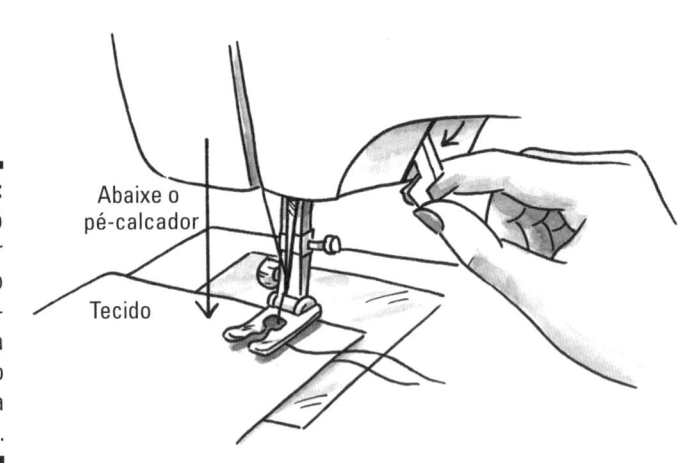

Figura 5-20: Abaixar o pé-calcador evita que o tecido balance para cima e para baixo em cada ponto.

Abaixe o pé-calcador

Tecido

Pare de costurar no fim do tecido, parando com a alavanca do estica-fio na posição mais alta. (Veja o Capítulo 2.) Caso não faça isso, a linha pode sair da agulha no ponto seguinte. Em seguida, levante o pé-calcador e puxe o tecido para fora da máquina, trazendo junto alguns centímetros de linha. Corte as linhas, deixando um pedaço de 15 a 20 centímetros pendente no tecido e de 5 a 7 centímetros atrás do pé. A maioria das máquinas tem um cortador de linha próximo à agulha, ou você pode cortá-la com um par de tesouras.

...com sua overloque

Iniciar e parar com uma overloque é mais fácil do que com uma máquina de costura, porque a overloque é projetada para oferecer mais rapidez e durabilidade. Deixando o pé-calcador para baixo e com uma corrente curta de linha saindo por trás do pé, simplesmente force as bordas do tecido sob a ponta do pé-calcador e pise no pedal. Quando a overloque inicia, ela agarra o tecido — e a costura já começou.

Para parar, puxe gentilmente o tecido à medida que ele sai da overloque por trás do pé, mantendo-o leve e constantemente esticado. Chuleie além da borda, criando uma corrente de linha atrás do pé. Pare de chulear e corte a corrente de linha, deixando o suficiente no tecido para amarrar as linhas ou para trançá-la de volta sob os pontos. Veja como chulear a borda e além dela na Figura 5-21.

Figura 5-21: Empurre o tecido sob o pé-calcador de sua overloque (a) e pise no acelerador; em seguida continue chuleando o tecido para parar (b).

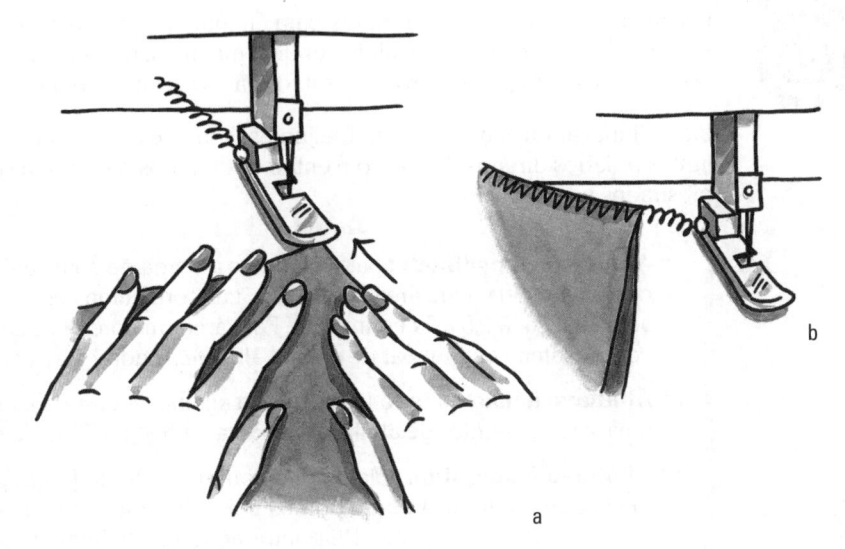

Alinhavando Projetos para um Encaixe Melhor

Alinhavo em costura não tem nada a ver com fazer algo às pressas. Em costura, *alinhavar* significa reunir temporariamente as peças de um projeto. Você pode juntá-las com suas mãos (chamado de *alinhavo com dedo*), com longos pontos à mão ou à máquina (chamado *alinhavo à mão* ou *alinhavo à máquina*) ou com alfinetes (chamado de *alinhavo com alfinete*). Os pontos longos e os alfinetes são fáceis de remover, por isso você pode examinar e ajustar o encaixe antes de costurá-lo permanentemente.

Meu professor de economia doméstica da sétima série fez com que eu alinhavasse à mão um projeto inteiro antes de dar pontos na máquina. Levou uma eternidade e achei que era uma tremenda perda de tempo. Agora que eu não preciso mais dar satisfações para meu professor de economia doméstica, não alinhavo projetos inteiros e sim alinhavo com alfinetes ou à máquina nas seguintes circunstâncias, nas quais sugiro que você também o faça:

- ✔ Quando você não tiver certeza como uma peça do molde se encaixa em outra

- ✔ Quando você precisa verificar e ajustar o encaixe do projeto

Use uma linha com cor contrastante para encontrar e remover seu alinhavo com mais facilidade. Se você está alinhavando à máquina, use linha contrastante na bobina. (Veja o Capítulo 1 para mais informações sobre bobina.)

Para alinhavar duas peças de molde juntas, comece colocando e alfinetando juntos os lados direitos do tecido e então use um dos métodos a seguir, mostrados na Figura 5-22:

- ✔ **Alinhavo com alfinete:** paralelamente à borda de corte, alfinete a 1,5 centímetro dela. Para áreas pequenas, tais como uma costura de ombro, alfinete a cada 2,5 a 5 centímetros. Para áreas maiores, tais como a costura lateral em um par de calças, alfinete a cada 7 a 10 centímetros.

- ✔ **Alinhavo à mão:** passe a linha em sua agulha de costura à mão e corra uma série de pontos de alinhavo à mão ao longo da linha da costura.

- ✔ **Alinhavo à máquina:** selecione o comprimento do ponto para um longo ponto reto de 4 mm/6 pontos por polegada e afrouxe um pouco a tensão superior da linha. Dê pontos ao longo da linha da costura. Lembre-se de voltar a tensão ao normal quando acabar de alinhavar.

Algumas máquinas de costura têm uma função automática de alinhavo à mão que dá pontos de cerca de 0,5 a 2,5 centímetros. Se sua máquina tiver essa função, lembre-se de usá-la. Ela pode poupar tempo e esforço.

Para evitar que a agulha quebre durante o alinhavo ou costura, remova os alfinetes antes que o pé os alcance, como mostrado na Figura 5-23.

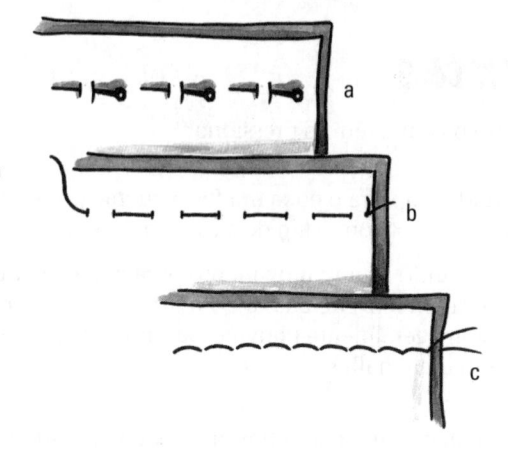

Figura 5-22: Alinhave com alfinete (a), à mão (b) ou à máquina (c) seu projeto para verificar o ajuste.

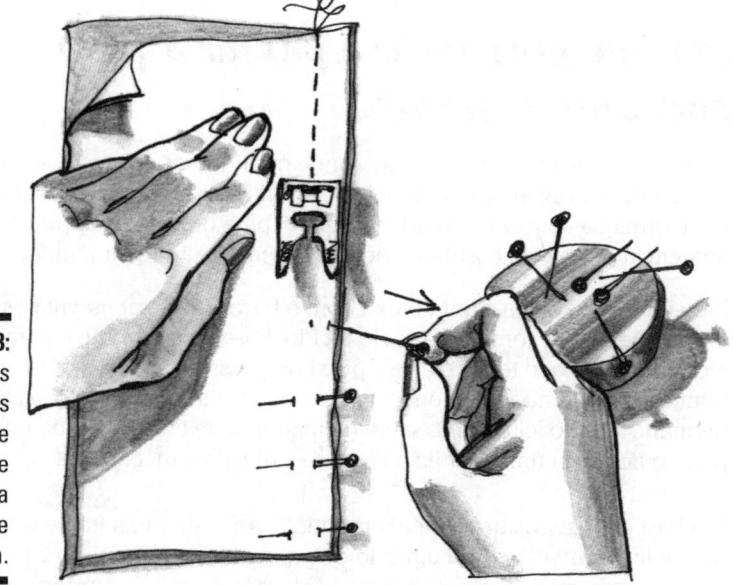

Figura 5-23: Remova os alfinetes antes de passar sobre eles com sua máquina de costura.

Se estiver trabalhando em um projeto que fique justo no corpo, adicione todos os elementos que afetam o ajuste do projeto antes de alinhavar. Se não fizer isso, seu alinhavo não lhe dará uma imagem precisa da aparência do projeto. Por exemplo, você pode trabalhar no corpete de um vestido que inclua pences e ombreiras. Em primeiro lugar, você deve costurar e passar levemente as pences da forma como é mostrado na folha-guia do molde. Em seguida, alfinete as ombreiras e então alinhave as costuras laterais juntas. Depois disso você pode experimentar o corpete e ter uma ideia bastante boa da aparência final do produto.

Assuntos Quentes

Qual a diferença entre passar a ferro e pressionar?

- ✔ Você *passa* quando empurra e puxa um ferro quente por sobre o tecido, de um lado para o outro, com o fim de alisar vincos em tecidos planos.

- ✔ Você *pressiona* quando faz um movimento para cima e para baixo enquanto empurra um ferro de passar com firmeza por sobre uma área do tecido. Pressione geralmente para moldar uma área ao costurar ou ao tirar vincos em uma malha.

Ao alisar vincos em malhas como camisetas, use o movimento de pressionar para cima e para baixo. Passar o ferro sobre malhas distorce e estica o tecido, às vezes permanentemente.

Por que pressionar e passar a ferro enquanto costura?

Costurar muda a textura do tecido onde quer que os pontos sejam dados. As costuras enrugam um pouco devido à linha, ao tecido, ao ponto usado, ou à forma das peças do molde, portanto, para que a costura fique com boa aparência depois de costurar, você deve suavizá-la pressionando.

Pressionar para cima e para baixo com o ferro de passar assenta os pontos de forma que eles se tornam parte do tecido. Passar para frente e para trás suaviza a costura e deixa o tecido o mais próximo possível de seu estado anterior aos pontos. Se você não pressionar e passar ao montar um projeto, as costuras permanecem do jeito como saem da máquina de costura ou da overloque e o projeto fica com uma aparência tosca, enrugada e inacabada.

Um bastão para costura é uma ferramenta conveniente feita de uma madeira dura e lisa, curvada como um rolo de passar. (Veja o Capítulo 2 para saber mais sobre ferramentas para passar.) O bastão é mais comprido e estreito que um rolo de passar a fim de que você possa facilmente deslizá-lo sob uma manga ou perna de calça e pressionar essas costuras mais longas sem reposicionar a ferramenta de 4 a 6 vezes.

Quando e onde pressionar

Pressione cada costura logo depois de fazê-la e todas as vezes que a folha-guia do molde determinar.

Use um nível mais quente de vapor para fibras naturais, tais como seda, algodão, lã e linho. Use um nível mais baixo de temperatura para tecidos de fibra artificial e sintética. Dependendo de seu ferro de passar, você pode ou não ser capaz de usar vapor nesses níveis mais baixos. Se estiver em dúvida sobre o que funciona melhor em seu tecido, faça um teste passando um retalho com o ferro com e sem vapor.

Cuidado ao configurar seu ferro na temperatura apropriada para a fibra de seu tecido. (Veja o Capítulo 3 para ler sobre as fibras.) Um ferro muito quente derrete a fibra e cria um brilho indesejado que nunca sairá.

Siga esses passos para passar corretamente uma costura. Como a costura está dentro, certifique-se de que o ferro será passado e pressionado no avesso do tecido:

1. **Passe as costuras de forma a deixá-las planas e juntas, assentando ou "misturando" os pontos ao tecido.**

2. **Posicione uma das bordas longas do ferro sobre a linha de costura e pressione a margem de costura para um só lado e então em direção à extremidade (veja a Figura 5-24a).**

3. **Pressione uma costura de 1,5 centímetro aberta sobre um rolo de passar (veja a Figura 5-24b), e pressione uma costura de 0,5 centímetro para um lado.**

Sua folha-guia do molde pode instruí-lo a pressionar outros itens no curso do projeto. Não tente pular etapas ignorando essas instruções.

Facilite o processo de pressionar deixando sua área de passar próxima à sua área de costura. Se sua cadeira tiver rodas, abaixe a tábua de passar para uma altura confortável a fim de que possa usar seu ferro de passar e sua tábua em posição sentada.

Figura 5-24:
Pressione ao
longo da linha
da costura
para assentar
os pontos
(a). Abra as
costuras,
pressionando-
-as sobre um
rolo de passar
ou para um
lado (b).

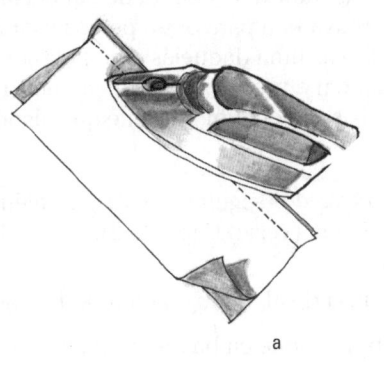
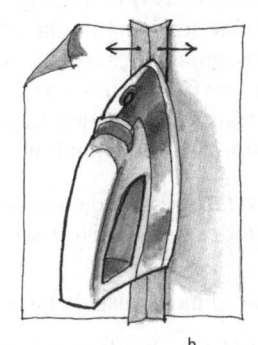

a   b

Passando tecidos felpudos

Tecidos com pelo, tais como veludo, velour, veludo cotelê e polar fleece têm uma textura felpuda que pode ser esmagada sobre a pressão do ferro. Siga essas dicas quando estiver passando tecidos com pelo:

- **Veludo cotelê:** pressione e passe a ferro no lado avesso do tecido.

- **Polar fleece:** não pressione o polar fleece.

- **Veludo para estofamento:** o veludo para estofamento é projetado para sentar, então a felpa não esmaga tão facilmente como acontece com veludo para confecção e suede de algodão. Ainda assim, você também deve pressionar o veludo para estofamento do lado avesso usando um pano de passar.

- **Velour:** pressione suavemente o velour usando bastante vapor, pressione-o do lado avesso usando um pano de passar.

- **Veludo:** basta olhar para o veludo para que ele amarrota. Ponha sobre a tábua de passar um grande retalho de veludo ou tecido atoalhado, com o lado com felpa para cima. Mantenha o lado peludo do veludo que você está pressionando contra o lado peludo da toalha e pressione levemente do lado avesso.

Se você costura muitos tecidos felpudos, invista em um pano de passar próprio para passar tecidos assim. Ele tem uma textura grossa e densa. Assim, quando você coloca o lado direito do tecido felpudo contra o pano, o tecido não sofre danos quando é aplicada a pressão do ferro.

Almofada de Camisa Reaproveitada

Quando nosso filho cresceu e sua camisa de caubói de flanela favorita já não lhe servia mais, ela ainda estava boa para outra pessoa usar. Porém, não consegui me desfazer dela, então fiz uma daquelas almofadas que você vê no Encarte Colorido. Você pode ajudar a preservar a criança dentro de todos nós ou transformar aquela camisa da sorte em um presente que alguém realmente estime quando o ganhar.

Para fazer este projeto, você precisa dos seguintes materiais, além daqueles já contidos no seu kit de sobrevivência (veja o Capítulo 2):

- Uma camisa de flanela, blusa de algodão ou camisa de time esportivo.

- Uma almofada que combine com e caiba dentro da camisa (dobre a camisa em um quadrado até que ela fique com a aparência que você quer para a almofada, meça-a e então use uma almofada que tenha as medidas mais próximas àquele tamanho).

- Linha que combine com o tecido.

Siga essas etapas para transformar uma camisa em uma capa de almofada personalizada:

1. **Abotoe a frente da camisa.**

   Se a camisa não tiver botões, pule para a Etapa 4.

2. **Configure sua máquina desta forma:**

   - Ponto: reto

   - Comprimento: 3 mm/9 pontos por polegada

   - Largura: 0 mm

   - Pé-calcador: de uso geral

3. **Costure a abertura frontal da camisa para que fique fechada, próximo aos botões, como você vê na Figura 5-25.**

   Se a camisa já tiver uma fileira de pesponto, apenas costure sobre ela, e se o pé-calcador ficar batendo nos botões, reposicione a agulha para a extrema direita ou extrema esquerda, se puder. Dessa forma, somente uma pequena parte do pé corre próximo aos botões, e não sobre eles.

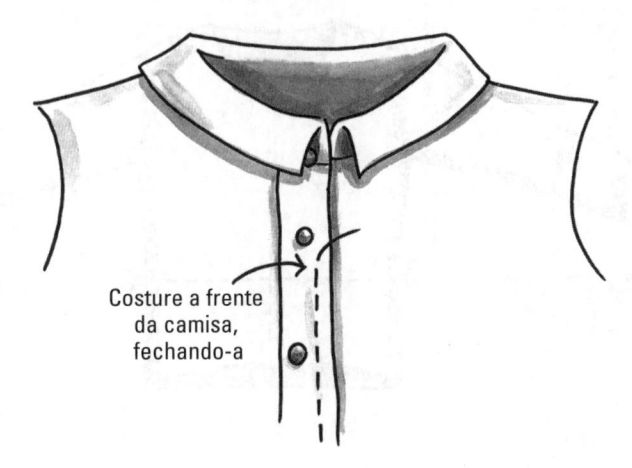

Figura 5-25: Dê pontos na frente da camisa, fechando-a.

Costure a frente da camisa, fechando-a

4. **Vire as mangas pelo avesso, puxando-as de volta pelas cavas, até a costura dos ombros, tirando-as do caminho. Alfinete-as nas costas da camisa.**

Ainda que você possa cortar as mangas e a fralda (parte de baixo) da camisa para adequar o formato da camisa ao da capa da almofada, eu as deixo intactas, viro-as para dentro da camisa e as enfio nas costas da almofada. As mangas viram ótimos esconderijos para bonecos, carrinhos, pedras especiais e o controle remoto.

5. **Vire a camisa pelo avesso e ponha a almofada coberta de tecido através da fralda aberta da camisa.**

   Acomode a almofada até a gola e por dentro dos ombros para ver onde fechar com alfinetes a fralda da camisa, de forma que ela se ajuste à almofada.

6. **Feche com alfinetes a fralda da camisa, alfinetando próximo ao fundo da almofada, de costura lateral a costura lateral.**

   Esta marcação com alfinetes indica a linha de costura para o fundo da capa da almofada.

7. **Usando um marcador de tecidos ou giz de alfaiate, marque a linha de costura tanto na frente quanto atrás da camisa, como mostrado na Figura 5-26. Remova todos os alfinetes e o enchimento da almofada.**

Figura 5-26:
Ajuste a capa feita de camisa à almofada marcando através da fralda da camisa e em seguida feche-a, costurando.

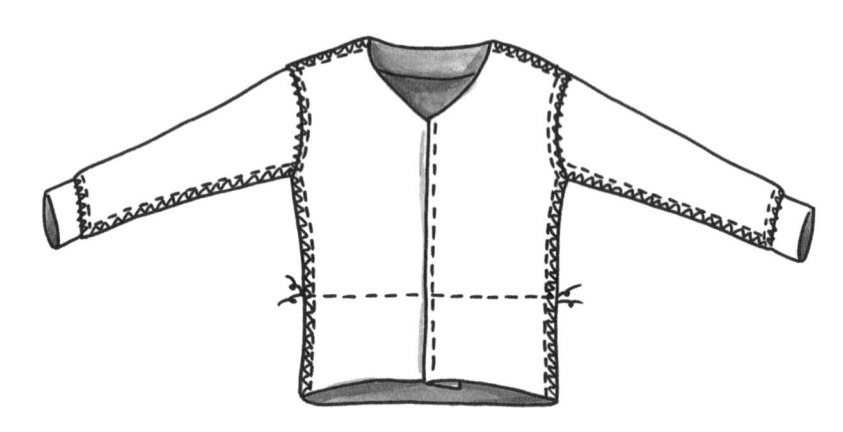

8. Prenda a camisa com alfinetes na fralda, alfinetando perpendicularmente às marcas, de uma costura lateral a outra.

9. Usando as configurações da máquina da Etapa 2, costure a fralda da camisa, fechando-a, retirando os alfinetes à medida que os encontrar. Arremate no início e fim da costura.

Dependendo de quanta fralda sua camisa tiver, você pode querer apará-la, deixando cerca de 1,5 centímetro de margem de costura.

10. Vire a camisa para o lado direito e enfie a almofada pela gola. Alise as mangas no lado de trás da capa da almofada (veja a Figura 5-27).

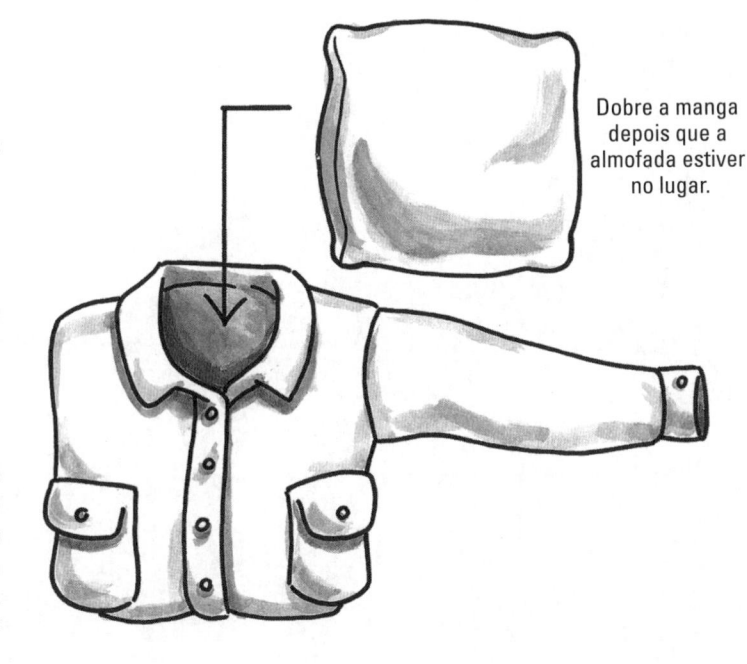

Dobre a manga depois que a almofada estiver no lugar.

Figura 5-27:
Vire a camisa para o lado direito, enfie a almofada através da abertura da gola; em seguida coloque as mangas suavemente para trás da capa da almofada.

Capítulo 6

Garantindo Costuras Sensacionais

Colocando de maneira simples, você forma uma costura todas as vezes em que costura dois pedaços de tecido juntos. Você precisa de costuras em linha reta, costuras curvas e costuras em cantos para montar um projeto. Depois de fazer uma costura, você as assenta com ferro de passar, tesoura e com a máquina de costura para manter sua forma.

Antes de costurar dois pedaços de tecido juntos, no entanto, é necessário fazer um pequeno trabalho de preparação. Por mais estranho que pareça, você dá acabamento em uma costura antes de começá-las!

Finalizando as Bordas Primeiro

Você *dá acabamento* às bordas não terminadas de um tecido de modo que a margem de costura (o tecido que vai da costura até a borda cortada) não se desfie até a *linha da costura* — a linha de pontos que une os pedaços de tecido para fazer uma costura.

Os acabamentos de costura nesta seção são para tecidos planos. Se estiver trabalhando com uma malha, passe para a seção "Costurando Tecidos" mais adiante neste capítulo. Lá você vê como pode, simultaneamente, dar pontos e arrematar as costuras em malhas. Antes de colocar esses passos em prática, não se esqueça de recapitular as informações sobre malhas no Capítulo 3.

Picotando suas bordas

Picotar as bordas de tecido não trabalhado é uma forma rápida de dar acabamento a uma costura. Você as picota ao aparar as bordas não acabadas de uma única camada de tecido com um par de *tesouras de picotar*, que são tesouras com um desenho em zigue-zague nas lâminas. Tesouras de picotar funcionam melhor em tecidos planos, pois as lâminas cortam pequenos zigue-zagues limpos no tecido, evitando, assim, que as bordas não acabadas desfiem.

Não use uma tesoura de picotar em malhas. As lâminas mastigam e puxam o fio do tecido, deixando-o irreconhecível. Pule para a seção "Costurando Tecidos" para informações sobre costura em malhas.

Não corte um projeto com tesoura de picotar e ache que você está economizando uma etapa — uma linha de corte picotada não é precisa, o que significa que seu projeto não vai se ajustar corretamente. Em vez disso, corte as peças do molde usando suas tesouras de costureira. Em seguida, retire o papel do molde e picote as bordas não trabalhadas de cada peça, picotando uma camada de tecido de cada vez. Mesmo que esteja cortando alguma parte do tecido com este acabamento, você ainda usa uma margem de costura, então tenha certeza de que vai picotar bem na beira do tecido.

Usando sua máquina de costura overloque

Tecidos planos desfiam, portanto, é possível dar acabamento às bordas por meio do *chuleio* de pontos com sua máquina de costura ou sua máquina overloque. Malhas não desfiam, mas as bordas em uma malha por vezes enrolam e são difíceis de alisar com o ferro de passar, então você lida com as costuras de uma forma ligeiramente diferente. (Ver "Costurando Tecidos" mais adiante neste capítulo.)

Siga estes passos para dar acabamento às bordas de tecidos planos, como mostrado na Figura 6-1:

1. Configure sua máquina de costura desta forma:

- Ponto: zigue-zague de 3 pontos

- Comprimento: de 1 a 1,5 mm/20 pontos por polegada ou fino

- Largura: de 5 a 6 mm

- Pé-calcador: de uso geral

Se você estiver usando uma overloque, configure-a desta forma:

- Ponto: overloque de três linhas

- Comprimento: 3 mm

- Largura: 5 mm

- Pé-calcador: padrão

2. **Com o lado direito ou o avesso para cima, comece a costurar ou a chulear a borda não acabada, guiando o tecido para que os pontos segurem o tecido na esquerda e costurem apenas as bordas não acabadas à direita.**

Como você usa esses pontos para dar acabamento à borda do tecido, em vez de usá-los para construir uma costura, você não precisa arrematar. (Veja a seção "Firmando suas costuras" para saber mais sobre arremate.)

Figura 6-1: Melhor que picotar a borda não acabada (a), o ponto zigue-zague de 3 pontos (b) e o ponto overloque de 3 linhas (c) estão disponíveis na maioria das máquinas de costura.

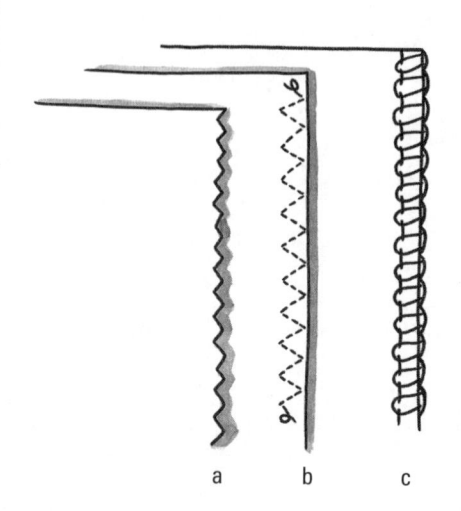

a   b   c

Firmando Suas Costuras

Ao fazer uma costura com um ponto reto, você quer firmar os pontos no início e no fim para que eles não saiam durante a montagem. Você pode evitar que os pontos se descosturem de duas formas:

- ✔ Fazendo o arremate no início e no final da costura
- ✔ Amarrando as linhas

As margens de costura padrão

Uma peça de molde indica a margem de costura por meio de uma linha que lhe mostra onde costurar as peças do molde. Como regra, você pode fiar-se nas seguintes margens de costura como padrões industriais:

- ✔ 1,5 centímetro para roupas de tecido plano

- ✔ 1,20 centímetro para projetos de decoração para o lar

- ✔ 0,5 centímetro para malhas

Dê uma olhada na folha-guia do molde de seu projeto se estiver inseguro a respeito das margens de costura para seu projeto.

Arrematar ou não

A maioria das máquinas possui um botão, alavanca ou função de arremate ou retrocesso. (Veja o Capítulo 2.) Para firmar uma costura com arremate, simplesmente costure os dois ou três primeiros pontos e então aperte o botão de retrocesso enquanto pisa no pedal. A máquina automaticamente costura em sentido contrário até que você o libere. Arremate o início e o fim de uma linha de costura (veja a Figura 6-2) e você terá toda a segurança nos pontos de que precisa!

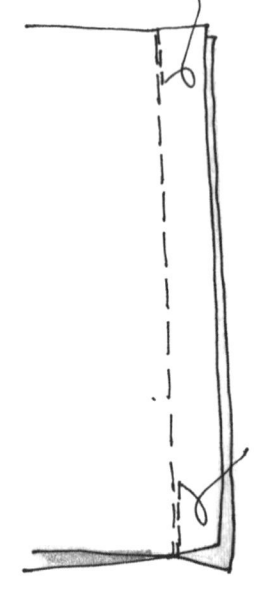

Figura 6-2: Mante-nha suas costuras no lugar com o arremate.

Só faça o arremate quando estiver usando um ponto reto. Fazer o arremate com o zigue-zague ou com outros pontos mais complexos embola a linha, cria nós que você nunca consegue desfazer caso cometa um erro e pode danificar sua máquina de costura.

Remover pontos que não foram arrematados é mais fácil, então, quando você não tiver certeza de que deseja que uma costura seja permanente, apenas faça a costura sem arrematar e deixe o final da linha livre em ambas as extremidades da costura.

Amarrando linhas

Você pode preferir amarrar as linhas em vez de arrematá-las na ponta de uma pence ou no início ou fim de uma linha de pesponto. Amarrar a linha faz menos volume — isso é importante na ponta de uma pence — e simplesmente fica com uma aparência melhor que o arremate.

Em vez de amarrar um nó simples que muitas vezes se desata, prefiro o método desta seção, porque o nó não se desfaz. É preciso de um pouco de prática, mas depois que você começa, vai demorar cerca de um milissegundo para amarrar as pontas das linhas.

Primeiro você precisa colocar ambas as linhas, a da agulha e a da bobina, para o mesmo lado do tecido. Levante o pé-calcador e remova o tecido, tirando e cortando um pedaço de linha de pelo menos 20 centímetros de comprimento. Então, pelo avesso da linha de costura, levante a linha da bobina. A linha levantada produz uma laçada no avesso. Agora pegue a laçada e passe-a por dentro até que ambas as linhas estejam no mesmo lado do tecido. Amarre as linhas da seguinte forma:

1. **Começando com pontas de linha de, pelo menos, 20 centímetros de comprimento, segure as linhas juntas e forme um laço como mostrado na Figura 6-3a.**

2. **Traga as duas linhas ao redor e através do laço, correndo o laço até a base do ponto, conforme mostrado na Figura 6-3b.**

3. **Segurando as linhas com o seu polegar contra uma superfície plana, estique-as, para que o laço forme um nó na base do tecido na linha da costura, como mostrado na Figura 6-3c.**

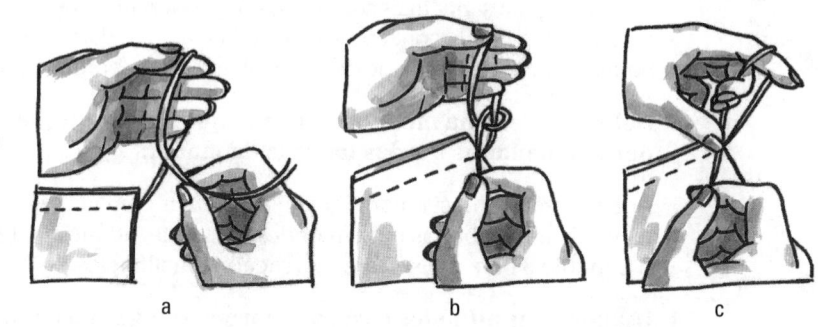

Figura 6-3: Amarre as linhas para que não descosturem.

a   b   c

Manta de Fleece com Franja Colorida

Meu filho é um estudante universitário e pediu de Natal nesse ano uma manta de fleece feita com as cores de sua universidade — então, como eu poderia recusar? E por que você deveria se importar? Bom, além de fazer um projeto legal para si ou para outra pessoa, este projeto lhe dá muita prática em amarrar nós seguros. Uma vez que você domine esta técnica de fazer nós amarrando tiras volumosas de franja, dar nós nas pontas das linhas será mamão com açúcar.

Para obter informações sobre cuidados e manutenção do polar fleece, leia mais no Capítulo 3.

Para fazer este projeto, você precisa dos seguintes materiais, além de seu kit de sobrevivência de costura (ver Capítulo 2):

- 1,5 metro de fleece (de 1,40 metro a 1,50 metro de largura), o suficiente para uma manta quadrada.
- De quatro a cinco cores contrastantes de fleece, cada um com aproximadamente 25 centímetros, para criar a franja

Siga estes passos para fazer a manta de fleece:

1. **Cuidadosamente apare as ourelas de ambos os lados do grande quadrado de fleece e das franjas de fleece de cores contrastantes, certificando-se de que as bordas estão retas e têm um corte limpo. (Veja o Capítulo 4 para saber mais sobre corte de tecido.)**

   Estas bordas de corte limpo são o que chamo de *bordas laterais* da manta.

2. **Corte cuidadosamente as bordas superior e inferior da manta, fazendo com que tenham corte limpo e fiquem perpendiculares às bordas laterais.**

   Meu cortador circular, base para corte rotativa e régua grande transparente são realmente úteis para cortar bordas de fleece retas e precisas. (Ver o Capítulo 2 para saber mais sobre essas ótimas ferramentas.) Como as bordas retas fazem parte da concepção global da manta (e como o fleece não desfia), não há necessidade de dar acabamento às bordas aqui.

3. **Dobre o fleece na metade de forma que a dobra fique perpendicular às bordas laterais da manta.**

   Dobrar a manta desta maneira facilita marcar com alfinetes a disposição da franja em ambas as extremidades da manta, ao mesmo tempo. (Veja o Capítulo 3 para mais sobre marcação com alfinetes.)

4. **Usando seus alfinetes e régua, marque o lugar da colocação do furo a 2,5 centímetros a partir das bordas não acabadas em ambas as extremidades da manta (ou marque os furos em ambas as bordas com um marcador de tecido; veja a Figura 6-4).**

   Empurre um alfinete através das duas camadas de tecido de modo que a cabeça do alfinete fique apertada contra o fleece. Repita o procedimento para o lado oposto do fleece. Quando você separar as camadas de tecido, os alfinetes terão marcado onde os furos da franja serão cortados.

5. **Usando as pontas de uma tesoura de bordado afiada, corte uma fenda de 0,6 centímetro a partir da marca feita no Passo 4, através de toda a espessura do fleece.**

Ao cortar as fendas, use as pontas da tesoura. Se você usar qualquer outra parte, pode acabar cortando um buraco muito grande e a franja pode se desprender da borda da manta.

6. **Corte 30 tiras de franja com aproximadamente 90 centímetros de largura e 50 centímetros de comprimento de cada uma das outras quatro cores de fleece.**

7. **Alternando as cores da franja, passe uma tira em cada fenda e dê um nó apertado na borda do fleece, como mostrado na Figura 6-5.**

   Consulte a seção anterior "Amarrando linhas" para descobrir como amarrar um nó firme.

8. **Acerte a franja, cortando as pontas soltas no mesmo comprimento.**

Figura 6-4:
Marque os furos com intervalos de 2,5 centímetros.

1"

1"

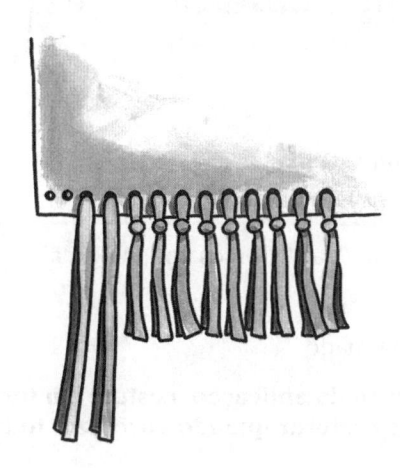

Figura 6-5:
Aperfeiçoe sua habilidade de amarrar nós, atando as franjas nas bordas da manta.

Você pode adicionar um toque pessoal à manta de fleece com uma *aplicação*, um segundo pedaço de tecido menor e recortado, que é aplicado a um tecido de base ou de fundo. Em vez de cortar a aplicação e depois costurá-la no tecido, faça da forma mais fácil. Este é um passo opcional, mas fácil de fazer, porque o fleece não desfia.

1. **Copie o contorno da aplicação sobre um pedaço de papel.**

   Para o contorno de minha aplicação, levei uma camiseta com o logotipo da escola a uma loja de cópias e pedi que o aumentassem para o tamanho que eu queria.

2. **Corte um pedaço do tecido para a aplicação pelo menos 2,5 centímetros maior, em todo o seu contorno, que o próprio desenho.**

   Cortá-lo maior do que o desenho da aplicação facilita o trabalho e assegura seu sucesso.

3. **Coloque o tecido para aplicação entre a parte superior da manta e o papel do molde da aplicação, conforme mostra a Figura 6-6.**

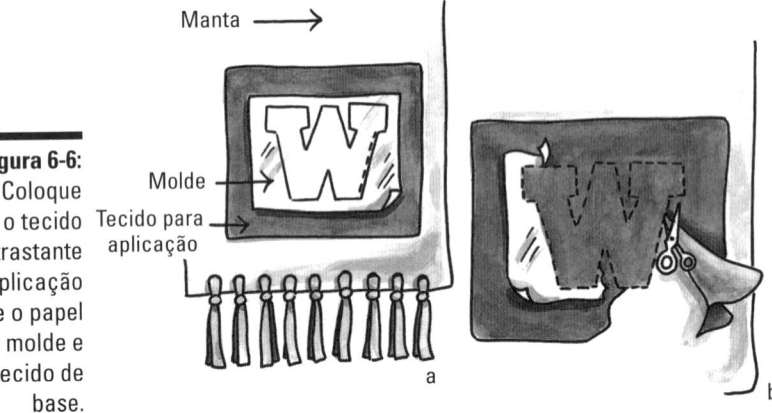

Figura 6-6: Coloque o tecido contrastante da aplicação entre o papel de molde e o tecido de base.

4. **Configure sua máquina assim:**

   - Ponto: zigue-zague fino
   - Comprimento: 3,0 mm/8 a 10 pontos por polegada
   - Largura: 1,0 mm
   - Pé-calcador: para bordado

5. **A partir de um lado reto da aplicação, costure em torno da borda do desenho e pare de costurar quando você fizer toda a volta; não arremate.**

6. **Dê um nó nas pontas da linha.**

Para um acabamento mais caprichado, que não vai sair, remova o projeto de baixo do pé-calcador, corte a linha e puxe as pontas soltas de linha para o avesso do tecido (a parte de trás da manta) para amarrá-la.

7. **Remova o papel do molde, rasgando-o com cuidado contra e afastando-se dos pontos.**

Gastar um pouco mais de tempo com essa etapa garante uma aplicação limpa e sem papel.

8. **Usando uma tesoura afiada, cuidadosamente apare o tecido da aplicação próximo à linha da costura.**

Costurando Tecidos

Fazer uma costura é um pouco como dirigir um carro. Na verdade, passei na minha prova para motorista na máquina de costura antes que eu pudesse costurar um ponto (ou dirigir um carro). Eu tinha que provar que podia controlar a máquina de costura — que podia dar partida, parar, manobrar curvas para dentro e para fora e virar esquinas com segurança. Graças a Deus não tive que fazer baliza!

Considere esta próxima seção o seu teste de direção e pise fundo e faça algumas costuras.

Fazendo costuras em linha reta

Para costuras em linha reta sempre, siga estes passos:

1. **Configure sua máquina assim:**

   • Ponto: reto

   • Comprimento: de 2,5 a 3 mm/de 10 a 12 pontos por polegada

   • Largura: 0 mm

   • Pé-calcador: uso geral

   Esta técnica tradicional de costura é usada principalmente em tecidos planos quando se aplica uma margem de costura de 1,5 centímetro. Malhas geralmente são construídas usando-se costuras de 0,5 centímetro como mostrarei na próxima seção, "Fazendo costuras de 0,5 centímetro".

2. **Arranje e alfinete as peças do molde de modo que os lados direitos do tecido fiquem juntos.**

   Nas instruções, é isso o que *junte direito com direito* significa. Use tantos alfinetes quanto forem necessários para manter as bordas juntas a fim de que não deslizem. Quanto mais você costurar, melhor pode estimar a quantidade de alfinetes de que precisará para um trabalho específico.

Para a fácil remoção dos alfinetes, coloque-os perpendicularmente à linha da costura de forma que as cabeças dos alfinetes apontem em direção à sua mão dominante e os alfinetes ou entrem ou saiam do tecido a uma distância aproximada de 0,5 centímetro da borda do tecido, como mostrado na Figura 6-7.

3. **Coloque a costura sob o pé-calcador e alinhe a borda do tecido com a linha de costura adequada marcada na chapa de agulha.**

Na chapa de agulha, procure por um conjunto de linhas à direita da agulha. Dependendo da máquina, as linhas podem estar marcadas como ⅝, ½, e assim por diante; às vezes você encontra linhas comuns. Colocando a maior parte do tecido para a esquerda, disponha as bordas não acabadas de seu tecido ao longo da linha de ⅝ de centímetro. Se você tiver alinhado tudo corretamente, a agulha deve estar posicionada para acertar o tecido exatamente sobre a linha de ⅝.

Se sua chapa de agulha tem linhas não assinaladas, coloque sua fita métrica sob a agulha, de modo que o comprimento longo da fita fique para a esquerda. Espete a agulha na fita na marca de ⅝ de polegadas ou 1,60 centímetro e abaixe o pé. Verifique se a ponta curta da fita está alinhada com a linha de ⅝ na chapa da agulha. Anote qual linha é necessária para se marcar a linha da costura de ⅝ de centímetro ou coloque um pedaço de fita adesiva ao longo da linha de ⅝ de centímetro.

4. **Abaixe o pé calcador sobre o tecido e costure, arrematando no início e no final da costura. (Veja "Arrematar ou não", anteriormente neste capítulo, para mais informações.)**

Figura 6-7:
Junte os direitos do tecido e alfinete-os de forma que as cabeças dos alfinetes estejam perpendiculares à linha da costura e apontando para sua mão dominante.

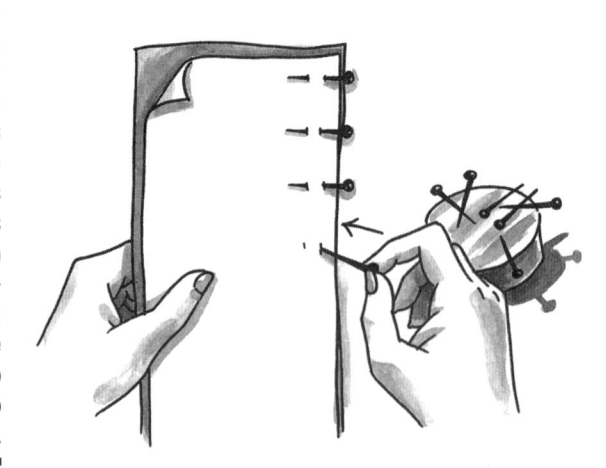

Se a agulha atingir um alfinete, ambos podem quebrar, espalhando fragmentos por toda parte. A menos que você planeje usar óculos de segurança quando costura, tire os alfinetes antes de costurar sobre eles.

Diminua a velocidade quando costurar uma curva. Usando a linha em sua chapa de agulha, guie as bordas ao longo da linha apropriada a fim de obter uma distância uniforme em todo o comprimento da curva.

5. **Passe a costura para que fique lisa e junta. Do avesso, abra a costura, pressionando-a com o ferro. (Consulte o Capítulo 5 para obter mais informações sobre passar a ferro.)**

Para alinhar um xadrez perfeitamente quando fizer uma costura, coloque um alfinete em cada faixa de cor, para que um deles entre no tecido de *leste para oeste* e o próximo entre de *oeste para leste*, como na Figura 6-8. (Confira o Capítulo 4 para mais informações sobre alinhar xadrezes.) Tal como acontece com qualquer outra costura, lembre-se de retirar os alfinetes antes de costurar sobre eles.

Figura 6-8:
Junte os xadrezes ou listrados com alfinetes, alternando *leste para oeste* e *oeste para leste* para um encaixe perfeito.

Dobrando esquinas

Ao virar uma esquina de carro, você desacelera e para, olha para os dois lados, e depois vira. Você faz o mesmo ao costurar cantos. Siga estes passos para sempre ter cantos bem-acabados:

1. **Usando um marcador para tecido, marque o canto do lado avesso do tecido com um ponto para que você saiba exatamente onde parar e girar.**

Depois de costurar vários cantos, você terá uma boa ideia de onde parar a costura para virar um canto sem ter que marcá-lo antes.

2. **Ao se aproximar do canto, desacelere e pare com a agulha para baixo, dentro do tecido, como mostrado na Figura 6-9.**

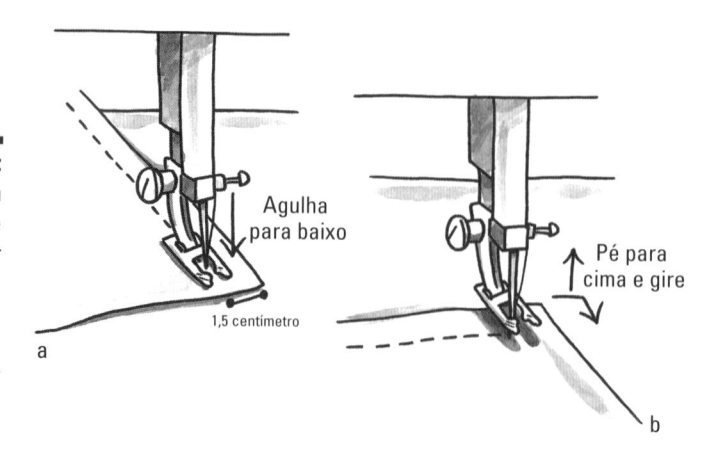

Figura 6-9: Para virar um canto, pare de costurar com a agulha bem em cima do tecido para poder girar.

3. **Deixando a agulha no tecido, levante o pé-calcador e usando a agulha como pivô, gire o tecido para que a outra extremidade alinhe-se com a margem apropriada na chapa da agulha.**

4. **Abaixe o pé-calcador e comece a costurar novamente. Fácil, não é?**

Fazendo costuras de 0,5 centímetro

Quando costura uma camiseta, um agasalho e outras malhas para roupas esportivas, você geralmente costura e passa uma costura de 0,5 centímetro para um único lado. Por quê? Malhas esticam e muitas delas enrolam, então você quer que a costura seja firme e plana.

Alguns moldes pedem uma margem de costura de 0,5 centímetro; outros, margens de 1,5 centímetro. Se o molde com que você está trabalhando pedir uma margem de costura mais larga, em vez de apará-la em 0,5 centímetro, deixe-a mais larga para a prova e apare-a depois. As exceções são aquelas áreas em que você aplica reforço na borda da gola ou punho — apare estas em 0,5 centímetro antes de costurar. Você pode fazer costuras de 0,5 centímetro em uma ou duas etapas, dependendo das capacidades de sua máquina de costura.

Esta técnica para costurar malhas é chamada de método das duas etapas, porque você faz a costura com duas passagens separadas através da máquina de costura. Usar margens de costura de 1,5 centímetro e, depois de costurar, apará-las para 0,5 centímetro também funciona melhor na maioria dos tecidos.

Siga estes passos para fazer costuras de 0,5 centímetro:

1. **Configure sua máquina de costura assim:**

   - Ponto: zigue-zague

   - Comprimento: 1,5 a 2,0 mm/13 a 20 pontos por polegada

   - Largura: 1 a 1,5 mm

   - Pé-calcador: de uso geral

2. **Junte e alfinete suas peças do molde de forma que os lados direitos do tecido fiquem juntos.**

3. **Coloque a costura embaixo do pé-calcador de modo que a agulha dê pontos a 0,5 ou 1,5 centímetro desde a borda não trabalhada, e costure.**

4. **Configure sua máquina de costura assim:**

   - Ponto: zigue-zague de 3 pontos

   - Comprimento: de 1 a 1,5 mm/13 a 24 pontos por polegada

   - Largura: de 4 a 5 mm

   - Pé-calcador: de uso geral

5. **Guiando à direita dos pequenos pontos de zigue-zague, faça a segunda linha de costura com o ponto em zigue-zague de três pontos, conforme mostrado na Figura 6-10.**

   Se você usou uma margem de costura de 1,5 centímetro, corte o excesso de tecido até os pontos, mas não passando por eles.

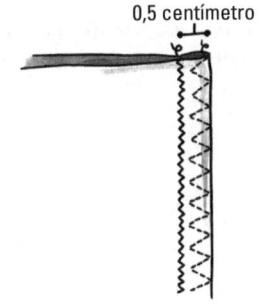

Figura 6-10: Costura de 0,5 centímetro em duas etapas.

6. **Pressione a costura para um só lado.**

   Consulte o Capítulo 5 para detalhes sobre como pressionar uma costura.

Chuleando costuras de 0,5 centímetro

Você pode chulear costuras de 0,5 centímetro em uma etapa em sua overloque, usando um ponto overloque de quatro linhas. O overloque de quatro linhas tem um ponto extra dentro da margem de costura que funciona como uma apólice de seguro: se você arrebentar uma costura, a fileira extra de pontos impede que a costura se desfaça por completo.

Sempre verifico as configurações da minha overloque em um retalho antes, para ter certeza de que a costura vai ficar do jeito que quero. Usando retalhos do tecido do projeto, reproduzo as condições reais — se a costura é feita no comprimento do fio, corte dois retalhos de tecido no sentido do comprimento do fio, junte os direitos e então chuleie por alguns centímetros. Se o tecido ficar ondulado ou enrugar, ajusto o comprimento do ponto adequadamente até chegar ao resultado que estou procurando.

1. **Configure sua máquina assim:**

   - Ponto: overloque de 4 linhas

   - Comprimento: de 3,0 a 3,5 mm/8 a 10 pontos por polegada

   - Largura: de 4 a 5 mm

   - Pé-calcador: padrão

2. **Junte e alfinete a costura, colocando os lados direitos juntos, de modo que os alfinetes estejam paralelos à linha de costura e a cerca de 2,5 centímetros da margem de corte.**

   Dessa forma você não vai chulear acidentalmente sobre os alfinetes e estragar sua overloque.

3. **Chuleie a costura, guiando a borda não trabalhada ao longo de uma das linhas da chapa da agulha de sua overloque, seja a linha de 0,5 centímetro ou 1,5 centímetro.**

   A overloque automaticamente corta o excesso de margem de costura, produzindo uma bela e arrematada costura de 0,5 centímetro.

0,5 centímetro

Figura 6-11: Costura de 0,5 centímetro costurada na overloque com ponto overloque de 4 linhas.

Sistema diferencial de alimentação, ou SDA, é um recurso de muitas overloques que impede o esticamento desnecessário nos tecidos elásticos. Sem o SDA, as costuras das malhas chuleadas podem deformar, ficando mais longas do que deveriam. Essas costuras deformadas atrapalham a aparência e o caimento de uma roupa. Se você está interessado em comprar uma nova overloque, compre um modelo que tenha esse recurso. Confira seu manual de instruções para descobrir como ele funciona.

Atacando as Costuras Erradas

Você pode pensar que se for um costureiro cuidadoso, não cometerá erros que precisará desfazer. *Errado.* Descoser faz parte de costurar, não importa quão experiente seja. Mas tenho uma regra: não arranque se você pode viver com ele. O erro pode, na verdade, ficar pior depois de consertado do que como estava antes de você arrancá-lo. Então, pense durante a noite, olhe para seu projeto com novos olhos de manhã, e então decida se fazer tudo de novo vale a pena o esforço extra.

Meus dois métodos favoritos para desfazer pontos são usar um abre-casas (veja o Capítulo 2 para ler mais sobre um abre-casas) e puxar as linhas da agulha e da bobina.

O *abre-casas* ou *desmanchador de costuras* tem uma ponta muito afiada que levanta o ponto do tecido e uma lâmina que corta o fio em um só movimento suave. Deslize a ponta do abre-casas por baixo do ponto e corte o fio. Depois de cortar o ponto, puxe suavemente, abrindo a costura até que outro ponto mantenha a costura fechada. Corte esse ponto com o abre-casas e abra a costura, como antes, até que você tenha *descosido* a distância que deseja abrir. (Veja a Figura 6-12.)

Sim   Não

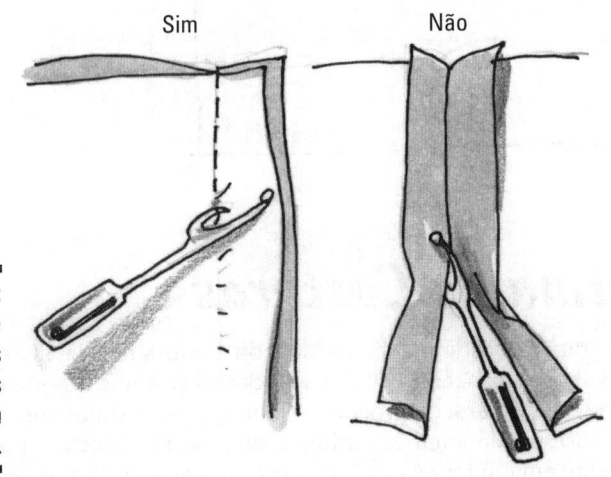

Figura 6-12:
Arranque
os pontos
indesejados
usando um
abre-casas.

O abre-casas é afiado o suficiente para cortar o tecido. Então, não empurre o desmanchador para cortar através de uma linha inteira de pontos de uma vez ou você pode abrir uma fenda no tecido, próxima à linha de costura — um lugar quase impossível de consertar (consulte a Figura 6-12).

Se você prefere arrancar os pontos sem a ajuda do desmanchador de costura, siga os seguintes passos:

1. **Afrouxe os pontos o suficiente para ter uma sobra de linha com cerca de 5 centímetros.**

2. **Segurando o projeto em uma mão, empurre com a outra mão a ponta da linha de volta em direção à margem de costura, contra os pontos, como mostrado na Figura 6-13.**

Essa ação desfaz de quatro a seis pontos de uma vez.

3. **Vire o projeto e puxe a ponta de linha da bobina.**

4. **Empurre essa ponta de linha da bobina, puxando contra os pontos e desfazendo mais quatro a seis pontos.**

5. **Continue puxando o fio superior e, em seguida, a linha da bobina até que você tenha desfeito tantos pontos quanto necessários.**

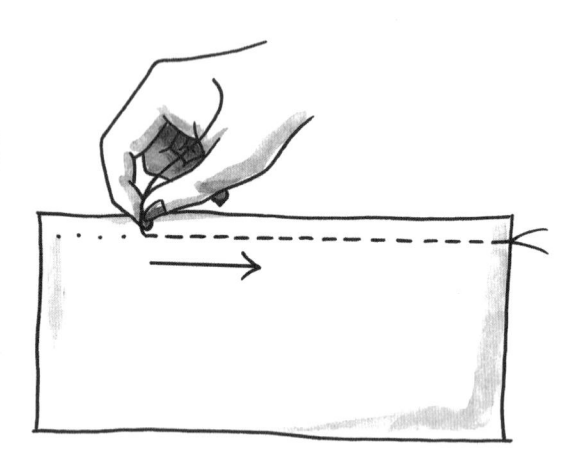

Figura 6-13:
Empurre a ponta de linha de volta em direção à linha de costura para descoser vários pontos de uma vez.

Dando Forma às Costuras

Quando se trata de costura, o diabo está com certeza nos detalhes. Costurar seria maravilhoso (mas muito chato) se todas as costuras fossem retas. Não temos tanta sorte. Nesta seção você verá como pegar costuras curvas e dar-lhes formas usando sua máquina de costura e sua tesoura. Você usa essas técnicas repetidamente em muitos aspectos da costura, por isso marque esse ponto do livro com uma etiqueta adesiva e consulte-o sempre.

Começando por fazer a costura em sua máquina

As três técnicas de costura nesta seção ajudam você a alisar e modelar as costuras para que elas façam o que você precisa que façam. Seus objetivos são bastante autoexplicativos. A costura de reforço "reforça", ou evita que um pedaço de tecido comporte-se mal (como impedir que um colarinho vire). A costura interna é feita sob ou dentro de uma margem de costura para impedir que as vistas de um decote ou de uma cava saiam de seu lugar. A costura reta reforçada é uma linha de pontos na extremidade de algo como um colarinho ou punho.

Costura de reforço

Costura de reforço é uma técnica que você pode usar em uma única camada de tecido dentro da margem de costura para que ela *fique* ou para impedir as bordas dos tecidos de se esticarem, ficando fora de forma, enquanto trabalha em um projeto. Você só precisa fazer reforço em tecidos planos, pois as malhas recuperam sua forma normal depois de serem esticadas. Faça essa costura em decotes, curvas das cavas e borda cortadas no viés. (Veja o Capítulo 5 para ler mais sobre o viés.)

Para reforçar uma borda, use um ponto reto regular e costure um pesponto a 1,20 centímetro da borda não trabalhada, como mostrado na Figura 6-14. Se você não tem certeza quanto a reforçar uma área, veja a folha-guia de seu molde para uma recomendação.

Se você está propenso a *não* reforçar uma área recomendada nas instruções do molde (como eu quando estava aprendendo o ofício), domine este impulso e poupe seu tempo. Se pular esse passo, suas peças não se encaixarão da forma como deveriam e você se esforçará desnecessariamente.

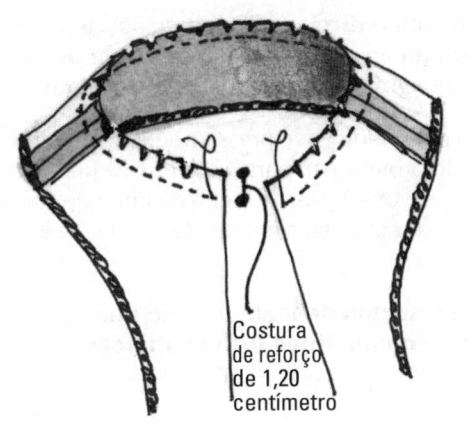

Figura 6-14: Costura de reforço nas curvas para evitar que o tecido se estique enquanto você manuseia o projeto.

Costura de reforço de 1,20 centímetro

Costura interna

A costura interna é uma linha de costura encontrada embaixo ou no interior de um projeto, perto da linha de costura. Você faz essa costura em colarinhos e revestimentos para que mantenham a forma e para que se adaptem à abertura na qual você os costura. Você não consegue ver a costura interna, mas sem ela as vistas das cavas e dos decotes sairiam de suas aberturas e as costuras dos colarinhos enrolariam e pareceriam... digamos... desmazelados e feitos em casa.

Você dá acabamento às costuras curvas, como as de uma cava ou decote, com outro pedaço de tecido chamado de *vista*. Depois de costurar a vista no decote ou na cava, você pressiona a margem de costura para um lado, em direção à vista. Depois de pressionar, faça uma costura interna na margem de costura para comprimir o volume criado pela espessura extra da margem de costura e para se adaptar à forma da curva.

Você pode costurar com um ponto reto, mas em tecidos de peso médio a pesado o ponto não comprime todo aquele volume. Usar o ponto zigue-zague de três pontos realmente achata a margem de costura e lhe dá bordas lindamente arrematadas.

Para fazer uma costura interna, faça o seguinte:

1. **Depois de fazer a costura em questão, pressione a costura toda para um lado.**

   Para um decote ou uma cava que tem uma vista costurada na abertura, pressione a margem de costura em direção à vista.

2. **Configure sua máquina assim:**

   - Ponto: zigue-zague de 3 pontos
   - Comprimento: de 1 a 1,5 mm/de 20 a 24 pontos por polegada
   - Largura: de 4 a 5 mm
   - Pé-calcador: de uso geral

3. **Coloque o tecido com o direito para cima, sob o pé-calcador, de modo que a fenda da margem de costura esteja ou para um lado ou para o outro da agulha, como mostrado na Figura 6-15.**

   Qual lado? O lado para onde você pressionou a margem de costura. Quando o direito do projeto está para cima e você pressiona a costura para a direita, a agulha deve estar à direita da linha de costura. Quando você pressiona para a esquerda, a agulha deve estar à esquerda da linha de costura.

4. **Costure, guiando a agulha de maneira que quando ela se mover para a esquerda do ponto, fique 0,15 centímetro dentro da linha de costura.**

Figura 6-15: Faça uma costura interna para controlar o volume nas margens de costura e para manter as vistas alinhadas.

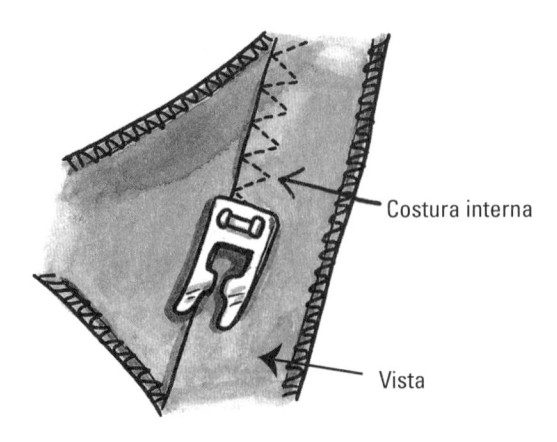

Costura interna

Vista

Conforme costura, segure a vista e a margem de costura com sua mão direita, com o polegar sob a vista. Espiando periodicamente sob o tecido, verifique se você está empurrando a margem de costura em direção ao lado revestido da costura. Assim, você pega todo o volume da margem de costura na costura interna.

Costura reta reforçada

A *costura reta reforçada* é um *pesponto* (costura feita em cima ou no direito do tecido) que é muito próximo da borda arrematada. Você acha a costura reta reforçada na borda de colarinhos, punhos, bolsos, cós, carcelas frontais de camisas e outras bordas onde queira uma aparência engomada e profissional, como mostrada na Figura 6-16. Embora possa fazer essa costura com um pé-calcador de uso geral, fazer uma costura em linha reta é complicado, porque você costura muito perto da borda do tecido.

Figura 6-16:
Faça a costura reta reforçada na borda dos bolsos, colarinhos e punhos de camisas para criar um visual engomado e profissional.

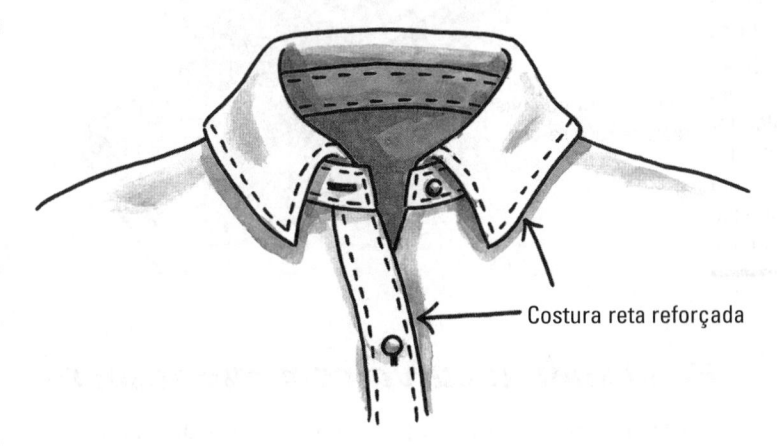

Costura reta reforçada

Esta técnica utiliza o pé-calcador para bainha invisível ou para costura reta reforçada (veja o Capítulo 2) como uma guia, permitindo que você faça costuras retas de forma rápida, precisa e profissionalmente:

1. **Configure sua máquina assim:**

   - Ponto: reto
   - Comprimento: de 2,0 a 3,0 mm/de 9 a 13 pontos por polegada
   - Largura: 0 mm
   - Pé-calcador: para bainha invisível ou costura reta reforçada
   - Opcional: posição da agulha à esquerda (verifique seu manual de instruções)

2. **Coloque a guia no pé-calcador ao longo da borda arrematada e costure, como mostrado na Figura 6-17.**

   Em vez de arrematar, puxe as linhas para o lado inferior do projeto e amarre-os. (Veja "Amarrando linhas" neste capítulo para mais informações.)

 Se você não tem um pé para bainha invisível e uma posição de agulha variável, posicione o tecido sob o pé de modo que quando a agulha estiver no tecido, a borda do tecido esteja a cerca de 0,115 centímetro da agulha. Repare onde a borda do tecido está em relação ao pé (este ponto poderia estar na borda do buraco da agulha, onde você vê uma linha no pé ou onde o pé muda de direção). Costurando lentamente, guie a margem do tecido por esse ponto no pé.

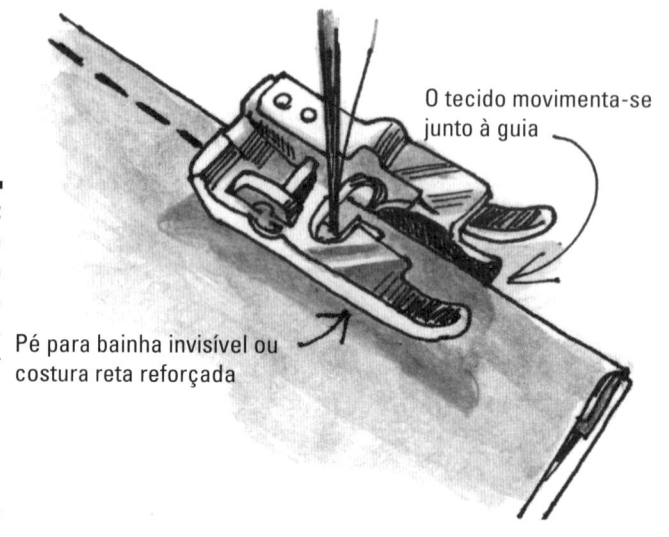

O tecido movimenta-se junto à guia

Pé para bainha invisível ou costura reta reforçada

Figura 6-17: Acomode a borda do tecido junto à guia no pé-calcador para tornar a costura reta um serviço fácil.

Picotando a curva com sua tesoura

Picotar uma costura até a costura de reforço ou até a linha de costura libera a margem de costura em uma curva interna, fazendo com que fique flexível o suficiente para que se estenda. Desta forma, depois de costurar as vistas da cava ou do decote, por exemplo, as vistas viram suavemente para o interior da roupa. Se você não tivesse picotado a costura, quando virasse a vista para o lado de dentro da borda da cava ou do decote, a costura ficaria rígida e saliente e as vistas sairiam pela abertura e arremate.

Quando picotar, use tesouras com pontas bem afiadas. Dê golpes no tecido perpendiculares à linha de costura, a uma distância entre 0,31 a 0,15 centímetro da costura de reforço ou da linha de costura, como mostrado na Figura 6-18. Em vez de segurar as duas margens de costura juntas e picotá-las simultaneamente, picote cada margem separadamente, alternando os cortes ao redor da linha de costura de cada uma das margens. Essa técnica infalível de picotar acolchoa a margem de costura, criando a costura curva mais macia de todos os tempos.

Entalhar uma costura até a costura de reforço ou até a linha de costura é justamente o oposto de picotar. Você entalha uma costura para reduzir o volume na margem de uma curva externa, como a borda externa de um colarinho, ou uma curva para dentro, como a de uma costura princesa (consulte a Figura 6-18).

Entalhe uma margem de costura tirando pequenos pedaços de tecido de formato triangular. Em vez de segurar as duas margens de costura juntas e entalhar simultaneamente, use as pontas de sua tesoura para cortar um pique de cada margem separadamente, alternando piques ao redor da linha de costura de cada uma das margens. Corte cada pique a até 0,31 centímetro da linha de costura.

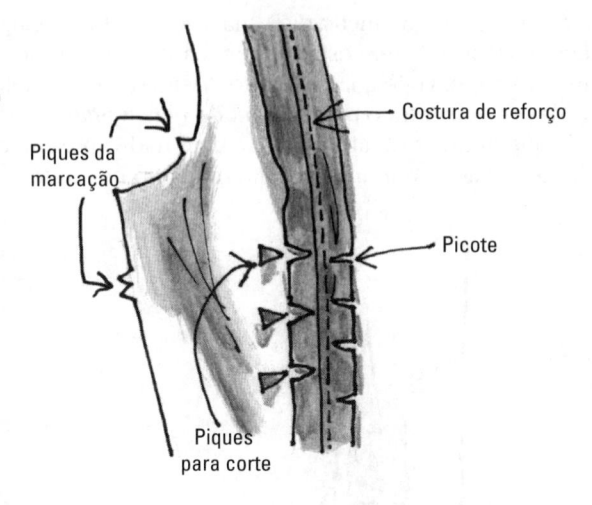

Figura 6-18: Picote a margem de costura até a costura de reforço em uma costura externa; entalhe a margem de costura em uma curva interna.

Corte piques pequenos de curvas pequenas que sejam separadas cerca de 0,6 a 1,2 centímetro entre si. Corte piques maiores de curvas maiores que sejam espaçadas cerca de 1,2 a 1,9 centímetro entre si.

Depois de alguma prática, você perceberá que cortar mais piques é geralmente melhor do que cortar poucos piques maiores. Desta forma, quando você dá os pontos, entalha, vira e pressiona uma área afetada, a margem de costura fica ajustada e plana — sem saliências ou protuberâncias indesejadas.

Quando entalhar uma borda, não corte além dos pontos na linha de costura ou você vai acabar com um buraco que é muito difícil de consertar.

Minha maneira favorita de entalhar uma margem tecidos de peso leve a médio é usando minha tesoura de picotar. Aparo ou nivelo a costura com a tesoura de picotar, cortando a até 0,3 centímetro da linha dos pontos. Picotar com a tesoura automaticamente entalha a borda, então chego no próximo passo em um piscar de olhos.

Não confunda os piques que são pontos marcados no papel do molde com os piques que você dá na margem de costura de uma curva. (Veja o Capítulo 4 para mais sobre piques e marcações.) Mesmo que a palavra seja a mesma, ela representa dois conceitos diferentes em costura.

Aparar as costuras elimina o volume das margens de costura que você faz e depois vira para o direito, de forma que a linha de costura fique na margem — como na beira de um colarinho ou punho. Quando você apara essas costuras? Apenas quando as instruções de seu molde mandarem! Para fazer isso, apare cerca de 0,3 centímetro a partir da linha de costura, deixando margem de costura suficiente para que os pontos não saiam do tecido (veja a Figura 6-19).

Aparar os cantos é uma outra função para sua tesoura na modelagem de um pedaço de tecido. Depois de ter costurado um canto, como o de um bolso ou a ponta de um colarinho, você coloca o lado direito de seu projeto para fora e passa a ferro. Mas se deixar todo o tecido criado pela margem de costura nos cantos, você frequentemente acaba com um bolo nada apresentável no canto. Você pode evitar isso ao cortar um pequeno triângulo no canto.

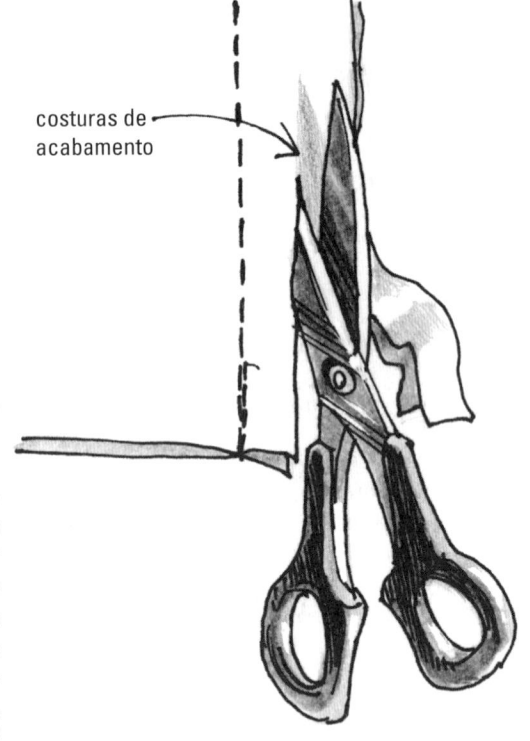

costuras de acabamento

Figura 6-19: Apare e nivele as costuras para eliminar o volume quando as instruções do molde reco- mendarem.

Capítulo 7

Bainhas Rápidas e Fáceis à Mão e à Máquina

Alguma vez já comprou um par de calças e o deixou pendurado no armário até que a poeira tivesse assentado no cabide antes de encurtar seu comprimento? Seus filhos cresceram antes que conseguisse fazer a bainha em suas roupas? Se isso soa familiar, este capítulo é para você. Uma bainha é uma borda virada que você costura nas extremidades de saias, calças, shorts, mangas e cortinas. Além de deixar as bordas com uma aparência arrumada, as bainhas adicionam peso a uma borda, de forma que a roupa ou cortina fica com um caimento melhor do que sem elas. Você pode ver diversos tipos de bainhas na Figura 7-1.

As dicas, truques e técnicas a seguir são minhas favoritas para fazer bainha e podem evitar que você adie a próxima vez em que uma roupa nova precisar de bainha ou de alguma alteração.

Figura 7-1: Bainhas podem ser estreitas, largas, pespontadas, dobradas, afiladas, evasê, retas ou duplas.

Marcando o Lugar da Bainha

Antes que possa costurar uma bainha, você precisa marcá-la. Quando está fazendo a bainha de uma roupa, para que ela fique com a mesma distância do chão de ponta a ponta, você também precisará de um ajudante (meu marido, ainda que relutante, tornou-se um ajudante muito bom depois que entendeu o que tinha que fazer). Você e seu ajudante farão os papéis de embainhado e embainhador.

Se você for o embainhado

Como embainhado, você veste a roupa para que o embainhador marque a bainha de acordo com suas medidas. Isso é o que você faz:

1. **Vista a roupa com o lado direito para fora, usando a mesma roupa íntima e sapatos que normalmente usaria com a roupa.**

   Não há nada mais frustrante que fazer uma bainha de um projeto e descobrir depois que está muito comprida ou muito curta porque você não usou os sapatos corretos. No que diz respeito às roupas íntimas... isso se aplica mais às mulheres. Se pretende usar uma calcinha ou meia-calça modeladora, por exemplo, essas peças podem suavizar curvas e fazer com que a bainha levante ou desça até 1,2 centímetro.

2. **Fique em pé sobre um chão duro, uma mesa ou um banquinho.**

   Tapetes podem distorcer as medidas.

3. **Mantenha-se reto, com os braços pendentes ao lado do corpo e não trave os joelhos.**

   Quando eu era criança, travei meus joelhos uma vez em que minha mãe era a embainhadora e desmaiei. Um susto para nós duas!

Se você for o embainhador

Como embainhador, seu trabalho é medir e marcar a bainha da roupa que o embainhado está usando. Isso é o que você faz:

1. **Encontre um comprimento de bainha que lhe agrade alfinetando temporariamente a linha da bainha.**

   Ao alfinetar temporariamente uma parte da roupa no comprimento correto, você cria uma *dobra da bainha*. Essa dobra permite que você meça a bainha para o restante da roupa mais precisamente.

   Quando fizer a bainha de uma saia ou vestido, não é necessário alfinetar todo o contorno, somente cerca de 30 centímetros na frente para assegurar que você tem o comprimento correto. Para calças, alfinete todo o contorno de ambas as bainhas das pernas, mantendo-as iguais entre si no calcanhar e vincos. O comprimento padrão característico tem os vincos das pernas interrompendo-se logo acima da parte superior do sapato, mas se preferir um comprimento diferente, simplesmente faça uma comparação com um par de calças que possuam o comprimento que você quer.

2. **Usando um metro comercial, meça a distância do chão à dobra da bainha e amarre um elástico fino de borracha ao redor do metro na distância correta a partir do chão.**

Se estiver fazendo muitas bainhas, poupará tempo com uma ferramenta maravilhosa para fazer bainhas que parece um metro em pé. O marcador de bainha tem um pequeno tripé na parte inferior que se apoia no chão e uma guia que regula para cima e para baixo ao longo do metro. Essa guia é um grampo do tipo tesoura que possui uma ranhura horizontal por onde um alfinete desliza para marcar, de forma fácil, a dobra da bainha paralelamente ao chão. Ajuste essa ferramenta legal para a altura correta e a marcação da bainha fica muito mais rápida.

3. **Alfinete através de uma única camada na dobra da bainha usando dois alfinetes e enfiando-os paralelamente ao chão. Remova o restante dos alfinetes de forma que a linha da bainha fique livre.**

Os alfinetes marcam a dobra da bainha como se desenhassem uma linha reta.

4. **Usando o elástico no metro como guia, marque a linha da bainha no mesmo nível do elástico, alfinetando em todo o contorno da roupa.**

Coloque alfinetes a cada 5 ou 8 centímetros, paralelamente ao chão. Alfinete alguns centímetros, siga em frente e então meça e alfinete de novo até que tenha marcado toda a linha da bainha.

Mova-se ao redor do embainhado em vez do contrário. Dessa forma, o embainhado não desloca seu peso e distorce a linha da bainha.

Decidindo sobre a Margem de Bainha

Depois de medir e marcar a linha da bainha, decida quão larga você quer a *margem da bainha* — a distância entre a linha da bainha dobrada e a borda arrematada da bainha. Margens de bainha para roupas variam de 0,6 a 8,0 centímetro dependendo do tipo de roupa e tecido. Bainhas para cortinas variam de cerca de 5 a 8 centímetros no forro até 10 a 15 centímetros para cortinas mais longas. Bainhas de cortina são feitas virando a bainha duas vezes para cima, o que é chamado de *bainha dupla*. Então, para uma bainha de 10 centímetros, você vira a bainha 10 centímetros para cima e em seguida vira novamente mais 10 centímetros para cima. O peso extra da bainha ajuda a manter a parte inferior da cortina reta e nivelada.

Quando você costurar um projeto, procure pela margem de bainha marcada no molde. Se estiver se preparando para alterar uma roupa já pronta e não tem pistas sobre a melhor margem de bainha para seu projeto, verifique a Tabela 7-1 para algumas referências gerais.

Tabela 7-1	Margens de Bainha Recomendadas
Roupa ou Item	*Margem de Bainha Arrematada Recomendada*
Camisetas, mangas	1,5 a 3,0 centímetros
Shorts, calças	3,0 a 3,8 centímetros
Jaquetas	3,8 a 5,0 centímetros
Saias retas e casacos	5,0 a 8,0 centímetros
Forros de cortinas Bainhas duplas de	5,0 a 8,0 centímetros
Bainhas de cortinas Bainhas duplas de	10 a 15 centímetros

Dando Acabamento às Bordas Não Terminadas da Bainha

Depois de medir e marcar a linha da bainha e determinar a margem de bainha apropriada, você alinha a margem de bainha e dá acabamento à sua borda.

Nivele a margem de bainha medindo da linha da bainha à borda não arrematada. Digamos que você precise de uma margem de bainha com 6,5 centímetros. Em seu projeto, a largura da bainha varia de 6,5 a 8 centímetros, portanto meça a partir da linha da bainha 6,5 centímetros e marque em torno da borda da bainha com um marcador de tecido. Apare o excesso de tecido de forma que a margem de bainha meça os mesmos 6,5 centímetros em todo o contorno.

Você dá acabamento à borda da bainha de cada tecido de formas diferentes:

✔ Malhas que não desfiam não precisam de bordas de bainha arrematadas, apesar de uma bainha arrematada ter uma aparência melhor. Se optar por não dar acabamento à borda da bainha, pule direto para a seção "Firmando a bainha" mais adiante neste capítulo.

✔ Você faz bainha em malhas que enrolam, tais como malhas e fleeces de camisetas, com agulha dupla; pule para a seção "Fazendo Bainha em Malhas com Agulha Dupla" mais adiante neste capítulo para instruções.

✔ Dê acabamento às bordas de bainha não acabadas em tecidos planos a fim de que eles não desfiem usando um dos métodos nas seções seguintes.

Usando um ponto reto

Se sua máquina de costura tem apenas os pontos reto e zigue-zague, arremate a borda da bainha aplicando um debrum de bainha ou um barrado de renda, da forma a seguir:

1. Alfinete o debrum à borda da bainha

Coloque o debrum ou renda no direito do tecido, sobrepondo a borda não arrematada cerca de 0,5 centímetro. Alinhave com alfinete o debrum à borda da bainha (depois que realmente souber o que está fazendo, você pode costurar o debrum ou renda, ou lace sem alinhavar com alfinete).

2. Configure sua máquina desta forma:

- Ponto: reto
- Comprimento: apropriado ao tecido (veja o Capítulo 5)
- Largura: 0 mm
- Pé-calcador: de uso geral

3. Costurando com o direito do tecido para cima, costure o debrum ou renda no lugar sem esticá-la, como mostrado nas Figuras 7-2 e 7-3.

Figura 7-2:
Sobreponha a borda não acabada da bainha com o debrum, e então a alfinete e pesponte-a na borda da bainha.

Debrum de bainha

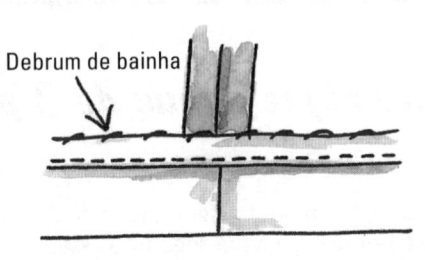

Figura 7-3:
Sobreponha a borda não acabada da bainha com o barrado de renda, e então alfinete e pesponte 0,5 centímetro a partir da borda da bainha.

Barrado de renda

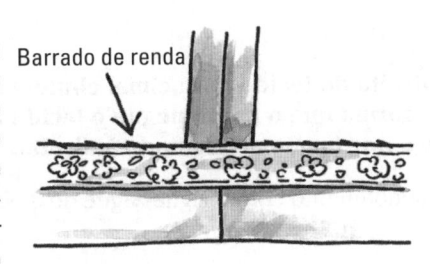

É BOM TER

Solução rápida para bainhas com Bainha Instantânea

Você está se preparando para ir trabalhar e apanha no armário o único terno que não está na lavanderia. Com uma perna nas calças, você escorrega e prende o dedão do pé na bainha, arrancando-a. Você realmente não tem ideia de como se usa uma agulha, então pega a Bainha Instantânea. Você conserta a bainha e sai de casa em cinco minutos.

Bainha Instantânea é uma fita bastante adesiva e dupla-face que não danifica o tecido. Encontre-a na seção de aviamentos de sua loja de tecidos local ou peça para seu fornecedor favorito de vendas por correspondência.

Por que é chamada de Bainha Instantânea? Porque é a super-heroína dos consertos rá-pidos: segura vestidos tomara-que-caia, conserta descosturados, mantém as om-breiras no lugar, e segura tiras finas em cabides revestidos. Também mantém gra-vatas e lenços no lugar, segura alças de sutiã, evita que as extremidades de cintos de couro fiquem soltas, e cola revestimen-tos soltos.

Não passe ferro sobre a Bainha Instantâ-nea ou ela derreterá. A Bainha Instantâ-nea não é lavável à água ou a seco, por-tanto remova-a antes de lavar sua roupa, e, a não ser que você queira reaplicar a fita toda vez, use uma das técnicas de bainha encontradas neste capítulo para consertar uma bainha solta.

Usando um ponto zigue-zague de 3 pontos ou overloque

Se sua máquina de costura possui um ponto zigue-zague de 3 pontos ou overloque, dê acabamento à borda da bainha seguindo esses passos:

1. **Configure sua máquina desta forma:**
   - Ponto: zigue-zague de 3 pontos ou overloque
   - Comprimento: 1 mm/24 pontos por polegada (zigue-zague de 3 pontos) ou mais longo (overloque)
   - Largura: 4 a 5 mm
   - Pé-calcador: de uso geral

2. **Costurando com o direito do tecido para cima, chuleie a borda guiando a agulha de forma que o ponto pegue o tecido à esquerda e costure bem sobre a borda não arrematada à direita.**

A Figura 7-4 mostra o acabamento com o zigue-zague de 3 pontos.

Usando uma overloque

Se tiver uma overloque, dê o acabamento na bainha seguindo os seguintes passos:

1. **Configure sua overloque desta forma:**
   - Ponto: overloque de 3 linhas
   - Comprimento: 2 a 2,5 mm/10 a 12 pontos por polegada
   - Largura: 3 a 5 mm
   - Pé-calcador: padrão

2. **Costurando com o direito do tecido para cima, dê acabamento à borda com a overloque guiando a agulha de forma que o ponto pegue o tecido à esquerda e costure bem sobre a borda não arrematada à direita, como mostrado na Figura 7-5.**

Figura 7-4:
Dê acabamento às bordas não arrematadas de bainhas com um ponto zigue--zague em uma máquina de costura.

Zigue-zague de 3 pontos

Figura 7-5:
Dê acabamento a uma borda não arrematada de bainha com sua overloque usando um ponto overloque de 3 linhas.

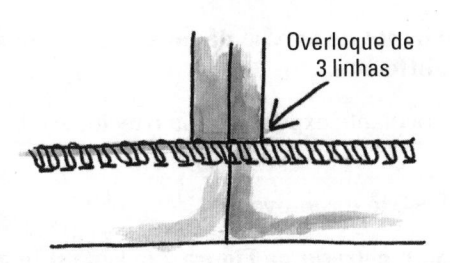

Overloque de 3 linhas

Fixando a Bainha

Depois de marcar a bainha, nivelar sua margem e dar acabamento à borda não arrematada, você está pronto para alfinetar a bainha e colá-la ou costurá-la no lugar.

Se não estiver seguindo as instruções do molde ou estiver refazendo a bainha, consulte a Tabela 7-1 para encontrar a largura de bainha adequada para seu projeto.

Fazendo bainha sem costura

Cole uma bainha rápida e permanente usando tela termocolante com papel *transfer* (disponível em sua loja de tecidos local ou por meio de fornecedores de materiais de costura, com venda por correspondência).

Uma bainha colada é quase impossível de mudar porque resíduos de adesivo grudam em todo lugar quando você tenta descolá-lo. Se prevê uma mudança mais tarde na bainha, pule direto para as seções "Bainha invisível à mão" e "Bainha invisível à máquina" mais adiante neste capítulo.

1. **Meça, marque e dê acabamento à bainha como descrito nas seções anteriores deste capítulo.**

2. **Dobre e alfinete a bainha, colocando os alfinetes na linha da bainha.**

3. **Pressione a ferro a borda da bainha sem passar sobre os alfinetes, fazendo-o com firmeza suficiente para que você veja a dobra da bainha quando tiver terminado.**

4. **Coloque o projeto na tábua de passar com a parte interna voltada para você.**

5. **Remova os alfinetes e abra a bainha.**

6. **Cole a tela termocolante no avesso da borda da bainha seguindo as instruções do fabricante.**

   Coloque o lado termocolante exposto contra o tecido e o lado de papel contra o ferro.

7. **Deixe que o papel esfrie e remova-o.**

8. **Cole a bainha como mostrado na Figura 7-6, seguindo as instruções do fabricante.**

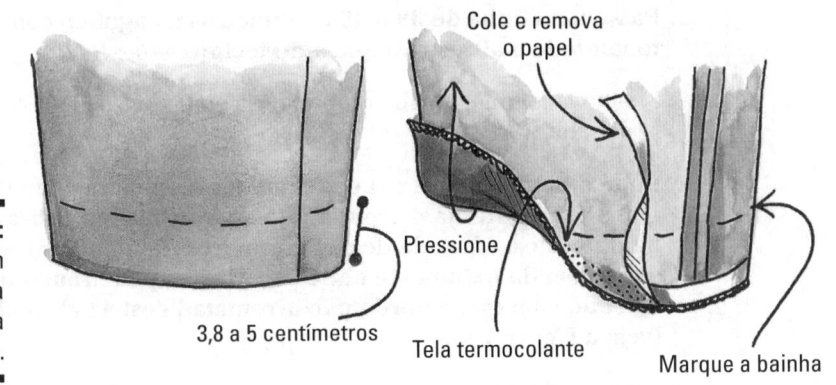

Figura 7-6: Bainha sem costura com tela termocolante.

Cole e remova o papel

Pressione

3,8 a 5 centímetros

Tela termocolante

Marque a bainha

Alfinetando a bainha feita à mão ou à máquina

Para que uma bainha invisível à mão ou à máquina quase não apareça, os pontos devem terminar entre a margem da bainha e a parte interna do projeto — complicado de fazer a menos que você alfinete sua bainha desta forma. O que é legal é que você alfineta da mesma forma tanto para bainha invisível feita à mão como feita à máquina.

O truque é alfinetar através de ambas as camadas do tecido, de 0,5 a 1,0 centímetro da borda acabada e *perpendicular* a ela, como mostrado na Figura 7-7. Desta forma, quando você dobra a margem da bainha para trás a fim de costurá-la, a dobra naturalmente para onde o alfinete penetra o tecido.

Figura 7-7: Alfinete a bainha da mesma forma, tanto para bainha invisível à mão como à máquina.

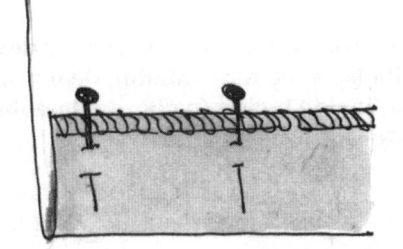

Bainha invisível à mão

Se você não tem um ponto de bainha invisível em sua máquina, ou até que domine a bainha invisível à máquina, costure suas bainhas à mão desta forma:

1. **Passe uma linha de 38 a 45 centímetros na agulha, com uma tonalidade mais escura que a do tecido.**

   Se a linha for muito mais comprida, ela embaraça e desgasta antes que seja usada.

2. **Deite a bainha sobre seu colo com o avesso para cima de forma que a parte interna da roupa fique para cima e a dobra da bainha esteja afastada de seu corpo e perpendicular a ele. Dobre a margem da bainha até onde os alfinetes penetram o tecido, fazendo com que a borda não arrematada esteja afastada de você (veja a Figura 7-8).**

   Aproximadamente 0,5 a 1,0 centímetro da margem da bainha está à mostra.

3. **Dê o primeiro ponto na camada única da margem da bainha, enfiando a ponta da agulha no tecido e então trazendo-a de volta a não mais do que 0,3 centímetro do lugar onde ela entrou (veja a Figura 7-8).**

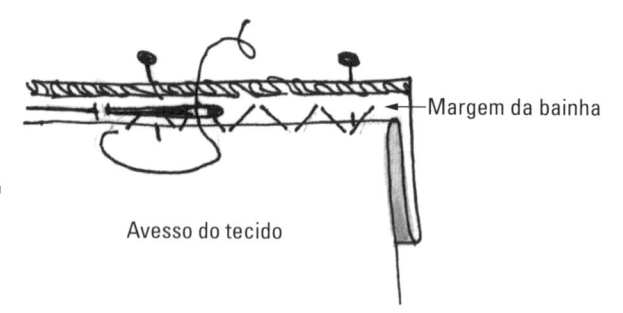

Figura 7-8:
Bainha invisível à mão.

4. **Costurando da direita para a esquerda (se você for destro) ou da esquerda para a direita (se você for canhoto), dê outro ponto, apanhando uma linha fina de tecido (na borda da dobra e onde o alfinete entra no tecido).**

   Você quer deixar os pontos os mais invisíveis que puder no direito do projeto, portanto dê o ponto mais fino possível no avesso do tecido.

5. **Continue costurando em torno da bainha, dando um ponto na margem da bainha e em seguida dando o próximo ponto no tecido onde a bainha está dobrada atrás dos alfinetes.**

Dê pontos mais curtos em tecidos mais finos, costurando um ponto de 0,6 centímetro no projeto, 0,6 centímetro na borda da bainha. Dê pontos mais longos em tecidos mais pesados, separando-os cerca de 1,2 centímetro entre si.

Bainha invisível à máquina

Depois que usar sua máquina de costura para fazer bainha invisível, aposto que você nunca mais fará à mão. Aqui está como fazer à máquina:

1. **Configure sua máquina assim:**
   - Ponto: bainha invisível
   - Comprimento: 2 a 2,5 mm/10 a 12 pontos por polegada
   - Largura: 2 a 2,5 mm
   - Pé-calcador: bainha invisível

2. **Dobre a margem da bainha de volta para onde os alfinetes entram no tecido e coloque-a sob o pé para bainha invisível.**

   O direito do projeto está contra os transportadores (os dentes que agarram e alimentam a face interior do tecido através da máquina: veja o Capítulo 2), o avesso está para cima e a dobra da bainha cobre a guia no pé.

3. **Dê os primeiros pontos na margem da bainha; o zigue-zague perfura a dobra como mostrado na Figura 7-9.**

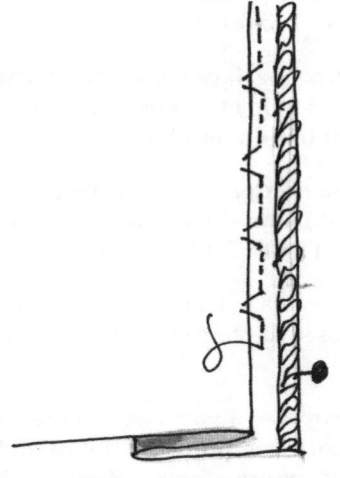

Figura 7-9: Bainha invisível à máquina, em que o ponto mal perfura a dobra da bainha.

Você quer criar pontos invisíveis aqui (assim como na bainha invisível à mão), portanto se o ponto agarrar muito da dobra da bainha, você os fez muito largos. Use uma largura de ponto mais estreita. Usar o pé para bainha invisível feito para se adaptar à sua máquina ajuda você a guiar o tecido mais uniformemente de forma que a agulha perfure a dobra da bainha na mesma quantidade a cada ponto.

4. **Remova o projeto, puxe as linhas para um lado do tecido e amarre-as.**

5. **Gentilmente pressione a ferro a margem da bainha do avesso do projeto em um movimento de cima para baixo e aplicando o ferro com mais pressão na dobra da bainha do que na parte superior de sua margem.**

Pressionar demais a bainha faz com que sua borda arrematada marque o lado direito do projeto, portanto use um pano de passar para evitar isso. (Veja o Capítulo 2 para mais informações sobre como usar um pano de passar.)

Costurando Bainhas Afiladas

Seja fazendo calças ou alterando a bainha em calças já prontas, você afila a margem da bainha para que ela se ajuste à forma da perna da calça. Se não afilar a margem da bainha, sua borda fica mais estreita do que a circunferência da perna. O que acontece? Os pontos da bainha puxam o tecido e então a perna da calça enruga na parte superior da margem da bainha. Credo. Esta é a forma como você afunila uma margem de bainha:

1. **Meça, marque e dê acabamento à bainha, deixando cerca de 3,8 a 5,0 centímetros de margem de bainha.**

2. **Começando da parte inferior, desfaça cada entreperna (a costura na parte interna das pernas) e de cada costura na parte externa das pernas *apenas* até a dobra da bainha.**

3. **Costure novamente interna e externamente, costurando da nova linha da bainha dobrada até a borda acabada, afilando cada costura como mostrado na Figura 7-10.**

   Estreitar essas costuras da dobra da linha da bainha, até a borda arrematada, assegura que elas se ajustem confortavelmente na circunferência da abertura.

4. **Para que a margem da costura se ajuste suavemente em todo o contorno de cada perna, corte um pique na dobra da bainha tanto na costura interna como na externa (veja a Figura 7-10).**

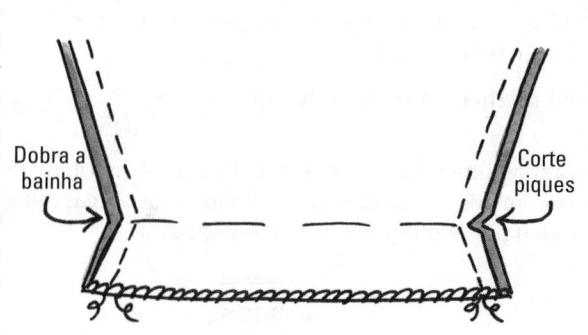

Figura 7-10: Afilar as costuras laterais para igualar a margem de costura afilada a fim de obter uma bainha de calça que se ajuste confortavelmente.

Fazendo Bainha em Malhas com Agulha Dupla

As malhas esticam. Em razão desta tendência, técnicas tradicionais de bainha invisível à mão e à máquina não costumam se sustentar em muitos tecidos. Técnicas comerciais de bainha deixam suas malhas com boa aparência por muito tempo. Você pode reproduzir essas técnicas usando agulha dupla para fazer bainha em malhas. Então, como funciona? A agulha dupla tem uma haste que se ajusta à máquina de costura e uma barra que segura duas agulhas. Para usá-las, passe linha em cada agulha separadamente, abaixe o pé-calcador e costure. Se você virar o tecido e olhar para o avesso da costura, verá que a linha da bobina divide-se entre as duas linhas da agulha criando um ponto zigue-zague que estica junto com o tecido, para que você não arrebente pontos. Você pode ver uma agulha dupla na Figura 7-11.

Agulhas duplas são classificadas quanto ao tamanho de duas formas: pela distância entre as agulhas e pelo tamanho da agulha e tipo de ponta. Usa-se agulha dupla com larguras mais estreitas em tecidos mais leves e larguras maiores em tecidos mais pesados. Uma agulha dupla universal 4.0 80/12 fornece as seguintes informações:

- ✔ Você tem duas agulhas separadas por 4 milímetros entre si.
- ✔ Cada agulha é tamanho 80 (classificação europeia) ou 12 (classificação americana).
- ✔ Cada agulha tem uma ponta universal.

Quando comprar agulha dupla, leve o pé-calcador de uso geral de sua máquina à loja com você. Algumas agulhas são muito largas para a abertura de alguns pés, portanto verifique antes de comprar.

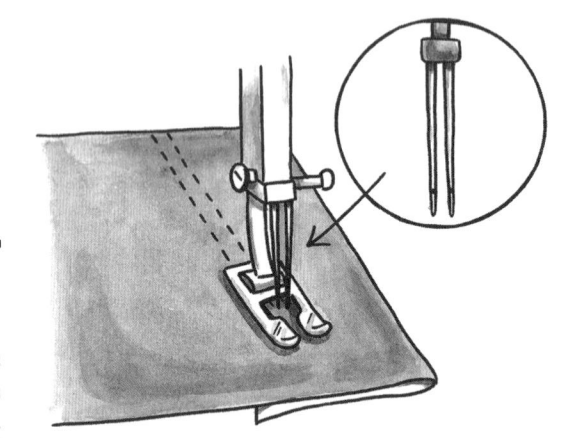

Figura 7-11:
Use agulhas duplas para bainhas duráveis em malhas.

Somente máquinas de costura com bobina frontal ou superior (uma categoria que inclui a maioria das máquinas) conseguem usar agulhas duplas. Se sua bobina for lateral, as agulhas ficam lateralmente em sua máquina e não funcionam. Se não puder usar agulha dupla em sua máquina, cole a bainha com uma tela termocolante. (Veja "Fazendo bainha sem costura" neste capítulo.)

Siga esses passos para fazer uma bainha com agulha dupla:

1. Meça, pressione e alfinete a bainha como descrevi nas seções anteriores.

Quando estiver passando uma bainha de malha, use um movimento de pressionar para cima e para baixo em vez de deslizar o ferro de um lado para outro. Se deslizar, você pode alargar a bainha permanentemente.

2. **Configure sua máquina assim:**
   - Ponto: reto
   - Comprimento: 3 a 4 mm/6 a 9 pontos por polegada
   - Largura: 0 mm
   - Pé-calcador: bordado
   - Agulha: 4,0 mm 80/12 dupla universal

Se notar que sua bainha tem alguns pontos pulados (vários pontos com largura normal e então alguns pontos largos ocasionais), tente usar uma agulha dupla *de ponta arredondada*. As pontas nas agulhas são especialmente projetadas para escorregar pelas laçadas das malhas, evitando pontos pulados.

3. **Passe a linha em sua agulha dupla seguindo as recomendações em seu manual de instruções.**

4. **Com o lado direito do projeto para cima, coloque a bainha de forma que o pé-calcador repouse completamente em uma camada dupla de tecido (a margem da bainha e a roupa) e costure.**

   Costurar reto e alinhado é mais fácil quando o pé repousa completamente em uma camada dupla de tecido.

5. **Após costurar em torno da bainha, puxe todas as linhas para o avesso e amarre-as com firmeza (veja o Capítulo 6).**

6. **Pressione a bainha usando um movimento de cima para baixo.**

7. **Apare cuidadosamente o excesso de margem de bainha acima da costura como mostrado na Figura 7-12.**

As tesouras mostradas na Figura 7-12 são chamadas de tesouras para aplicação. Elas vêm a calhar quando se apara uma camada de tecido separada de outra (como você faz quando está colocando aplicações ou aparando o excesso de tecido em margens de bainha), porque a lâmina bico de pato mais larga evita que seja cortado um buraco indesejado no tecido. Simplesmente coloque a lâmina contra o verso da roupa e então apare o excesso de margem de bainha. Se estiver fazendo muitas bainhas em malhas ou trabalho com aplicação, essas crianças são um superinvestimento.

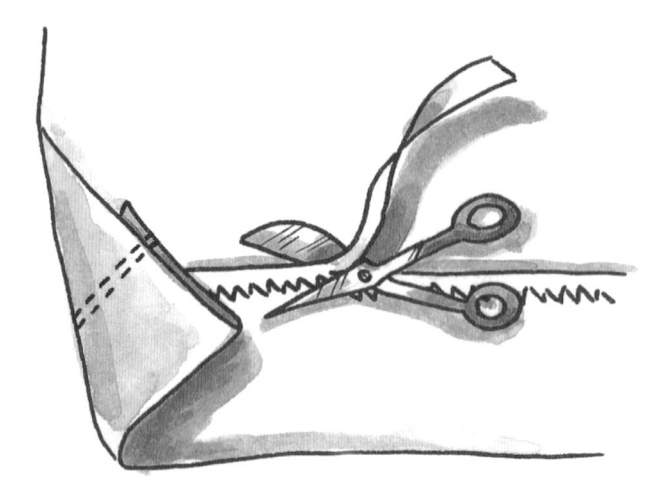

Figura 7-12:
Apare o
excesso de
margem de
bainha.

Parte III

Fundamentos da Costura de Moda

"Geralmente uso um abridor de casa de botão."

Nesta parte...

Quando a folha-guia do molde de seu projeto de moda fala em "costurar um zíper", pode ser que você fique coçando a cabeça. Como é que se faz isso? Seu primeiro passo é dirigir-se ao Capítulo 9 nessa parte, onde você encontra instruções passo a passo sobre como costurar um zíper. Esta parte também lhe oferece informação confidencial sobre como costurar pences, pregas, mangas, bolsos, colocar elástico e outras necessidades de costura. E para ajudá-lo a fixar seus fundamentos de moda, incluí projetos modernos que mostram a você, passo a passo, como fazer uma capa para computador, uma bolsa de mão, um encantador avental com babados e um pijama insuperável.

Capítulo 8

Dando Forma às Coisas

Pences, franzidos, pregas e elásticos permitem que você dê forma a pedaços de tecido que, sem eles, seriam sem vida. Você pode usar estes elementos estruturais separadamente ou em conjunto para transformar um saco de batatas em uma criação que se molda a todos os tipos de contornos, não só em roupas, mas também em quase qualquer coisa feita de tecido. Neste capítulo você descobre como ajustar e dar forma ao tecido com esses elementos, e depois, para praticar suas técnicas de modelagem de tecido recém-descobertas, pode fazer uma gracinha de avental ou um par de calças de pijama bonito e prático.

Pence Bem

Pences são pequenos triângulos de tecido que você aperta e costura para ajustar peças do molde na linha da cintura, nas costas da cintura, ombros, busto e quadril, como mostrado na Figura 8-1.

Moldes de papel marcam as pences com linhas de costura e, por vezes, com uma linha de dobra que converge para a ponta da pence. (Veja Capítulo 4 para mais informações sobre como decifrar as marcações em moldes.)

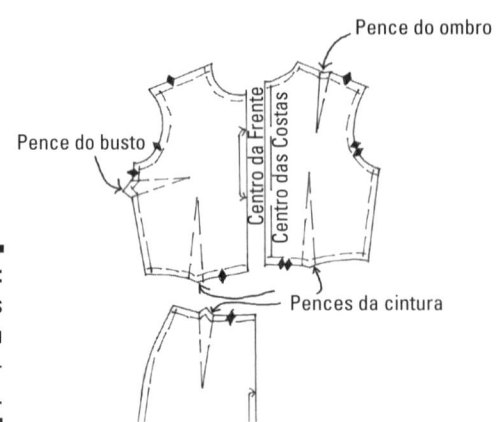

Pence do ombro

Pence do busto

Centro da Frente

Centro das Costas

Pences da cintura

Figura 8-1:
As pences ajudam seu projeto a ganhar forma.

Você pode se deparar com dois tipos de pence, dependendo do projeto. Se o projeto tiver uma costura horizontal na cintura como você pode ver na Figura 8-l, o tecido precisa ser "apertado para dentro" para seguir a curva natural na cintura. Assim, as pences no corpete e na saia têm uma quantidade maior de tecido retirada do projeto em uma extremidade da pence e depois afunilando na ponta. Este tipo é chamado de *pence reta*.

Se você precisa apertar a cintura em uma roupa sem costura horizontal na cintura, como uma blusa com cintura delineada ou um vestido de cintura baixa ou em peça única, então você faz uma pence que é larga no meio, com costura que converge nas duas pontas. Este tipo é chamado de *pence de contorno*.

Costurando a pence reta

Para sempre construir pences em linha reta perfeitas, basta seguir esses passos:

1. **Marque a pence com alfinetes ou marcador de tecido. (Veja o Capítulo 4 para mais informações sobre a marcação de elementos de um molde.)**

2. **Dobre a pence, juntando direito com direito, alinhando com a linha de dobra e alfinetando perpendicularmente à linha de costura nos pontos marcados na peça do molde.**

3. **Coloque uma tira de fita adesiva invisível no comprimento da pence, próximo à linha de costura, conforme mostrado na Figura 8-2.**

   A fita forma um gabarito de costura que ajuda a manter sua costura em linha reta.

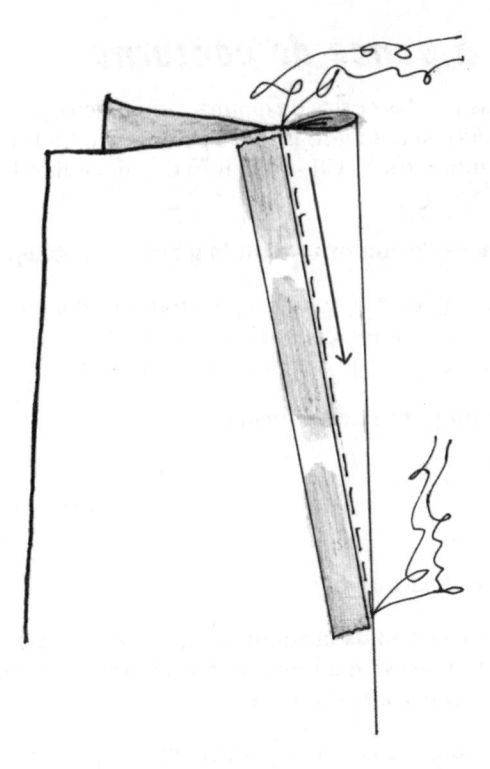

Figura 8-2:
Use fita como um gabarito de costura e costure da extremidade larga à ponta da pence.

4. **Configure sua máquina assim:**

   - Ponto: reto
   - Comprimento: 2,5 a 3 mm/10 a 12 pontos por polegada
   - Largura: 0 mm
   - Pé-calcador: de uso geral

5. **Começando na extremidade larga da pence, abaixe o pé-calcador e costure próximo à fita para uma pence perfeitamente reta, tirando os alfinetes conforme costura.**

Não faça uma pence começando na ponta e costurando para a extremidade larga ou arrematando na ponta. Se fizer, ela não será modelada de forma correta e provavelmente ficará saliente na ponta.

6. **Amarre as linhas na ponta. (Veja mais sobre amarração das linhas no Capítulo 6.)**

Costurando a pence de contorno

Sem as pences do busto e das costas da cintura, seu projeto fica pendurado em você como um saco de farinha. Siga estes passos para transformar aqueles pedaços de tecido simples e sem vida em partes de um vestido bem modelado que vai amar usar:

1. **Marque as pences de contorno usando giz de alfaiate e/ou alfinetes.**

   Confira as informações no Capítulo 4 para todos os detalhes de marcação. Revise as informações acima, em "Costurando a pence reta" para mais sobre a confecção da pence perfeita.

2. **Configure sua máquina desta forma:**

   - Ponto: reto
   - Comprimento: 2,5 a 3 mm/10 a 12 pontos por polegada
   - Largura: 0 mm
   - Pé-calcador: de uso geral

3. **Começando na parte mais larga da pence, costure até a ponta em uma direção, e então vire a pence e repita até a outra extremidade da pence, como mostra a Figura 8-3.**

   Este método de duas etapas torna a pence plana e perfeitamente afunilada em ambas as extremidades.

4. **Amarre as linhas em ambas as extremidades e no meio da pence. (Veja o Capítulo 6 para saber mais sobre amarração de linhas.)**

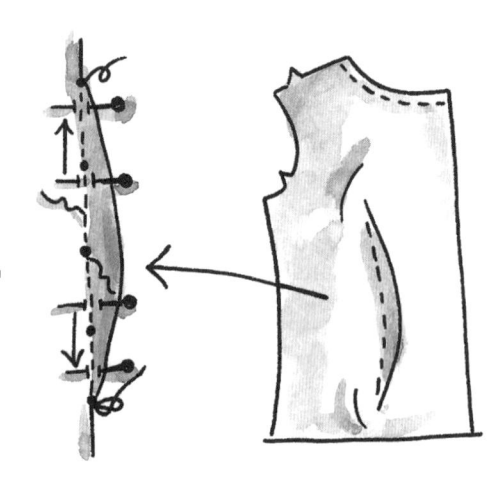

Figura 8-3: Marque e costure a pence de contorno em duas etapas.

Finalizando a pence

Depois de costurar sua pence, pressione-a a ferro para que forme uma linha plana e regular no tecido. Basta seguir estes passos fáceis:

1. **Remova a fita e bata a pence a ferro.**

   Coloque a pence sobre a tábua de passar com o avesso do tecido para cima. Coloque um lado do ferro sobre a linha de costura, com o resto do ferro sobre a dobra da pence; pressione-a para que fique plana desde a linha da costura até a dobra. Os costureiros referem-se a este procedimento como *bater a pence a ferro*. Pressionando sobre a linha de costura, você assenta os pontos para que eles se integrem bem ao tecido.

2. **Pressione a pence para um lado do interior da roupa.**

   Pressione pences horizontais de modo que o volume da pence esteja para baixo. Pressione pences verticais de modo que o volume da pence esteja em direção ao centro da peça. Se você tiver uma almofada de alfaiate, pressione as pences sobre a almofada para que quando a pence estiver pressionada, ela imite as curvas do corpo. Confira os Capítulos 2 e 5 para aprender mais sobre como pressionar utilizando uma almofada.

   Não use um ferro quente demais para seu tecido. *Use* um pano de passar. Alguns tecidos são complicados de se trabalhar porque, se pressionados com um ferro quente demais e/ou sem um pano de passar, podem ficar com brilho e as margens de costura *marcam* em ambos os lados da linha de costura. Se você não tem certeza sobre a configuração de temperatura do ferro e o que ele causa ao seu tecido, use um pano de passar e faça um teste em um pedaço de tecido.

Franzindo o Tecido de um Pedaço a Outro

O franzido acrescenta suavidade e forma a um projeto. Imagine uma cintura e uma manga bufante, delicadamente franzidas, de um vestido de criança, franzidos suaves acima de um punho de camisa, ou uma saia franzida no cós. Todos esses exemplos usam franzidos como uma forma de encaixar um pedaço maior de tecido, tal como uma saia, em outro pedaço menor, como um cós ou corpete do vestido. Nesta seção, mostro a você dois métodos para franzir tecido. O método usado depende do tipo de tecido com que você está trabalhando.

Franzido com duas linhas

O método de duas linhas funciona melhor para criar franzidos finos e controlados em tecidos leves como a cambraia, challis, cetim charmeuse, gaze, quadriculado vichy, crepe, georgette, rendas, casimira de seda e voile. (Veja o Capítulo 3 para mais informações sobre esses tecidos.) É só seguir estes passos:

1. **Configure sua máquina assim:**
   - Ponto: reto
   - Comprimento: 2,5 a 3 mm/9 a 13 pontos por polegada
   - Largura: 0 mm
   - Pé-calcador: de uso geral ou bordado
   - Tensão da linha: ligeiramente solta

2. **Passe em sua agulha a linha que usou para costurar seu projeto; encha sua bobina com uma linha de cor contrastante.**

   Usar uma cor de linha diferente na bobina faz com que seja mais fácil encontrar esses pontos quando for a hora de puxar o franzido.

3. **Costure uma linha de pontos para franzir a 1,2 centímetro da borda não arrematada, deixando pelo menos uma sobra de linha de 5 centímetros no início e no fim.**

   Não arremate no início nem no fim.

   Os pontos de franzido para uma costura unida na linha de costura de 1,5 centímetro estão dentro da margem de costura e não aparecem do lado de fora do projeto.

4. **Faça uma segunda linha de pontos para franzir a 0,9 centímetro da borda não arrematada, deixando, pelo menos, uma sobra de linha de 5 centímetros ao final, como mostrado na Figura 8-4.**

   Tenha cuidado para não cruzar as linhas de costura.

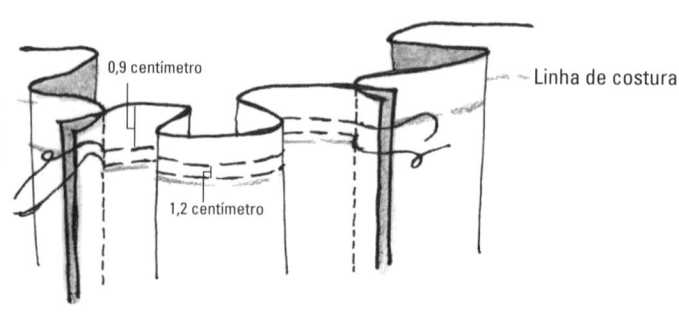

Figura 8-4: Costure os pontos de franzido dentro da margem de costura.

0,9 centímetro

Linha de costura

1,2 centímetro

5. **Marque com alfinetes a faixa de franzido em quatro partes e repita para a parte plana em que a faixa de franzido estará presa.**

6. **Junte com alfinetes as margens de costura da parte franzida e da parte plana do tecido, emparelhando as partes marcadas com alfinete.**

7. **Levante o franzido, puxando as linhas contrastantes da bobina e ajustando os franzidos uniformemente de alfinete a alfinete, como mostrado na Figura 8-5.**

   Trabalhando das extremidades para o centro, segure as linhas da bobina esticadas em uma das mãos, enquanto desliza o tecido ao longo da costura com a outra. Ajuste o franzido conforme necessário para o volume que deseja. Usar duas linhas não só deixa os franzidos uniformes, como também lhe dá uma linha reserva caso a primeira se rompa. Lembre-se de colocar a tensão da linha de volta à configuração normal antes de costurar as partes franzidas e retas.

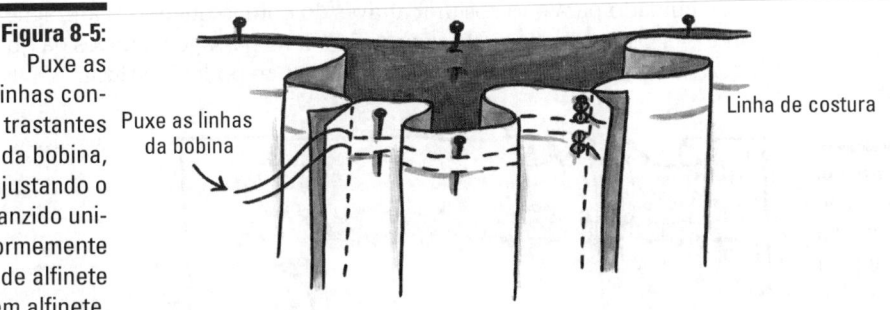

Figura 8-5: Puxe as linhas contrastantes da bobina, ajustando o franzido uniformemente de alfinete em alfinete.

Puxe as linhas da bobina

Linha de costura

Franzido com cordão

Você pode usar franzido com cordão como uma ótima maneira de franzir tecidos de peso médio a pesado, tais como cambraia, chintz, veludo cotelê, brim leve, linho e casimira de lã, oxford, piquê, popeline e anarruga. (Veja o Capítulo 3 para mais informações sobre estes tecidos.) A técnica do cordão também funciona bem quando você franze metros de tecido de uma só vez ao costurar babados. Basta seguir estes passos:

1. **Configure sua máquina assim:**

   • Ponto: zigue-zague

   • Comprimento: 2,5 a 3 mm/9 a 13 pontos por polegada

   • Largura: 3 a 4 mm

   • Pé-calcador: bordado

2. **Corte um pedaço de fio torcido perlé de algodão para bordado, fio dental, ou três ou quatro fios de qualquer linha longa o suficiente para acomodar a área que pretende franzir.**

Por exemplo, se você está franzindo 25 centímetros, o cordão deve ter de 30 a 35 centímetros de comprimento. Se estiver usando linha, torça os fios ligeiramente — fazendo uma espécie de cordão.

3. **Coloque o tecido sob a agulha com o avesso para cima.**

4. **Deixando o pé-calcador para cima, fure o tecido com a agulha a 1,2 centímetro da borda não arrematada.**

5. **Centralize o cordão no sentido do comprimento sob o pé-calcador e abaixe-o.**

6. **Faça um zigue-zague por cima do cordão, conforme mostrado na Figura 8-6.**

Tome cuidado para não costurar através do cordão quando ziguezaguear sobre ele. Os pontos de zigue-zague criam uma passagem através da qual o cordão desliza, e se costurar o cordão, ele não poderá deslizar.

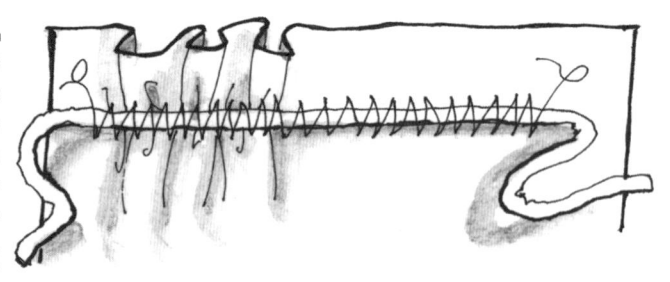

Figura 8-6: Ziguezagueie por cima do cordão para um franzido rápido, forte e fácil.

7. **Levante os franzidos, deslizando o tecido ao longo do cordão.**

Você pode facilmente ajustar os franzidos, e o cordão não arrebenta quando se costuram os pontos para cima e para baixo para um franzido espesso.

Avental de Babados

Aventais estão na moda, com alguns exemplares graciosos aparecendo em revistas de moda, lojas de varejo e na Etsy (`www.etsy.com`), o eBay para artesãos e designers independentes em todo o mundo. Este avental estiloso e fácil de fazer lhe dá oportunidade para praticar suas habilidades de franzir. Começando com uma saia curta de brim, que tenha um cós arrematado, passadores e bolsos, seu projeto está com meio caminho andado antes de você começá-lo. Eu encontrei vários candidatos maravilhosos a avental nas lojas locais do Exército de Salvação e bazares de caridade por cerca de R$ 6,00 — basta adicionar alguns babados e um cinto de laço e voilà! Um avental muito bonito que é facílimo de fazer. Confira uma foto do projeto terminado no Encarte Colorido.

Para fazer este projeto, você precisa dos seguintes materiais, além de seu kit de sobrevivência de costura (veja o Capítulo 2):

- Uma saia jeans curta com passadores de cinto na cintura. (Escolha uma saia que, quando estendida, seja da largura que você deseja para o avental ao final. Não se preocupe se ela cabe em você.)

- Três ou quatro tecidos estampados, com cerca de 1 metro cada, que se complementem (depois de fazer os babados para este projeto, você vai ter o suficiente de cada estampa de sobra para fazer guardanapos combinando — veja o Capítulo 13 para mais sobre confecção de guardanapos.)

- Linha que combine com o tecido.

Cortando as partes do avental

Siga estes passos para deixar as partes de seu avental prontas para a costura:

1. **Coloque a saia estendida em cima de uma mesa, alisando-a partir do centro para as costuras do lado.**

2. **Corte nas dobras laterais da saia, geralmente um pouco atrás das costuras, para separar suas partes da frente e de trás (veja a Figura 8-7).**

   Você não precisa da metade traseira da saia para este projeto, mas se gosta de sua aparência, pode fazer outro avental a partir dela.

Figura 8-7: Separe a saia na dobra lateral (não necessariamente nas costuras laterais).

3. **Abra um dos tecidos estampados para que fique estendido. Encontre o viés (o fio diagonal), dobrando uma ourela para baixo até que se alinhe com uma borda cortada, e pressione a dobra.**

   Quando você desdobra o tecido, o viés forma uma diagonal perfeita, como mostrado na Figura 8-8. A dobra pressionada torna-se uma de suas linhas de corte.

4. **Abra o tecido para que fique plano novamente e corte uma tira de 10 centímetros de largura pelo comprimento do vinco do viés pressionado (veja a Figura 8-8).**

5. Repita as etapas 3 e 4 para os outros tecidos estampados.

Cortando os babados no viés, você não terá que dar acabamento a nenhuma das bordas não arrematadas pois não desfiarão. (Veja o Capítulo 4 para saber mais sobre como encontrar o verdadeiro viés.) As bordas não arrematadas também dão ao avental uma aparência artesanal interessante que você vai adorar.

Figura 8-8: Dobre o tecido para encontrar o viés (a); depois corte uma tira de 10 centímetros de comprimento ao longo da dobra (b).

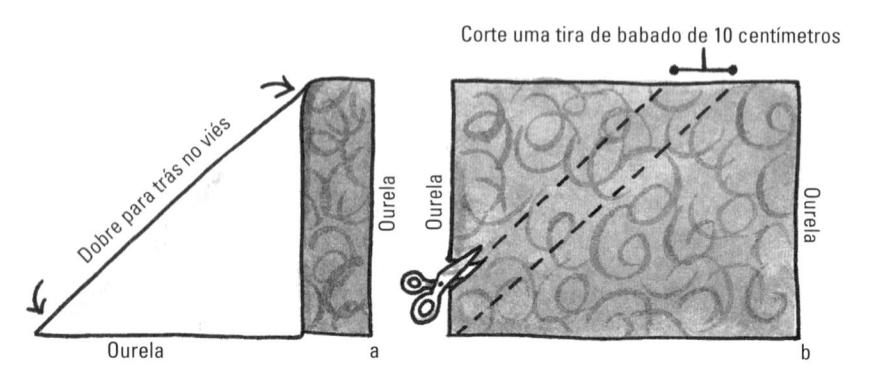

6. Escolha um de seus tecidos para a faixa do avental. Corte duas tiras adicionais no viés, que sejam quatro vezes a largura do cós da saia e tão longas quanto o tecido permitir.

Por exemplo, se o cós da saia é de 4 centímetros, faça essas faixas com uma largura de 15 centímetros.

Dando acabamento às costuras laterais do avental

Para reduzir o excesso de volume nas margens do avental, estas são picotadas e costuradas. Veja como:

1. Picote as bordas laterais da frente do avental de brim com a tesoura de picotar para evitar o desfiamento.

2. Configure sua máquina assim:
- Ponto: reto
- Comprimento: 4 mm/6 pontos por polegada
- Largura: 0 mm
- Pé-calcador: de uso geral

3. **Dê ponto reto apenas dentro das bordas picotadas como mostrado na Figura 8-9.**

Em vez de arrematar nas partes superior e inferior da borda, puxe as linhas para trás do projeto e amarre-as. (Para saber mais sobre amarração de linhas, veja o Capítulo 6.)

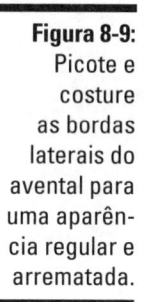
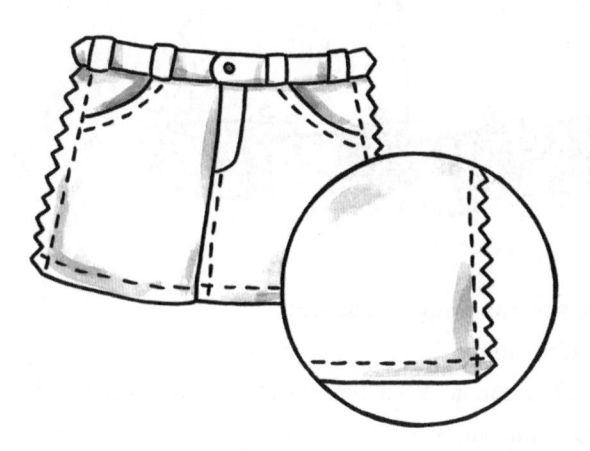

Figura 8-9: Picote e costure as bordas laterais do avental para uma aparência regular e arrematada.

Franzindo e prendendo a tira de babado

Franza cada babado e costure-o na frente do avental. Veja como:

1. **Faça duas fileiras de pontos de franzir no topo de cada tira de babado como descrito em "Franzido com duas linhas" acima.**

2. **Marque com alfinetes a parte inferior da saia e a primeira tira de babado em quatro partes.**

3. **Alinhe as marcações de alfinete da tira de babado com as marcas de alfinete na frente da saia, fixando o babado para que fique na parte de cima e se sobreponha ao brim em cerca de 2,5 centímetros, como mostrado na Figura 8-10.**

4. **Comece a franzir de alfinete em alfinete, puxando as duas linhas da bobina e ajustando de modo uniforme o volume ao longo dos pontos franzidos.**

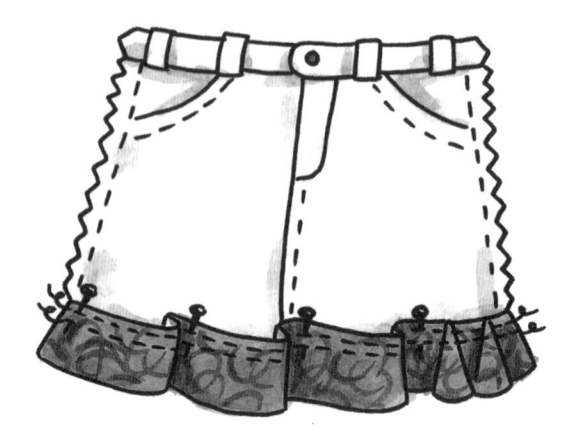

Figura 8-10: Franza o babado para ajustá-lo à frente do avental, equilibrando o volume de alfinete em alfinete.

5. **Configure sua máquina assim:**

   - Ponto: reto

   - Comprimento: 2,5 a 3 mm/6 a 8 pontos por polegada

   - Largura: 0 mm

   - Pé-calcador: de uso geral

6. **Costure a faixa de babados, guiando o pé-calcador para que você costure *entre* as duas fileiras de pontos de franzido.**

   Lembre-se de fazer o arremate no início e no fim de cada babado.

7. **Puxe as duas fileiras de pontos de franzido feitos no Passo 1, puxando os fios da bobina.**

8. **Repita esta seção para cada babado subsequente, colocando a parte de baixo do babado ligeiramente em cima dos pontos franzidos do babado que está abaixo dele.**

Amarrando os cordões do avental

Este método é ótimo não só para fazer o laço do avental para este projeto, mas funciona bem para fazer alças para uma sacola ou um vestido de verão.

1. **Configure sua máquina assim:**

   - Ponto: reto

   - Comprimento: 2,5 a 3 mm/6 a 8 pontos por polegada

   - Largura: 0 mm

   - Pé-calcador: de uso geral

2. Usando as duas faixas cortadas em "Cortando as partes do avental", disponha as tiras com as respectivas extremidades curtas juntas, costurando com uma margem de costura de 1,5 centímetro.

3. Apare as pontas descosturadas de modo que a faixa seja duas vezes e meia a medida de sua cintura.

   Por exemplo, se a medida de sua cintura é de 76 centímetros, a faixa precisa ter 1,90 metro.

4. Dobre a tira da faixa do avental na metade de sua largura, pressionando um vinco por todo o comprimento da longa tira (veja a Figura 8-11a).

5. Abra sua faixa de tecido na tábua de passar e com o avesso para cima, dobre e pressione as duas bordas longas para o vinco central e dobre de novo ao longo do centro, como mostrado na Figura 8-11b.

Figura 8-11: O processo de duas etapas de dobrar e pressionar o cordão do avental torna-o forte e estável.

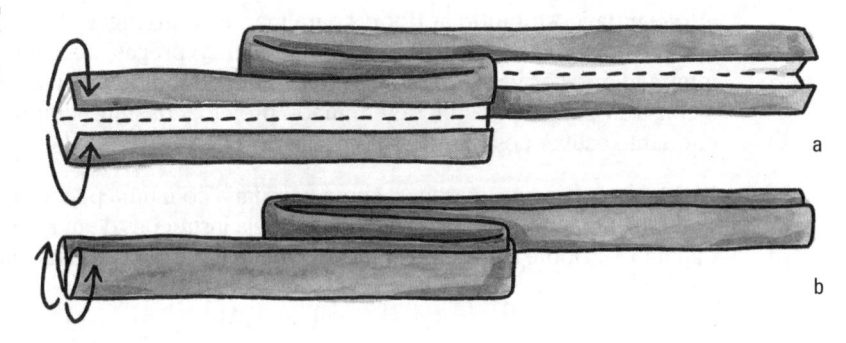

6. Costure ao redor dos quatro lados do laço do avental, guiando o pé a 0,5 centímetro da borda.

7. Picote as duas pontas curtas do laço do avental como mostra a Figura 8-12.

Figura 8-12: Depois de costurar em torno das quatro bordas do cordão do avental, pico-te as pontas curtas para um acaba-mento rápido e fácil.

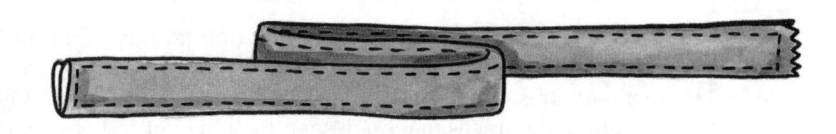

8. **Passe o laço através dos passadores de cinto na saia e prenda-o.**

Se você tiver apenas dois passadores na parte frontal do seu avental, costure o laço em cada extremidade do cós para fixá-lo.

Pregas Perfeitas

Pregas são dobras no tecido que controlam o volume. Você encontra pregas em todos os tipos de lugares, incluindo os seguintes:

- ✔ Ao redor de uma roupa inteira, como em uma saia plissada
- ✔ Em partes, como na cintura de um par de calças
- ✔ Como uma prega única, tal como uma prega embutida na parte traseira de uma saia

Você faz a maior parte das pregas dobrando um pedaço contínuo de tecido e, em seguida, costurando as dobras para mantê-las no lugar. Projetos de costura fáceis e para iniciantes geralmente não possuem pregas, mas muitos moldes intermediários e avançados têm. A folha-guia do molde explica como dobrar e construir pregas para um determinado projeto; consulte sempre o molde enquanto estiver costurando suas pregas.

Para fazer uma prega, marque-a como você faria com uma pence ou outro símbolo encontrado no papel do molde. (Veja instruções de marcação no Capítulo 4.) Dobre a prega na linha de dobra e costure a prega na linha de costura.

Definição dos tipos de pregas

Quando você examina o conteúdo de catálogos de moldes e revistas de moda (e provavelmente de seu próprio armário), você encontra uma variedade de pregas. Familiarize-se com os diferentes tipos de pregueados (veja a Figura 8-13) e com sua localização nas roupas:

- ✔ **Prega faca:** essas pregas têm uma linha de dobra e uma linha de colocação e são dobradas em uma direção. Você muitas vezes encontra diversas pregas faca agrupadas em cada lado de uma peça, com um grupo voltado para um lado e outro grupo, para o lado oposto — como na parte de cima de um par de calças.

- ✔ **Prega macho:** essas pregas têm duas dobraduras e duas linhas de colocação. As dobras de cada prega estão voltadas para lados opostos e a parte traseira das dobras podem ou não se encontrar. Vê-se mais comumente pregas macho descendo pelo centro da frente de um vestido ou saia e em saias para cama.

✔ **Prega invertida:** você encontra duas dobras nestas pregas, mas elas se juntam em uma linha de colocação comum. Como pregas macho, geralmente encontram-se pregas invertidas descendo pelo centro da frente de um vestido ou saia e em saias para cama.

✔ **Prega embutida (ou fêmea):** essas pregas têm uma dobra e uma linha de colocação e você costuma encontrá-las na borda da bainha no meio da parte traseira de uma saia reta. Além de acrescentar estilo, as pregas embutidas dão espaço suficiente para caminhar confortavelmente.

✔ **Plissado:** desculpe — você não conseguirá fazer essas pregas em casa. O plissado parece o fole de um acordeão, proporcionando um efeito divertido e volumoso. Plissadores profissionais colocam essas pregas permanentemente no tecido usando uma combinação de calor e vapor. É possível comprar tecido plissado a metro.

Figura 8-13: Procure por pregas faca (a), macho (b), invertida (c), embutida (d) e plissado (e) nas roupas.

a   b   c   d   e

Fazendo uma prega

Independente do tipo de prega que fizer, com exceção do plissado, todas são feitas praticamente da mesma forma. Depois que aprende a fazer uma prega faca, você tem as habilidades básicas de que precisa para fazer as outras. Siga estes passos:

1. **Marque as pregas nos pontos conforme indicado na folha-guia do molde de seu projeto. Confira a Figura 8-14 para uma ilustração.**

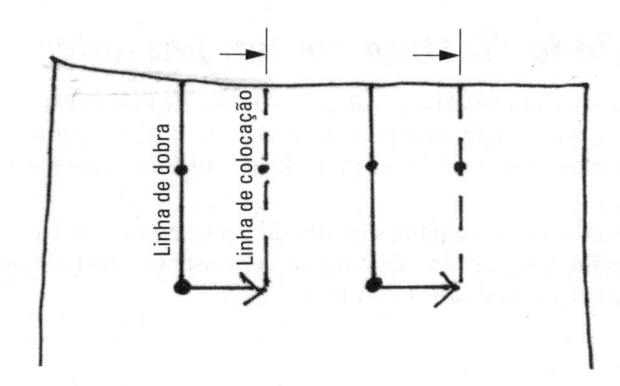

Linha de dobra

Linha de colocação

Figura 8-14: Marcando as pregas.

2. Dobre e alfinete a prega, trazendo a linha de dobra sobre a linha de colocação.

3. Costure a prega na linha de costura, como mostra a Figura 8-15.

Figura 8-15: Dobrando e costurando para criar as pregas.

Adicionando Flexibilidade e Conforto com Elástico

Além de acrescentar contorno e forma a um projeto, o elástico faz com que uma peça seja mais confortável de vestir. Existe elástico em uma variedade de configurações, cada uma adequada para um uso diferente. Consulte o Capítulo 3 para mais informações sobre os diferentes tipos de elástico e para saber qual deles é mais apropriado para seu projeto.

Nesta seção você descobre o caminho mais fácil para colocar elástico através de um passador. E se quiser saber como costurar elástico em uma borda, mostro duas técnicas — uma usando uma máquina de costura e outra usando uma overloque.

Inserindo elástico em um passador

Um *passador* é um túnel de tecido que mantém um cordão ou elástico na cintura, pulso e tornozelo para dar forma a uma peça de roupa. Tradicionalmente, você cria um passador de uma das duas maneiras seguintes:

✔ Usando tecido na parte superior de uma cintura, dobre-o para baixo e costure um passador. Costuma-se ver e usar este método para a cintura em calças ou shorts de elástico.

✔ Costurando outra tira de tecido no avesso do tecido. Este método é popular na cintura de vestidos e nas costas de jaquetas.

Nesta seção você faz um passador usando o método de dobrar. As instruções do molde geralmente lhe dizem para fazer o passador e depois passar o elástico através do passador com um alfinete de segurança grande ou *passador de elástico* (uma pequena ferramenta que prende na ponta do elástico como um par de pinças com dentes).

Já fiz centenas de passadores, e não consigo dizer-lhe quantas vezes cheguei a 5 centímetros do fim, e dei no elástico um último puxão, somente para que o alfinete ou passador soltassem antes que o elástico tivesse atravessado completamente o passador. Se eu não fizesse isso, o alfinete ou passador ficariam pendurados na margem de costura. Quando o elástico finalmente tinha sido enfiado através do passador, eu sentia como se tivesse artrite aguda em ambas as mãos. Doloroso e frustrante!

Então, minha amiga Karyl Garbow concebeu a seguinte técnica para a criação de passadores de elástico. Esta técnica leva tanto tempo quanto o método convencional, mas você não perde o elástico ou tensiona suas mãos durante o processo. O truque é começar com um comprimento de elástico que seja mais longo do que a circunferência em que ele entra. Os fabricantes geralmente embalam elástico em diversos comprimentos, assim você tem elástico suficiente para vários trabalhos.

Experimente este método de dobrar o punho de uma manga ou o tornozelo de um par de calças. Você também pode usá-lo na cintura de shorts, calças e saias de elástico.

1. **Configure sua máquina assim:**

   - Ponto: zigue-zague de 3 pontos
   - Comprimento: 1 a 1,5 mm/25 pontos por polegada ou fino
   - Largura: 4 a 5 mm
   - Pé-calcador: de uso geral

   Se você estiver usando uma overloque, use as seguintes configurações:
   - Ponto: overloque de três linhas
   - Comprimento: 3 mm
   - Largura: 5 mm
   - Pé-calcador: padrão

2. **Chuleie a borda não arrematada para que o tecido não desfie.**

   Para *chulear*, guie o tecido de modo que os pontos peguem o tecido na esquerda e costure bem próximo à borda à direita.

3. **Para formar o passador, dobre a parte superior do tecido em direção à parte de dentro do projeto, na largura do elástico mais 1,5 centímetro. Pressione a ferro o passador.**

4. **Configure sua máquina assim:**

   - Ponto: reto
   - Comprimento: 2,5 a 3 mm/10 a 12 pontos por polegada
   - Largura: 0 mm
   - Pé-calcador: de uso geral ou costura reta reforçada
   - Posição da agulha: à esquerda (opcional)

5. **Faça uma costura reta reforçada ao redor do topo do passador, costurando 0,3 centímetro da borda dobrada. (Consulte o Capítulo 6 para saber mais sobre costura reta reforçada.)**

O pé-calcador de costura reta reforçada tem uma guia que mantém sua costura reta. Não é um pé padrão, então pergunte ao seu revendedor se eles fazem um destes para sua máquina.

6. **Deixando o elástico em uma longa tira, coloque e prenda com alfinete o elástico no passador, cobrindo-o com a dobra reforçada como mostrado na Figura 8-16.**

   Alfinete paralelamente ao elástico e bem embaixo dele. Um monte de elástico fica solto em uma das extremidades do passador, você deve cortá-lo depois.

7. **Prenda uma ponta solta do elástico com um alfinete. Usando seu pé-calcador de uso geral, costure embaixo (mas não através) do elástico, como mostra a Figura 8-17.**

   Em vez de costurar o passador em toda a volta, deixe uma abertura de 5 centímetros no passador para que as pontas do elástico sejam puxadas.

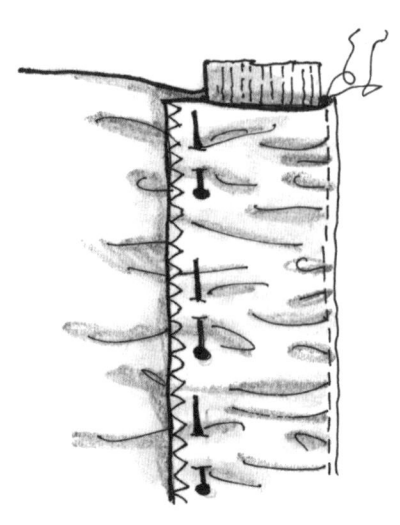

Figura 8-16: Alfinete o passador próximo ao elástico.

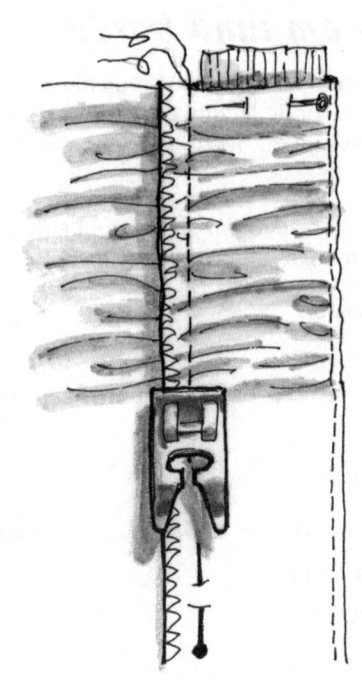

Figura 8-17: Cuidado para não costurar através do elástico quando estiver fazendo o passador.

8. **Estique o elástico através da abertura do passador até que ele se ajuste confortavelmente ao redor de sua cintura.**

9. **Prenda as extremidade do elástico com alfinete.**

Não corte o elástico até que você verifique se ele estica o suficiente para ajustar-se ao redor de seu quadril. Não há nada pior que costurar o elástico e então descobrir que não consegue vestir suas calças.

10. **Corte o elástico ajustado, acrescentando 2,5 centímetros de superposição nas pontas.**

11. **Sobreponha uma ponta do elástico por cima dos outros 2,5 centímetros e costure um quadrado para firmar bem as pontas.**

Junte o elástico na sobreposição costurando em linha reta pela parte superior, descendo pela lateral, pela parte inferior e então subindo.

Quando você trabalhar com um pedaço curto de elástico ou substituir elástico desgastado, passe o elástico através do passador. Em vez de usar um alfinete de segurança ou passador de elástico, que às vezes podem puxar a ponta ou ficar pendurado nas margens de costura, corte uma pequena fenda no elástico, a pelo menos 1,20 centímetro da extremidade e enfie um grampo de cabelo através dele. O grampo tem extremidades lisas e é estreito o suficiente para deslizar facilmente através da maioria dos passadores.

Colocando elástico em uma borda

Elástico de roupas prontas é costurado na borda de uma abertura e, em seguida, virado e pespontado. Você pode facilmente reproduzir esta técnica industrial com sua máquina de costura ou overloque. O truque é usar linha elástica na bobina.

Use a seguinte técnica para aplicar elástico em praticamente qualquer borda que você precise, incluindo cós, mangas e pernas de calça:

1. **Configure sua máquina assim:**
   - Ponto: overloque
   - Comprimento: o mais longo (consulte o manual de instruções)
   - Largura: 5 mm
   - Pé-calcador: de uso geral

   Se você estiver usando uma overloque, use as seguintes configurações:
   - Ponto: overloque de três linhas
   - Comprimento: 3 a 3,5 mm
   - Largura: 5 mm
   - Pé-calcador: padrão

2. **Utilizando seu marcador de tecido, marque a borda do tecido na abertura da roupa em oito partes iguais.**

   Oitavos, em vez de quartos, são mais fáceis de trabalhar. (Consulte o Capítulo 2 para mais sobre marcadores.)

3. **Estique o elástico em torno de sua cintura (ou onde quer que você pretenda costurar o elástico) até que ele se ajuste confortavelmente e corte-o no tamanho correto.**

   Lembre-se de adicionar cerca de 2,5 centímetros extras nas pontas do elástico para sobreposição.

4. **Utilizando seu marcador de tecido, marque o elástico em oitavos.**

5. **Alfinete o elástico na abertura, alinhando as marcas no elástico com as marcas na abertura de vestuário.**

   Quando colocar elástico em um cós ou em uma abertura de perna, deixe uma das costuras laterais abertas. Assim, você pode facilmente costurar o elástico e regular o ajuste na costura aberta.

6. **Dê os primeiros dois pontos para fixar o elástico na borda do tecido.**

7. **Pare e reposicione suas mãos, pegando o tecido e elástico em frente e atrás do pé-calcador. Estique o elástico para se ajustar ao**

tecido, costurando de alfinete em alfinete, para que o tecido e as bordas elásticas alinhem-se.

Os pontos devem pegar o tecido e o elástico no lado esquerdo do ponto e então costurar bem próximo às bordas do lado direito do ponto, como mostrado na Figura 8-18.

Remova os alfinetes assim que os alcançar para que você não costure sobre eles e quebre uma agulha.

Quando chulear, faça-o de alfinete em alfinete, removendo os alfinetes antes de alcançá-los e guiando o elástico para que a faca apare levemente o excesso de tecido e não corte o elástico.

8. Encha a bobina com linha elástica de boa qualidade.

Linha elástica de qualidade está disponível em seu revendedor local da máquinas de costura. Esse tipo tem um núcleo elástico envolto em algodão e é mais forte e mais resiliente do que aquele que costuma ser encontrado na seção de aviamentos da loja de tecido.

Coloque a bobina no enchedor e o tubo de linha elástica no seu colo. Amarre o elástico de maneira frouxa na bobina e, em seguida, encha a bobina lentamente, guiando a linha elástica uniformemente e *sem esticar a linha enquanto a enche*. Caso o faça, a linha elástica se alarga e perde o seu vigor e resiliência.

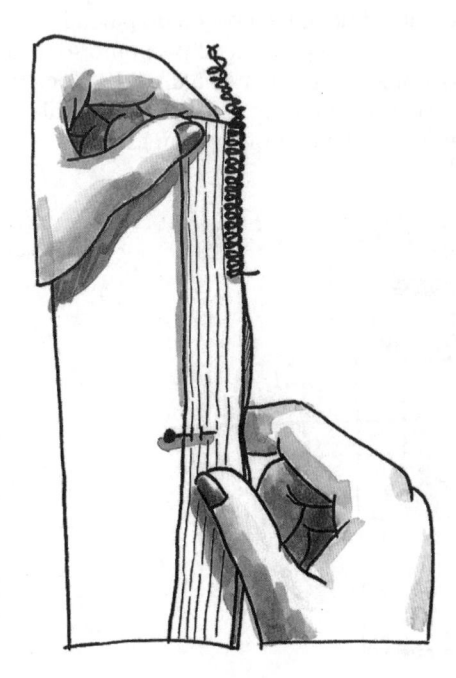

Figura 8-18:
Estique o elástico conforme costura de alfinete em alfinete.

Caso sua máquina possua enchimento automático de bobina, encha a bobina à mão. Esse tipo de bobina só funciona quando a linha é introduzida pelo buraco da agulha e esta se move para cima e para baixo enquanto a bobina enche. Esse movimento para cima e para baixo arrebenta a linha elástica (e provavelmente também mandaria sua máquina para o hospital).

9. Altere as configurações de sua máquina da seguinte forma:

- Ponto: reto

- Comprimento: 3 a 3,5 mm/8 a 9 pontos por polegada

- Largura: 0 mm

- Pé-calcador: bordado

- Bobina: encha com linha elástica bem presa na tensão da bobina (a parte da bobina onde o fio se prende no lugar e não se desenrola).

Como a linha elástica se estica, é fácil pensar erroneamente que você colocou a bobina da maneira correta na caixa da bobina, quando ela não está presa na tensão da bobina. Verifique duas vezes se encheu sua bobina corretamente, puxando a ponta da linha elástica. Ela não deve sair da caixa de bobina.

10. Vire o elástico de forma que os *pontos de chulear* (aqueles que você usou para costurar o elástico na borda) fiquem no avesso do projeto e depois pesponte o elástico.

Com o lado direito para cima, guie a borda do passador, seguindo uma linha em sua chapa de agulha para que o pesponto só pegue a borda inferior do elástico, como mostrado na Figura 8-19. Você pode ter que esticar suavemente o elástico na frente e atrás do pé-calcador conforme costura, para obter uma linha de pontos bem lisinha.

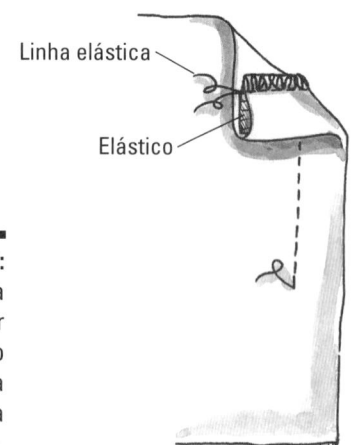

Linha elástica

Elástico

Figura 8-19:
Pesponte a borda inferior do tecido usando linha elástica na bobina.

11. **Agora que costurou o elástico no lugar, costure pela costura lateral, pegando as pontas do elástico na linha de costura.**

Apare o excesso de elástico na borda da margem de costura.

A maioria das overloques tem um pé especial para aplicação de elástico, comprado separadamente, que realiza este trabalho rapidamente. Passe o elástico através da ranhura no pé-calcador e depois ajuste a tensão do elástico, apertando ou soltando o parafuso de ajuste no pé.

Calças de Pijama com Barras Dobradas

Os pijamas foram promovidos de algo com o qual você dorme para uma necessidade de moda. Meus amigos na DIY Style uniram duas estampas de vanguarda e criaram o belo par de pijamas praticamente perfeitos, mostrados no Encarte Colorido.

Para fazer esse projeto, você precisa dos seguintes materiais, além de seu kit de sobrevivência de costura (ver Capítulo 2):

- ✔ Um molde de pijama ou calça com elástico na cintura.

- ✔ De 1,8 a 2,2 metros de tecido plano de algodão ou mistura de algodão/poliéster, como popeline ou flanela para pijama; se você for novo na costura, pergunte ao vendedor na loja de tecidos se vendem estampas especiais para pijamas. Há algumas opções muito divertidas e criativas disponíveis para todas as idades.

- ✔ 0,5 metro de uma estampa que combine, para a barra dobrada (opcional).

- ✔ Um pacote de elástico macio de 2,5 centímetros de largura, para embutir.

- ✔ Linha de costura de uso geral.

- ✔ Tubo de linha elástica de qualidade.

- ✔ Linha que combine com o tecido.

Dispondo e cortando seu pijama

Siga estes passos para fazer o pijama. Este método elimina a linha de costura da parte de fora da perna para um ajuste rápido e confortável. Faça essas calças com ou sem a dobra na barra para praticamente todos na família.

1. **Encontre e corte as peças do molde das partes frontal e traseira da perna (ver Figura 8-20a).**

Muitos moldes comerciais vêm com vários tamanhos em uma única peça, mas ao cortar as peças do molde, deixe algum espaço extra para fora da linha de corte de seu tamanho. Isso torna mais fácil cortar o tecido.

2. **Disponha as peças das partes da frente e de trás da calça sobre uma superfície grande e prenda-as com fita, sobrepondo as costuras externas (as costuras feitas no lado de fora de cada perna) de cada peça do molde na largura da margem de costura, como mostra a Figura 8-20b.**

Verifique as instruções de seu molde para ver se ele pede margens de costura de 1,5 ou 0,5 centímetro. Sobreponha as peças do padrão nessa distância.

3. **Corte o contorno da perna na linha de costura terminada.**

Uma barra dobrada decorativa é adicionada na parte inferior desse pijama, então se você quiser que o pijama chegue até seus tornozelos, ajuste o molde de forma que o comprimento final seja em seus tornozelos. Se quiser que o pijama tenha comprimento capri, ajuste o comprimento final de modo que fique entre seu joelho e tornozelo.

Figura 8-20: Sobreponha e prenda com fita os moldes das partes frontal e traseira da perna nas costuras externas para formar um único molde de perna, corte as margens de bainha e então faça o molde da barra dobrada.

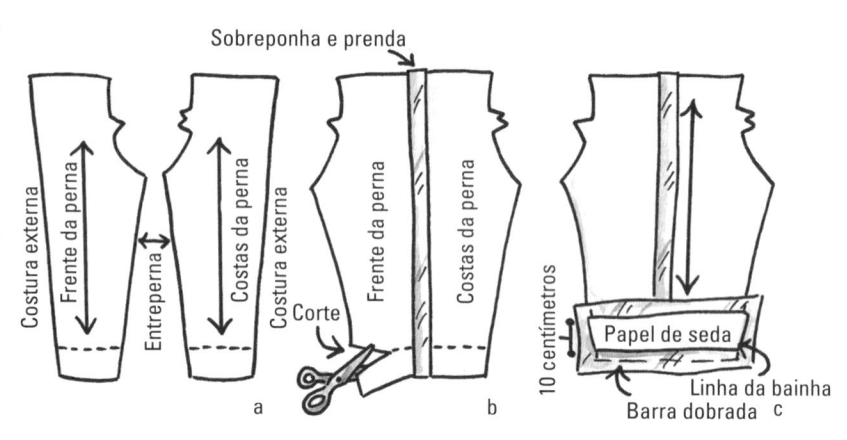

4. **Para fazer o molde da barra, use um pedaço extra de papel de seda e coloque-o no molde da perna como mostra a Figura 8-20c. Desenhe um retângulo cuja margem de cima esteja 10 centímetros acima e paralela à margem terminada do molde da calça, cuja margem inferior esteja no inferior do molde da calça e cujos lados estejam paralelos ao molde da calça e 0,5 centímetro mais largos que ele.**

5. **Dobre o tecido estampado para a barra na metade de sua largura, para que a dobra esteja na parte inferior. (Veja a Figura 8-21.)**

6. Corte duas barras do tecido estampado, pondo a parte inferior da barra na dobra como mostra a Figura 8-21.

Figura 8-21:
Corte duas barras do tecido estampado para roupas bem joviais para relaxar.

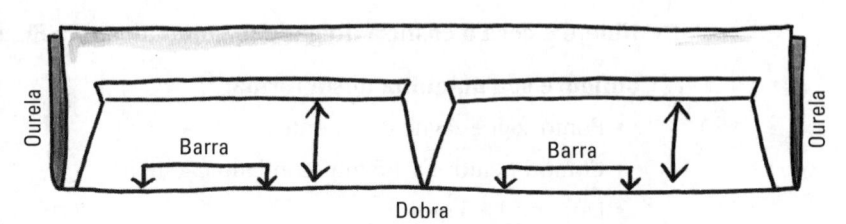

Montando seu pijama

Depois de apenas algumas visitas à sua máquina de costura, seu pijama toma forma.

1. Finalize as bordas não arrematadas das costuras internas, externas e do gancho usando uma das costuras de acabamento encontradas no Capítulo 6.

2. Configure sua máquina desta forma:

- Ponto: reto
- Comprimento: 2,5 a 3 mm/10 a 12 pontos por polegada
- Largura: 0 mm
- Pé-calcador: de uso geral

3. Começando pela parte de baixo de uma das pernas, faça uma costura interna de 1,5 centímetro como mostra a Figura 8-22 e depois abra a costura a ferro.

Figura 8-22:
Faça a costura interna de cada perna, costurando de baixo para cima.

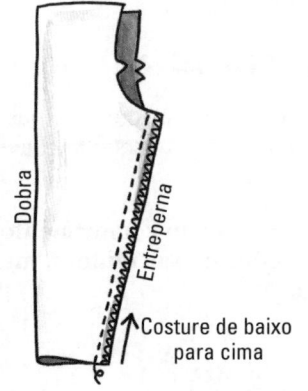

4. **Repita o Passo 3 para a outra perna.**

5. **Coloque uma perna com o direito para fora e insira-a na outra perna (com o direito para fora), alinhando os piques da frente e de trás como mostrado na Figura 8-23.**

6. **Alfinete e cosa a costura do gancho como mostra a Figura 8-23.**

7. **Configure sua máquina desta forma:**
   - Ponto: zigue-zague de 3 pontos
   - Comprimento: 1 a 1,5 mm/configuração fina
   - Largura: 4 a 5 mm
   - Pé-calcador: de uso geral

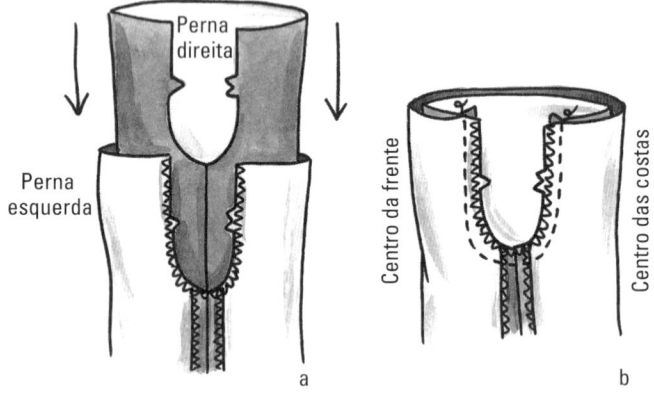

Figura 8-23: Coloque uma perna por dentro da outra e então costure as pernas juntas no gancho.

8. **Para que seu pijama fique confortável na virilha, apare a margem de costura para 0,5 centímetro de pique em pique e chuleie juntas as bordas não arrematadas.**

9. **Abra a ferro as costuras do centro da frente e das costas.**

Colocando elástico na cintura

Você está quase terminando! Faltam apenas o elástico e as barras dobradas para que você esteja bebericando chá e assistindo a seu filme favorito em casa com sua nova roupa para relaxar.

1. **Meça o elástico da cintura e marque-o no comprimento em que se ajusta confortavelmente ao redor de sua cintura, mais 2,5 centímetros para sobreposição.**

Você quer conseguir puxar esse pijama por seus quadris, então, certifique-se de que o comprimento do elástico é longo suficiente, com uma pequena sobra para margem de costura.

2. **Costure o elástico formando um círculo, sobrepondo as extremidades em 2,5 centímetros e costurando um quadrado na junção para fixá-la.**

3. **Marque com alfinete o elástico e a cintura do pijama em oitavos, como mostrado na Figura 8-24.**

4. **Começando no centro das costas, siga as instruções em "Colocando elástico em uma borda", anteriormente nesse capítulo.**

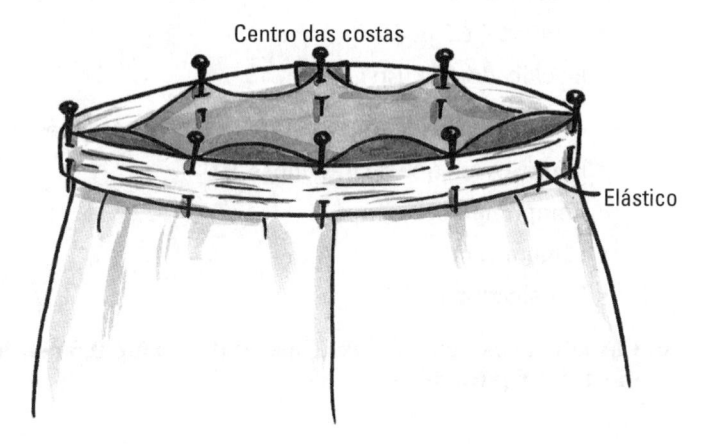

Centro das costas

Elástico

Figura 8-24:
Marque o elástico e a cintura em oitavos e então alfinete--os juntos.

Colocando as barras em cada perna

Acrescentar as barras dobradas realmente diferencia esse pijama dos outros, e é tão fácil!

1. **Configure sua máquina desta forma:**
   - Ponto: reto
   - Comprimento: 2,5 a 3 mm/10 a 12 pontos por polegada
   - Largura: 0 mm
   - Pé-calcador: de uso geral

2. **Dobre a barra formando um círculo e costure os direitos juntos (veja a Figura 8-25a).**

3. No centro da costura, onde o tecido estava dobrado quando você o cortou, picote a margem de costura a até 0,3 centímetro da linha de costura (veja a Figura 8-25a), e então abra a costura a ferro.

4. Vire a barra com o direito para fora e dobre-a na metade de forma que fique com metade da largura (veja a Figura 8-25b); então alfinete e costure a barra no avesso da parte de baixo de uma das pernas da calça.

5. Configure sua máquina desta forma:

   • Ponto: zigue-zague de 3 pontos ou ponto overloque

   • Comprimento: 1 a 1,5 mm (zigue-zague de 3 pontos) ou o mais longo (overloque)

   • Largura: 4 a 5 mm

   • Pé-calcador: de uso geral

   Se você estiver usando uma overloque, use as seguintes configurações:

   • Ponto: overloque de três linhas

   • Comprimento: 3 mm

   • Largura: 4 mm

   • Pé-calcador: padrão

6. Chuleie a costura da barra, aparando-a a até 0,5 centímetro como mostra a Figura 8-25c.

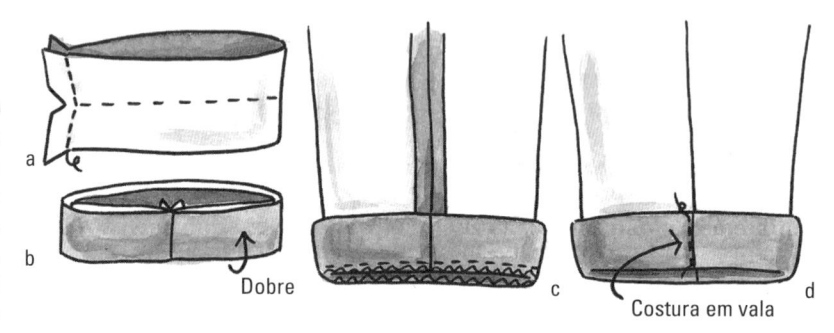

Figura 8-25: Prenda a barra a cada perna, passe seu pijama e regozije-se!

a

b

Dobre

c

d

Costura em vala

7. Dobre a barra para cima e para o direito da perna. Para manter a barra dobrada no lugar, costure em vala (veja a Figura 8-25d e o Capítulo 5 para dicas sobre costura em vala) e passe.

8. Repita na outra perna.

Capítulo 9

Zíperes, Botões e Outros Companheiros de Fechamento

Neste Capítulo

▶ Instalando um zíper em minutos

▶ Explorando maneiras fáceis de fazer casas de botões e de pregar botões

▶ Examinando outros tipos de fechos

▶ Fazendo um bolsa de mão dobrável fácil com um botão ou enfeite

*L*embro-me de procurar em catálogos por moldes sem zíperes ou casas de botões no início de minha carreira. Depois de um tempo, contudo, não tive muita escolha, e estava entediada com os estilos que satisfaziam minhas condições. Percebi que tinha que superar meu medo se quisesse fazer alguma coisa exuberante. Respirei fundo e peguei moldes com zíperes e casas de botões, e no processo encontrei alguns atalhos interessantes.

Neste capítulo, começo com o mundo maravilhoso dos zíperes e mostro como colocar dois tipos diferentes. Em seguida passo para tudo o que você precisa saber sobre como fazer casas de botões e pregar botões. Comento alguns outros tipos de fechos com os quais você pode se deparar em suas aventuras de costura, antes de fechar com um projeto divertido (e rápido!): uma bolsa de mão dobrável.

Dando Boas-Vindas a Modos Fáceis de Colocar Zíperes

As instruções da folha-guia do molde costumam presumir que você tem algum conhecimento de costura, e elas têm recomendado as mesmas técnicas de aplicação de zíperes por décadas. Em minha busca por uma maneira mais fácil, achei alguns ótimos métodos industriais que compartilho com você nesta seção, junto com informações sobre o uso de zíperes invisíveis.

À primeira vista, essas técnicas podem parecer complicadas, mas elas superam os obstáculos típicos que a maioria das pessoas encontra ao costurar zíperes. Assim, acompanhe-me passo a passo e você poderá dar uma verdadeira aparência profissional ao projeto com um zíper que vai adorar usar.

Você pode usar vários métodos para costurar zíperes. Os dois mais comuns são:

- ✔ **Aplicação centralizada:** centralize os dentes do zíper na linha de costura, como no centro das costas de um vestido.
- ✔ **Aplicação invisível:** quando aplicado em uma costura, essa invenção fabulosa fica igual à costura em si. Use zíperes invisíveis em costuras laterais, costuras no centro das costas, e para fechar uma simples capa de travesseiro.

Colocando um zíper centralizado

As dicas a seguir podem poupá-lo de muitas frustrações quando estiver costurando um zíper centralizado — acredite em mim:

- ✔ **Use um zíper mais comprido do que o necessário.** Não importa quão mais comprido — apenas mais comprido. Dessa forma, o cursor (a parte que você arrasta para abrir e fechar o zíper) fica fora do caminho do pé-calcador quando você costura a parte superior do zíper. O resultado? Pontos regulares e delicados na parte superior do zíper. Depois que terminar de costurar o cós ou passador, você simplesmente corta o cadarço (fita de tecido) para se ajustar.
- ✔ **Use uma fita adesiva de 1,2 centímetro e alinhave o zíper através das costas sem usar alfinetes.** A fita mantém tudo plano e no lugar, e costurar sobre ela não danifica a agulha ou o tecido.
- ✔ **Use uma fita de 1,2 centímetro no direito do projeto como um guia de pesponto quando estiver costurando o zíper.** Assim, as linhas de ponto ficam paralelas e a aplicação do zíper fica com uma aparência tão boa quanto em roupas compradas prontas. (Quem se importa se o zíper fica com uma aparência boa do avesso?)

Costurar um zíper centralizado é tão fácil quanto seguir esses passos:

1. **Antes de tirar o papel de molde de cima do tecido, use as pontas de sua tesoura para cortar 0,6 centímetro em ambas as camadas da margem de costura para marcar a parte inferior do lugar onde o zíper será colocado.**

2. **Remova o papel de molde do tecido e em seguida coloque a costura no lugar e a alfinete, direito com direito.**

Ponha dois alfinetes bem juntos e paralelos entre si na linha de costura junto às marcas de disposição do zíper que você cortou no Passo 1 para lembrá-lo de parar de costurar quando você chegar a eles.

3. **Começando da parte inferior da linha de costura e usando um comprimento de ponto de 2,5 a 3 mm (10 a 12 pontos por polegada), efetue a costura de 1,5 centímetro.**

Pare e arremate com firmeza na parte inferior do corte que marca a disposição do zíper e alfinetes duplos.

4. **Remova o projeto da máquina de costura, cortando as linhas do tecido.**

5. **Configure sua máquina da seguinte forma:**
   - Ponto: reto
   - Comprimento: 4 a 6 mm/4 pontos por polegada
   - Largura: 0 mm
   - Pé-calcador: de uso geral
   - Tensão superior: levemente frouxo

6. **Começando do arremate, alinhave o restante da costura junto à linha de costura de 1,5 centímetro, deixando uma sobra de linha generosa (veja a Figura 9-1).**

7. **Remova os alfinetes, pressione a costura de forma que ela fique plana e junta e então abra a costura a ferro. (Veja o Capítulo 5 para conferir a melhor maneira de bater a costura.)**

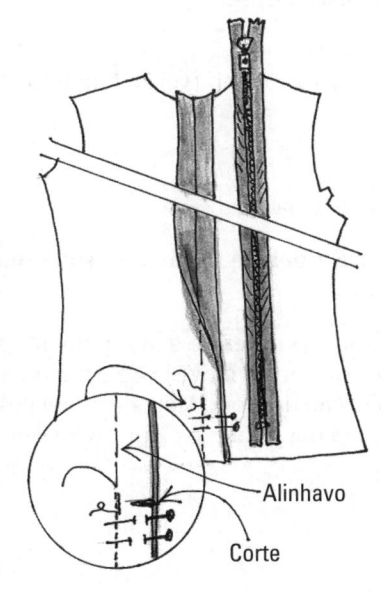

Figura 9-1:
Posicione a parte inferior do zíper junto ao corte que você encontra na parte inferior da margem da costura.

Alinhavo

Corte

8. **Alinhe a parte inferior do zíper com os cortes na margem de costura, centralizando os dentes do zíper sobre a linha de costura.**

9. **Usando uma fita de 1,2 centímetro, coloque pedaços da fita sobre o zíper a cada centímetro, aproximadamente.**

   O cursor deve estar por cima do cadarço, fora do caminho (veja a Figura 9-2).

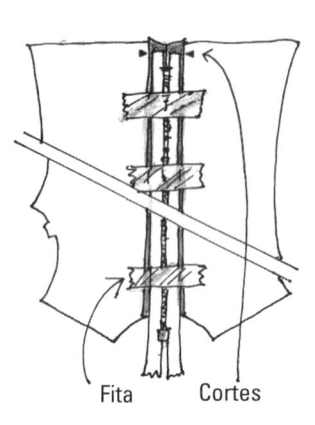

Figura 9-2: Prenda o zíper com uma fita sobre a margem de costura com o cursor fora do caminho.

Fita   Cortes

10. **No direito do tecido, ponha uma tira de fita de 1,2 centímetro sobre a linha de costura alinhavada, centralizando a linha de costura sob a fita.**

    Essa fita é sua guia ou gabarito de costura.

11. **Configure sua máquina desta forma:**
    - Ponto: reto
    - Comprimento: apropriado ao tecido (veja o Capítulo 5)
    - Largura: 0 mm
    - Pé-calcador: zíper
    - Tensão superior: retorne ao normal

12. **Mova seu pé-calcador para zíper de forma que sua ponta esteja para um lado da agulha.**

    O pé para zíper tem uma ponta (em vez de duas como um pé-calcador de uso geral) a fim de que você possa movê-lo de um lado a outro da agulha para uma fácil aplicação do zíper. Mover a ponta nesse passo evita que o pé passe por cima dos dentes do zíper (veja seu manual de instruções e a Figura 9-3).

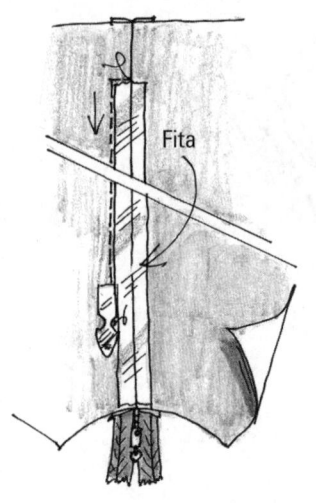

Figura 9-3: Costure a partir da parte inferior, próximo à fita no direito da roupa.

13. **Começando da parte inferior do zíper, dê pontos próximos à fita, costurando pela parte inferior e então subindo ao longo de um lado do zíper no direito do tecido (veja a Figura 9-3).**

   Não arremate; você puxa as linhas para o avesso e as amarra mais tarde.

14. **Mova a ponta do pé para o outro lado da agulha. Começando da parte inferior do zíper novamente, costure no outro lado do zíper, conduzindo próximo à fita de gabarito.**

   Costure próximo à fita, começando novamente da parte inferior e subindo ao longo de um lado do zíper.

15. **Tire a fita de ambos os lados do projeto e remova os pontos alinhavados puxando a linha da bobina.**

   Como você afrouxou a tensão da linha superior, os pontos devem sair facilmente.

16. **Puxe o cursor para a parte inferior do zíper.**

17. **Arranje, alfinete e costure o passador ou cós, cruzando a costura na linha de costura de 1,5 centímetro, e arremate com firmeza sobre a espiral do zíper na parte superior dele (veja a Figura 9-4).**

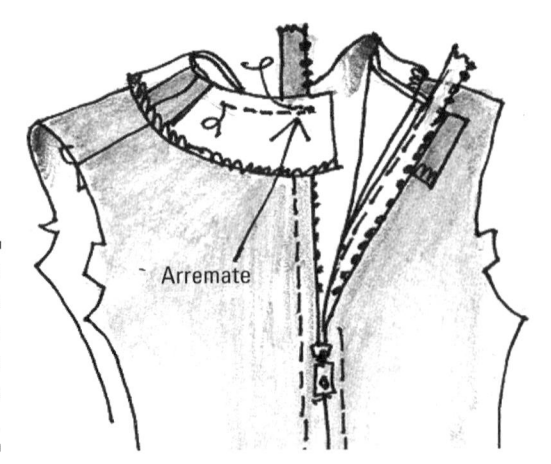

Figura 9-4:
Arremate
sobre a
espiral do
zíper antes
de cortá-lo.

Arrematar evita que o cursor saia do lugar, para que você possa cortar o cadarço com segurança. Quando costurar o resto do projeto, a costura cruzada na parte superior do cadarço, que passa sobre os dentes ou espiral, evita que o cursor do lugar.

18. Corte o excesso de cadarço.

Se você cortar o excesso de cadarço sem arrematar sobre os dentes do zíper ou espiral primeiro, corre o risco de fazer com que o cursor saia do lugar, e pode ter que arrancar e substituir o zíper. Se isso acontecer, antes de substituir completamente o zíper, arremate sobre a parte superior do zíper transversal à espiral ou aos dentes, e cuidadosamente remova a trava separando-a do cadarço com uma alavanca (uma pinça ou ponta de uma faca funcionam perfeitamente). Em seguida, tente fechar o zíper puxando o cursor de baixo para cima. Se funcionar, ótimo — você economizou algum tempo. (Se não, nunca mais cometerá este erro!) Apenas lembre de colocar a trava de volta no lugar. Se ele estiver muito lacerado para se ajustar de volta ao seu lugar, costure à mão ou à máquina alguns pontos zigue-zague sobre a parte inferior da espiral do zíper para que o cursor não saia quando puxá-lo para baixo.

Colocando um zíper invisível

Zíperes invisíveis são muito fáceis de aplicar depois que você tiver aprendido como fazer. A parte mais legal sobre o zíper invisível é que ele se parece com uma costura e somente o pequeno cursor fica visível do direito do projeto. Você vai precisar de um pé-calcador especial para zíper invisível, portanto certifique-se de comprar um para sua máquina em uma loja de tecidos local ou revendedor de máquinas de costura. Ao contrário das aplicações convencionais de zíperes, você costura um zíper invisível em uma costura aberta antes que qualquer costura tenha sido unida, e usa um zíper que possui o mesmo comprimento da abertura.

1. **Antes de tirar o papel de molde do tecido, use as pontas de sua tesoura para cortar 0,6 centímetro em ambas as camadas da margem de costura para marcar a parte inferior do lugar onde o zíper será colocado. Remova o papel do molde.**

2. **Disponha o zíper invisível com o avesso para cima em sua tábua de passar, coloque a ponta de seu ferro contra a espiral e pressione o cadarço suavemente em ambos os lados das espirais.**

   Isso ajuda as espirais a ficarem longe do cadarço e torna mais fácil para o pé costurar o mais próximo possível da espiral do zíper, e assim você consegue uma costura com ótima aparência.

3. **Arranje e alfinete o zíper aberto em um lado da costura, direito com direito e de forma que a espiral esteja ao longo da linha da costura (onde a costura será feita).**

   Alinhe a parte inferior do zíper com os cortes na margem de costura.

4. **Configure sua máquina desta forma:**

   - Ponto: reto
   - Comprimento: apropriado ao tecido (veja o Capítulo 5)
   - Largura: 0 mm
   - Pé-calcador: zíper invisível

5. **Deslizando o pé-calcador para evitar costurar por sobre a espiral do zíper, costure o primeiro lado do zíper, começando da trava superior e costurando o mais próximo do cursor que puder, como mostrado na Figura 9-5.**

   Para evitar que o cadarço se mexa enquanto você costura, aperte suavemente a margem de costura e zíper em frente ao e atrás do pé-calcador. Lembre-se de arrematar na parte inferior do zíper.

6. **Alfinete e costure o lado não costurado do zíper no lado direito da outra margem de costura, como mostrado na Figura 9-6.**

   Lembre-se de deslizar o pé para evitar costurar por sobre a espiral do zíper e em seguida costure a partir da trava superior do cursor, da mesma forma como você fez no Passo 5.

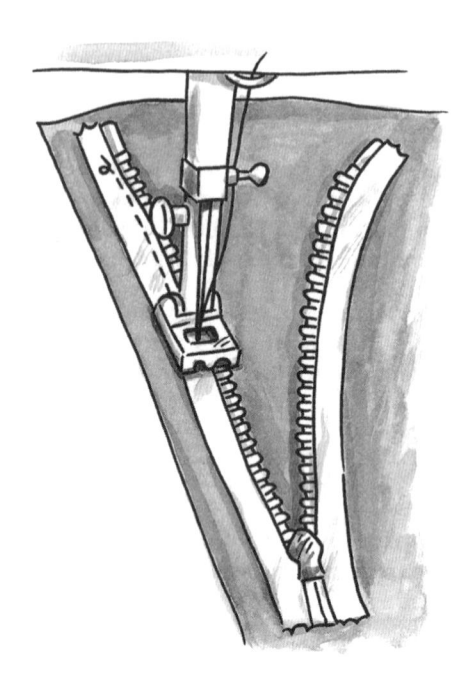

Figura 9-5:
Costure ao longo do lado esquerdo das espirais do zíper indo de cima até o cursor.

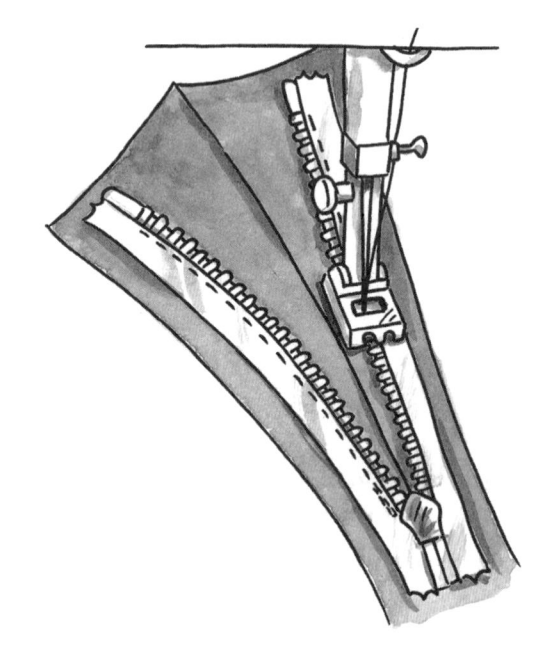

Figura 9-6:
Mova o pé para a direita e costure o segundo lado do zíper, indo de cima até o cursor.

7. **Mude o pé-calcador do zíper invisível para o pé para zíper que se ajuste à sua máquina, movendo a ponta para a esquerda da agulha.**

8. **Feche o zíper e una a margem de costura com alfinetes.**

9. **Começando de onde você arrematou na parte inferior do zíper, faça o resto da costura fechada, como mostra a Figura 9-7.**

   Em vez de arrematar, amarre com firmeza as pontas das linhas onde a costura e a parte inferior do zíper se encontram.

10. **Com o zíper aberto, costure através da extremidade superior de cada lado do cadarço a fim de que a espiral fique na posição "recuada", como mostrado na Figura 9-8.**

    Essa costura mantém o cadarço liso e plano e a espiral recuada em sua posição original, para que deslize facilmente.

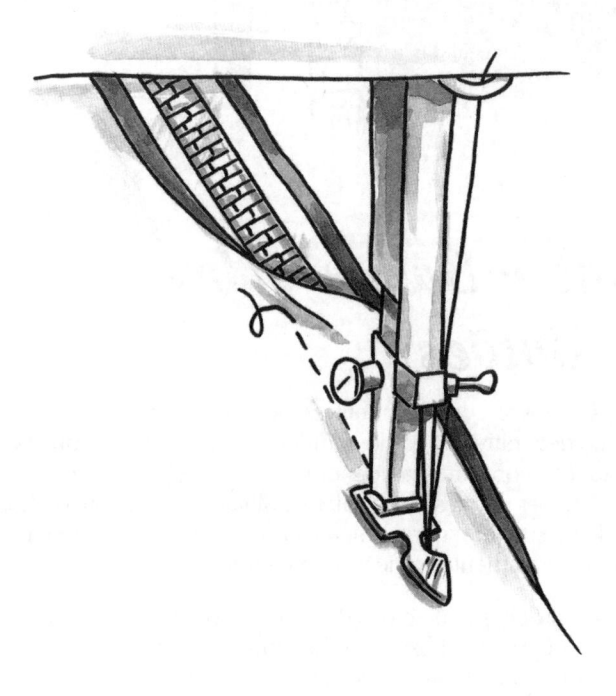

Figura 9-7:
Faça o resto da costura usando o pé para zíper convencional.

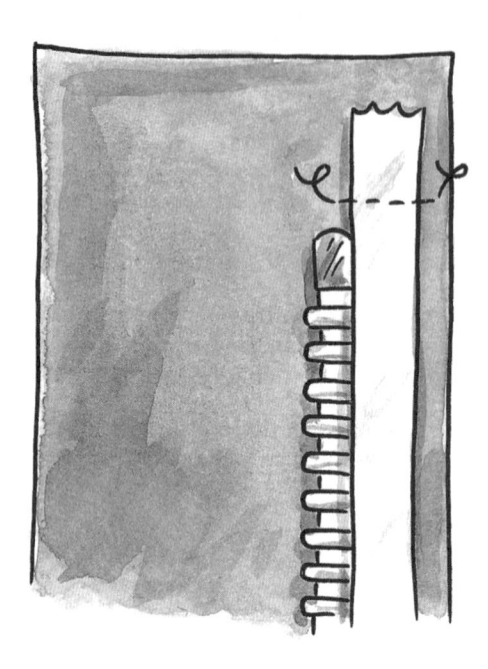

Figura 9-8:
Costure por
sobre as
extremidades
do cadarço a
fim de que a
espiral fique
na posição
"recuada".

Dominando o Básico sobre Casas de Botões

Botões (e suas casas correspondentes) fecham uma roupa e podem ter também uma função decorativa. Quando comprar botões, decida se quer se expressar com ousadia ou com sutileza no momento de escolher suas cores. Tenha em mente que botões contrastantes guiam o olhar verticalmente ou horizontalmente, e botões de mesmo tom normalmente não guiam o olhar para lugar nenhum, o que pode ser exatamente o que você pretende para um projeto em particular.

Muitas pessoas acham que casas de botões são difíceis de fazer. Mas máquinas de costura modernas as fazem mais facilmente do que nunca. Desde que você compre botões com tamanhos corretos para o projeto, marque os lugares onde as casas ficarão, e siga minhas instruções para marcar, fazer e cortar suas casas, não há como errar. Pode parecer que são muitos passos, mas depois que você fizer algumas casas de botões, nunca mais as evitará.

Medindo o tamanho das casas de botões

O que vem primeiro, o botão ou sua casa? Para fazer as casas, é necessário saber o tamanho dos botões, portanto, tenha os botões para seu projeto antes de fazer as casas.

Mesmo dois botões que meçam 1,2 centímetro talvez não se encaixem em casas de mesmo tamanho. A diferença está no formato: botões mais grossos precisam de casas mais compridas do que botões mais finos. Por exemplo, um botão esférico semicircular com 1,2 centímetro precisa de uma casa mais comprida do que um botão chato de quatro furos com 1,2 centímetro. A maneira mais rápida e fácil de se determinar o comprimento das casas é fazer o seguinte:

1. **Corte uma tira de papel com uma largura de 0,6 centímetro e cerca de 12 a 20 centímetros de comprimento.**

   Corte uma tira mais comprida quando estiver trabalhando com botões mais largos.

2. **Dobre a tira de papel pela metade e encaixe uma extremidade do botão, em seu diâmetro mais largo, contra a dobra na tira de papel.**

3. **Marque com alfinete a borda do botão na outra extremidade da tira de papel.**

4. **Remova o botão da tira de papel, alise-a e em seguida meça o comprimento da dobra até o alfinete, como mostrado na Figura 9-9.**

   A casa deve ter esse comprimento para que o botão deslize facilmente por ela.

Figura 9-9:
Use uma tira de papel dobrada para determinar o tamanho correto da casa para o botão.

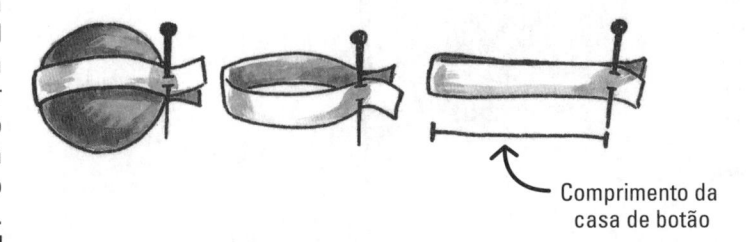

Comprimento da casa de botão

Marcando as casas de botões

Casas de botões tornaram-se mais fáceis de se fazer porque as empresas estão fabricando máquinas de costura que possuem funções para esse tipo de trabalho. Alguns modelos têm até mesmo vários estilos de casas para escolher baseados no tecido com o qual você estiver trabalhando. Desta forma, a única parte complicada a respeito de se fazer casas de botões atualmente é medir e marcá-las corretamente.

Para a maioria dos projetos, posicione as casas de botões a 1,2 centímetro da borda acabada. A exceção é para botões maiores que 2,5 centímetros — costure essas casas da forma como orienta sua folha-guia do molde.

Para evitar que se costure uma casa muito perto da borda, cole uma tira de fita adesiva de 1,2 centímetro de largura e do comprimento da abertura, alinhando a borda reta com a acabada, como mostrado na Figura 9-10. Isso marca o ponto inicial e final da casa.

Quando marcar suas primeiras casas de botões, você pode querer colocar um segundo pedaço de fita adesiva perpendicular à primeira. Isso mantém você no caminho, de forma que todas as suas casas fiquem retas e paralelas.

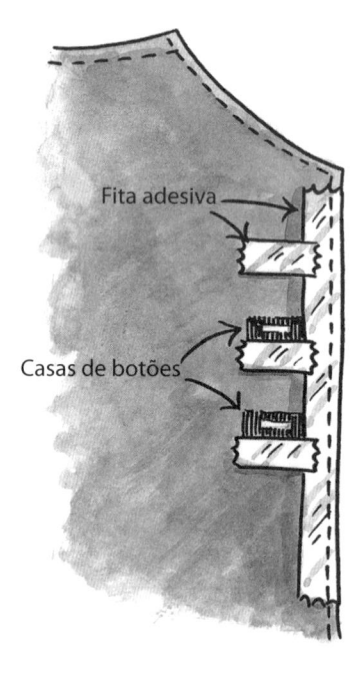

Fita adesiva

Casas de botões

Figura 9-10:
Use uma fita adesiva para marcar o lugar onde ficará a casa para o botão.

Costurando lindas casas de botões

Você provavelmente pode fazer casas de botões manualmente, mas a menos que tenha a mão experiente de um alfaiate profissional, suas casas não ficam bonitas. As empresas de máquinas de costura têm realizado um ótimo trabalho fazendo com que casas de botões sejam criadas facilmente, e cada marca e modelo tem um jeito especial de fazê-las.

Casas de botões consistem de dois lados compridos feitos com pontos zigue-zague curtos e estreitos chamados de *ponto cheio* (*ou acetinado*), e com pontos zigue-zague mais largos, chamados *travetes*, nas extremidades. Mesmo máquinas de costura básicas têm algum tipo de função automática de casas de botões (o que significa que você faz a casa sem virar o tecido), portanto leia seu manual de instruções para verificar como o processo funciona em sua marca e modelo.

Em um retalho de seu tecido, marque e costure uma ou duas casas de botões como teste, usando seu pé-calcador para casas de botão e a mesma linha e entretela que usa em seu projeto. Certifique-se de que o retalho seja largo o suficiente para fazer umas duas casas, porque você pode errar o comprimento na primeira tentativa. Em seguida abra a casa com um corte e verifique se o botão desliza suavemente através do furo. Desta forma, você sabe que a casa é comprida o suficiente para o botão caber.

Quando fizer uma casa de botão, não arremate no início e no fim do mesmo jeito como faz quando costura. Em vez disso, puxe todas as linhas para o avesso do tecido e as amarre. (Veja o Capítulo 6 para saber mais sobre como amarrar linhas.)

Cortando casas de botões

Casas de botões são cortadas depois de serem costuradas. Eu abro as casas de duas maneiras: usando o abre-casas (ou desmanchador) ou usando um cortador de casa de botão (uma espécie de cinzel) e bloco de madeira. Se você planeja fazer muitas casas de botões, compre um cortador e um bloco. Essa ferramenta economiza tempo e abre casas com cortes de forma muito precisa.

Evite que suas casas de botões se desfaçam antes do tempo. Coloque uma gota de selante de costura, tal como termolina, sobre o nó que se encontra na parte de trás da casa, salpicando-a sobre a linha. Antes de cortar a casa, pingue uma fina gota de selante no espaço a ser cortado entre os dois lados da casa. Deixe secar e então abra as casas com cortes.

Usando um abre-casas

Abra cuidadosamente suas casas de botões com um abre-casas seguindo esses passos:

1. **Faça um entalhe no espaço a ser cortado entre as duas fileiras de costura passando a parte de trás da lâmina do desmanchador entre as duas fileiras de pontos das casas.**

   Fazer isso separa as linhas, permitindo que você abra a casa com um corte mais facilmente e sem cortar os pontos das casas.

2. **Coloque um alfinete na borda interior de um dos travetes.**

   O alfinete funciona como um freio e evita que você abra a casa com um corte além do travete.

3. **Começando da borda interior do travete oposto, empurre a ponta do abre-casas através do tecido, trazendo a ponta para cima pelo espaço de corte na frente do alfinete, usando o mesmo movimento que você faz quando alfineta.**

4. **Com a ponta do abre-casas através do espaço de corte, empurre com força, cortando o tecido entre os lados da casa, como mostrado na Figura 9-11.**

Quando abrir uma casa de botão com um abre-casas, certifique-se de que ele está afiado. Um abre-casas cego pode rasgar e puxar as linhas entre os pontos zigue-zague, e se você for impaciente, pode mesmo cortar com muita força e arruinar o projeto.

Figura 9-11: Abra as casas de botões cuidadosamente usando um abre-casas.

Usando um cortador e um bloco

Essas pequenas ferramentas são ótimas. Você pode encontrá-las em seu revendedor de máquinas de costura local ou com um fornecedor por reembolso postal.

Siga esses passos para abrir suas casas de botões usando um cortador e um bloco:

1. **Centralize a casa de botão sobre o pequeno bloco de madeira.**

2. **Centralize a lâmina do cortador sobre o espaço a ser cortado na casa, como mostrado na Figura 9-12.**

3. **Empurre o cortador com firmeza para baixo, cortando através do tecido até o bloco de madeira. Para tecidos mais pesados, use uma**

mão para posicionar o cortador e a outra para pressionar com firmeza para baixo sobre a parte superior e obter um corte limpo.

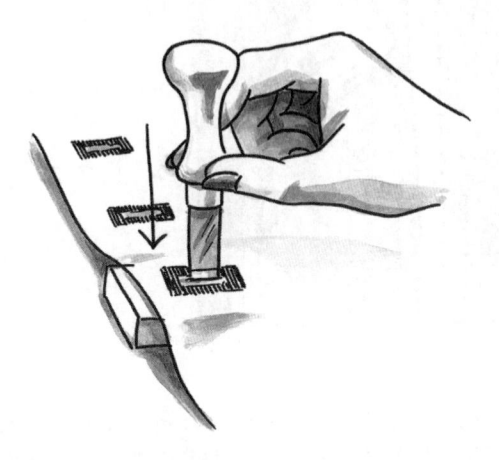

Figura 9-12:
Usar um
cortador de
casa e um
bloco sempre
produz
cortes limpos
para casas.

Compreendendo a colocação dos botões

Você pode marcar o lugar de colocação do botão antes de remover a peça do papel de molde, mas gosto de marcar esse lugar depois que fiz e abri as casas, porque a marca é mais precisa.

Siga esses passos para marcar a colocação do botão:

1. **Segure o projeto de forma que as casas de botões e as aberturas estejam com os avessos juntos.**

   Se o projeto possui uma carcela frontal sobreposta (como a frente de uma camisa de botão), segure-o como se a carcela frontal estivesse abotoada.

2. **Marque o final do espaço a ser cortado no travete.**

   Do lado da abertura com botões, enfie um alfinete através do projeto a fim de que ele penetre na abertura da casa, junto ao travete. Usando um marcador de tecido, marque no alfinete o lugar de colocação do botão (veja a Figura 9-13).

   • Para casas horizontais, marque a colocação do botão logo antes do travete (veja a Figura 9-13).

   • Para casas verticais, marque a colocação do botão de forma que todos os botões estejam dispostos na parte superior do travete ou estejam centralizados entre os travetes superior e inferior.

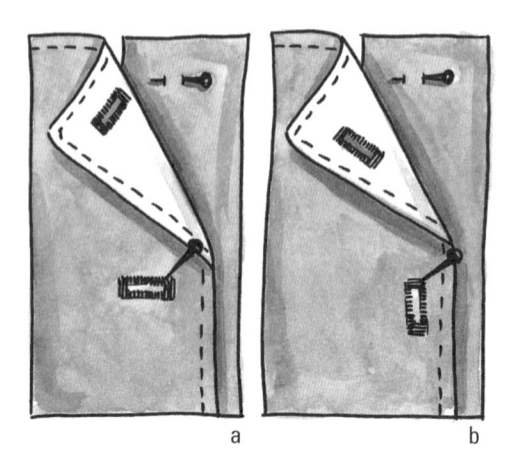

a   b

3. **Antes de costurar o botão à mão ou à máquina (assunto da próxima seção), verifique duas vezes se o botão encontra-se de três quartos a um diâmetro inteiro de distância a partir da borda arrematada, e então ajuste a colocação como precisar.**

Pregando botões

Para muitas pessoas, costurar um botão é uma introdução ao mundo da costura. É uma ótima maneira de se começar, porque mostra a importância da técnica ao se fazer qualquer coisa com uma agulha e linha — mesmo algo pequeno.

Você pode evitar um transtorno costurando corretamente um botão, o que pode ser feito à mão ou à máquina. Se substituo ou movo um botão, eu o costuro à mão. Se faço algo que requer a costura de vários botões de uma vez (a frente de uma camisa ou ao longo da parte superior da tira de botões usada em um edredom que você vê no Capítulo 16), uso minha máquina.

À mão

Siga estes passos para costurar um botão de qualquer tamanho à mão:

1. **Usando um marcador de tecido ou giz de alfaiate, marque o lugar no projeto onde você quer que o botão fique.**

2. **Puxe um pedaço de linha com 45 a 60 centímetros de comprimento.**

   Uma linha que seja mais comprida que 60 centímetros pode embaraçar e arrebentar antes que você termine de costurar o botão.

3. **Passe a linha na agulha (como descrito no Capítulo 5), puxando uma ponta da linha ao encontro da outra de forma que você tenha uma linha dupla.**

4. Amarre as pontas da linha como descrito no Capítulo 5.

5. Do lado superior direito do projeto, espete a agulha através do tecido de forma que o nó termine na marca.

6. Traga a agulha de volta e através do tecido, a um ponto curto (não mais do que 0,3 centímetro) do nó.

7. Passe a agulha pelo buraco esquerdo do botão, empurrando o botão com firmeza contra a superfície do tecido, e em seguida puxe a linha para cima, como mostrado na Figura 9-14a.

8. Crie um *espaçador* colocando um palito de dente, palito de fósforo ou agulha para tapeçaria na parte superior do botão entre os furos.

Esta técnica lhe dá linha suficiente para erguer o botão da superfície do tecido a fim de que você tenha espaço para passar o botão pela casa. O espaço extra que o espaçador cria é chamado de *pé de linha*.

Se você está costurando um botão com um pé (uma pequena alça na parte debaixo de um botão de blazer, por exemplo), o pé do botão funciona como um espaçador automático, erguendo o botão da superfície da roupa para um abotoar fácil, portanto, o palito de dente não é necessário.

9. Enfie a agulha pelo buraco à direita (aquele diretamente oposto ao buraco em que você começou — veja a Figura 9-14b). Aperte bem a linha.

Repita esse processo, costurando pelo buraco à esquerda e voltando pelo buraco à direita mais uma vez para cada par de buracos, a fim de que você amarre o botão com duas passadas da agulha.

Figura 9-14: Passe a agulha pelo botão (a), use o espaçador para fazer um pé de linha (b), e crie um pé de linha (c).

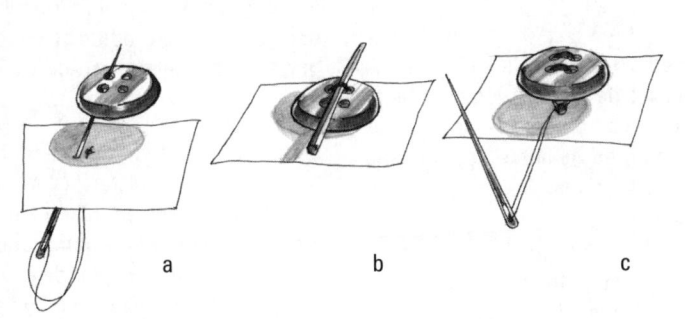

a   b   c

10. Depois que costurar o botão, remova o espaçador.

11. **Enfie a agulha por um buraco no botão (não importa qual) de forma que a agulha saia entre o botão e o tecido.**

    Confira o que está acontecendo entre o botão e o tecido: aquelas linhas de conexão que passam por trás do botão e pelo tecido formam a base do pé de linha.

12. **Enrole a linha em torno dessas linhas conectadas umas três vezes para firmar o pé de linha, como mostrado na Figura 9-14c.**

13. **Ate um nó enfiando a agulha por uma laçada de linha enquanto ela dá a volta em torno do pé e apertando bem a linha.**

14. **Repita o Passo 13 para fazer outro nó e corte a linha próxima ao pé.**

À máquina

Se você tem vários botões para serem costurados ao mesmo tempo, considere usar sua máquina para ajudar no trabalho. Para usar essa técnica, você precisa de uma cola em bastão, um pé-calcador para pregar botão para sua máquina, ou uma haste de pé-calcador com uma sapatilha removível do pé-calcador (consulte o manual de instruções para ver se seu modelo possui esse item).

Botões de pressão (a alternativa ao botão)

Botões de pressão, os quais suportam uma boa dose de desgaste, estavam disponíveis somente para fabricantes de roupas — até agora. Várias empresas fazem e vendem botões de pressão de nível comercial. Esse botões são bem simples e costumam ser uma alternativa maravilhosa aos botões e suas casas.

Esse tipo de botão têm dois lados — o macho e a fêmea. Em vez de costurá-los no projeto como se faz com os botões e colchetes tradicionais, você prega os botões de pressão no tecido de duas formas:

- Abrindo um buraco para botões com pino

- Usando botões com dentes, os quais são empurrados através do tecido

Os botões de pressão vão desde cerca de 0,5 centímetro a até cerca de 2 centímetros. Quando for comprar botões de pressão, considere o projeto e onde você planeja colocá-los antes de comprar a primeira coisa que vê. Por exemplo, você provavelmente não quer um grande e volumoso botão de 2 centímetros no gancho do macacão de uma criança.

Não misture botões de pressão de diferentes marcas. Fabricantes fazem as partes dos botões para funcionar em harmonia e não garantem o produto se você usar uma parte ou ferramenta errada.

Cada marca de botão de pressão tem seu próprio método de aplicação, portanto certifique-se de ter a(s) ferramenta(s) aplicadora(s) apropriada(s) para a marca. Para uma aplicação bem-sucedida, leia todas as instruções antes de colocá-los em seu projeto. Assim como com as casas de botões, faça um teste de pressão usando o mesmo tecido, número de camadas e entretela antes de colocar botão de pressão em seu projeto finalizado.

Apenas siga esses passos:

1. **Usando um marcador de tecido ou giz de alfaiate, marque o local no projeto onde você quer colocar o botão.**

2. **Esfregue a parte de trás do botão com a cola em bastão e coloque o botão sobre sua marca.**

3. **Configure sua máquina desta forma:**
   - Ponto: zigue-zague
   - Comprimento: 0 mm/0 pontos por polegadas
   - Largura: 4 mm
   - Pé-calcador: de pregar botão, de uso geral ou haste do pé-calcador sem a sapatilha
   - Transportador: para baixo
   - Posição da agulha: à esquerda (veja o Capítulo 2)

4. **Com o pé-calcador para cima, vire o volante com a mão, golpeando a agulha através do buraco esquerdo do botão; abaixe o pé-calcador ou a haste do pé.**

   Para um botão com quatro furos, comece com os furos mais afastados de você.

5. **Deslize um palito de dente, palito de fósforo ou agulha de tapeçaria sobre o botão, entre os furos e perpendicularmente ao pé ou à haste do pé.**

   Adicionar esse espaçador levanta o botão da superfície do tecido para que a casa não forme uma brecha e repouse suavemente sob o botão.

   Às vezes, o pé possui uma pequena ranhura muito útil que mantém o espaçador no lugar.

6. **Certifique-se que a agulha passe por cada um dos furos no botão dando alguns pontos zigue-zague, movendo o volante à mão, como mostrado na Figura 9-15.**

   Ajuste a largura do ponto, se necessário.

7. **Pise vagarosamente no controle do pé e costure, contando cinco pontos — zigue esquerda, zague direita, zigue esquerda, zague direita, zigue esquerda.**

   Para um botão com quatro furos, erga o pé-calcador e mova o projeto de forma que a agulha fique sobre os dois furos da frente, e então costure mais cinco zigue-zagues para firmar a frente do botão.

8. **Mova a largura do ponto para 0 (zero), coloque a agulha sobre um dos furos, e pise no pedal de controle novamente, dando 4 a 5 pontos no mesmo furo.**

   Esse passo ajuda a firmar e amarrar os pontos.

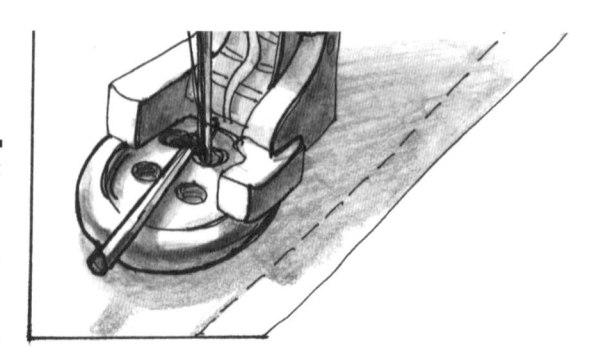

Figura 9-15: Certifique-se de que a agulha passa pelos furos do botão.

9. **Levante o pé-calcador e remova o projeto, enrolando uma sobra de linha de 18 a 20 centímetros.**

10. **Remova o espaçador e guarde-o para reutilizá-lo.**

11. **Para o resto dos botões, prossiga repetindo os Passos 1 a 10 até que você tenha costurado todos eles.**

12. **Puxe as linhas da agulha e da bobina entre o botão e o tecido de forma que você esteja pronto para criar um pé de linha, da seguinte forma:**

    1. Passe uma agulha de tapeçaria com olho grande com a longa sobra de linha da agulha e, entre o botão e o tecido, puxe a sobra por qualquer furo no botão.

    2. Passe uma agulha de tapeçaria com olho grande, com a longa sobra de linha da bobina, e puxe a linha pelo tecido entre o botão e o tecido.

    3. Puxe ambas as linhas pelo olho da agulha e enrole três vezes as sobras de linha em torno das linhas conectadas, criando um pé de linha para firmar o botão.

13. **Enfie a agulha pela alça de linha enquanto ela passa em torno do pé, apertando bem a linha.**

    Essa ação ata um nó.

14. **Repita o Passo 13 e então corte a linha próximo às linhas conectadas.**

Três formas de pregar um botão

Eu coleciono botões e, como resultado, tenho vários botões avulsos, de um ou dois tipos diferentes. Assim, antes de comprar botões, verifico na minha coleção se posso criar algo único para meu projeto com o que já tenho. Meus tipos favoritos de botões são aqueles com dois ou quatro furos. Desta forma, posso empilhá-los juntos e costurá-los com fio de bordar, algodão perlé, fita de seda, ou fio de lã.

Botões com quatro furos também podem ser costurados à mão ou à máquina no tradicional "x" ou estilo "travete", mas também podem ser costurados em uma "seta" ou "z". Consulte a Figura 9-16 para algumas formas interessantes de costurar botões.

Figura 9-16: Três maneiras de se costurar um botão.

Examinando Outros Fechos

Sem os fechos descritos nessa seção (e mostrados na Figura 9-17), você não poderia manter suas calças ou camisas fechadas! Nesta seção, faço uma breve introdução a esses fechos. Você encontra a aplicação e uso específicos de muitos desses fechos que listo aqui nos projetos ao longo do livro.

Todos os fechos a seguir vêm em muitos tamanhos, formas e cores.

Figura 9-17: Você encontra fechos de todos os tipos e tamanhos em sua loja de aviamentos local.

Botões

Fechos de pressão

Fita com botão de pressão

Colchetes de gancho

Velcro

Fechos de pressão

Colchetes de gancho

Sem rodeios, apresento a você alguns fechos fabulosos:

> ✔ **Fechos de pressão:** você usa os fechos de pressão de costurar para fechar decotes em vestidos, blusas e roupas de bebês, entre outros usos.

Você usa os botões de pressão de embutir em roupas esportivas e para atividades ao ar livre. Veja o quadro explicativo "Botões de pressão (a alternativa ao botão)" para mais detalhes.

- **Fita com botão de pressão:** esse fecho é uma fita de sarja macia com uma fileira de botões de pressão ao longo de seu comprimento. A fita é tão rápida de desabotoar quanto o velcro, e muito mais flexível. Você usa fita com botão de pressão em roupas de bebês e projetos de decoração para a casa.

- **Colchetes de gancho:** você usa colchetes de gancho na parte superior de um zíper para manter um decote fechado e ajustado. Você também pode usar um colchete de gancho especialmente projetado no cós de saias e calças.

- **Fechos de contato:** mais conhecido pelo nome comercial de Velcro, fechos de contato vem em muitos pesos, cores e larguras. Alguns tipos deste fecho são de costurar, alguns são termocolantes; outros são autocolantes.

Bolsa de Mão Dobrável com Fecho de Botão

De vez em quando você precisa de um acessório de moda para incrementar uma roupa, e uma das maneiras mais fáceis e rápidas para conseguir isso é fazendo uma bolsa de mão dobrável. Faça a sua de um tecido invernal tal como a camurça encontrada no Encarte Colorido, ou em um jogo americano já pronto. É preciso apenas uma aventura de compras na Tok Stok, Etna ou na loja de decoração mais próxima. Eu me empolguei em um passeio e comprei três jogos americanos e anéis para guardanapos que combinavam por menos de R$ 40. Então, cada bolsa me custou um pouco mais de R$ 11 — e isso porque os anéis para guardanapo foram tão caros quanto os jogos americanos! Tudo o que você precisa são 15 minutos para fazer cada uma. É tão fácil quanto costurar... costurar... e vá em frente!

Escolhendo os materiais

Se você escolher fazer sua bolsa de um jogo americano já pronto, aqui estão os itens para se procurar durante as compras:

- Procure por um jogo feito com os mesmos materiais que uma bolsa pronta, tais como palha ou um tecido acolchoado mais pesado.

- Encontre um jogo que seja bonito em ambos os lados. Dessa forma você pode usar qualquer lado para fora e obter uma bolsa inteiramente forrada.

✔ Alguns jogos têm um ornamento extra. Esses enfeites com contas, galão, bordado ou aplicação podem ser um algo a mais para que você não precise adicionar um botão ou outro enfeite.

✔ Como um fecho ou enfeite, use um botão interessante ou procure por um anel para guardanapo que combine e que você possa separar e pregar em sua bolsa.

Se você fizer sua bolsa de algo que não seja um jogo americano, encontre um tecido que seja bonito tanto no lado direito quanto no avesso. Eu opto por usar camurça, porque ela não desfia ou necessita de um acabamento extra (e porque eu tinha uma sobra do projeto de capa para computador que fiz no Capítulo 17). Aqui está o que você precisa para fazer sua bolsa:

✔ Kit de sobrevivência de costura (veja o Capítulo 2)

✔ Linha para combinar ou harmonizar com seu tecido

✔ Um jogo americano ou tecido grosso com dupla face de aproximadamente 30 centímetros de largura por 46 centímetros de comprimento

✔ Botão grande (5 centímetros) ou enfeite de anel para guardanapo

✔ Linha pesada para costura de botão, fio de bordar ou fio de lã

✔ Cortadores de arame se for preciso remover ornamentos do anel para guardanapo

Costurando a bolsa

Algumas costuras rápidas e sua bolsa está pronta. Veja como:

1. **Coloque o jogo ou tecido em cima de uma mesa com o avesso para cima e as extremidades mais curtas nas partes superior e inferior.**

2. **Dobre a parte inferior em 15 centímetros e alfinete os lados da bolsa.**

3. **Dobre por cima a aba superior e marque onde você quer colocar a casa de botão ou enfeite.**

   Escolha um local que seja centralizado horizontalmente, paralelo à margem inferior da aba, e ao menos 2,5 centímetros de distância da borda arrematada, como mostrado na Figura 9-18.

   Se seu jogo americano ou tecido for muito rígido e você não precisar de um fecho para mantê-lo no lugar, você ainda pode querer adicionar um enfeite. Se planeja carregar a bolsa debaixo do braço, posicione o enfeite em uma extremidade ou na outra de forma que ele não se esfregue contra seu braço.

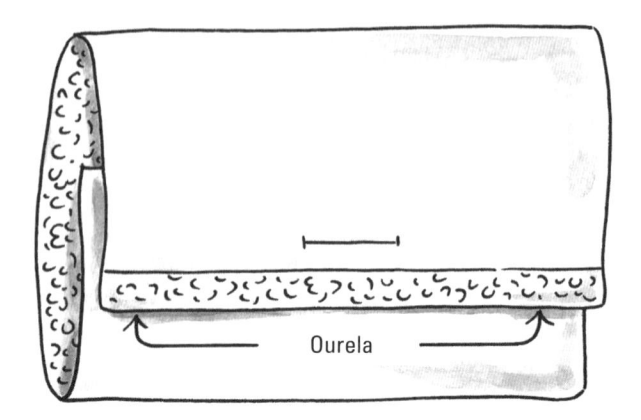

Figura 9-18: Dobre a parte inferior da bolsa, e então dobre por cima a parte superior para ver onde você quer colocar o fecho do botão.

Ourela

4. Determine e marque o comprimento da casa de botão usando os passos da seção "Dominando o Básico sobre Casas de Botões", neste capítulo.

Se o enfeite for muito volumoso para caber em uma casa de botão, você simplesmente o costura à mão na margem superior da bolsa, então pule direto para o Passo 7.

5. Configure sua máquina desta forma:

- Ponto: reto
- Comprimento: 3 a 4 mm/6 a 9 pontos por polegada
- Largura: 0 mm
- Pé-calcador: de uso geral ou bordado

6. Costure um retângulo estreito como mostrado na Figura 9-19a.

A camurça usada neste projeto (mostrado no Encarte Colorido) não desfia, portanto em vez de costurar uma casa de botões tradicional, você faz um pequeno retângulo como abertura. Se escolher fazer sua bolsa de um jogo americano e quiser usar um fecho de botão, faça a casa de botão da maneira tradicional (veja "Dominando o Básico sobre Casas de Botões").

7. Abra a casa de botão retangular usando uma das técnicas de corte descritas anteriormente nesse capítulo.

8. Costure o botão ou enfeite usando um dos métodos descritos em "Pregando botões".

Para minha bolsa de camurça, cortei uma tira de camurça de 0,3 x 20 centímetros, empilhei dois botões juntos e preguei os botões usando essa tira de camurça através de uma agulha de tapeçaria com olho grande.

Note que em vez de amarrar a tira de camurça na parte de trás do projeto, usei o nó como um detalhe de design (veja a Figura 9-19b e c).

Para a bolsa de jogo americano, usei um ponto luva (veja o Capítulo 5) e uma linha dupla pesada; em seguida costurei à mão o enfeite de anel de guardanapo na aba superior da bolsa.

Figura 9-19: Faça um retângulo longo e estreito, largo o suficiente para o(s) botão(ões) caberem (a), e em seguida pregue o botão usando um cordão ou linha decorativa (b e c).

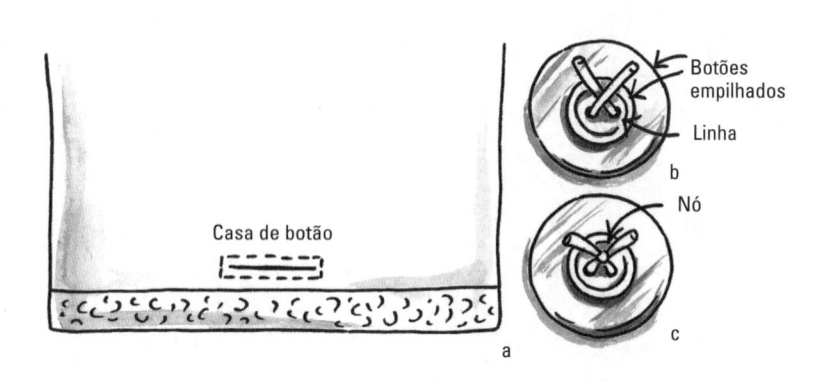

9. **Costure ambos os lados da bolsa, arrematando nas partes superior e inferior de cada lado, como mostrado na Figura 9-20.**

Figura 9-20: Costure os lados de sua bolsa.

Capítulo 10

Pano para Manga

Mangas são fáceis de encaixar quando se sabe como. Neste capítulo mostro os métodos mais fáceis para lidar com elas, primeiro não colocando uma manga, mas sim as vistas de uma cava sem manga. Colocar as vistas da cava permite que você pratique fazer costuras, internas e de reforço, aparar, entalhar e pressionar — todas as habilidades que você usa em outras partes da montagem de uma roupa. (Se esses termos são novos para você, leia os Capítulos 5 e 6.)

Em seguida, ataco as mangas, começando pelas raglã. Mangas raglã não são o melhor estilo para ombros perfeitamente inclinados, mas você pode gostar da facilidade de costurá-las e de como ficam bonitas quando as ombreiras corretas são usadas por baixo. Deixo as mangas embutidas por último, mostrando uma técnica industrial para embuti-las. Depois de um pouco de prática, você obterá resultados perfeitos sempre.

Finalmente, neste capítulo, você fará uma capa para computador. Embora não seja uma manga no sentido convencional de uma roupa, a capa permite praticar algumas da habilidades deste capítulo, e você vai adorar o modo como ela se ajusta e protege seu laptop.

Dando Acabamento a Cavas Sem Manga

Alguma vez você já cortou as mangas de uma camiseta ou casaco para deixá-lo sem mangas? Cortar as mangas lhe dá ventilação e espaço extra, mas, depois de um tempo, a cava se alarga, nunca ficando do mesmo tamanho de novo. Como seu único prejuízo é uma camiseta ou um casaco, não significa muita coisa. Mas para suas outras roupas, você vai querer dar acabamento às cavas, seja com vista ou com debrum, que mantém aquelas cavas em forma e com boa aparência enquanto a roupa durar.

Aplicando as vistas em cavas sem manga

Esta seção foca no método mais comum de finalizar uma cava com vistas para um acabamento limpo e regular. A propósito, se quiser que aquela camiseta ou agasalho durem mais, você pode usar as seguintes técnicas para dar resistência aos seus velhos favoritos.

Uma *vista* (ou arremate) é um pedaço de tecido que você reforça com um pedaço extra de entretela. A entretela é mais leve e pode ser de tecido plano ou de malha, e termocolante ou não. Sua função é estabilizar e reforçar de modo que uma abertura não se alargue. (Veja o Capítulo 3 para mais sobre entretelas e como usá-las.) Você prende a entretela em uma vista; depois costura a vista à abertura e a vira de volta para o lado de dentro do projeto para finalizar a abertura. Você pode fixar as vistas não só em cavas, mas também em outras áreas como decotes e algumas bordas de bainha.

Siga estes passos para as cavas mais bem acabadas da cidade:

1. **Corte e reforce a vista da cava usando entretela termocolante como mostram as instruções da folha-guia de seu molde e a Figura 10-1.**

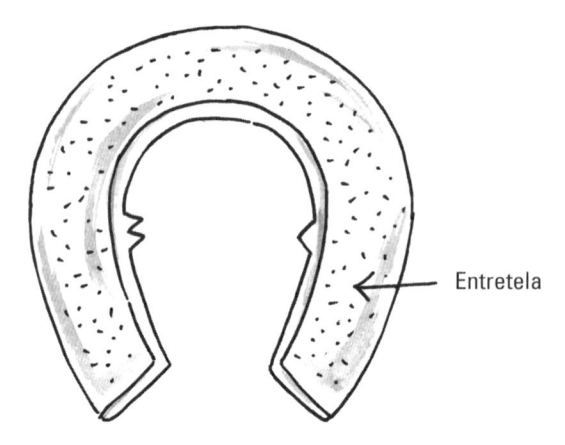

Figura 10-1: Entretela acrescentada ao avesso da vista da cava proporciona estabilidade.

Entretela

2. **Faça uma costura de reforço na vista e na cava conforme descrito na folha-guia de seu molde. (Para saber mais sobre costura de reforço, vá ao Capítulo 6.)**

3. **Depois de colocar direito contra direito e alinhar os piques, alfinete e costure a vista, como mostrado na Figura 10-2, arrematando as partes inferior e superior da costura.**

4. **Chuleie as bordas externas de sua vista usando um dos acabamentos de costura no Capítulo 6.**

5. **Ponha a vista na cava, direito contra direito, unindo os piques.**

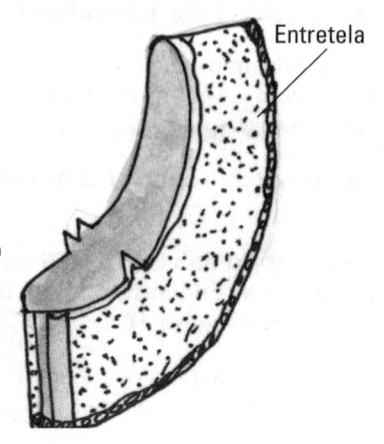

Figura 10-2:
Costure a vista antes de alfinetá-la à cava.

Piques duplos encontram-se atrás da cava; piques únicos, na frente da cava. As margens de costura possuem curvas diferentes, então, se você erroneamente colocar a vista esquerda na cava direita, as peças não encaixam.

6. **Começando a costura embaixo do braço, costure a vista na cava sobre a linha de costura de 1,5 centímetro.**

7. **Picote a margem de costura nas curvas internas até a costura de reforço a 0,3 centímetro dentro da linha de costura, como mostrado na Figura 10-3.**

Use as pontas de sua tesoura para picotar quase até a linha de costura da frente e das costas da cava (veja a folha-guia de seu molde e o Capítulo 6 para informações sobre como picotar costuras). As cavas e suas vistas são curvas internas, então, picotá-las libera as margens de costura para que não aglomerem quando você virar e passar a vista para a parte interna da roupa.

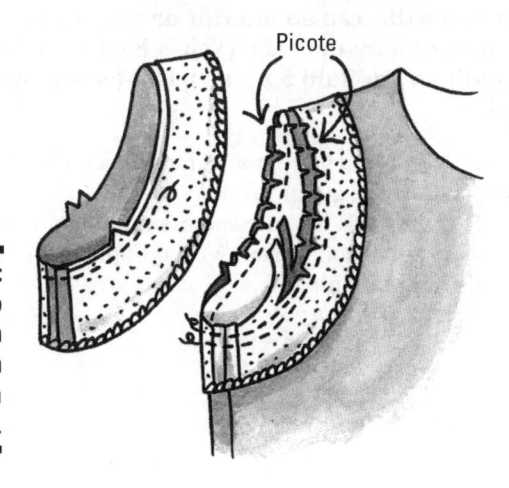

Figura 10-3:
Picote dentro da margem de costura em volta da cava e da vista.

8. **Apare a margem de costura da vista para 1,2 centímetro.**

Aparar uma margem de costura, deixando-a mais estreita que outra chama-se *gradação da costura*. A vista cai automaticamente em direção à margem de costura mais estreita, tornando mais fácil virar e passar a vista.

9. **Do avesso do tecido, pressione a ferro a margem de costura em direção à vista.**

10. **Faça uma costura interna na costura da vista, a 0,15 centímetro de distância da linha de costura que se encontra no lado da vista da margem de costura, como mostra a Figura 10-4.**

A costura interna ajuda a vista a voltar-se para o lado de dentro da roupa e a permanecer lá. (Veja o Capítulo 6 para mais informação sobre costura interna.)

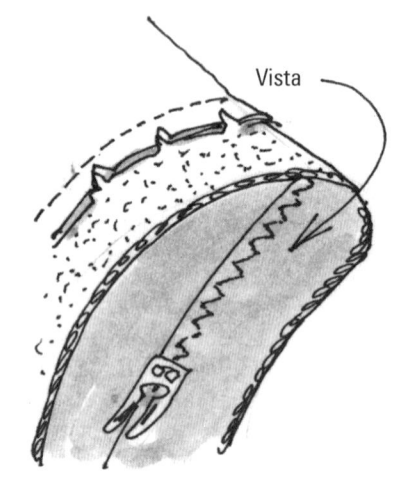

Figura 10-4:
Faça uma costura interna na costura da vista.

11. **Pressione a vista em direção ao interior da roupa e prenda a vista fazendo uma costura em vala. (Veja a Figura 10-5 para uma ilustração e confira o Capítulo 5 para mais informações sobre costura em vala.)**

Costurando a partir do direito da roupa, centralize a fenda da costura embaixo da agulha. Costure, guiando os pontos de modo que eles se afundem na fenda da costura. Não arremate; simplesmente puxe as linhas para o lado da vista e amarre-as. (Veja o Capítulo 6 para saber a melhor maneira de amarrar linhas.)

Redecore seu quarto com travesseiros, almofadas, edredom e uma saia para cama usando estampas coordenadas e combinando tecidos. Veja o Capítulo 14 para saber tudo de que precisa sobre capas para almofadas e fronhas, e encontre instruções para fazer edredons estampados e saias para cama no Capítulo 16

Começando com camurça forrada ou palha colorida, aprenda a fazer belas carteiras, para todas as estações e ocasiões, no Capítulo 9.

Costure uma toalha de mesa quadrada que caia bem na maioria das mesas e uma série de guardanapos que podem envolver e proteger seus talheres favoritos. No Capítulo 13 você encontra o passo a passo para isso.

"Vista" suas janelas fazendo suas próprias cortinas, com o comprimento desejado. Leia o Capítulo 15 para encontrar as instruções.

Se você quer renovar um ambiente em um piscar de olhos, experimente fazer capas bordadas para almofadas utilizando alguns guardanapos. Veja como é fácil no Capítulo 14.

Com um simples molde e um pouco de costura, você pode transformar um suéter de lã em um gorro fashion, mostrado no Capítulo 19.

Simples e enfeitadas, esta manta de fleece (Capítulo 6) e esta almofada feita de uma antiga camisa (Capítulo 5) ficam perfeitas em uma sala ou um quarto.

Transforme uma bela camisa em uma fronha decorativa. As mangas costuradas na parte de trás são ótimas para esconder brinquedos ou guardar o controle remoto. Você encontra as instruções detalhadas no Capítulo 5.

Você gosta de uma camisa que furou ou manchou? Conserte-a com alguns bolsos sobre o defeito e dê nova vida à peça com apenas alguns pontinhos! Fica simples utilizando o molde de bolso encontrado no Capítulo 11.

Para fazer este divertido e rápido avental cheio de estilo, você só precisa cortar uma saia jeans na metade de seu comprimento e adicionar babados e estampas que combinem. Você encontra as instruções no Capítulo 8.

Faça um caminho de mesa dupla face e guardanapos que combinem para dar uma cara nova à sua reunião. Saiba como nos Capítulos 12 e 13.

Coordenar estampas faz com que essa calça deixe de ser apenas um pijama. Crie uma dessas para você ou para alguém — ou para todo mundo! Para instruções fáceis, vá ao Capítulo 8.

Festeje, faça compras ou saia com as amigas com este vestido bem fresco e arejado. Veja como este projeto é fácil e rápido de fazer no Capítulo 19.

Mantenha seu laptop protegido com essa capa feita com mangas de camisas, superfácil de costurar. Confira o Capítulo 10 para saber como.

Lulu também precisa de uma cama, e quem disse que ela não pode combinar com sua decoração? Escolha alguns tecidos com estampas divertidas e aprenda a costurar essa caminha colorida (e totalmente lavável) no Capítulo 14.

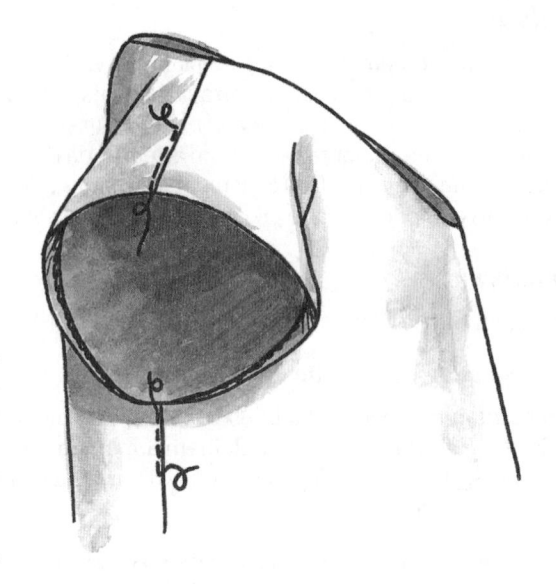

Figura 10-5:
Prenda a
vista da cava
por meio de
uma costura
em vala.

Debruando cavas sem manga

Você pode usar debrum como uma forma particularmente limpa de dar
acabamento à borda de uma cava, decote ou outra margem de bainha. Você
costura uma faixa dobrada de tecido ao avesso da roupa, traz a borda dobrada
do debrum por cima da margem de costura, em direção ao direito da roupa, e
prende-o no lugar com uma costura reta reforçada. Esse método comercial de
debruar garante um aspecto sensacional de roupa pronta a qualquer borda.

Esta técnica funciona melhor em tecidos de peso leve a médio.

Escolhendo o tecido do debrum

O melhor tipo de debrum para usar é o de tecido plano cortado no viés,
preferencialmente do mesmo tecido do projeto ou ligeiramente menor.

Que tipo de tecido você deveria escolher? Olhe para aquele com o qual está
trabalhando e combine o ornamento com o tecido por cor, tipo de fibra (veja
o Capítulo 2 para saber mais sobre fibras) e *toque* (quão bom é seu caimento
quando colocado na borda de um projeto). Tecido plano cortado no viés
estica um pouco, assim, ele se molda suavemente a uma margem curva como
uma cava ou decote. (Confira o Capítulo 4 para descobrir mais sobre viés e
sentido do fio.)

Cortando o debrum

Quando cortar seu próprio debrum, corte o tecido plano no viés. Corte o tecido em uma tira que possua quatro vezes a largura arrematada, mais outra com 1,2 centímetro para as margens de costura (duas margens de costura de 0,6 centímetro = 1,2 centímetro). Então, para uma largura de debrum arrematada de 1,2 centímetro, você começa com uma tira que tenha 6,30 centímetros de largura. Sempre corto o debrum um pouco mais comprido do que preciso para não ficar sem.

Costurando o debrum

Siga estes passos para montar o debrum que vai em torno da borda de uma cava.

1. **Apare a margem de costura da cava da roupa para 0,5 centímetro.**

   Quando trabalhar com tecido plano, use a tesoura de picotar para aparar, pois estas automaticamente entalham a margem de costura para você, facilitando o trabalho. (Veja o Capítulo 6 para mais informações sobre entalhar costuras.)

2. **Faça uma costura de reforço ao redor da cava aparada embaixo do braço, de pique a pique. (O Capítulo 6 lhe diz mais sobre costura de reforço.)**

3. **Dobre e pressione o debrum na metade do comprimento, fazendo com que os *avessos* do tecido fiquem juntos.**

4. **Desdobre a tira de debrum, dobre uma das pontas curtas em 1,2 centímetro e pressione a ferro.**

   Esta ponta sobrepõe-se ao debrum na outra ponta, conferindo um acabamento arrematado e limpo à abertura.

5. **Dobre e pressione a tira de debrum na metade do comprimento novamente, como no Passo 3.**

6. **Começando ligeiramente na parte traseira da costura embaixo do braço (e com a ponta dobrada primeiro), alfinete o debrum no avesso da roupa, de modo que todas as bordas não arrematadas fiquem alinhadas.**

7. **Quando você voltar para onde começou a alfinetar o debrum, coloque a ponta solta sobre a ponta dobrada da tira por cerca de 1,2 centímetro, e corte o excesso da ponta solta da tira de debrum.**

8. **Enfie a ponta cortada do debrum dentro da ponta dobrada para criar um acabamento limpo.**

9. **Configure sua máquina assim:**
   - Ponto: reto
   - Comprimento: 2,5 a 3,5 mm/10 a 12 pontos por polegada
   - Largura: 0 mm
   - Pé-calcador: uso geral

10. Costure o debrum na cava usando uma margem de costura de 0,5 centímetro, arrematando ao fim da costura.

11. Com o avesso da roupa para cima, pressione a margem de costura em direção ao lado do debrum.

12. Dobre, alfinete e modele a faixa, pressionando-a ao redor da abertura da cava.

    Dobre a borda da faixa sobre a abertura, em direção ao direito do projeto, de modo que a borda da faixa cubra a margem de costura e a linha de costura anterior.

13. Prenda a faixa na abertura usando uma costura reta reforçada e guiando a 0,3 centímetro da borda dobrada da faixa. (Veja o Capítulo 6 para saber mais sobre costura reta reforçada.)

Ansioso para Costurar Mangas Raglã

Você pode encontrar mangas raglã em roupas que vão desde agasalhos a conjuntos de suéteres de caxemira. O que as diferencia das mangas embutidas tradicionais? As costuras na frente descem da margem do pescoço obliquamente para debaixo do braço e depois sobem para a parte de trás do decote, tornando-as muito mais fáceis de costurar que as mangas embutidas. Confira a camisa com uma manga raglã finalizada na Figura 10-6.

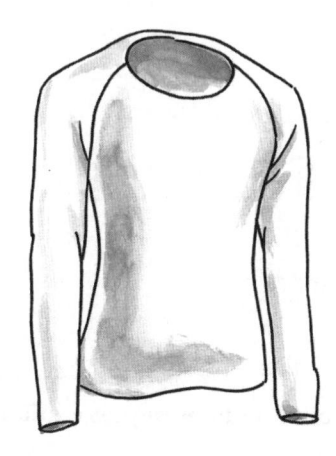

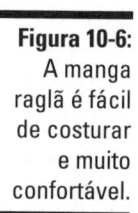

Figura 10-6:
A manga raglã é fácil de costurar e muito confortável.

Como a manga raglã cobre o ombro, tanto uma costura como uma pence modelam sua parte superior de forma que se ajuste suavemente na linha do ombro. A peça do molde de uma manga raglã da Figura 10-7 mostra uma pence costurada na parte superior, a maneira mais comum de modelá-la em seu ombro.

Borda do pescoço — Pence do ombro

Figura 10-7:
A peça do molde de uma manga raglã inclui uma pence no meio para que ela se adapte ao seu ombro.

É só seguir estes passos para costurar uma manga raglã:

1. **Costure a pence do ombro e abra-a a ferro para que fique como na Figura 10-8.**

   Colocando direito contra direito, alfinete a pence do ombro como mostrado na folha-guia de seu molde. Costure a pence, começando da extremidade larga e costurando até a ponta. (Veja o Capítulo 8 para mais informações sobre a costura de pences.)

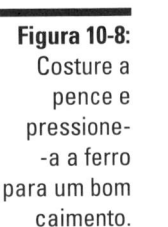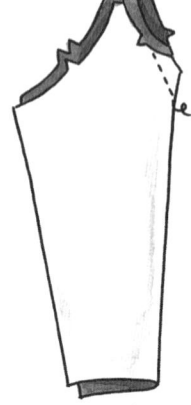

Figura 10-8:
Costure a pence e pressione--a a ferro para um bom caimento.

2. **Alfinete a manga à roupa, alinhando os piques e alfinetando direito com direito.**

Quando alfinetar as mangas raglã às peças da frente e das costas do molde, o projeto pode ficar muito grande e difícil de manejar. Facilite as coisas alfinetando-as em cima de uma mesa grande.

3. **Costure a manga à roupa nas margens de costura recomendadas, como mostra a Figura 10-9.**

Figura 10-9: Depois de costurar as mangas raglã às peças da frente e das costas do molde, sua blusa verdadeiramente toma forma.

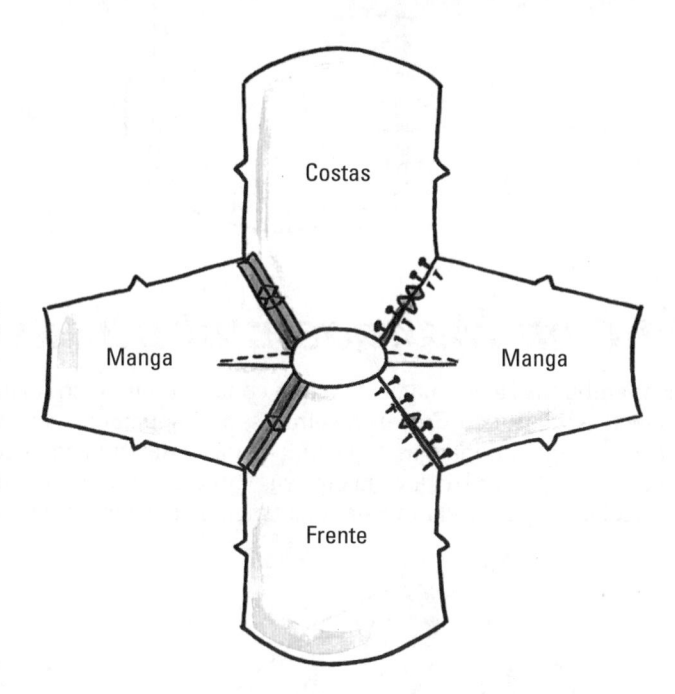

4. **Começando pela parte de baixo, faça as costuras laterais da roupa, direito com direito, na margem de costura recomendada. Arremate em ambas as extremidades da costura, como mostrado na Figura 10-10.**

Fazendo as costuras laterais depois de colocar as mangas, a costura embaixo do braço não vai embolar e interromper a circulação sob seu braço.

5. **Abra a ferro as costuras da frente e das costas do ombro, indo dos piques até o decote.**

Veja o Capítulo 5 para dicas e truques para pressionar perfeitamente.

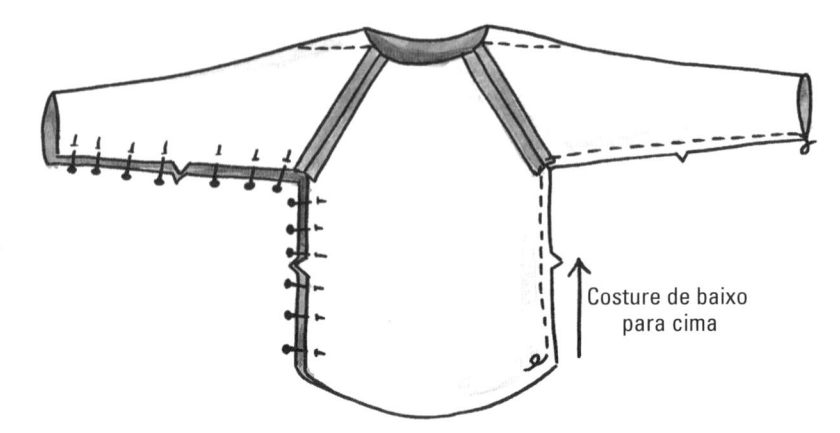

Figura 10-10:
Costure o projeto de baixo para cima.

Costure de baixo para cima

Lidando com Mangas Embutidas

Mangas embutidas têm uma costura que contorna seu braço no lugar onde ele se conecta a seu tronco. Em vez de atravessar obliquamente seu corpo a partir do decote, como nas mangas raglã, uma manga embutida começa embaixo do braço (axila), sobe, dá a volta em seu ombro e depois segue direto de volta para a axila. A Figura 10-11 mostra uma típica manga embutida.

Figura 10-11:
A costura da manga embutida circula a parte superior de seu braço.

Aqui vai a grande notícia: as mangas embutidas são maiores que as cavas em que são encaixadas para que você possa mover seus braços confortavelmente. Esse tecido extra nas mangas traz aos costureiros grandes dificuldades na colocação delas. Então, como colocar a manga lá dentro — encolhendo-a? Sim e não. Nesta seção eu compartilho truques para ajudar a tornar as mangas embutidas menos misteriosas. O embebimento extra que se segue é um de meus métodos testados e aprovados para conseguir uma manga embutida pronta para a cava.

Usando o embebimento extra para preparar mangas embutidas tradicionais

Mangas embutidas tradicionais são as mais desafiadoras, porque você tem que fazer com que a circunferência da manga fique menor para caber dentro da abertura da cava, *sem* franzir a manga para que caiba. Você pode conseguir essa proeza com um tipo de embebimento. Nesta seção, mostro uma versão radical chamada de *embebimento extra*, no qual você manipula o tecido para fazer com que ele encolha o suficiente para que a manga encaixe na cava.

O embebimento extra é diferente do franzido, porque em vez de enxergar uma linha visível de franzido, você vê uma linha de pontos que aperta levemente a cabeça da manga — assemelhando-se a uma pequena ruga — sem o aspecto encolhido do franzido. Assim, quando a manga é colocada na cava, ela fica ligeiramente afastada da costura da manga, proporcionando o espaço necessário para que seu braço mexa-se confortavelmente na roupa. Veja como usar a técnica mais fácil para deixar suas mangas prontas para serem encaixadas nas cavas.

1. **Usando um marcador de tecido, transfira os pontos na cava e as costuras da manga das peças do papel de molde para o tecido. Marque também o topo da cabeça da manga.**

   Esses pontos são marcações adicionais. Se você não achar um ponto no topo do molde da cabeça da manga, é só marcar um nesse lugar ou fazer um pequeno corte na margem de costura. Dessa forma, quando você colocar a manga, a marca no topo da cabeça dela vai se alinhar com a da costura do ombro.

2. **Configure sua máquina assim:**
   - Ponto: reto
   - Comprimento: 2,5 mm/12 pontos por polegada para tecidos finos; 3,5 mm/10 pontos por polegada para tecidos de peso médio a pesado
   - Largura: 0 mm
   - Pé-calcador: de uso geral
   - Tensão da linha: apertar ligeiramente
   - Posição da agulha (opcional): à direita

3. **Posicione a manga sob a agulha de modo que o avesso fique para cima e a agulha comece em um dos piques na manga.**

   O embebimento extra é feito dentro da margem de costura, portanto guie a manga para que você costure a 1,2 centímetro da borda não arrematada.

4. **Abaixe o pé-calcador e, conforme você começar a costurar, segure seu dedo indicador firmemente atrás do pé, de forma que o tecido embole e acumule-se atrás dele, como mostra a Figura 10-12.**

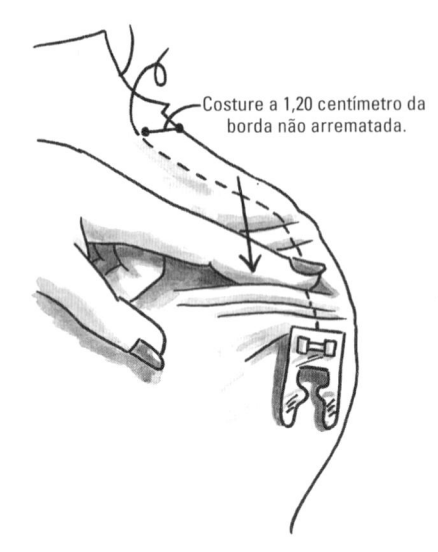

Costure a 1,20 centímetro da borda não arrematada.

Figura 10-12: Segure seu dedo firmemente atrás do pé-calcador para que o tecido se aglomere.

5. **Quando o tecido se acumular até um ponto em que você não consegue segurá-lo mais, solte-o e então repita o processo até que você tenha embebido a cabeça da manga de pique a pique.**

Essa técnica diminui o tecido automaticamente, sem ter que costurar dobras ou franzidos indesejados. Sua manga ficará como a da Figura 10-13.

Agora que sua manga está pronta para ser costurada na cava, você pode escolher entre costurá-la plana ou ao redor. Há vantagens e desvantagens em ambos os métodos:

- É mais fácil costurar mangas embutidas de forma plana.

- O projeto geralmente tem melhor caimento e é mais fácil de alterar quando a manga é costurada ao redor.

Veja as seções seguintes para ver a melhor maneira de fazer ambos.

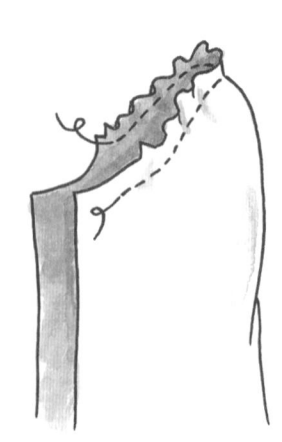

Figura 10-13: A cabeça de sua manga embutida é diminuída de forma a caber dentro da abertura menor da cava.

Embutindo mangas planas

Embutir mangas planas significa que as costuras laterais da camisa ou do corpete estão abertas (ainda não foram costuradas) e as mangas não são costuradas em um tubo. Mesmo que o molde diga para fazer primeiro a costura da manga embaixo do braço, experimente esse método plano simples. Costurando com a manga contra o transportador de sua máquina de costura (em vez de o contrário), o excesso de tecido da manga entra na cava quase que automaticamente. Siga estes passos para aliviar suas preocupações a respeito de costuras de manga:

1. **Costure e abra a ferro a costura do ombro da camisa conforme o molde lhe ensina e então estenda a camisa fazendo com que o direito fique para cima.**

2. **Alfinete a manga na camisa, direito com direito, alinhando os piques da frente e das costas e centralizando a cabeça da manga na costura do ombro.**

   Você pode querer usar um monte de alfinetes até que tenha feito algumas mangas.

   Piques duplos estão nas costas da cava e da manga; piques únicos, na frente da cava e manga. As margens de costura possuem curvas diferentes, portanto, se colocar a manga esquerda na cava direita, as peças não se encaixarão e a roupa ficará estranha quando a vestir (pergunte-me como sei disso).

3. **Costurando com a lateral da manga para baixo contra o transportador, costure a manga à camisa na linha de costura de 1,5 centímetro.**

   O transportador, que se localiza diretamente sob o pé-calcador, transporta a camada debaixo do tecido um pouco mais rápido que a camada de cima. Então, ao costurar com a lateral da manga para baixo, o transportador reduz volume de forma suficiente para que a manga encaixe perfeitamente na cava.

4. **Apare a margem de costura para 0,9 centímetro embaixo do braço a partir do pique somente até a costura de baixo do braço. Repita para a segunda manga.**

5. **Chuleie juntas as bordas de ambas as margens de costura aparadas, usando o zigue-zague de 3 pontos de sua máquina de costura ou chuleando-as juntas com a overloque. (Veja o Capítulo 6 para os detalhes sobre chuleio.)**

   Chulear junta essa estreita margem de costura dá mais força e conforto à axila.

6. **Alfinete e faça as costuras lateral e debaixo do braço da roupa na linha de costura de 0,5 ou de 1,5 centímetro, fazendo toda a costura lateral e debaixo do braço em uma etapa.**

Comece fazendo a costura a partir da margem da bainha do projeto e subindo pela costura da axila, como mostrado na Figura 10-14. Na interseção das duas costuras embaixo do braço, alfinete a margem de costura em direção à manga, para tecidos de peso leve a médio; já para tecidos pesados, alfinete a costura da interseção aberta.

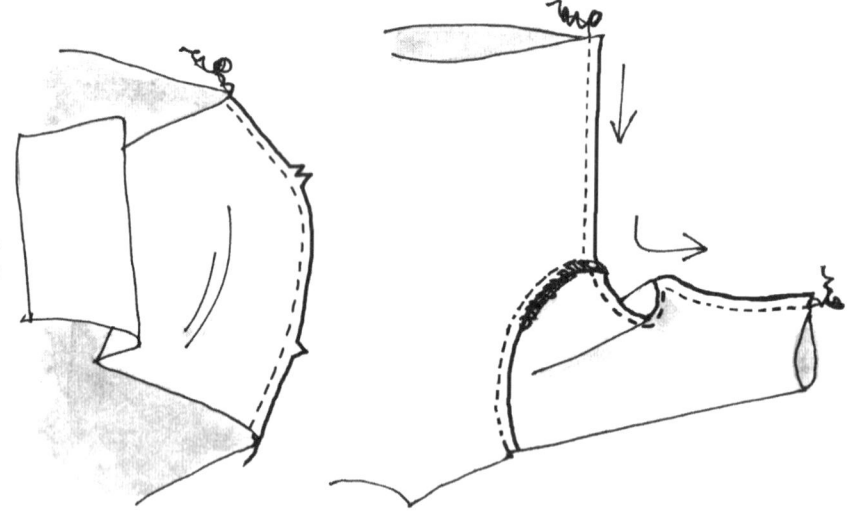

Figura 10-14: Comece a fazer a costura lateral e da manga iniciando pela margem de bainha.

Embutindo mangas ao redor

Embutir mangas ao redor significa que você junta as costuras laterais da camisa ou corpete, costura as mangas em tubos na costura da axila e então prende as mangas à roupa.

A informação nesta seção pode parecer mais complicada do que aquela nas instruções da folha-guia do molde, mas ao fornecer a você estas etapas fáceis, garanto seu sucesso:

1. **Corte, marque e faça um embebimento extra de suas mangas conforme descrito na seção anterior "Usando o embebimento extra para preparar mangas embutidas tradicionais".**

2. **Disponha, alfinete e costure a roupa, direito com direito, nas costuras laterais.**

3. **Disponha, alfinete e costure a manga, direito com direito, seguindo as instruções da folha-guia de seu molde.**

4. **Abra a ferro as costuras laterais e da manga ou pressione-as para que fiquem juntas. (Veja o Capítulo 5 para mais informações sobre pressionar costuras.)**

5. **Alfinete a manga na cava, direito com direito, alfinetando nos piques, pontos e costuras da axila como mostra a Figura 10-15.**

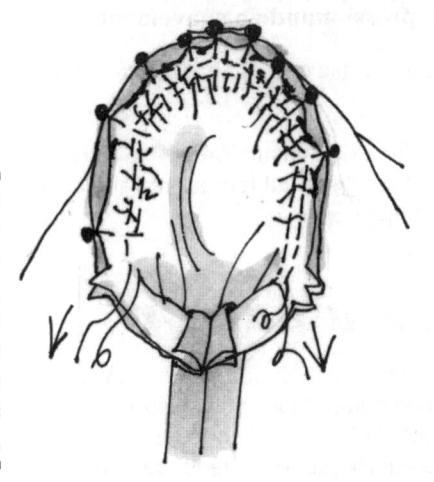

Figura 10-15: Alfinete a manga na cava, alinhando pontos e os piques da frente e das costas.

Certifique-se de alinhar os piques no lado correto da roupa; piques duplos nas costas da cava e da manga; piques únicos, na frente da cava e manga. A roupa não ficará com boa aparência nem cairá bem se você costurar as mangas ao contrário.

6. **Costure a manga na cava sobre a linha de costura de 1,5 centímetro, em toda sua volta.**

   Se sua máquina de costura tem um braço livre, enfie a manga nele, com o lado da roupa para cima e costure. Certifique-se de que os pontos no início e fim da costura se cruzem para evitar que a costura da axila se desfaça.

7. **Começando nos piques, picote na margem de costura, fazendo-o a até 0,3 centímetro da linha de costura nas curvas internas embaixo do braço.**

8. **Apare a margem de costura para 0,9 centímetro de pique em pique, cortando o excesso de margem de costura tanto da roupa como da manga *somente* na costura da axila.**

   Dessa forma, a manga ajusta-se confortavelmente e você não corta a circulação embaixo de seu braço.

9. **Chuleie juntas as costuras aparadas da axila de pique em pique. Amarre as linhas em ambas as extremidades das bordas chuleadas.**

Chuleie juntas as bordas não arrematadas usando um ponto de zigue-zague de 3 pontos de sua máquina de costura ou overloque de 3 linhas de sua overloque. (Veja o Capítulo 6 para mais informações sobre chuleado.)

10. **Pressione a costura da manga para que fique plana e junta em toda sua volta, fazendo-o desde a linha de costura em direção à borda não arrematada, e então abras as costuras a ferro. Junte a costura novamente, pressionando-a suavemente.**

Esse processo de pressionar faz com que a manga fique com a forma adequada.

Se você tem uma almofada de alfaiate, pressione a costura da cava em cima da almofada. Essa útil ferramenta ajuda a modelar confortavelmente a manga na cava.

Capa Protetora para Laptop

Nosso filho tem um laptop novo e queria conservá-lo com aparência de novo, então fiz para ele uma capa de computador que desliza para dentro de sua mochila. Embora eu tenha me dado conta de que esse projeto não tem muito a ver com as mangas usadas em roupas, eu o inclui neste capítulo porque ele ainda é como uma espécie de manga. Se começar com o tecido certo, este pequeno projeto de manga pode ser feito em uma hora. Eis o que você precisa:

- Seu kit de sobrevivência de costura (veja o Capítulo 2)
- Linha para combinar com o projeto
- 0,45 centímetro de camurça

Siga estes passos para improvisar uma capa para computador moderna em pouquíssimo tempo:

1. **Meça a largura, comprimento e espessura do laptop e preencha as medidas abaixo:**

   - Largura: _____

   - Comprimento: _____

   - Espessura: _____

2. **Calcule as medidas finais:**

   - **Medida final da largura:** divida a espessura na metade, acrescente-a à medida da largura e então some mais 2,5 centímetros para permitir margens de costura de 1,2 centímetro. Por exemplo, se o laptop tem 28 centímetros de largura e 4,0 de espessura, some 2 aos 28 para obter 30 centímetros. Acrescente 2,5 centímetros para obter uma largura final de 32,5 centímetros.

- **Medida final do comprimento:** some 4 centímetros ao comprimento. Se o laptop tem 38 centímetros de comprimento, a medida final do comprimento será de 42 centímetros.

3. **Usando as medidas finais, corte duas peças para a capa, colocando a ourela arrematada na parte de cima da capa onde haverá uma abertura para enfiar o laptop.**

4. **Com os *avessos* juntos, una com alfinetes a capa em três lados, deixando as margens da ourela abertas.**

   Ponha os alfinetes ao longo da margem de costura de 1,2 centímetro, paralelos à borda cortada. Assim, você pode colocar o laptop para ver se precisa de ajustes *antes* de costurar.

 A abertura pode ter mais tecido do que você acha necessário. Tudo bem, pois ao costurar os cantos do fundo da capa no Passo 10, o laptop se ajustará perfeitamente na capa sem excesso de tecido na parte de cima.

5. **Configure sua máquina assim:**
   - Ponto: reto
   - Comprimento: 3 a 3,5 mm/8 a 10 pontos por polegada
   - Largura: 0 mm
   - Pé-calcador: de uso geral ou revestido com Teflon
   - Ajuste da pressão: alivie um pouco a pressão do pé-calcador para facilitar a costura dessa dupla camada de tecido mais pesado.

Se sua máquina tem um pé-calcador revestido com Teflon (um dos meus favoritos), use-o para fazer esse projeto — a camurça move-se sob ele como manteiga. Confira seu manual de instruções para ver se você possui esse pé-calcador.

6. **Ponha a extremidade superior da capa sob o pé-calcador para que você guie a borda do tecido alinhada com a borda direita do calcador.**

7. **Costure ao redor dos três lados da capa do computador (veja a Figura 10-16), tirando os alfinetes conforme avança e faça um arremate de segurança no início e fim da abertura.**

8. **Apare a margem de costura para 0,5 centímetro ao redor dos três lados (veja a Figura 10-16).**

9. **Vire a capa do avesso.**

10. **No fundo, dobre dois cantos como mostrado na Figura 10-17 e costure sobre os ângulos, criando os cantos costurados.**

11. Vire a capa com o direito para fora e coloque o laptop.

Figura 10-16: Costure três lados da capa do computador e apare a margem de costura.

Apare para 0,5 centímetro

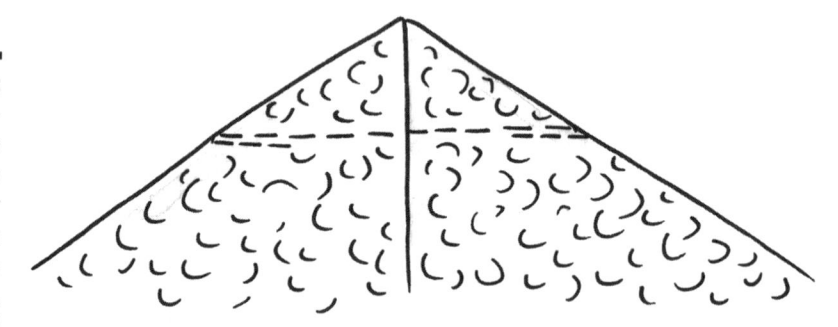

Figura 10-17: Dobre e costure sobre cada ângulo para formar um canto de fundo costurado.

Capítulo 11

Bolsos Cheios de Ideias

. . . .

Neste Capítulo

▶ Fazendo bolsos chapados para todos os tamanhos e formas

▶ Encontrando um molde de bolso para todo mundo

▶ Enfeitando uma camisa com uma composição de bolsos

. . . .

B*olsos* são pequenas bolsas costuradas dentro e sobre calças, camisas e outras peças de roupa, com o objetivo específico de carregar coisas. Apesar de haver uma miríade de tipos de bolso, eu me concentro neste capítulo nos bolsos chapados, assim denominados por ficarem chapados na superfície de um projeto, tal qual uma joelheira, mas com um lado aberto para o cuidadoso transporte de seus preciosos pertences.

Neste capítulo conto como costurar bolsos chapados de todas as formas e tamanhos usando os atalhos que os profissionais usam. Também incluí um projeto bem fácil que permite que você use o poder dos bolsos para encobrir até mesmo o pior dos desastres em camisas e resgatar da pilha de trapos uma blusa manchada — com uma composição de bolsos!

Criando Bolsos Chapados

Nesta seção você corta, modela e costura bolsos chapados sem revestimento, um deles com cantos quadrados e o outro com cantos curvos. Em seguida você descobre a técnica de aplicação de bolso mais profissional que há.

Mas como saber qual estilo de bolso é o melhor para se fazer? Eis minha fórmula: se você não quiser ressaltar um tipo corporal arredondado, escolha um estilo de bolso e roupa que tenha linhas quadradas e retangulares. Para preencher um tipo físico delgado e anguloso, escolha estilos de bolso e de roupa que sejam curvados e arredondados.

A colocação do bolso também é uma ponderação importante. Se você tem seios grandes, colocar um bolso curvado sobre o busto é uma escolha ruim. Você pode querer omitir completamente o bolso. Para aquelas de nós com traseiros generosos, nem pense em costurar bolsos chapados curvados naquela área... Eles apenas enfatizam o óbvio.

Fazendo bolsos chapados sem forro com cantos quadrados

Gosto de costurar esses bolsos em camisas, mesmo quando o molde não pede um. Essa técnica de cantos mitrados (em ângulo de 45° graus) funciona muito bem, para que você tenha os cantos mais quadrados que existem. É só seguir estes passos:

1. **Corte o bolso de canto quadrado seguindo as orientações da folha-guia do molde ou usando um dos moldes de bolso encontrados neste capítulo. (Veja a seção "Usando Seus Próprios Moldes de Bolso" mais adiante neste capítulo.)**

2. **Usando sua máquina de costura, chuleie a borda superior da vista do bolso. (Veja o Capítulo 6 para mais informações sobre acabamento em bordas não arrematadas.)**

3. **Pressione com o ferro as costuras laterais do bolso em direção a seu avesso.**

4. **Comece a *fazer os cantos mitrados*, dobrando e pressionando um triângulo com a largura da margem de costura em ambos os cantos do bolso, como mostra a Figura 11-1.**

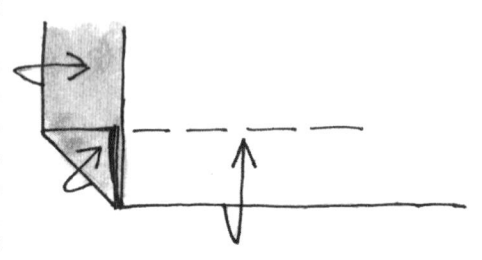

Figura 11-1: Dobre para cima e pressione um triângulo em ambos os cantos do bolso.

5. **Dobre para cima e pressione a parte inferior do bolso em sua linha de costura, circundando o triângulo na margem de costura, como mostrado na Figura 11-2.**

   Isso é *fazer um canto mitrado*. Você pode usar essa técnica de muitas formas diferentes quando costurar.

6. **Assinale o ângulo do canto mitrado, marcando tanto a margem da dobra como o ângulo (consulte a Figura 11-2).**

   A melhor ferramenta para isso é o marcador de tecido com uma ponta de feltro, porque a tinta sai por toda a ponta quando você a pressiona.

Faça uma linha seguindo o ângulo do canto mitrado de forma que a tinta do marcador toque ambas as margens do tecido no ângulo.

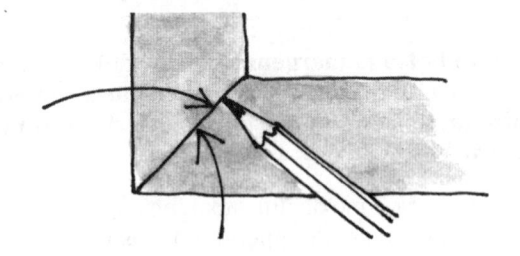

Figura 11-2: Dobre para circundar o triângulo na margem de costura.

7. **Desdobre um dos cantos do bolso como mostra a Figura 11-3, e escureça as marcas feitas no Passo 6; essa linha marca a linha de costura.**

   Quando conectadas, as linhas marcadas formam um triângulo grande no canto, que se tornará a *linha de costura* do canto mitrado.

8. **Apare a margem de costura para 0,5 centímetro como mostrado na Figura 11-3.**

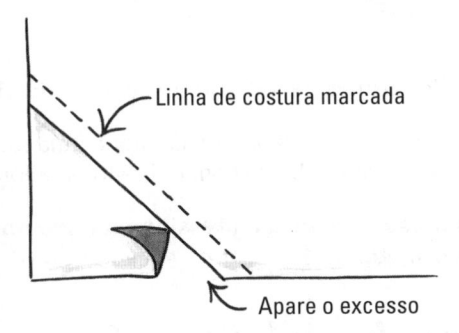

Figura 11-3: Apare a margem de costura para 0,5 centímetro nos cantos do bolso.

Linha de costura marcada

Apare o excesso

9. **Configure sua máquina assim:**
   - Ponto: reto
   - Comprimento: apropriado para o tecido (veja o Capítulo 5)
   - Largura: 0 mm
   - Pé-calcador: de uso geral

10. **Dobre o triângulo na metade de modo que as costuras laterais e inferiores do bolso fiquem com os direitos juntos; costure o canto mitrado na linha marcada.**

Vire o canto com o direito para fora e verifique se o canto mitrado está em ângulo reto. Se não, desfaça a costura, acerte e costure de novo.

11. **Repita para o outro canto do bolso. Abra a ferro as costuras dos cantos.**

12. **Dobre a vista do bolso (a margem superior dele) na linha de dobra em direção ao direito do bolso. Faça as costuras em ambos os lados do bolso, arrematando nas partes inferior e superior, como mostra a Figura 11-4.**

A "vista" para esse bolso, que dá uma aparência limpa e bem acabada, é simplesmente a bainha da parte superior do bolso.

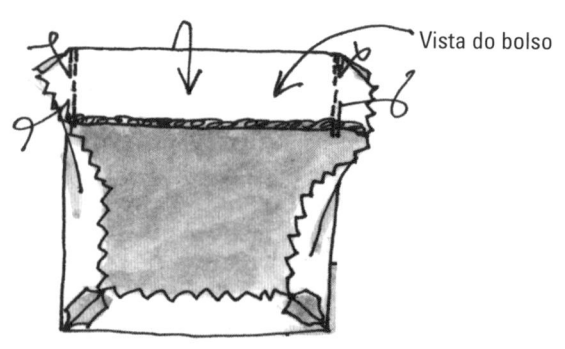

Figura 11-4: Dobre a vista do bolso em direção ao direito antes de fazer as costuras.

Vista do bolso

13. **Apare a margem de costura excedente nos cantos da vista.**

Isso remove o volume excessivo para que não fique uma saliência feia nos cantos quando você virar o bolso com o direito para fora.

14. **Vire o direito do bolso para fora e pressione a ferro antes de prendê-lo ao seu projeto.**

Fazendo bolsos chapados sem forro com cantos curvos

O maior desafio de um bolso de canto curvo é fazer ambas as curvas com o mesmo formato. Siga estes passos e veja como o trabalho é facilitado quando você usa as ferramentas certas.

1. **Corte o bolso de canto curvo seguindo as instruções da folha-guia do molde ou usando os moldes de bolso encontrados neste capítulo (veja a Figura 11-8).**

2. **Usando sua máquina de costura ou overloque, chuleie a borda superior da vista do bolso. (Veja o Capítulo 6 para mais informações sobre acabamento em bordas não arrematadas.)**

3. **Configure sua máquina assim:**

   - Ponto: reto

   - Comprimento: apropriado para o tecido (veja o Capítulo 5)

   - Largura: 0 mm

   - Pé-calcador: de uso geral

4. **Dobre a vista do bolso (a margem superior dele) na linha de dobra em direção ao direito do bolso. Faça as costuras em ambos os lados do bolso, arrematando nas partes inferior e superior, como mostra a Figura 11-5.**

   Essa costura na parte de cima do bolso serve como acabamento, dando ao seu bolso uma aparência limpa e finalizada.

5. **Configure sua máquina assim:**

   - Ponto: reto

   - Comprimento: 3,5 a 4 mm/6 a 7 pontos por polegada

   - Largura: 0 mm

   - Pé-calcador: de uso geral

6. **Faça um embebimento extra para modelar os cantos curvos, como mostra a Figura 11-5. (Confira o Capítulo 10 para instruções sobre embebimento extra.)**

   Costurando com o avesso do tecido para cima, faça um embebimento extra desde aproximadamente 3,8 centímetros acima da curva até 3,8 centímetros do outro lado da curva, costurando a 0,5 centímetro da borda não arrematada; em seguida, repita no outro canto do bolso.

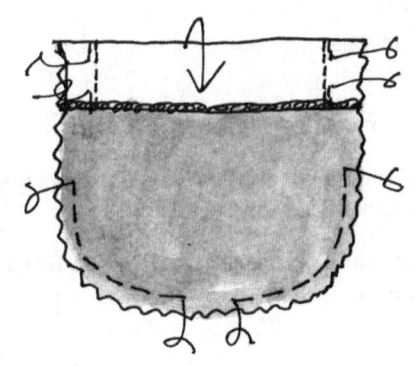

Figura 11-5: Dobre a vista do bolso em direção ao direito antes de fazer as costuras.

7. Pressione e modele os cantos do bolso usando um modelador de bolso (veja a Figura 11-6).

Certificar-se de que ambos os cantos de um bolso saiam exatamente da mesma forma é um desafio — para dizer o mínimo. Minha ferramenta favorita para essa tarefa é um *modelador de bolso*, um quadrado plano de alumínio de 10 centímetros que possui diferentes curvas em cada canto (confira a Figura 11-6). Você pode encontrar modeladores de bolso em sua loja de tecidos local ou com o fornecedor por reembolso postal.

Se você não conseguir encontrar um modelador de bolso, faça um com um pedaço de papelão. Corte um quadrado de papelão com 10 x 10 centímetros (papelão encontrado no verso de blocos de papel ou um pedaço de pasta de cartolina funcionam bem). Coloque um saleiro pequeno e redondo ou algum outro recipiente redondo no canto e em seguida desenhe em volta da curva inferior do recipiente com um lápis, criando uma curva suave no canto. Apare o canto seguindo a linha de lápis, e o contorno resultante é seu modelador de bolso. O papelão estraga depois de ser usado algumas vezes, então, se estiver fazendo um monte de bolsos, compre uma ferramenta modeladora de bolso.

Com o avesso do bolso para cima, acomode a curva mais delicada do modelador de bolso dentro de um dos cantos e pressione com o ferro a vapor suavemente a margem de costura até a linha de costura, modelando a curva do canto do bolso em torno da curva do modelador.

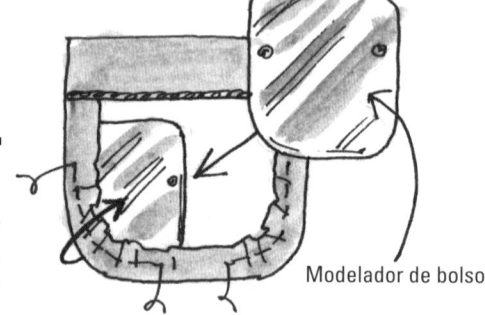

Figura 11-6:
Use um modelador de bolso para modelar seus cantos.

Modelador de bolso

8. Apare o excesso de margem de costura nos cantos. (Você pode ler mais sobre como aparar cantos no Capítulo 6.)

9. Vire o direito do bolso para fora e pressione com ferro antes de costurá-lo em seu projeto.

Prendendo bolsos chapados

Siga estes passos e pregue seu bolso do jeito fácil, prendendo-o no lugar com uma costura reta reforçada.

1. **Alfinete seu bolso chapado terminado ao projeto, seguindo as instruções da folha-guia de seu molde.**

Bolsos chapados são geralmente projetados para segurar alguma coisa, então, em vez de colocá-los de forma que você tenha que costurá-los chatos como uma panqueca ao projeto, posicione-os para que tenham uma pequena folga na parte superior, como mostra a Figura 11-7.

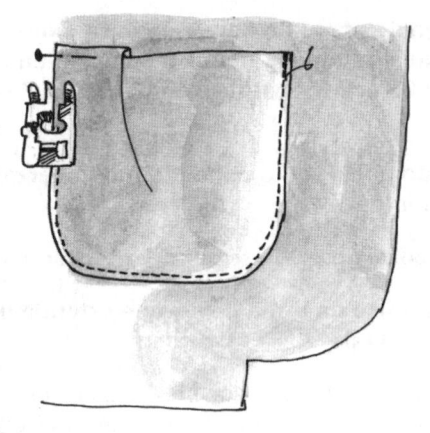

Figura 11-7: Deixe uma pequena folga na parte superior do bolso para certificar-se de que ele é funcional.

2. **Configure sua máquina assim:**

   - Ponto: reto
   - Comprimento: apropriado para o tecido (veja o Capítulo 5)
   - Largura: 0 mm
   - Pé-calcador: para bainha invisível ou costura reta reforçada
   - Posição da agulha (opcional): ajuste a posição da agulha para que você costure a 0,3 centímetro da borda do bolso

3. **Faça um costura reta reforçada em torno do bolso. (Leia mais sobre costura reta reforçada no Capítulo 6.)**

   Guie a borda do bolso ao longo da lâmina no pé-calcador, arrematando na parte superior do bolso. Se você pespontou esse bolso e acha que ele não vai sofrer muito desgaste, não arremate. Em vez disso, puxe as linhas para o verso e amarre-as. (Veja o Capítulo 6 para mais informação sobre arremate e amarração de linhas.)

Usando Seus Próprios Moldes para Bolso

Eu às vezes só quero colocar um bolso em um projeto, mesmo que o bolso não faça parte do molde original. Em vez de revirar outros moldes ou comprar outro molde para encontrar o bolso certo, eu tenho um estoque de moldes para quando a inspiração surge. Nesta seção eu lhe mostro como fazer três diferentes para bolso.

Por exemplo, você pode fazer três diferentes moldes para bolso a partir do molde para bolso de camisa na Figura 11-8: retangular, arredondado e em diagonal.

1. **Encontre um pedaço de papel de decalque para molde ou sobra de papel de seda que tenha pelo menos o comprimento dos moldes do bolso da Figura 11-8. Dobre-o na metade de modo que a dobra seja vertical.**

2. **Disponha o molde do bolso sob o papel de molde, arranjando-o na dobra do papel de molde.**

3. **Faça o decalque do bolso desejado seguindo o padrão na Figura 11-8.**

4. **Corte seu molde do bolso na linha de corte e estenda o molde como mostra a Figura 11-9.**

Já que você está com a mão na massa, por que não decalcar os três tipos? Você pode ter moldes de bolso para qualquer formato disponíveis para quando precisar! Depois de decalcar estes moldes de bolso, guarde-os em segurança entre as páginas desse capítulo.

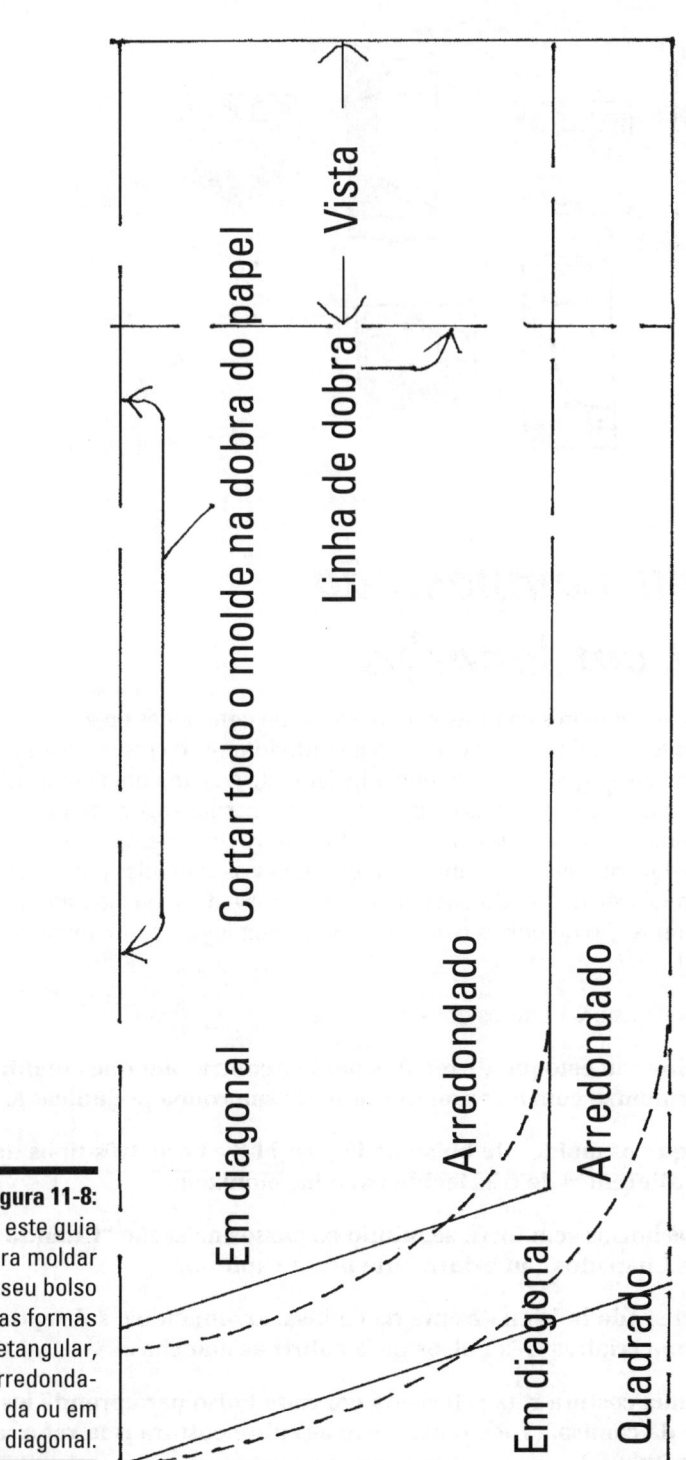

Figura 11-8: Use este guia para moldar seu bolso nas formas retangular, arredondada ou em diagonal.

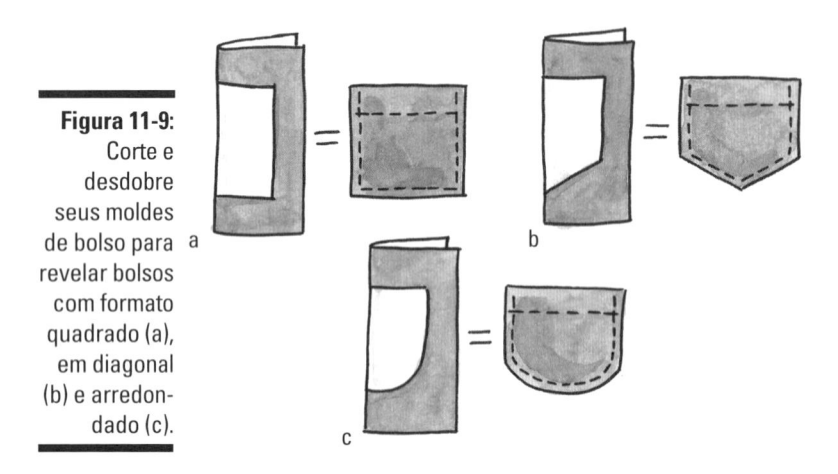

Figura 11-9: Corte e desdobre seus moldes de bolso para revelar bolsos com formato quadrado (a), em diagonal (b) e arredondado (c).

Camisa com Composição de Bolsos Coordenados

Meu marido estragou três camisas em uma semana com a mesma caneta que vazou. Vai entender. Então, em vez de jogar tudo fora (as camisas, não meu marido e sua caneta que vaza), eu engenhosamente costurei uma composição de bolsos, cobrindo as manchas de tinta na frente de suas (agora *minhas*) camisas favoritas. Confira o Encarte Colorido para ver um exemplo, e lembre-se de que certamente não está limitado a usar camisas avariadas para esse projeto. Se você está querendo dar vida a uma camisa nova ou ligeiramente usada, a composição de bolsos é uma mudança simples com um impacto considerável.

Eis como você costura composições de bolsos:

1. **Vasculhe seu estoque de tecidos para encontrar um que combine ou harmonize com a cor ou desenho de sua roupa prejudicada.**

2. **Decalque os moldes de bolso da Figura 11-8 e corte três tipos de bolso diferentes de três tecidos que harmonizem.**

3. **Faça os bolsos sem forro seguindo os passos na seção "Criando Bolsos Chapados" anteriormente nesse capítulo.**

4. **Alfinete cada bolso na frente da camisa, arrumando e sobrepondo de forma criativa três bolsos para cobrir as manchas.**

5. **Faça uma costura reta reforçada em cada bolso para prendê-los na frente da camisa. (Você pode ler mais sobre costura reta reforçada no Capítulo 6.)**

Parte IV
Costurando para Sua Casa

"Muito bem, Sra. Maria, olhe atentamente, não se apresse e diga-nos quando achar que pode identificar uma maneira de melhorar a decoração dessa janela."

Nesta parte...

Sei que escolher favoritos não é certo, mas não consigo evitar — esta parte do livro tem provavelmente os capítulos mais legais que você jamais lerá! Nesta parte mostro como pode criar novos visuais para praticamente qualquer cômodo em sua casa. Depois que ler estes capítulos, não precisará mais se contentar com guardanapos, toalhas de mesa, caminhos de mesa, capas para edredons, travesseiros, ou decorações para janelas comprados em lojas. Você pode até transformar seu próprio enxoval — em um fim de semana! — com cores e tecidos que combinem melhor com sua decoração.

Capítulo 12

Decoração Faça Você Mesmo: Costura para Decoração de Interiores

Neste Capítulo

▶ Combinando cores para superar seu medo de decoração

▶ Usando galão, cordões, aviamentos e franjas para decoração de interiores

▶ Fazendo e costurando vivos e cordões como um profissional

▶ Enfeitando sua sala de jantar com um caminho de mesa reversível

*V*ocê não adoraria que sua casa se parecesse com aquelas vistas na TV ou com uma casa modelo? Não se desespere; sua treinadora de decoração está aqui! Neste capítulo, abordo os fundamentos mais importantes da decoração para o lar. E a boa notícia é que costurar para sua casa é a forma mais fácil de economizar dinheiro com decoração.

Em primeiro lugar, mostro a você algumas estratégias para superar "decorafobia" — o medo de decorar. Você entenderá como identificar o tom dominante de sua casa, encontrar um esquema de cores que funcione, usar as cores para criar uma unidade de um cômodo para outro e descobrir as formas de se colocar com segurança listras, xadrezes e estampas juntas na mesma sala — talvez até no mesmo projeto. De verdade!

Superando a "Decorafobia"

Você já comprou uma peça de roupa e a levou para casa apenas para descobrir que escolheu a cor ou tamanho errados? Você pode trocá-lo na loja, sem problemas. Mas um erro de decoração em sua casa o assombrará por dias e noites até que tenha condições para mudá-lo. A "decorafobia" surge e algumas pessoas nunca, *jamais* superam seu medo de decorar.

Evitar erros caros (e "decorafobia" aguda) requer um simples planejamento estratégico. Você precisa:

- ✔ Compreender como a cor funciona
- ✔ Entender o tom dominante de sua casa
- ✔ Decorar com as proporções corretas de cores

Nesta seção, acompanho você por estas três noções de cores para que consiga superar seu medo de decorar.

Compreendendo a cor

Há mais nas cores do que podemos enxergar. Por exemplo, cada cor tem ou uma base azul ou uma base amarela. Imagine uma maçã Argentina. Compare-a com um tomate caqui. Ambos são vermelhos, mas quando você os coloca lado a lado, seus olhos lhe dizem que eles não combinam. A maçã tem uma base de cor azul, tornando-a um vermelho *frio*. O tomate tem uma base de cor amarela e é considerado um vermelho *quente*.

Toda cor — mesmo azul ou amarelo — tem uma versão quente ou fria. Nas lojas, os tecidos de decoração de interiores são normalmente agrupados de acordo com suas cores de base.

Como você identifica as bases quentes e frias? Comece por notar as cores de fundo em um pedaço de tecido. As dicas de cores são encontradas por meio da localização e da identificação das cores neutras quentes e frias no fundo.

- ✔ Neutras quentes (base amarela) possuem fundos cor creme que parecem ter sido envelhecidas e são levemente "amareladas" por estarem no baú de sua avó.
- ✔ Neutras frias (base azul) possuem fundos de um branco vivo que parecem ter sido alvejados e descoloridos pelo sol.

Quando você coloca cores de base azul e cores de base amarela na mesma sala, elas se chocam — assim como a maçã e o tomate. Seu sofá de base amarela parece sujo contra as almofadas de base azul jogadas sobre ele. Portanto, antes de se dirigir à loja de tintas ou tecidos, estabeleça a cor de base de sua casa — o que você chama de *tom dominante* de sua casa — e então trabalhe com as cores de base azul ou amarela corretas em toda a casa.

Desmascarando o tom dominante de sua casa

A menos que você tenha o orçamento para decorar sua casa do zero, trabalhe com o que tiver. Dê uma olhada nas superfícies maiores — aquelas que são mais difíceis e caras de mudar — tais como o piso, bancadas, pias, eletrodomésticos, e armários de cozinha e banheiro. A cor desses itens determina o aspecto geral da sua casa.

De maneira geral, o tom dominante de sua casa é frio se:

- ✔ Seu tapete e ladrilho são azuis, cinzas, brancos ou pretos
- ✔ Seus armários têm um tom frio como aqueles que são pintados de branco ou marrom avermelhado, passaram por tratamentos como pátina e decapagem (um acabamento que alveja a madeira para um cinza claro), ou são muito escuros, como cereja envelhecida e armários que foram pintados de preto
- ✔ Suas bancadas são azuis, pretas, cinzas ou brancas
- ✔ Suas pias e eletrodomésticos são azuis, brancos, pretos ou de aço inoxidável

Imagine um veleiro de um branco vivo contra o imenso mar azul. Quando for escolher tecidos estampados, listrados ou xadrezes para um cômodo de tom dominante frio, escolha aqueles com um fundo branco (como o veleiro).

Seu cômodo provavelmente possui um tom dominante de base amarela, ou quente, se:

- ✔ Seu tapete e ladrilhos têm cor de café, mostarda (marrom amarelado), creme, bege, ou terracota (marrom avermelhado)
- ✔ Seus armários têm tons quentes de madeira como carvalho, pinheiro ou bétula naturais
- ✔ Suas bancadas têm cor castanho ou marrom-claro
- ✔ Suas pias e eletrodomésticos são cor de amêndoa, marrom-claros, ou cor creme

Quando selecionar tecidos estampados, listrados ou xadrezes para um cômodo de tom dominante quente escolha aqueles com fundo cor creme.

Quando você usa uma única cor de base em toda a sua casa, suas cores trabalham juntas de cômodo para cômodo, e as cores de base erradas com as quais você precisa viver por um tempo quase não são notadas.

Determinando a razão de suas cores

Quando selecionar o esquema de cores para sua casa, use a razão — razão matemática, quero dizer. Comece seu esquema de cores usando três: use duas cores dominantes em quantidades iguais e uma destacada. Conforme ganha experiência, você poderá adicionar mais cores, mas lembre-se que números ímpares funcionam melhor.

Vamos supor que você queira redecorar seu quarto e o banheiro principal usando o esquema de cores no tecido de sua colcha — azul e branco com destaques amarelo-limão. Escolher uma tinta para combinar com um pedaço de tecido é muito mais fácil que fazer o contrário, portanto use sua colcha como uma peça de inspiração e escolha a cor da parede, almofadas e acessórios seguindo as dicas de cores da colcha. Desta forma suas cores de base não se chocarão e você consegue um visual de decoração sob medida para seu cômodo.

Seu tapete e teto são brancos (a primeira cor dominante), então pinte as paredes de azul (a segunda cor dominante). Encontre almofadas azuis e brancas para a cama. Acrescente uma almofada amarela como destaque. Os abajures nos criados-mudos são azuis e brancos, então você pode acrescentar borlas amarelas como destaques. As cortinas combinam com a colcha, então você pode acrescentar braçadeiras amarelas. Coloque um arranjo com uma tulipa amarela dentro de um vaso azul sobre a penteadeira.

Inverta as cores para manter o esquema fluindo por toda a casa. Faça com que a cor de destaque em seu quarto seja a cor dominante em seu banheiro, por exemplo.

Está confuso porque não tem um esquema de cores? Encontre algo com três cores que você goste — um prato, uma peça de roupa, uma almofada, até mesmo uma imagem em uma revista. Se não tiver nada a ver com decoração de interiores, está tudo bem — você procura pelas cores de que gosta e nada mais. Vá à loja de tintas com seu tesouro e encontre amostras de cores que combinem com essas mesmas três cores. Agora você tem seu esquema de cores!

Por Dentro dos Tecidos para Decoração de Interiores

Os tecidos não foram todos criados iguais. Os melhores tecidos para decoração de interiores são tecidos próprios para decoração de interiores, por várias razões:

- Muitos tecidos para decoração de interiores são mais pesados e mais duráveis do que tecidos para vestuário.

- Eles têm de 1,5 metro a 3 metros de largura, o que os torna de 0,1 a 1,6 metro mais largos do que tecidos para vestuário. A largura adicional é uma verdadeira vantagem para seus projetos de decoração de interiores, porque você consegue uma cobertura melhor com um metro de tecido próprio para decoração de interiores mais largo do que com tecido para confecção de roupas, mais estreito.

- Muitos tecidos de decoração possuem tratamento químico para resistir a manchas e danos causados pelo sol. Devido à largura extra e ao tratamento químico, tecidos para decoração geralmente são mais caros que aqueles para vestuário. Prepare-se para pagar entre R$ 30,00 e R$ 120,00 por metro.

- Muitos tecidos de decoração de interiores possuem uma tira de cor que podem trazer um círculo com um símbolo de adição impresso nas *ourelas* (as bordas arrematadas nos lados compridos do tecido), então você simplesmente combina as barras e/ou símbolos de cores quando costurar uma altura de cortina à outra e o desenho combina perfeitamente na linha de costura.

Sempre verifique a extremidade do rolo ou etiqueta de seus tecidos de decoração para instruções corretas de limpeza e cuidados, o que muda bastante de tecido para tecido. Veja o Capítulo 3 para mais informações sobre tecidos específicos usados em decoração.

Manejando Aviamentos

Acabamentos para decoração são a cereja do bolo de decoração e vem em três estilos básicos — galão, cordão e franja. Nessa seção mostro algumas formas legais de usar cada um deles.

Enfrentando os fundamentos do galão

Galão é um aviamento plano de decoração de interiores com duas bordas acabadas. Os dois tipos mais comuns de galão são:

- **Grega:** esta fita plana, semelhante ao galão, é normalmente colada aos móveis para esconder as tachas de estofamento (veja a Figura 12-1). Você também pode costurar grega à borda do cordão vivo para decoração. (Veja a seção seguinte para os detalhes sobre cordões.)

- **Passamanaria:** uma grega elegante e com 1,2 centímetro de dimensão (o que significa que tem uma textura), este galão é ótimo para delinear almofadas, jogos americanos, e outros projetos de decoração para o lar. Você também pode usar passamanaria em artesanato colando-a em abajures e caixas feitas à mão.

Figura 12-1: Use gregas para cobrir uma junção onde o estofamento se fixa à moldura dos móveis.

Dominando cordões

Cordão é um filamento circular e trançado com fibras que parece uma corda. Cordão pode ter qualquer diâmetro entre 0,3 a 4,5 centímetros e é feito de algodão, poliéster ou poliamida, ou uma combinação de fibras, cada um com uma textura exclusiva. Veja a aparência de cada cordão na Figura 12-2.

Os tipos mais comuns de cordão incluem os seguintes:

- **Cordão simples:** trata-se de um cordão de algodão ou algodão/poliéster trançado usado como um enchimento para vivo coberto com tecido. (Veja a seção seguinte para mais informações sobre vivo.) Pré-encolha o cordão simples antes de usá-lo em um projeto. O cordão simples também é um ingrediente-chave do *vivo* (ou *orla*). Você faz o vivo cobrindo o cordão simples com uma tira de tecido chamado *revestimento*. O revestimento tem uma margem de costura de 0,6 a 1,2 centímetro para que você possa costurá-lo sobre a borda de um travesseiro, capas, ou cobertura para almofadas. O vivo dá à borda um acabamento profissional.

Para pré-encolher cordão simples, envolva-o em sua mão para criar um chumaço enrolado chamado de novelo. Puxe o novelo de sua mão, coloque um elástico em torno do centro do novelo, e jogue-o na água com outros tecidos que contenham fibras similares.

- **Cordão para preenchimento:** você usa este cordão coberto de tecido e com enchimento de algodão dentro do vivo. O preenchimento é mais macio e encorpado que o cordão simples por causa do recheio solto de algodão. Você pode encontrar cordão para preenchimento em diâmetros com espessura de até 4,5 centímetros.

Em razão de sua estrutura solta, você não pode lavar cordão para preenchimento ou ele se tornará uma massa embolada. Isso significa que você não pré-encolhe cordão para preenchimento antes de revesti-lo, e você deveria lavar a seco projetos feitos com esse cordão em vez de lavá-los com água.

- **Cordão vivo:** é um cordão trançado com uma borda proeminente de galão plano costurada nele. Ele é bonito por si mesmo. Você não precisa revesti-lo da mesma forma que um cordão simples ou cordão para preenchimento. A borda proeminente torna fácil inserir o aviamento em uma costura de um travesseiro ou na borda de um bandô, xale ou jabô de janela. (Veja o Capítulo 15 para mais informações sobre decoração de janelas.)

Cordão vivo deve ser somente lavado a seco. Portanto, ainda que você possa usá-lo com um tecido lavável em água, lave seu projeto a seco para cuidar dele adequadamente.

- **Pingente para cadeira:** é um cordão de decoração trançado com 70 a 77 centímetros de comprimento com borlas em ambas as extremidades, pingentes para cadeira são tradicionalmente usados para prender almofadas em cadeiras. Pingentes para cadeira também dão belas braçadeiras para cortinas longas.

✔ **Braçadeira de borla:** esse cordão de decoração trançado tem a forma de um laço com três seções. Um anel com uma cor coordenada aperta o laço de forma que a borla fique no centro do laço. Os laços laterais envolvem uma cortina longa e a seguram passando pelo mecanismo fixado à parede.

Figura 12-2: Cordão simples, cordão para preenchimento, e pingentes para cadeira.

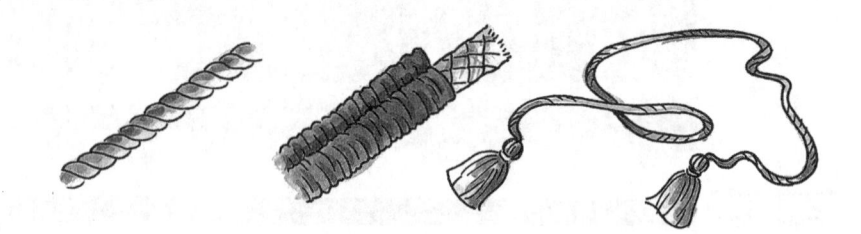

Entendendo a franja

Franja é uma borda decorativa feita de fios agrupados que pendem de uma faixa, como se fosse uma saia havaiana. Franjas decorativas são muito divertidas de se trabalhar e acrescentam riqueza e valor a seus projetos de decoração.

Procure por esses tipos comuns de franjas, alguns dos quais aparecem na Figura 12-3, quando quiser acrescentar um pouco de elegância a um projeto:

✔ **Grellot:** essa franja decorativa é elaborada com uma borda de galão pompons de algodão. Use-a para dar acabamento a projetos extravagantes de decoração de interiores, quartos de crianças e fantasias.

✔ **Franja espiralada:** uma franja elaborada com fios permanentemente enroscados e cheios de nós chamados *fios bouclê*. A franja espiralada pode ser curta, comprida, com alça ou torcida.

✔ **Franja torcida:** costureiros usam essa franja comprida com extremidades trançadas em travesseiros, estofamento e capas removíveis.

✔ **Franja fechada:** essa franja tem extremidades cortadas em dois lados conectados por uma área com fios aberta. Quando você dobra a franja fechada pela metade do comprimento e costura-a a um projeto, cria uma fileira de franja de espessura dupla.

✔ **Franja comprida:** elaborada com muitas extremidades curtas e longas de fios torcidos, essa franja é ótima para a borda de travesseiros, decorações de janelas, e roupa de mesa decorativa. (Veja o Capítulo 13 para instruções sobre como fazer uma decoração para sua mesa.)

✔ **Franja curta:** essa franja curta e talhada parece com uma escova depois que você a costura em um travesseiro ou capa removível e remove o ponto corrente das bordas.

✔ **Franja com borla:** essa franja tem muitas borlas pequenas fixadas a uma extensão de galão.

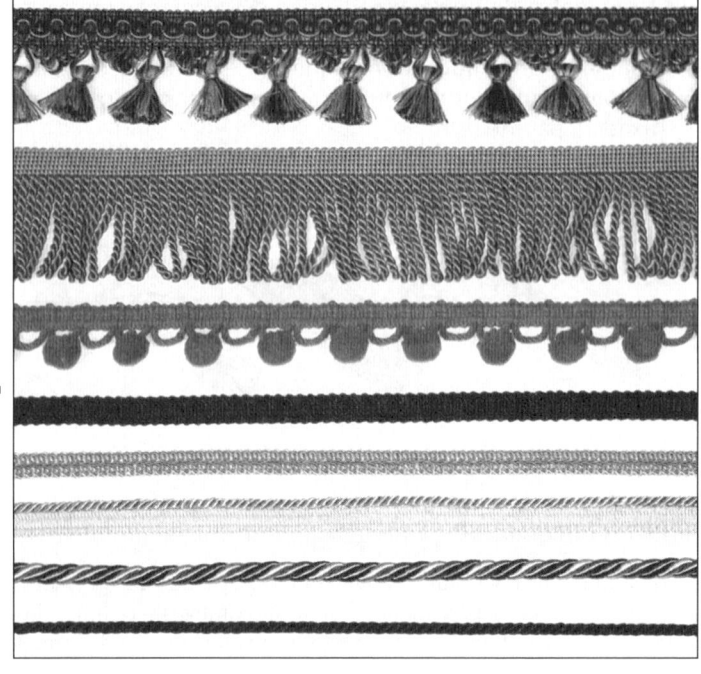

Figura 12-3:
Ao selecionar franjas e acabamentos decorativos, você tem várias opções ótimas.

Um ponto corrente transparente é encontrado na borda de vários tipos de acabamentos a fim de manter a franja plana para facilitar a costura. Por maior que seja a tentação de remover o ponto corrente da franja antes de costurá-la em seu projeto, não faça isso. Se fizer, fica quase impossível de se trabalhar com esse acabamento, porque as pequenas fibras da franja são difíceis de se manter longe da costura.

Lidando com acabamentos de decoração

Aqui estão algumas orientações para se lembrar enquanto você costura os acabamentos de decoração em seus projetos:

- Use uma agulha de tamanho 14/90 a 16/100 de ponta universal ou fina em sua máquina de costura. Tecidos de decoração de interiores podem ficar muito grossos sob o pé-calcador e precisam de uma agulha pesada e afiada.

- Use um comprimento de ponto um pouco maior (3 a 3,5 mm ou 6 a 8 polegadas por ponto) do que para costura de roupas. O comprimento de ponto maior facilita bastante a costura do volume extra criado pelo tecido e acabamento.

- Em alguns casos, quando o tecido se mover lentamente sob o pé-calcador, alivie a pressão do pé (veja seu manual de instruções para orientações).

✔ Quando costurar espessuras desiguais (como quando fizer bainhas em jeans ou fixar acabamentos de decoração costurando para cima e sobre o volume e então para baixo de volta ao nível da bainha ou margem de costura), use um calço sob o pé-calcador para nivelá-lo quando se aproximar *e* sair das costuras pesadas. Você pode encontrar calços como aquele mostrado na Figura 12-4 por meio de seu revendedor local de máquinas de costura, loja de tecido, ou com fornecedores de materiais de costura, por reembolso postal.

Se não quiser comprar um calço, faça um cortando um quadrado de brim de 15 centímetros. Dobre-o ao meio e então pela metade novamente até que o calço esteja grosso o suficiente para manter o nível do pé-calcador quando ele repousar sobre o calço e a costura espessa.

✔ Evite que a agulha se quebre sem necessidade costurando vagarosamente sobre áreas espessas.

✔ Comece costurando os acabamentos no centro de qualquer lado de uma almofada ou travesseiro, a não ser que as instruções do projeto digam explicitamente para fazer de outra forma.

✔ O tecido e o acabamento devem ter comprimentos iguais. Se você puxar ou esticar o acabamento para se ajustar a uma borda, esta se contrai e não adianta pressionar a ferro para endireitá-la.

✔ Quando fizer travesseiros ou capas removíveis ou cobrir almofadas, costure o acabamento à peça superior da almofada primeiro. Depois costure a peça de trás da almofada à peça frontal do tecido com o acabamento. Desta forma, se houver qualquer distorção na costura, ela aparece nas costas, e não na frente do projeto.

Figura 12-4: Use um calço sob o pé-calcador quando costurar espessuras desiguais.

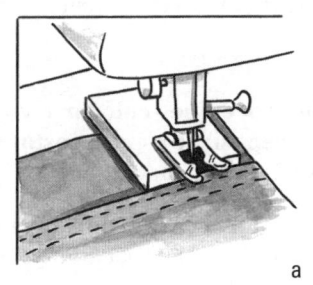

a

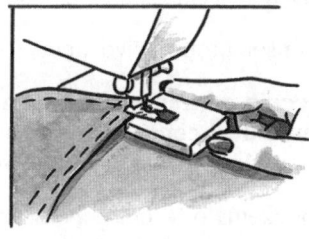

b

Fixando Vivo, Cordões e Franjas

Pareço maluca, mas adoro aplicar vivo e cordões em uma costura. Gosto da forma como esses aviamentos realçam linhas de estilo em uma roupa, e adoro ver os acabamentos ou franjas na borda de um travesseiro ou almofada, porque isso significa *qualidade* (veja a Figura 12-5).

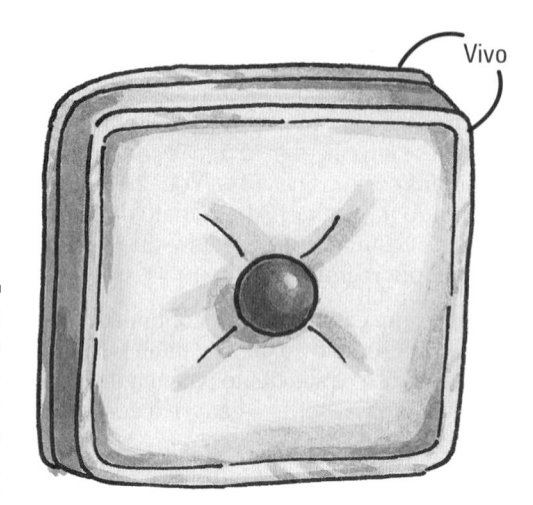

Vivo

Figura 12-5:
O vivo confere
uma aparên-
cia arrema-
tada a essa
almofada.

Fazendo seu próprio vivo

Se você tiver a sorte de encontrar vivo que combine com seu projeto, compre-o. Se não, essa seção mostra como fazer seu próprio vivo para combinar com seu projeto.

Você faz vivo cobrindo um cordão simples ou um cordão para preenchimento com um tira de tecido chamada de *revestimento*. (Consulte "Dominando cordões", neste capítulo, para saber mais sobre cordão simples e cordão para preenchimento.) O revestimento tem uma margem de costura de 0,6 a 1,2 centímetro para que você possa prendê-lo dentro da costura na borda de uma almofada, capa removível, ou capa de almofadas para sofá. Se fizer um viés para acabamento de uma tira coordenada ou tecido xadrez, o projeto fica parecendo um pirulito listrado.

Para fazer seu próprio vivo, apenas siga esses passos:

1. **Meça o perímetro da área que você quer colocar vivo e adicione cerca de 5 centímetros de sobreposição e para costura para cada comprimento de vivo que você quiser inserir.**

   Por exemplo, se quiser colocar vivo na borda de um travesseiro que possui um perímetro de 76 centímetros, você precisará de 81 centímetros de vivo.

2. **Pré-encolha seu cordão simples (consulte "Dominando cordões", neste capítulo, para instruções) e corte-o na medida em que você determinou no Passo 1.**

   Você também pode usar um cordão para preenchimento, mas lembre-se de *não* realizar o pré-encolhimento. (Explico a diferença entre cordão simples e cordão para preenchimento na seção "Dominando cordões".)

Evite o desfiamento descontrolado do cordão simples ou cordão para preenchimento colocando uma fita adesiva em torno da extremidade do cordão antes de cortá-lo. Desde que você use fita adesiva, a fita pode ficar no projeto, mas outros tipos de fitas ficam pegajosas, deterioram e derretem com a limpeza.

3. **Para determinar a largura do revestimento de tecido a ser cortado que cobrirá o cordão, descubra a circunferência do cordão e adicione 2,5 centímetros para margens de costura.**

Envolva sua fita métrica com firmeza em torno do cordão. Esse comprimento é a circunferência do cordão.

4. **Corte uma tira de tecido comprida o suficiente para cobrir a extensão do cordão simples ou cordão para preenchimento.**

Se você não conseguir cortar uma tira de tecido comprida o suficiente para cobrir toda a extensão do cordão, corte tantas tiras pequenas quantas forem necessárias e costure-as juntas com uma margem de costura de 1,2 centímetro.

Você cobre o cordão simples ou cordão para preenchimento tanto com um revestimento de tecido cortado no fio reto ou no viés, dependendo da forma da costura na qual você o colocar.

- Se você quer aplicar o vivo em costuras retas (tais como as bordas de capas removíveis retangulares ou almofadas quadradas), corte o tecido em tiras ou transversalmente ao fio ou no sentido do comprimento do fio. (Veja o Capítulo 4 para mais informações sobre as linhas do fio.)

- Se você quiser costurar o vivo a uma borda curvada, como uma almofada redonda, corte as tiras de tecido no viés. (A próxima seção lhe diz exatamente como fazer isso.)

Cortando tiras de viés para cobrir cordão simples

Corte facilmente tiras de tecido no viés seguindo estes passos:

1. **Dobre um canto do tecido de forma que a borda de corte esteja paralela e nivelada com a ourela e então pressione um vinco na dobra, como mostrado na Figura 12-6.**

Figura 12-6:
Encontre o viés.

2. **Abra a dobra; a linha de dobra marca a linha de corte.**

3. **Usando a linha de dobra como um ponto de partida, meça a largura da tira desejada e marque mais tiras, usando uma régua e um lápis ou giz de alfaiate.**

4. **Corte as tiras de tecido ao longo das marcas que você fez no Passo 3 e como mostrado na Figura 12-7.**

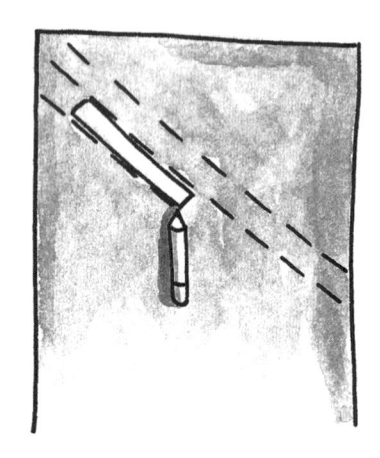

Figura 12-7:
Use uma régua quando marcar linhas de corte.

5. **Configure sua máquina desta forma:**
   - Ponto: reto
   - Comprimento: 3 mm/9 pontos por polegada
   - Largura: 0 mm
   - Pé-calcador: de uso geral

6. **Junte os direitos das extremidades curtas das duas tiras de tecido e costure-as usando uma margem de costura de 1,2 centímetro (veja a Figura 12-8).**

Repita este passo para cada tira, criando uma longa corrente, até que você tenha uma tira de tecido com o comprimento adequado.

7. **Abra as costuras a ferro.**

8. **Configure sua máquina desta forma:**

- Ponto: reto
- Comprimento: 3 mm/9 pontos por polegada
- Largura: 0 mm
- Pé-calcador: zíper ou vivo

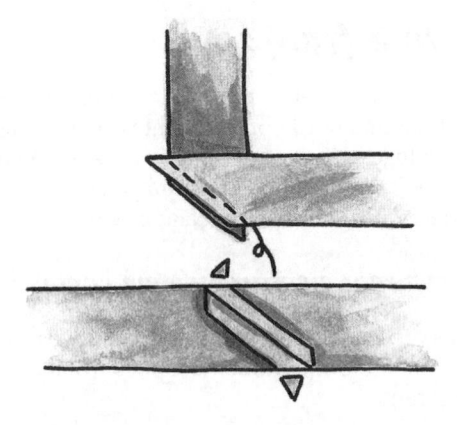

Figura 12-8:
Costure tiras de tecido cortadas no viés para criar um revestimento para o vivo.

Se você costura muitos vivos, compre um pé-calcador para colocação de vivo. O lado debaixo do pé tem um sulco profundo que automaticamente guia o cordão para costuras retas e aplicação alinhada de vivo. Gosto de usar os da Singer. Ele é projetado para se encaixar nas máquinas de costura da marca. Visite www.singer.com.br para mais informações.

9. **Começando de uma extremidade, enfie o cordão no revestimento — como você colocaria a salsicha de um cachorro-quente em um pão.**

O cordão aninha-se no avesso do tecido; o direito fica para fora.

10. **Trabalhando em uma velocidade lenta e constante, feche o revestimento com a costura ao longo do comprimento do cordão, pressionando o pé-calcador para zíper contra o cordão (como mostrado na Figura 12-9).**

Use suas mãos para guiar o tecido e cordão juntos conforme costura.

Não alfinete o revestimento em torno do comprimento do cordão simples antes de costurar. Alfinetar demora uma eternidade, e você nunca mais vai querer olhar para outro pedaço de vivo enquanto viver.

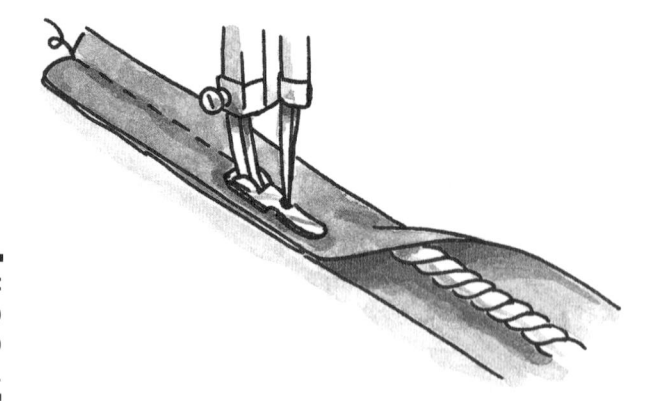

Figura 12-9: Costure o cordão no tecido.

Costurando vivo e franjas

Vivo e franjas acrescentam brilho a seus projetos de decoração de interiores. Ambos os acabamentos têm uma borda proeminente que é enfiada entre duas costuras para mantê-las no lugar, mas como a franja possui uma trança em sua borda proeminente, você também pode costurá-la à superfície do projeto como um acabamento decorativo onde a trança aparece.

Preparando-se para começar e costurando em cantos

Quando fixar vivo, franjas ou outros acabamentos decorativos a um travesseiro ou almofada, fixe o acabamento primeiramente à peça frontal e então costure as costas do travesseiro à frente.

1. **Começando em qualquer lugar exceto em um canto, alfinete o vivo ou franja ao direito do tecido de forma que as bordas proeminentes do vivo ou franja e o tecido fiquem quase alinhados.**

   Mantenha o acabamento em um único longo comprimento até que você esteja absolutamente certo de que tem o bastante para dar a volta em todo o projeto.

   Não estique o acabamento para ajustá-lo à borda, ou a linha de costura franzirá.

2. **Configure sua máquina de costura desta forma:**
   - Ponto: reto
   - Comprimento: 3 mm/9 pontos por polegada
   - Largura: 0 mm
   - Pé-calcador: zíper ou vivo

3. **Costure o acabamento na linha de costura de 1,2 centímetro, como mostrado na Figura 12-10, retirando os alfinetes ao alcançá-los. Pare de costurar cerca de 5 centímetros antes da extremidade do acabamento.**

   Se você estiver costurando o acabamento a uma costura reta, pule para o Passo 6 sob o título "Juntando extremidades de vivos em um revestimento".

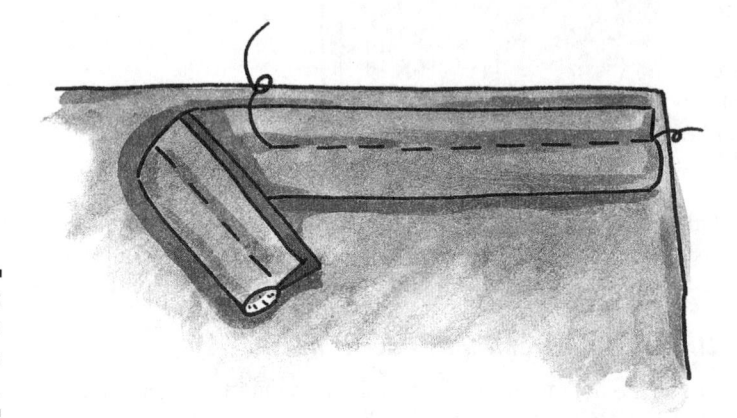

Figura 12-10:
Costure o aviamento no tecido.

4. **Quando chegar em um canto, corte a margem de costura da borda proeminente até a linha de costura, mas não através dela, como mostrado na Figura 12-11. (Veja mais a respeito de corte da margem de costura no Capítulo 6.)**

   Isso permite que a borda proeminente do acabamento facilmente se dobre em torno do canto sem torcer.

5. **Costure em torno do canto.**

   - **Se estiver usando vivo:** pare de costurar com a agulha no tecido, levante o calcador e gire-o levemente, cutucando o canto do vivo com seu dedo indicador de forma que ele dobre em torno de seu dedo e longe da agulha.

   - **Se estiver usando franja:** pare de costurar com a agulha no tecido, levante o calcador e gire o tecido, puxando a franja ao redor do canto de forma que a borda proeminente fique alinhada com a margem não arrematada do tecido.

   Abaixe o pé-calcador e continue a costurar. Você pode ter que costurar uma leve curva em vez de uma curva brusca para acomodar o volume do vivo ou franja.

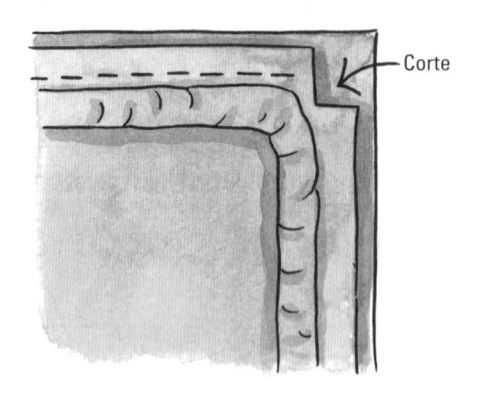

Figura 12-11: Usando as pontas de sua tesoura, corte através da margem de costura do vivo ou franja para o acabamento contornar os cantos.

Quando chegar ao ponto de partida da franja, sobreponha as duas extremidades da franja. Se estiver usando uma franja curta, apenas una as extremidades da franja na junção para que ela não fique muito grossa.

Unindo as extremidades de franjas

Franja é o aviamento mais fácil de unir. Quando chegar ao ponto de partida em torno de um travesseiro, toalha de mesa ou almofada, una as extremidades da franja na junção e simplesmente alfinete e costure a franja no lugar, costurando 1,2 centímetro da margem não arrematada e arrematando.

Lembre-se de começar a costurar a franja e unir as extremidades em uma borda reta como mostrado na Figura 12-12. Se começar em um canto, há muito volume criado pelo acabamento quando o projeto for virado com o direito para fora e você acabará com um volume desengonçado no canto.

Unindo as extremidades de vivo em um revestimento

Esse encaixe é um pouco mais complicado do que aquele usado para franjas, e tentei várias técnicas diferentes. O processo a seguir funciona e tem sempre a melhor aparência:

1. **Siga os Passos 1 a 3 da seção anterior "Preparando-se para começar e virando nos cantos".**

2. **Abra o revestimento cerca de 2,5 centímetros em ambas as pontas desfazendo a costura que segura o revestimento de tecido em torno do cordão simples ou cordão para preenchimento, como mostrado na Figura 12-13a e b.**

3. **Corte uma ponta do cordão simples de forma que ela se encaixe na outra ponta, e então una as extremidades do cordão simples com uma fita adesiva.**

4. **Vire para baixo uma extremidade curta do revestimento, sobrepondo a extremidade dobrada na extremidade plana (mostrada na Figura 12-13c e d). Alfinete o revestimento na sobreposição.**

5. Acabe de costurar o restante do vivo a fim de fixá-lo em torno do perímetro do projeto.

Figura 12-12: Costure franjas à borda exterior de um projeto, começando e terminando em um lado reto.

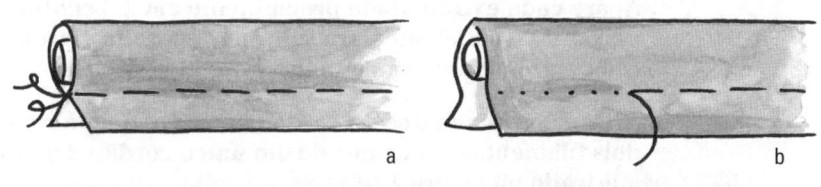

a

b

Figura 12-13: Una vivo coberto de tecido nas extremidades.

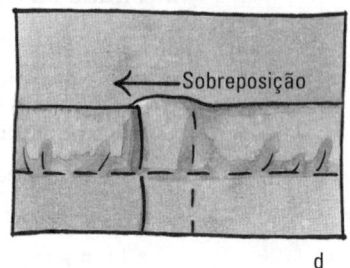

c

d

Sobreposição

6. Alfinete a margem de costura com vivo à margem de costura sem vivo da peça de trás do projeto, com os direitos juntos e sobre a linha de costura de 1,2 centímetro.

7. Coloque o projeto sob o pé-calcador de forma que a costura do Passo 5 esteja onde você possa vê-la, e comece a costurar.

A agulha deve penetrar logo à esquerda da linha de costura. Você quer costurar perto o suficiente do vivo ou da franja para que a fileira anterior de costura não apareça quando você virar o direito do projeto para fora.

Fixando e unindo cordão vivo

Você fixa cordão vivo da mesma forma que fixa vivo e franja (veja a seção anterior). A diferença é que quando você alcança o ponto de partida da junção do acabamento, precisa sobrepor as duas extremidades do cordão em vez de uni-las para que não desfiem.

Siga esses passos para fazer uma junção limpa com seu cordão vivo:

1. **Usando uma fita métrica e sua tesoura, corte o cordão vivo em um comprimento 15 centímetros maior do que a área arrematada onde ele será colocado.**

   O acabamento tem uma sobra de 7,5 centímetros em cada extremidade que pode ser sobreposta e lindamente arrematada.

2. **Nas sobras de 7,5 centímetros, separe a borda proeminente do cordão com um abre-casas.**

3. **Depois de cortar o cordão, os filamentos dele começam a se desenroscar e a desfiar, portanto separe e envolva gentilmente com fita adesiva as extremidades de cada filamento para evitar que desfiem.**

4. **Apare cada extremidade proeminente em 2,5 centímetros, deixando o suficiente para sobrepor em cada extremidade; prenda cada extremidade proeminente com fita adesiva.**

5. **Arranje os filamentos do cordão decorativo de forma que pareçam dois filamentos trançados de um único cordão decorativo, como mostrado na Figura 12-14.**

   Puxe os filamentos do lado direito sob as bordas, torcendo e arranjando o cordão até que ele retorne à sua forma original. Fixe com fita adesiva.

6. **Configure sua máquina de costura desta forma:**
   - Ponto: reto
   - Comprimento: 3 a 4 mm/6 a 9 pontos por polegada
   - Largura: 0 mm
   - Pé-calcador: zíper ou vivo

7. **Costure por todas as camadas para fixar o cordão vivo e os filamentos soltos ao tecido na margem de costura de 1,2 centímetro.**

Figura 12-14:
Fixe o cordão vivo sobrepondo e enrolando os filamentos soltos nas extremidades.

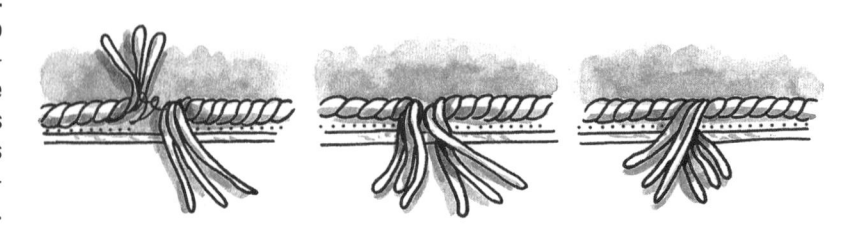

Caminho de Mesa Reversível

Experimente fazer esse fácil caminho de mesa. Você pode criar esse bonito caminho para *caminhar* pela largura ou pelo comprimento da mesa — use-o no lugar de jogos americanos ou de uma toalha de mesa.

Para fazer o caminho, você precisa dos seguintes utensílios (além das ferramentas do kit de sobrevivência de costura sobre o qual falei no Capítulo 2):

- ✔ 0,45 metro de tecido de decoração de interiores com uma única cor e largura de 1,5 metro
- ✔ 0,6 metro de tecido de decoração de interiores estampado com largura de 1,5 metro
- ✔ Linha que combine com o tecido
- ✔ Um metro comercial

Siga esses passos para fazer seu caminho:

1. **Corte um pedaço de 0,4 metro por 1,5 metro do tecido de cor única.**

2. **Corte um pedaço de 0,6 metro por 1,5 metro do tecido estampado.**

3. **Configure sua máquina de costura desta forma:**
   - Ponto: reto
   - Comprimento: 3 mm/8 a 9 pontos por polegada
   - Largura: 0 mm
   - Pé-calcador: de uso geral

4. **Com os direitos juntos, alfinete e costure juntos os dois lados compridos do caminho, deixando uma abertura de 20 centímetros em um lado comprido, como mostrado na Figura 12-15.**

Como os dois pedaços de tecido possuem larguras diferentes, o pedaço mais largo tem uma folga extra.

Figura 12-15:
Alfinete e costure os lados compridos do caminho de mesa, deixando uma abertura pela qual virar o caminho.

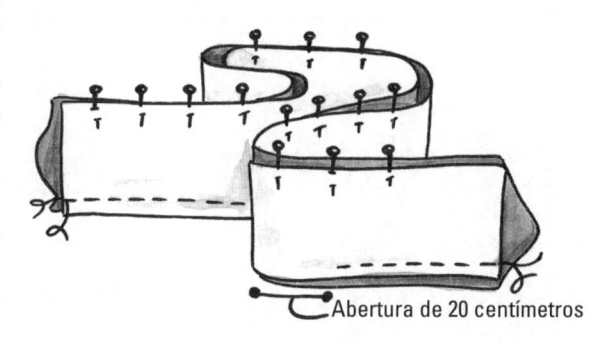

Abertura de 20 centímetros

5. **Disponha o caminho com o avesso para fora de forma que o lado estampado esteja para baixo contra a mesa e o lado liso esteja para cima, de frente para você, e dobre as costuras em direção ao centro para que o caminho se mantenha plano e o tecido liso tenha uma borda de tecido estampado alinhada em cada lado do comprimento.**

   Como o tecido estampado é cortado em uma largura maior que a do tecido liso, o estampado extra cria uma folga sobressalente que puxa o liso para a frente, criando uma faixa contrastante em ambos os lados do caminho. (Consulte o Encarte Colorido para um exame mais detalhado.)

6. **Pressione com ferro as costuras compridas para um lado em direção às bordas externas do caminho.**

7. **Alfinete e costure as extremidades curtas, como mostrado na Figura 12-16a.**

8. **Corte cada canto como mostrado na Figura 12-16a.**

9. **Vire o caminho com o direito para fora pela abertura de 20 centímetros, como mostrado na Figura 12-16b, e pressione.**

10. **Para fechar a abertura e dar ao caminho mais estrutura, pesponte o comprimento do caminho ao longo dos lados compridos, guiando o pé-calcador 0,9 centímetro a partir da estampa, como mostrado na Figura 12-16b.**

Figura 12-16: Costure as extremidades curtas e corte cada canto (a), em seguida pesponte cada lado estampado para fechar a abertura.

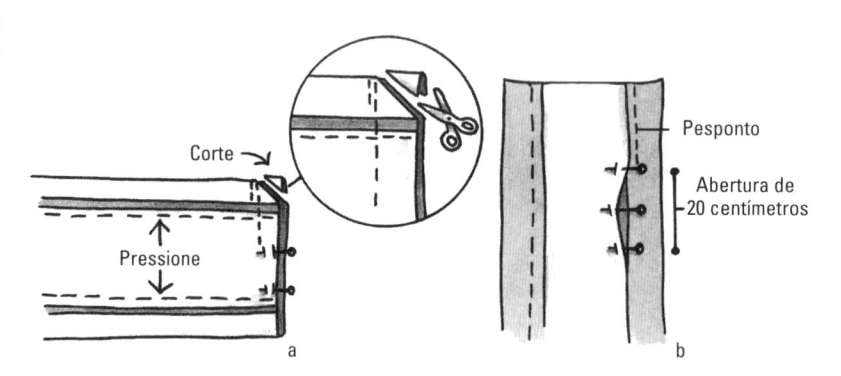

Capítulo 13

Roupas de Mesa para Mudanças Rápidas

*U*ma das maneiras mais rápidas, fáceis e coloridas de deixar uma sala mais aconchegante é fazendo roupa de mesa. Mas o que são roupas de mesa? São guardanapos e toalhas de mesa que animam qualquer refeição ou acrescentam uma rajada de cor àquela maçante mesa lateral no canto da sala de estar ou do canto de leitura. E com mais gente comendo em casa, esses projetos certamente vão deixar o jantar interessante.

Eu sei o que você está pensando: "Guardanapos de pano são só para ocasiões especiais." Mas digo que cada dia em que a família come junta *é* uma ocasião especial e deve ser celebrado e — quem sabe — em um ambiente bonito, as maneiras à mesa até melhorem. Então, se você quer embelezar qualquer mesa em sua casa, comece fazendo os guardanapos e as toalhas de mesa deste capítulo. Eu abordo as técnicas mais rápidas e fáceis de arremate de bordas para que você possa fazer essas roupas e arrumar sua mesa com elas, tudo em uma tarde.

Selecionando o Tecido para Roupas de Mesa

Seja para fazer guardanapos, caminhos de mesa ou uma toalha, você deve ter estas coisas em mente quando escolher o tecido:

✔ Antes de comprar um tecido simplesmente porque você gosta da cor ou da estampa, leve em conta a fibra e o acabamento do tecido e o que quer fazer. Tecidos 100% algodão ou 100% linho são absorventes, mas muito propensos a amarrotar, portanto, pode ser que você queira escolher tecidos que tenham um pouco de poliéster misturado. Um acabamento como impermeabilizante de tecidos repele manchas e respingos, então, o tecido que tenha sido finalizado com esse produto pode não ter a absorvência necessária como um guardanapo, mas é ótimo como toalha de mesa.

✔ Não use tecidos compostos com mais de 50% de fibra sintética ou artificial. Esses tecidos não são absorventes, e manchas e odores permanecem no tecido mesmo depois de repetidas lavagens.

✔ Desde que o tecido seja estampado no sentido do fio, usar tecidos com listras, xadrezes e quadriculados ajuda você a cortá-lo reto, e fazer a bainha é tão fácil quanto seguir as linhas no tecido.

✔ Não use malhas. Tecidos planos de trama fechada funcionam melhor e duram mais como guardanapos e toalhas de mesa.

✔ Veja o avesso da estampa. Ele limita suas possibilidades de dobrar o guardanapo por causa de um aspecto ruim? Nesse caso escolha outro tecido ou use-o para outro fim que não um guardanapo, onde o avesso não tenha importância.

✔ Para guardanapos, escolha estampas ou texturas miúdas para que não tenha que se preocupar em combinar o desenho de um guardanapo com o outro.

✔ Se quiser um tecido de peso leve a médio que funcione bem para a confecção de guardanapos, procure por bandanas, casimira, estampas de chita, cambraia, chintz, lona, quadriculado vichi, cretone, linho e brim de peso leve a médio, musseline, percal, popeline e anarruga.

✔ Para tecidos mais pesados e mais apropriados para toalhas de mesa, procure por damasco, tecidos dupla-face, linho, lona e tecido atoalhado.

Fazendo Guardanapos Fáceis

Os amigos e membros da família geralmente esperam que eu dê presentes feitos à mão, e tenho feito algumas coisas realmente bonitas ao longo dos anos. Mas os presentes mais estimados eram também os mais simples — guardanapos de pano que fiz há alguns anos. Fiz 160 guardanapos (20 conjuntos de 8) certa vez durante as festas de fim de ano. Usei tecidos que harmonizavam com seus esquemas de cores e estilos de vida. Sally trabalha com chimpanzés, então ela ganhou uma estampa de selva. Minha colega Carol, que se veste de forma clássica, levou as listras pretas e brancas. Usei uma alegre estampa juvenil para a responsável por nosso filho na creche.

Guardanapos de pano são rápidos e fáceis de fazer, e ótimos para beneficiar o meio ambiente. As seções seguintes explicam em detalhes a quantidade de tecido que você precisa comprar e como criar guardanapos de algumas maneiras diferentes.

Calculando a metragem de tecido

Se você está fazendo os guardanapos de tecido apenas para seu próprio uso, pode aproveitar a oportunidade para acabar com alguns retalhos de tecido de tamanho decente que você já tem. Mas se seu objetivo é fazer um jogo combinado ou dar os guardanapos como presente, você provavelmente quer comprar tecidos novos.

As Tabelas 13-1 e 13-2 mostram quanto tecido você precisa para fazer guardanapos de diversos tamanhos, incluindo um pequeno extra para encolhimento e para acertar os quadrados. O tamanho de cada guardanapo inacabado está listado em centímetros; a quantidade de tecido para cada conjunto de guardanapos está listada em metros.

Tabela 13-1	Metragem para Tecido de 1,15 Metro			
Tamanho do Guardanapo Inacabado	*Seis Guardanapos*	*Oito Guardanapos*	*Dez Guardanapos*	*Doze Guardanapos*
38 centímetros	0,79m	1,24m	1,57m	1,57m
45,7 centímetros	1,46m	1,93m	2,37m	2,84m
50,8 centímetros	1,57m	2,04m	2,59m	3,18m
57 centímetros	1,82m	2,37m	2,95m	3,50m

Tabela 13-2	Metragem para Tecido de 1,35 a 1,40 Metro			
Tamanho do Guardanapo Inacabado	*Seis Guardanapos*	*Oito Guardanapos*	*Dez Guardanapos*	*Doze Guardanapos*
38 centímetros	0,79m	1,24m	1,57m	1,57m
45,7 centímetros	1,02m	1,46m	1,93m	1,93m
50,8 centímetros	1,57m	2,04m	2,59m	3,06m
57 centímetros	1,93m	2,48m	3,06m	3,75m

Costurando guardanapos de mesa básicos

Descobri um jeito rápido e eficiente de fazer guardanapos enquanto eu estava produzindo com rapidez 160 deles para as festas de fim de ano. Essas belezuras ficam prontas tão rapidamente que talvez você se sinta tentado a criar conjuntos para jantares especiais, comemorações familiares e feriados. Para fazer esses guardanapos, você precisa dos seguintes materiais, além de seu kit de sobrevivência de costura (veja o Capítulo 2).

- Tecido para guardanapo (consulte as Tabelas 13-1 e 13-2 para a metragem)
- Linha que combine com o tecido do guardanapo

É só seguir estes passos para ter guardanapos em pouquíssimo tempo:

1. **Corte quadrados para os guardanapos de acordo com os tamanhos para os guardanapos incompletos nas Tabelas 13-1 e 13-2.**

2. **Configure sua máquina de costura assim:**
   - Ponto: zigue-zague de 3 pontos
   - Comprimento: 1 a 1,5 mm/24 a 30 pontos por polegada
   - Largura: 5 mm
   - Pé-calcador: de uso geral

   Se estiver usando uma overloque, use as seguintes configurações:
   - Ponto: overloque de três linhas balanceado
   - Comprimento: 2 mm
   - Largura: 3 a 5 mm
   - Pé-calcador: padrão

3. **Chuleie as bordas opostas dos quadrados de tecido colocando as bordas não arrematadas sob o pé-calcador de modo que a agulha pegue o tecido na esquerda e gire a borda não arrematada à direita.**

   Veja o Capítulo 6 para mais informações sobre chulear bordas de tecidos pesados.

4. **Repita o Passo 3 nas outras duas bordas opostas do guardanapo.**

5. **Alfinete e pressione a ferro uma bainha de 0,5 centímetro em duas margens opostas do quadrado de tecido.**

   Quando você alfineta as bainhas em margens opostas, os cantos ficam pontudos e retos.

6. **Configure sua máquina assim:**
   - Ponto: reto
   - Comprimento: 3,5 mm/9 pontos por polegada
   - Largura: 0 mm
   - Pé-calcador: de uso geral

7. **Com o avesso do tecido para cima, pesponte uma bainha de 0,5 centímetro nas margens opostas, como mostra a Figura 13-1a.**

8. **Continue costurando de um guardanapo para o próximo sem cortar as linhas entre eles, como mostrado na Figura 13-1b.**

   Encadear os guardanapos desta forma economiza tempo e permite que você faça bainhas em um monte deles de uma só vez.

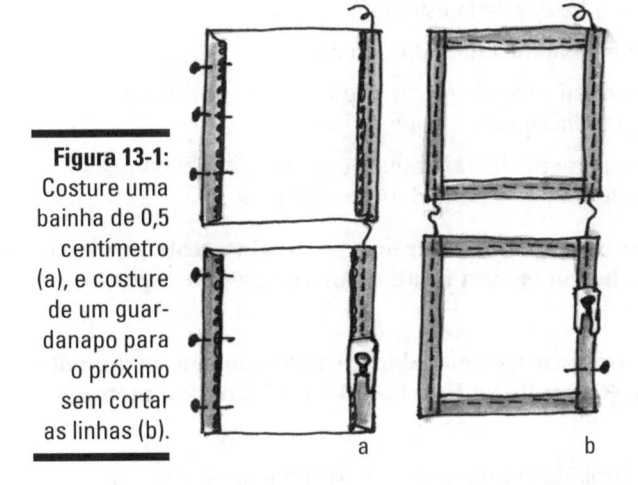

Figura 13-1: Costure uma bainha de 0,5 centímetro (a), e costure de um guardanapo para o próximo sem cortar as linhas (b).

9. Corte as linhas de ligação entre cada guardanapo no tecido.

10. Repita os Passos 7 e 8 para as margens de bainhas opostas, arrematando na ponta de cada canto.

11. Corte as linhas de ligação entre cada guardanapo nos cantos.

Chuleando guardanapos com bainhas estreitas enroladas

Você já percebeu as bordas bem arrematadas dos guardanapos dos restaurantes? Se você tiver uma overloque, pode reproduzir esse acabamento e ter uma grande quantidade de guardanapos prontos em pouquíssimo tempo.

Para fazer esses guardanapos, você precisa dos seguintes materiais além do seu kit de sobrevivência de costura (veja o Capítulo 2):

↙ Tecido para guardanapo (consulte as Tabelas 13-1 e 13-2 para a metragem)

↙ Fio para overloque que combine com o tecido do guardanapo

↙ Selante para costura (como termolina)

Leia seu manual de instruções para configurar sua overloque para uma bainha enrolada estreita e então siga estes passos:

1. **Configure sua overloque assim:**

   • Ponto: três linhas

   • Comprimento: 1,0 a 1,5 mm

- Pé-calcador: bainha enrolada estreita
- Chapa de agulha: bainha enrolada estreita
- Laçador superior: afrouxe de modo que você veja os pontos formarem uma linha suave de pontos cheios
- Laçador inferior: aperte de modo que você veja uma linha reta de costura sendo formada na parte debaixo dos pontos

LEMBRE-SE

2. **Antes de começar suas bainhas estreitas enroladas, teste primeiro o acabamento da borda em um retalho para conseguir o ponto perfeito.**

3. **Corte os quadrados para seus guardanapos usando sua ferramenta de corte favorita. (Consulte as Tabelas 13-1 e 13-2 para a metragem necessária.)**

A bainha estreita enrolada usa uma margem de bainha de cerca de 0,5 centímetro em toda sua volta, portanto, lembre-se de cortar seus guardanapos grandes o bastante para que fiquem com o tamanho desejado ao final.

4. **Coloque todos os quadrados dos guardanapos em seu colo, de modo que o direito do tecido fique para cima.**

5. **Coloque a borda do primeiro guardanapo sob o pé-calcador de forma que, ao chulear, você apare cerca de 0,3 centímetro.**

Essa disposição do tecido garante uma formação de pontos adequada e evita que eles saiam da borda do tecido depois de repetidas lavagens.

6. **Chuleie a primeira borda do guardanapo e, em seguida, em um passo contínuo, junte o próximo guardanapo ao primeiro e arremate uma borda do segundo guardanapo.**

Continue assim, juntando um guardanapo no próximo, até que você termine um lado de todos os quadrados de guardanapos no seu colo. Seus guardanapos lembrarão a rabiola de uma pipa conectada com as correntes chuleadas de linha.

7. **Repita os Passos 4 a 6 para o lado oposto (paralelo) dos quadrados de guardanapos.**

8. **Aplique uma gota de selante para costura (como termolina) na base da corrente em cada canto dos quadrados de guardanapos.**

9. **Depois que o selante secar, separe os guardanapos, cortando as correntes na base de cada canto como mostra a Figura 13-2.**

10. **Gire todos os guardanapos em 90 graus, e chuleie as bainhas enroladas dos lados opostos restantes de cada guardanapo, seguindo os Passos 5 a 9.**

Guardanapos como capas de almofada sem costura

Faça uma capa para troca rápida cobrindo uma almofada com dois guardanapos. Simplesmente junte os guardanapos passando elástico nos cantos e enfie a almofada. Impeça os elásticos de aparecerem cobrindo-os com uma fita ou cordão. Agora você tem um ótimo jeito de mudar o visual de um cômodo e alterá-lo de novo em instantes.

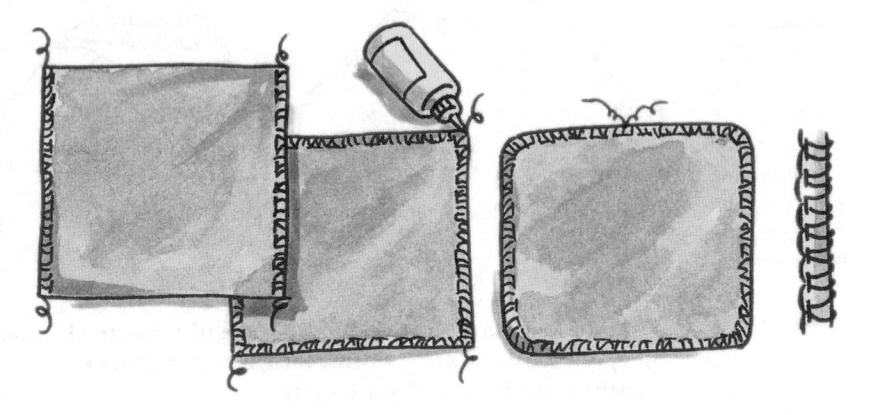

Figura 13-2: Chuleie as bordas, aplique selante para costura e em seguida separe seus guardanapos.

Chulear bordas opostas faz com que os cantos fiquem quadrados. Para chulear cada guardanapo individualmente e criar cantos curvos, comece traçando o contorno de uma moeda de 10 centavos em cada canto. Apare o excesso de tecido nos cantos, cortando em volta da linha de contorno. Começando no centro da borda de um guardanapo, chuleie cuidadosamente, guiando a bainha enrolada em direção a cada canto e depois contornando-os.

Porta-Talheres Prontos para Festa

Porta-talheres são guardanapos de dupla função que possuem sulcos costurados para guardar prataria, perfeito para piqueniques, churrascos e bufês portáteis. Você pode criar porta-talheres feitos de guardanapos que fez ou comprou. No Encarte Colorido pode ver alguns que fiz usando guardanapos de linho que minha mãe não estava mais usando.

Para fazer estes guardanapos porta-utensílios, você precisa dos seguintes materiais, além de seu kit de sobrevivência de costura (veja o Capítulo 2).

- ✔ Jogo de guardanapos prontos
- ✔ Linha que combine com o tecido
- ✔ Talheres que caibam em cada porta-talher

É só seguir estes passos para criar um porta-talheres de guardanapos:

1. **Dobre um guardanapo na metade, criando um triângulo, e pressione.**

2. **Vire um dos cantos, pressionando o vinco na parte inferior do triângulo menor mostrado à esquerda na Figura 13-3.**

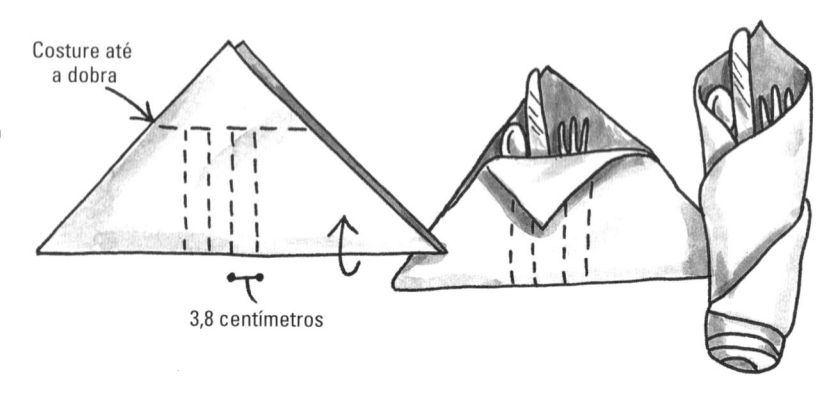

Costure até a dobra

Figura 13-3: Dobre, pressione e costure um guardanapo para criar um porta-talher.

3,8 centímetros

3. **Usando seu marcador de tecido, desenhe quatro linhas perpendiculares até a dobra longa, separadas por cerca de 3,8 centímetros (veja a Figura 13-3).**

   Centralize as quatro linhas marcadas de modo que as fendas fiquem centradas no triângulo do guardanapo.

4. **Configure sua máquina assim:**
   - Ponto: reto
   - Comprimento: 3 a 3,5 mm/7 a 9 pontos por polegada
   - Largura: 0 mm
   - Pé-calcador: de uso geral

5. **Costure em linha reta sobre as linhas marcadas, indo da dobra da parte inferior e subindo até o vinco, arrematando ao início e ao fim de cada fileira.**

6. **Insira os talheres, enrole o porta-talher e você está pronto para um banquete.**

Toalha de Mesa "É Legal Ser Quadrada"

Depois que você costurar essa toalha de mesa quadrada, simplesmente coloque-a em sua mesa de forma que as pontas fiquem centralizadas nos lados e pontas da mesa — um processo chamado *on point*. Você também pode usar essa toalha de mesa por cima de outra toalha para acrescentar toques de cor e dimensão a seu espaço de refeições.

Para fazer a toalha de mesa, você precisa dos seguintes materiais, além do seu kit de sobrevivência de costura (veja o Capítulo 2):

✔ Tecido para toalha de mesa. (Veja "Selecionando o Tecido para Roupas de Mesa" anteriormente nesse capítulo para algumas sugestões.) Você precisa de 1,15 metro de um tecido com 1,15 metro de largura para uma mesa de 1,10 metro, ou 1,35 metro de um tecido com largura de 1,35 a 1,40 metro para uma mesa de 1,32 metro.

✔ Linha que combine com o tecido.

✔ Quatro borlas (opcional).

Estes simples e poucos passos criam uma toalha de mesa na qual você sentirá orgulho de comer:

1. **Corte o tecido para a toalha de mesa na forma de um quadrado.**

   Por exemplo, se você está trabalhando com um tecido de 1,15 metro de largura, corte um quadrado de 1,15 por 1,15 metro; caso esteja trabalhando com um tecido de 1,35 metro de largura, corte um quadrado de 1,35 metro de lado.

2. **Configure sua máquina de costura assim:**
   - Ponto: zigue-zague de 3 pontos
   - Comprimento: 1,5 a 2,0 mm/13 a 15 pontos por polegada
   - Largura: 5 mm
   - Pé-calcador: de uso geral

   Se você estiver usando uma overloque, configure-a assim:
   - Ponto: overloque de três linhas balanceado
   - Comprimento: 2 mm
   - Largura: 3 a 5 mm
   - Pé-calcador: padrão

3. **Dê acabamento às bordas do quadrado.**

   Coloque a borda não arrematada sob o pé-calcador de maneira que a agulha pegue o tecido à esquerda e gire a borda não arrematada à direita. Depois de terminar a primeira borda, finalize a borda no lado oposto. Faça o mesmo com as bordas opostas restantes.

4. **Alfinete e pressione com ferro uma bainha de 1,2 centímetro em duas bordas opostas do quadrado de tecido, como mostra a Figura 13-4. Repita para os outros dois lados.**

   Esse passo garante que os cantos fiquem dobrados corretamente para uma bainha firme.

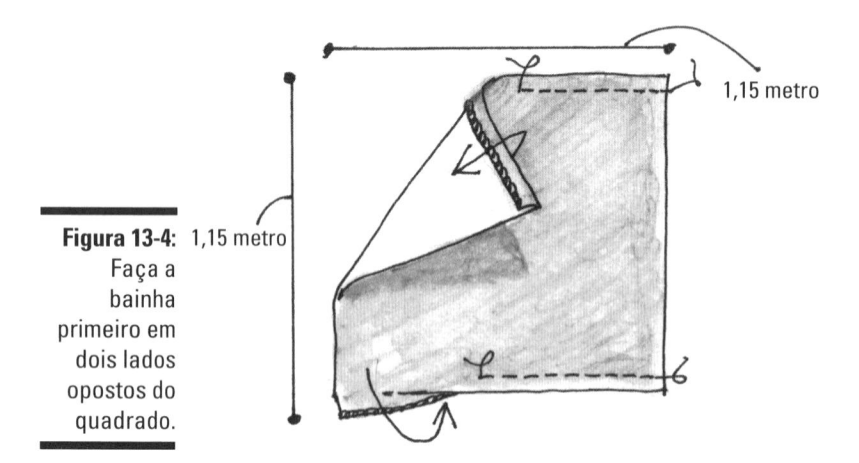

Figura 13-4: Faça a bainha primeiro em dois lados opostos do quadrado.

1,15 metro

1,15 metro

5. **Se quiser acrescentar um pouco de emoção à sua toalha usando as borlas, enfie e alfinete uma borla em cada canto, como mostrado na Figura 13-5.**

   Para mais informações sobre como prender borlas de cordão curto ou longo, veja o Capítulo 12.

6. **Configure sua máquina de costura assim:**
   - Ponto: reto
   - Comprimento: 3,5 mm/7 pontos por polegada
   - Largura: 0 mm
   - Pé-calcador: de uso geral

7. **Com o direito do tecido para cima, pesponte em torno da borda da bainha, guiando o pé-calcador a uma distância uniforme da borda. Arremate ao final do pesponto.**

Figura 13-5: Acrescente borlas a cada canto antes de fazer bainha nas outras bordas.

Capítulo 14

Almofadas Louváveis

As almofadas nos sustentam, amortecem nossas quedas e confortam nossas cabeças cansadas. As almofadas também são paletas perfeitas para se brincar com formas, cores e texturas e você pode facilmente elaborar um projeto de almofada em uma só sessão de costura, sem estresse. Neste Capítulo, você desvenda os segredos de como fazer almofadas dignas de elogio e perfeitas tanto para pessoas como para seus privilegiados animais de estimação.

Selecionando o Material para Almofada

Para alcançar a perfeição em almofadas, deve-se começar usando os materiais certos. Tenha estas dicas em mente quando for comprar o material para suas almofadas.

✔ **Tecidos:** para almofadas de fácil manutenção, compre tecidos para decoração que tenham 50% ou mais de algodão em suas fibras. Procure também por misturas de algodão/poliéster que sejam laváveis e por polar fleece. Guardanapos de pano são outra opção de tecido (e um ótimo atalho).

Se você usar algodão com estampas especiais, veludo cotelê, brim, lona, chintz, sarja ou popeline para fazer sua almofada, pré-encolha o tecido antes de fazer a capa.

A quantidade de tecido necessária depende do tamanho da almofada que você quer cobrir e do tipo de capa que quer fazer. Em razão da maciez e maleabilidade dos enchimentos de almofada, as peças da capa de almofada que você corta são do mesmo tamanho do enchimento sem as margens de costura, portanto, uma capa feita para cobrir um enchimento de 40 centímetros tem 40 centímetros quadrados. Adicionar margens de costura para suas capas deixam-nas grandes demais.

- ✔ **Linha:** você necessita de linha de uso geral para combinar com o tecido de sua almofada.

- ✔ **Acabamentos:** você deve usar acabamentos que sejam compatíveis com seu tecido, do ponto de vista da fibra e da possibilidade de ser lavado. Quando estiver em dúvida, peça a um vendedor em sua loja de tecidos local para dar uma olhada em seu acabamento e tecidos escolhidos para confirmar a compatibilidade.

Muitos tecidos para decoração recomendam manutenção somente com lavagem a seco. Caso você escolha tal tecido, faça as capas de almofada removíveis adicionando um zíper ou botões e casas de botão (veja o Capítulo 9 para as particularidades sobre diversos tipos de fechamento) e mande-os para a lavagem a seco para preservar sua aparência. Caso não o faça, os tecidos podem encolher, os acabamentos podem desintegrar e você pode achar que gastou todo seu tempo e energia criativa para nada.

- ✔ **Enchimentos de almofada:** o estofamento mais fácil com que se trabalhar é um enchimento pré-fabricado para almofada. Essa almofada coberta de tecido economiza tempo e tem tamanho, forma, densidade e tipo de estofamento (poliéster ou pena de pato) fixos, e se encaixa em uma capa decorativa para almofada. Você pode encontrar enchimentos em diversos tamanhos e faixas de preço.

- ✔ **Material para estofamento:** para criar almofadas com formas mais livres, como o rolo que você fará para a cama do animal de estimação mais adiante neste capítulo, você precisa de estofamento solto para encher e dar forma. Esse material vem em sacos, e o chamo de flocos de espuma por causa da forma como geralmente é comercializado.

Uma Forma Básica de Capa para um Enchimento de Almofada

Nesta seção você verá como é fácil fazer uma capa para almofada do início ao fim. Esta capa é a forma mais fácil com que a maioria das capas para almofada é feita. Ela usa peças de frente e verso que são costuradas juntas. É deixada uma abertura grande o suficiente para que o enchimento (almofada costurada com a espuma no seu interior) possa entrar, e então a capa é fechada à mão com pontos invisíveis. (Veja o Capítulo 5 para mais informações sobre pontos invisíveis.) Quando você quiser lavar ou limpar a capa, é só afrouxar os pontos à mão e tirar a almofada.

A quantidade de tecido necessária para esse projeto depende do tamanho da almofada que você quer cobrir. Meça seu enchimento (veja a próxima seção), ou leve-o à loja de tecidos e peça ao vendedor para cortar a metragem suficiente para que possa cortar dois quadrados que sejam exatamente do tamanho do enchimento de sua almofada.

Medindo o enchimento de sua almofada e cortando a frente e o verso dela

Meça o enchimento pré-fabricado de sua almofada de uma costura a outra a partir do meio antes de cortar o tecido para a capa. Ainda que a embalagem diga que o enchimento tem 40 centímetros quadrados, por exemplo, as dimensões variam.

Após medir o enchimento, corte dois quadrados com o mesmo tamanho do enchimento da almofada. Por exemplo, se você tem um enchimento de 40 centímetros, corte dois quadrados de tecido de 40 x 40 centímetros — um para a frente e outro para o verso.

Fazendo as costuras

Siga estes passos para fazer a capa da almofada:

1. **Se você quiser usar cordão vivo, franjas, babados ou vivo costurados na borda de sua almofada, costure-os na peça da frente da almofada.**

   Leia mais sobre corte, costura e encaixe desses acabamentos no Capítulo 12.

2. **Disponha e alfinete o lado da frente junto com o verso da almofada, direito com direito, deixando uma abertura com metade da largura do enchimento da almofada de um lado da capa.**

   Se você estiver fazendo uma capa de 40 centímetros, deixe uma abertura de 20 centímetros.

   Se o tecido tem um desenho direcional, deixe a abertura na borda inferior para que não apareça muito.

3. **Configure sua máquina assim:**
   - Ponto: reto
   - Comprimento: 3 a 3,5 mm/8 a 10 pontos por polegada

- Largura: 0 mm
- Pé-calcador: de uso geral

4. Usando uma margem de costura de 1,2 centímetro, faça a costura oposta à abertura; em seguida costure o lado com a abertura, arrematando em ambos os lados da abertura, como mostra a Figura 14-1a.

Para se assegurar de que você pode facilmente enfiar o enchimento da almofada, a abertura deve ter metade da largura do enchimento. Portanto, se o enchimento tem 40 centímetros quadrados, a abertura deve ter no mínimo 20 centímetros.

5. Abras as costuras a ferro, deixando-as juntas. Usando a ponta de sua tesoura, picote por uma margem de costura a até 0,6 centímetro do arremate em ambos os lados da abertura (veja a Figura 14-1b).

Esse truque do picote facilita dar pontos invisíveis para fechar a abertura, como você verá mais adiante no projeto. (Veja o Capítulo 6 para mais informações sobre picotar com a ponta de sua tesoura.)

Figura 14-1: Costure lados opostos da capa da almofada, deixando uma abertura para o enchimento passar (a). Picote uma camada de tecido em cada extremidade da abertura arrematada (b).

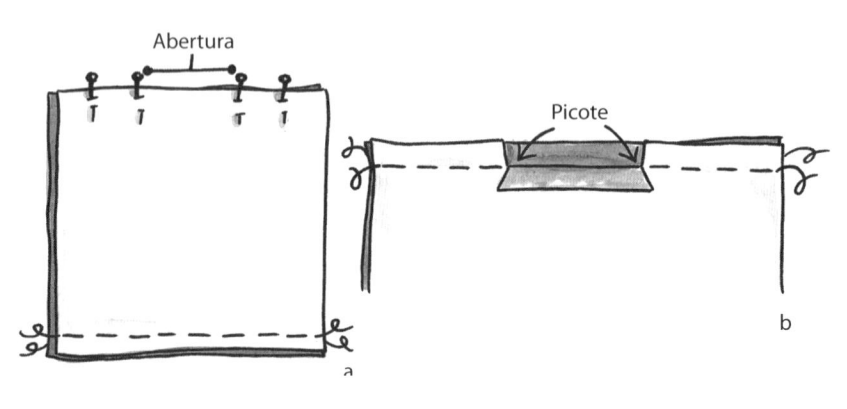

Embrulhando os cantos

Você quer cantos lindos em suas capas de almofada, e esta técnica de embrulhar os cantos é uma das minhas preferidas. Eu a adoro porque é rápida e fácil e você tem a garantia de ter cantos quadrados sempre.

1. Dobre e alfinete cada canto na linha de costura (Figura 14-2).

2. **Com uma margem de costura de 1,2 centímetro e as mesmas configurações de antes da máquina, faça as duas costuras restantes como mostra a Figura 14-2, arrematando no início e no fim de cada costura.**

   Abra as costuras a ferro, deixando-as juntas.

3. **Coloque sua mão através da abertura e vire o lado direito da capa da almofada para fora, alisando e vincando as costuras em cada canto com seu polegar e indicador.**

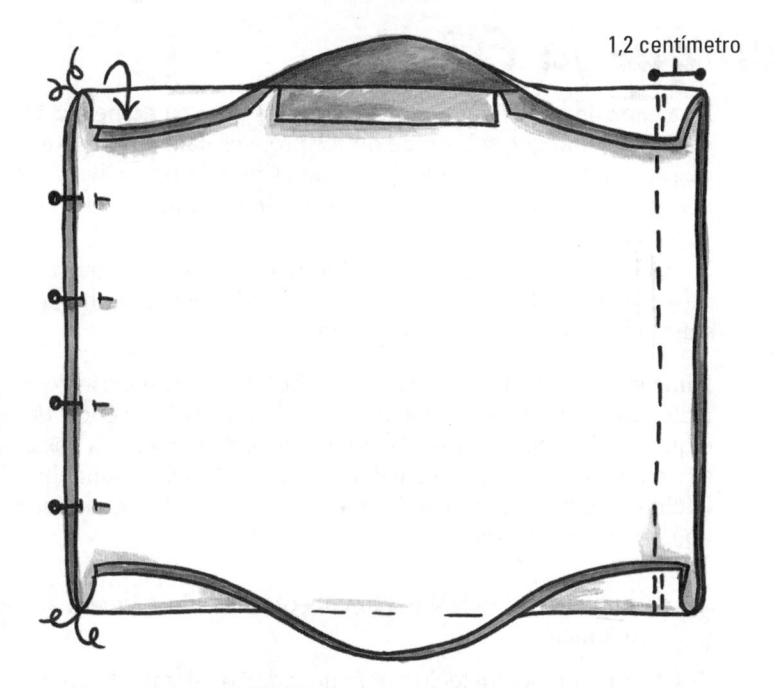

1,2 centímetro

Figura 14-2: Dobre os cantos na linha de costura e então faça as outras duas costuras.

Costurando o fechamento

Como você picotou uma camada da margem de costura da abertura na seção "Fazendo as costuras" acima, costurar o fechamento é moleza.

1. **Coloque o enchimento da almofada dentro da capa através da abertura em um lado da capa.**

2. **Alfinete e costure à mão com ponto invisível para fechar a abertura:**

   1. Coloque linha em uma agulha para costura à mão e prenda a linha, trazendo a agulha para fora na margem da dobra. (Veja o Capítulo 5 para achar mais informação sobre como prender a agulha.)

2. Dando pontos finos, passe a agulha através da dobra em uma margem e puxe a linha esticada.

3. Dê outro ponto, passando a agulha através da margem dobrada oposta. (Veja o Capítulo 5 para uma ilustração.)

4. Continue até o fim da abertura; então prenda a linha e apare o excesso.

A Capa Reversível de Almofada Mais Fácil que já Existiu

Essa capa de almofada realmente é aquilo que seu nome diz. Usei um pouco de tecido extra que sobrou de outros projetos para fazer o exemplo no jogo de roupa de cama retratado no Encarte Colorido desse livro — é a pequena almofada retangular posicionada no lugar de honra bem no centro da cama.

Para ter a quantidade certa de tecido para este projeto, meça sua capa de almofada ou leve-a à loja e peça ao vendedor para cortar a metragem suficiente para que você possa cobri-la.

Para fazer essa engenhosa capa de almofada, você precisa dos seguintes materiais (além das ferramentas em seu kit de sobrevivência de costura sobre o qual lhe falei no Capítulo 2). A metragem de tecido está baseada em meu exemplo, um enchimento para almofada de 30 x 50 centímetros. Para usar um enchimento de tamanho ou forma diferentes, ajuste a quantidade de tecido conforme o necessário.

- ✔ 0,3 metro de um tecido para decoração com 1,5 metro de largura, de cor única
- ✔ 0,3 metro de um tecido para decoração estampado com 1,5 metro de largura, que harmonize com o outro
- ✔ Um enchimento de almofada retangular, com 30 x 50 centímetros
- ✔ Linha que combine com o tecido

Siga estes passos:

1. **Corte cada um de seus tecidos para capa do tamanho do enchimento da almofada.**

2. **As configurações de sua máquina de costura dependem do tipo de tecido que você está usando, então comece com um comprimento de ponto de 2,5mm/10 a 12 pontos por polegada. Faça um teste, costurando uma tira e então ajuste o comprimento do ponto se precisar.**

3. **Colocando direito com direito, alfinete e costure os dois lados mais curtos da capa com uma margem de costura de 1,2 centímetro como mostra a Figura 14-3.**

   Pressione as costuras a ferro, deixando-as planas e juntas; depois abra-as a ferro.

1,2 centímetro

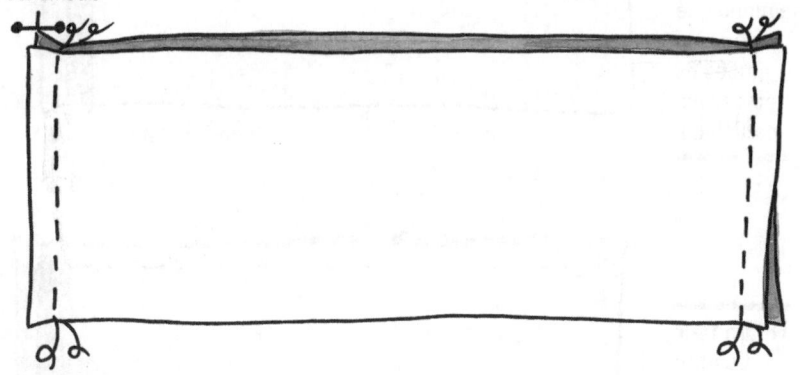

Figura 14-3: Costure as pontas mais curtas, depois abra as costuras a ferro.

4. **Dobre a capa da almofada na metade de forma que as costuras laterais estejam posicionadas como na Figura 14-4.**

5. **Alfinete e costure os dois lados longos da capa para almofada, deixando uma abertura como mostrado na Figura 14-5.**

   Deixe as costuras juntas e planas, pressionando-as com o ferro.

6. **Em ambos os lados da abertura, picote uma das margens de costura a até 0,6 centímetro da linha de costura (veja a Figura 14-5).**

7. **Apare o tecido excedente em cada canto como mostra a Figura 14-5.**

   Isso torna mais fácil virar a capa da almofada, além de deixar os cantos pontudos e bem formados.

8. **Vire a capa da almofada pela abertura, empurrando os cantos para fora suavemente com seu dedo indicador.**

   Se você se transformar em um mago das almofadas e quiser um modo mais fácil de fazer cantos quadrados, compre um "vira-viés". Diversos modelos encontram-se no mercado, mas todos funcionam essencialmente do mesmo jeito. Basta acomodar e empurrar suavemente a ponta de metal da ferramenta dentro do canto. Você terá cantos lindos sempre.

9. **Coloque o enchimento da almofada dentro da capa e dê pontos invisíveis para fechar a abertura. (Veja "Costurando o fechamento".)**

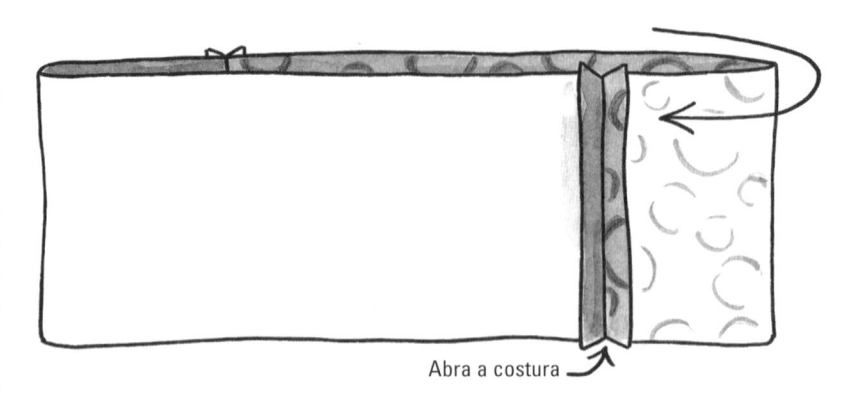

Figura 14-4: Dobre a capa da almofada na metade de modo que você veja ambos os tecidos em cada lado.

Abra a costura

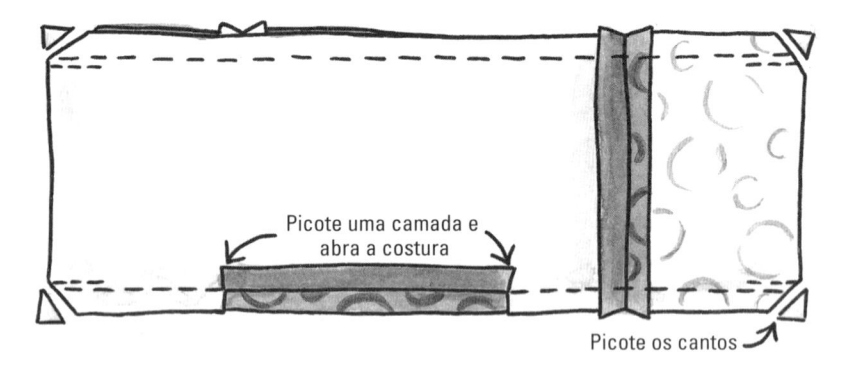

Figura 14-5: Costure os lados compridos. Picote uma camada na abertura e cada canto.

Picote uma camada e abra a costura

Picote os cantos

Ponha a almofada na cama ou sofá de maneira que a maior parte de um tecido aparece; vire-a e o outro tecido é a estrela. Uma almofada, dois visuais lindos.

Capa de Almofada com Abas em 15 Minutos

Fiz as almofadas amarela e laranja vivo mostradas no Encarte Colorido em 30 minutos, cobrindo dois enchimentos para almofada com guardanapos. Quando as capas estiverem sujas, simplesmente solte alguns pontos, remova os enchimentos, lave as capas (afinal de contas, você pode lavar guardanapos), passe a ferro, coloque os enchimentos e, em seguida, costure de novo. Fácil, fácil, fácil.

Siga estes simples passos para se tornar um profissional das capas de almofada:

1. **Compre dois guardanapos de 50 centímetros para cobrir um enchimento de almofada de 40 centímetros.**

Com essas medidas, a aba terá 5 centímetros em toda a volta da capa da almofada.

2. **Pré-encolha os guardanapos e pressione-os a ferro.**

3. **Disponha e junte os avessos dos guardanapos com alfinete.**

4. **Configure sua máquina assim:**

   - Ponto: reto
   - Comprimento: 2,5 a 3 mm/10 a 12 pontos por polegada
   - Largura: 0 mm
   - Pé-calcador: de uso geral

5. **Faça uma costura de 5 centímetros em volta dos guardanapos, deixando uma abertura de 20 centímetros em um lado.**

6. **Enfie o enchimento da almofada pela abertura na capa costurada de guardanapo.**

7. **Feche a abertura costurando à máquina e arremate nas extremidades.**

Cama de Pelúcia para Animais de Estimação

Faça essa facílima cama para animais de estimação, mostrada no Encarte Colorido do livro, usando polar fleece e um tecido lavável que complemente sua decoração. Depois de fazer este projeto desenhado por meus amigos da DIYStyle (www.diystyle.net, conteúdo em inglês), você pode surpreender a si mesmo com sua criatividade e habilidades de costura recém-descobertas, e seu amigo preferido de quatro patas ficará muito feliz.

Você precisa dos seguintes materiais, além de seu kit de sobrevivência de costura (veja o Capítulo 2 para um resumo sobre o kit):

- Um enchimento para almofada de 45 centímetros
- 0,9 metro de um tecido estampado lavável de algodão/poliéster com 1,15 metro de largura para o rolo
- 0,6 metro de polar fleece para a almofada
- 1 saco de floco de espuma para o estofamento
- 0,22 metro (22 centímetros) de velcro
- Linha que combine com o tecido

Fazendo o rolo

Siga estes passos para criar a almofada. Certifique-se de pré-encolher o tecido estampado antes, assim, caso o Totó provoque um acidente em sua cama, ela não vai encolher durante a lavagem. Repare que o polar fleece não necessita de pré-encolhimento uma vez que não encolhe.

1. **Corte o tecido estampado em dois pedaços de 45 x 115 centímetros.**

2. **Corte o fleece de modo que ele fique com 45 x 127 centímetros.**

3. **Configure sua máquina assim:**

   - Ponto: reto
   - Comprimento: apropriado para o tecido (veja o Capítulo 5)
   - Largura: 0 mm
   - Pé-calcador: de uso geral

4. **Coloque os dois pedaços de tecido estampado direito com direito. Alfinete e costure-os juntos em um dos lados mais curtos (veja a Figura 14-6).**

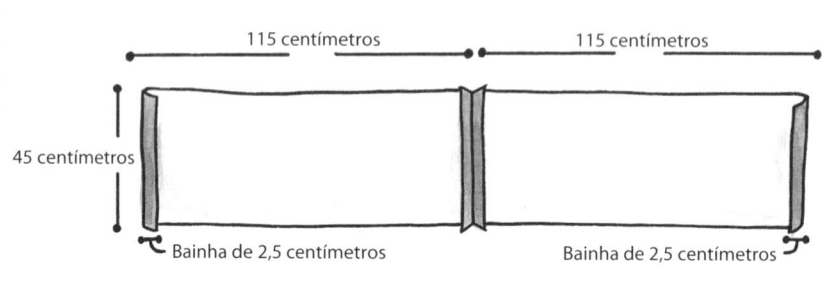

Figura 14-6: Disponha, alfinete e junte com uma costura os dois lados curtos do tecido estampado. Pressione a ferro bainhas de 2,5 centímetros nas duas extremidades curtas restantes.

5. **Pressione, alfinete e costure bainhas de 2,5 centímetros nas extremidades curtas restantes, como mostra a Figura 14-6.**

6. **Dobre a faixa feita no Passo 5 na metade de seu comprimento e com os direitos juntos.**

7. **Disponha, alfinete e faça a costura longa, direito com direito, deixando uma abertura de 20 centímetros como mostrado na Figura 14-7. Abra a ferro a costura longa, de modo que ela fique centralizada na faixa como mostrado (veja a Figura 14-7).**

Este pedaço (usado para fazer o rolo da cama) deve parecer com um tubo fino e longo, do lado do avesso.

Figura 14-7:
Costure o tecido estampado, transformando-o em um tubo longo e fino, deixando uma abertura para colocar o estofamento de espuma.

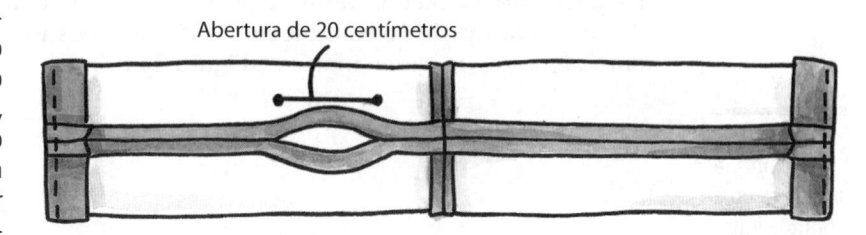

Abertura de 20 centímetros

8. **Vire o direito do tubo para fora através de uma das aberturas de uma das extremidades.**

9. **Feche as extremidades, costurando-as, e em seguida costure as tiras de velcro em ambas as extremidades do tubo, como mostra a Figura 14-8.**

10. **Encha o rolo com os flocos de espuma e deixe-o de lado até que você tenha terminado a capa de almofada de fleece ao redor da qual o rolo se encaixa (veja a próxima seção).**

Figura 14-8:
Vire o tubo com o direito para fora e costure o velcro em ambas as extremidades.

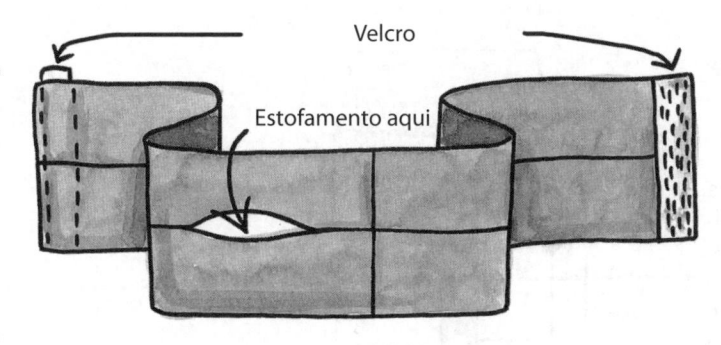

Velcro

Estofamento aqui

Criando uma capa de almofada de fleece

O rolo da seção anterior encaixa-se em volta desta confortável almofada de fleece que você cria seguindo estes passos. Note que em vez de costurar duas peças juntas para fazer a capa, esta capa de almofada envolve o enchimento da almofada.

1. **Configure sua máquina de costura assim:**
   - Ponto: zigue-zague
   - Comprimento: 2,5 a 3 mm/9 a 11 pontos por polegada
   - Largura: 4 a 5 mm
   - Pé-calcador: bordado

2. **Vire para baixo uma das pontas curtas do pedaço de fleece para criar uma bainha de 10 centímetros. Alfinete e costure usando o ponto zigue-zague, como mostra a Figura 14-9.**

Figura 14-9: Dobre e costure com ponto zigue-zague bainhas de 10 centímetros em ambas as pontas curtas do pedaço de fleece.

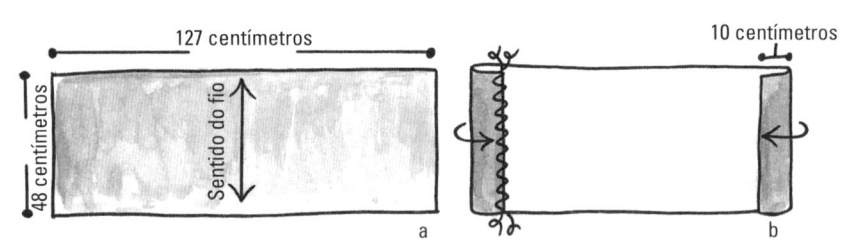

3. **Repita o Passo 2 na outra extremidade curta do fleece.**

4. **Com os direitos juntos, enrole o fleece ao redor do enchimento da almofada como mostrado na Figura 14-10; alfinete a capa no lugar, então tire o enchimento.**

Figura 14-10: Do lado do avesso, dobre e sobreponha as extremidades curtas, alfinete-as juntas e remova o enchimento da almofada.

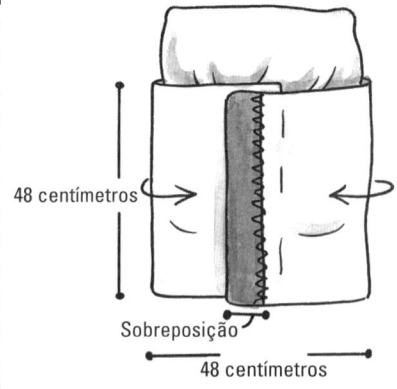

5. **Configure sua máquina assim:**
   - Ponto: reto
   - Comprimento: 3 a 4 mm/6 a 9 pontos por polegada

- Largura: 0 mm
- Pé-calcador: de uso geral

6. **Faça uma costura de 1,2 centímetro ao longo das aberturas superior e inferior da capa, arrematando em ambas as extremidades de cada costura. Remova os alfinetes que juntavam as abas sobrepostas.**

As costuras na parte superior e inferior mantêm a forma da capa da almofada, e as abas de tecido sobreposto formam um "envelope" através do qual o enchimento pode ser inserido.

7. **Vire o direito da capa para fora e enfie o enchimento nela através da abertura sobreposta no verso.**

Montando a cama

Essa é a parte divertida: juntar todas as partes. Seu pequeno príncipe ou princesa estará tirando uma soneca em uma cama nova em pouquíssimo tempo.

1. **Conecte o velcro nas duas extremidades curtas do rolo, criando um tubo interno fino de tecido.**

2. **Pressione firmemente o rolo sobre a almofada de fleece; pode ser que você tenha que amassar o enchimento e ajeitá-lo um pouco dentro do rolo para que a cama fique como na Figura 14-11.**

3. **Remova o rolo da almofada e adicione ou remova um pouco dos flocos do estofamento para que o rolo assente; em seguida ajuste o velcro caso ele esteja muito apertado ou frouxo em torno da almofada central.**

4. **Feche a abertura do rolo com pontos invisíveis (veja "Costurando o fechamento" para instruções), e então reposicione o rolo ao redor da almofada central.**

Figura 14-11: Aperte o rolo sobre a almofada e voilà — uma cama para animais de estimação muito legal e estilosa.

Almofada de fleece

Fecho de velcro   Tubo estofado

Almofada de Estilo Turco

As almofadas de estilo turco, populares nos anos 1950, estouraram novamente na cena decorativa. Elas se parecem com pequenas almofadas de sofá — duas fileiras de vivo com uma tira de tecido no meio chamada de *tira lateral* que envolve a borda exterior (dê uma olhada nas almofadas creme em cima da cama no Encarte Colorido). Para um aspecto estufado, elas geralmente têm botões forrados de tecido costurados no centro.

Para fazer uma almofada turca, você precisa dos seguintes materiais além de seu kit de sobrevivência de costura (veja o Capítulo 2 para mais detalhes):

- Um enchimento para almofada de 35 centímetros (se conseguir encontrar um enchimento para almofada turca do tamanho que você precisa, compre-o; caso contrário, use um enchimento regular)
- 0,45 metro de um tecido para decoração com largura de 1,2 a 1,4 metro
- Um tecido para decoração de cor contrastante de 1,5 metro x 5 centímetros para a tira lateral
- Linha que combine com o tecido
- 3,65 metros de vivo que harmonize com os tecidos da almofada e da tira lateral (veja o Capítulo 12 para instruções sobre a colocação do vivo)
- Dois conjuntos de botões forrados de 1,2 x 5 centímetros; um botão vai em cada lado da almofada (opcional)
- Agulha longa para costura à mão usada para fazer bonecas (opcional)

Siga estes passos para fazer a almofada:

1. **Corte dois quadrados de 35 centímetros do tecido para decoração; deixe um de lado.**

   Não há necessidade de deixar tecido para a margem de costura porque a tira lateral acrescenta o espaço de que você precisa para fazer os lados planos. Por causa da maciez dos enchimentos de almofada, se você acrescentar margens de costura a capa acabará ficando grande demais.

2. **Configure sua máquina assim:**
   - Ponto: reto
   - Comprimento: 3 mm/9 pontos por polegada
   - Largura: 0 mm
   - Pé-calcador: para zíper ou vivo

3. **Usando uma margem de costura de 1,2 centímetro, alfinete e costure o vivo no direito do tecido, em toda a volta do primeiro quadrado da almofada. (Veja o Capítulo 12 para uma explicação mais detalhada sobre como afixar o vivo.)**

4. **Repita o Passo 3 para o outro quadrado da almofada.**

5. **Alfinete a tira lateral ao primeiro quadrado da almofada como mostra a Figura 14-12a.**

Começando em qualquer lugar que não seja um canto, alfinete a tira lateral no direito do quadrado da almofada de forma que as bordas não arrematadas do vivo e do tecido fiquem alinhadas.

A tira lateral é intencionalmente cortada mais longa que o necessário para dar a volta no quadrado. Dessa maneira, você não corre o risco de ficar sem tecido para a tira lateral, e pode cortá-lo na medida.

6. **Costure a tira lateral na linha de costura de 1,2 centímetro. Pare de costurar a cerca de 5 centímetros antes do fim da tira lateral.**

Quando alfinetar e costurar ao redor de um canto, picote a margem de costura da tira lateral até a linha de costura, mas não através dela. Com a agulha no tecido, levante o pé-calcador e gire levemente. Abaixe o pé-calcador e continue costurando uma curva suave, em vez de um canto pontudo, para acomodar o volume do vivo e dos tecidos da tira lateral.

Figura 14-12: Começando em qualquer lugar que não um canto, alfinete a tira lateral (a). Para um detalhe adicional, acrescente o vivo nas bordas e botões no centro da almofada (b).

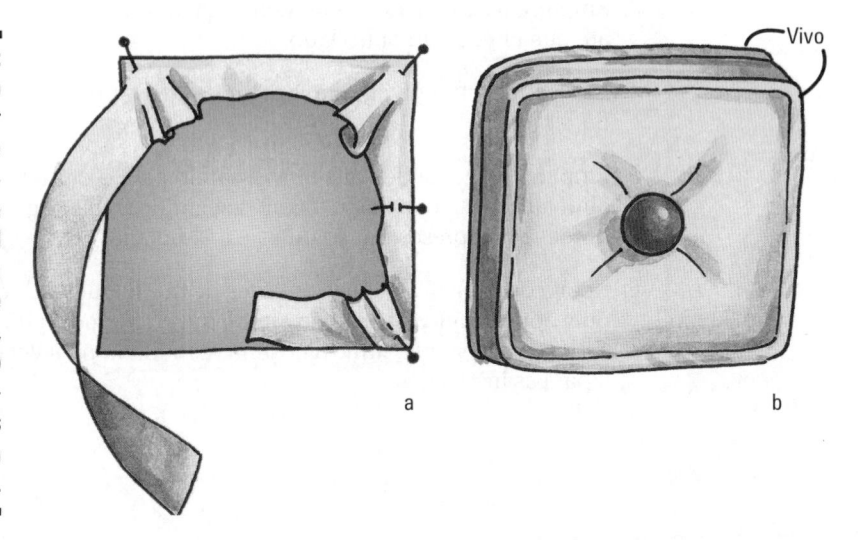

a

b

Vivo

7. **Alfinete e costure juntas as pontas curtas da tira lateral e então abra a costura a ferro.**

8. **Costure o restante da tira lateral na margem do primeiro quadrado da almofada.**

9. **Repita os Passos 5 e 6 prendendo o segundo quadrado da almofada já com o vivo ao outro lado da tira lateral, mas desta**

vez deixando uma abertura de 12 a 15 centímetros para que o enchimento da almofada entre.

Se o tecido tiver um desenho direcional, deixe uma abertura na borda inferior para que não apareça tanto.

10. **Vire a almofada com o direito para fora e enfie o enchimento através da abertura da capa da almofada e feche, com pontos invisíveis.**

Veja "Costurando o fechamento" anteriormente e o Capítulo 5 para mais informações sobre pontos invisíveis.

11. **Se quiser acrescentar botões ao centro da almofada, costure-os seguindo estes passos:**

    1. Cubra os botões com tecido que harmonize ou que contraste, conforme indica o kit para forrar botões.

    2. Passe a ponta de uma linha longa pelo olho de uma agulha longa, puxando-a para que ambas as pontas da linha estejam alinhadas. Trabalhando como se fossem uma só linha, amarre um nó. (Veja o Capítulo 5 para instruções sobre amarração de nós.)

    3. Empurre a agulha através do centro de um dos lados da almofada, até que chegue do outro lado.

    4. Passe um botão na agulha, acomodando o botão na superfície da almofada.

    5. Empurre a agulha de volta atravessando para o outro lado da almofada e repita o Passo 4 com o segundo botão. Agora ambos os botões estão presos um ao outro e à almofada.

    6. Repita os Passo 3 a 5 diversas vezes de modo que você prenda os dois botões juntos através da almofada, como mostrado na Figura 14-12b. Em seguida, firme a costura atando um nó. (Veja o Capítulo 5 para as instruções.)

Capítulo 15

Tornando Suas Janelas um Espetáculo

Neste Capítulo

▶ Trabalhando com janelas e decorações de janelas

▶ Descobrindo de quanto tecido você precisa

▶ Criando cortinas maravilhosas

Se você está se mudando para um novo apartamento ou casa ou modernizando sua residência atual, fazer sua própria decoração das janelas é uma forma ótima se economizar dinheiro e conseguir o visual que você quer. Este capítulo mostra como trabalhar com todos os tipos de decorações de janelas, e você descobre como criar uma cortina que se adapta a qualquer janela e é agradável aos olhos — e ao bolso!

O Vasto Mundo das Decorações de Janelas

Ao iniciar sua jornada pelo vasto mundo das decorações de janelas, você precisa primeiro considerar alguns elementos básicos de design. Não importa em qual cômodo trabalhe, lembre-se que cada cômodo possui três elementos comuns: decoração *no nível dos olhos*, decoração *no nível médio* e decoração *no nível do chão*.

A maioria das pessoas faz um ótimo trabalho na decoração ao nível do chão, o que inclui assoalho, carpetes, tapetes e almofadas. Praticamente todo mundo faz um bom trabalho com o nível médio, o que inclui sofás, cadeiras, mesas e luminárias. O elemento de design mais negligenciado em um cômodo (e o que causa mais impacto) é a decoração ao nível dos olhos — ou as decorações de janelas.

Se você já pesquisou decorações de janelas sob medida e seus preços, provavelmente não está surpreso com o número de janelas nuas em muitas casas e apartamentos. Mas antes que você faça uma segunda hipoteca para pagar a decoração de sua janela, eu gostaria que você soubesse que há alternativas baratas disponíveis. Na verdade, fazer suas próprias decorações de janelas pode fazer com que você economize até 75 por cento das decorações sob medida. Então, sem mais desculpas — agora é a hora de vestir essas janelas nuas.

Lidando com cortinas longas e curtas

Use *cortinas curtas* que param no parapeito ou logo abaixo dele, para janelas mais curtas e estreitas (veja a Figura 15-1). Use *cortinas longas* que param no chão ou se *espalham* sobre ele, para janelas mais longas e largas.

Figura 15-1:
Cortinas de meia janela duplas (a) e cortinas transparentes (b) ficam ótimas em janelas curtas.

a   b

As decorações para janelas podem se fixar ao varão de várias maneiras. A prega americana (Figura 15-2a) é uma decoração mais formal ótima para salas de estar ou de jantar formais, e quartos principais. Cortinas com ilhoses (Figura 15-2b) são modernas e informais, ótimas para salas de estar e quartos de crianças. As decorações franzidas e com alças (Figura 15-2c e d) são informais e possuem mais um ar de casa de campo ou chalé, ótimas para salas de estar e cozinhas.

Use as seguintes ideias sozinhas ou junto com cortinas curtas ou longas para quaisquer janelas:

- **Cortinas esparramadas:** uma cortina esparramada usa tecido para cortina que é de 30 a 50 centímetros mais comprido que uma cortina padrão, desde a parte superior do varão até o chão. A borda da bainha é franzida com uma faixa ou cordão elástico e então se espalha ou "esparrama" pelo chão (Figura 15-3a).
- **Bandô:** uma caixa rígida coberta com tecido e estofado com uma estrutura macia ou espuma modelada (veja Figura 15-3b). Use um bandô sozinho sobre a parte superior de uma janela, sobre cortinas longas,

ou sobre persianas verticais montadas em um varão com trilho. (Veja a próxima seção para informações sobre os diferentes tipos de varão.)

- ✔ **Xale:** um tecido macio e geralmente transparente que pende sobre a parte superior de prendedores de xale em cada canto da janela (veja Figura 15-3c). (Você pode encontrar vários tipos de prendedores de xale onde se vende material para cortinas.)

- ✔ **Amarração manga de bispo:** você cria essas mangas amarrando a cortina para trás e então levantando uma sobra de forma que a cortina fique suspensa sobre a braçadeira e pareça com uma manga bufante quando franzida no punho (veja a Figura 15-3d).

- ✔ **Sanefas e rosetas:** comprimentos curtos de tecido puxados para dentro de uma presilha ao longo do comprimento de um xale de cortina que se espalha, criando sanefas macias, semelhantes a rosas, que parecem um pouco com uma manga bufante nos cantos da janela.

- ✔ **Braçadeiras:** feitas de cordão de tecido ou cordão para cortina e borlas, as braçadeiras mantêm uma cortina aberta ao lado de uma janela.

- ✔ **Coberturas para janelas:** qualquer decoração montada na parte superior da janela — desde um bandô a uma saia curta franzida em um varão.

Se você está se coçando para saber mais sobre outros aspectos de design, veja *Home Decorating For Dummies*, 2nd Edition, de Katharine Kaye McMillan e Patricia Hart McMillan (Wiley, 2003).

Figura 15-2: As cortinas longas podem apresentar pregas americanas (a) ou ilhoses (b); elas podem ser franzidas (c) ou ter alças (d).

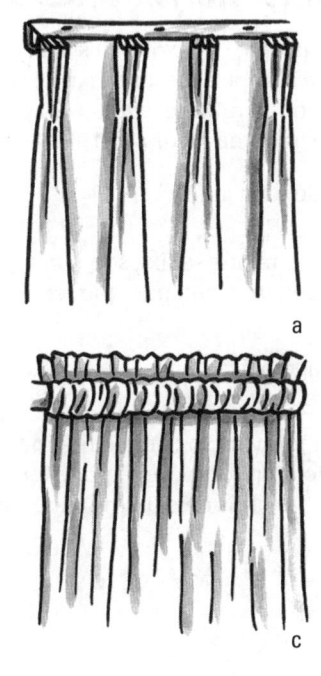

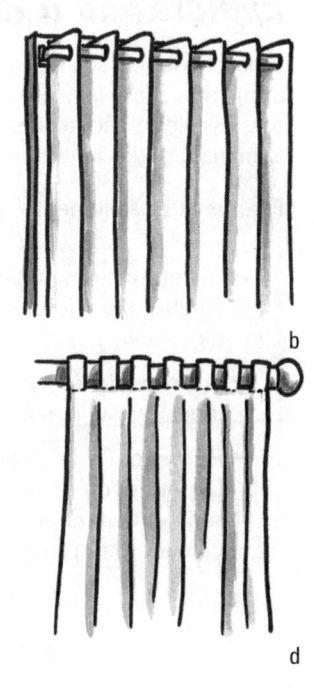

a

b

c

d

Figura 15-3: Cortinas esparramadas (a), bandôs (b), xales (c), e manga de bispo (d) dão um toque dramático às suas janelas.

Explorando a anatomia de janelas e varões

A barra conecta-se ao... caixilho da janela; o caixilho desliza para dentro da... armação da janela; a armação é cercada pela... esquadria. Se sabe a melodia, mas essa letra não faz nenhum sentido para você, agora é a hora de descobrir a linguagem das janelas (como mostrado na Figura 15-4).

Examine esses elementos padrões de uma janela:

- **Anteparo:** um pedaço de madeira que se fixa sob o parapeito. Em janelas que não possuem parapeito, o anteparo parece a continuação da esquadria.

- **Sobreposição:** a peça de ferragem fixada no centro onde uma cortina longa cruza por sobre a outra em um varão com trilho de sentido duplo.

- **Retorno:** onde o varão ou bandô vira no canto e retorna à parede. Dependendo da profundidade do retorno, você pode ter espaço suficiente para outro varão caber atrás dele, permitindo que você faça camadas com suas cortinas.

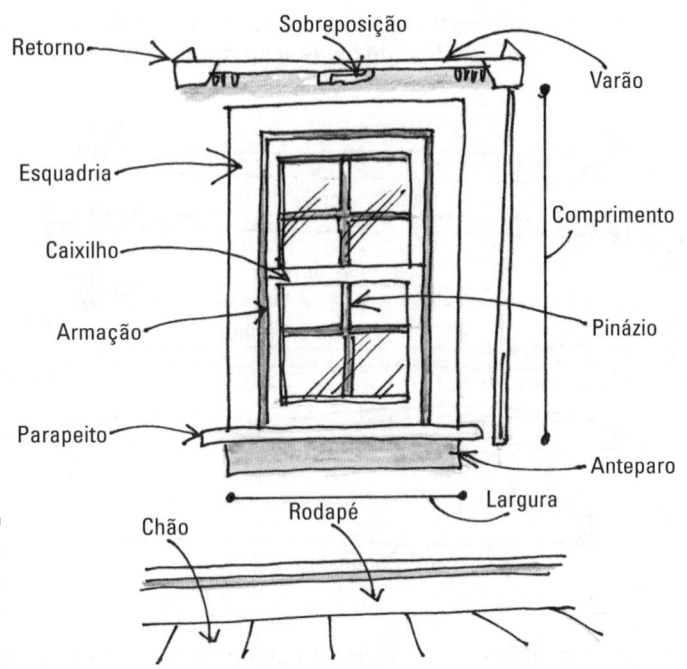

Figura 15-4:
A anatomia
de uma
janela.

✔ **Varão**: mantém a cortina, longa ou curta, no lugar sobre a janela.

✔ **Esquadria:** a madeira que foi pregada em torno da janela para decorar ou arrematar a abertura.

✔ **Comprimento da janela:** a distância medida da parte superior à parte inferior da janela. O comprimento exterior da janela é medido da borda exterior da esquadria à parte inferior do anteparo. Se a janela não tiver um anteparo, o comprimento exterior da janela é medido da borda exterior da esquadria à parte inferior do parapeito. O comprimento interior é a distância da parte superior da armação da janela à parte superior do parapeito.

✔ **Parapeito:** uma peça de decoração que se estende da janela e corre paralela ao chão, normalmente na parte inferior da janela. Esta é a parte onde você repousa sua xícara de café.

✔ **Largura da janela:** a distância medida de um lado a outro da janela. A largura exterior da janela é medida da borda exterior da esquadria à outra borda exterior da esquadria. A largura interior da janela é medida de um lado da janela ao outro, dentro da armação da janela.

Os varões vêm em diversas formas e tamanhos (veja a Figura 15-5). O tipo de varão usado depende do tipo de decoração de janela você quer fazer:

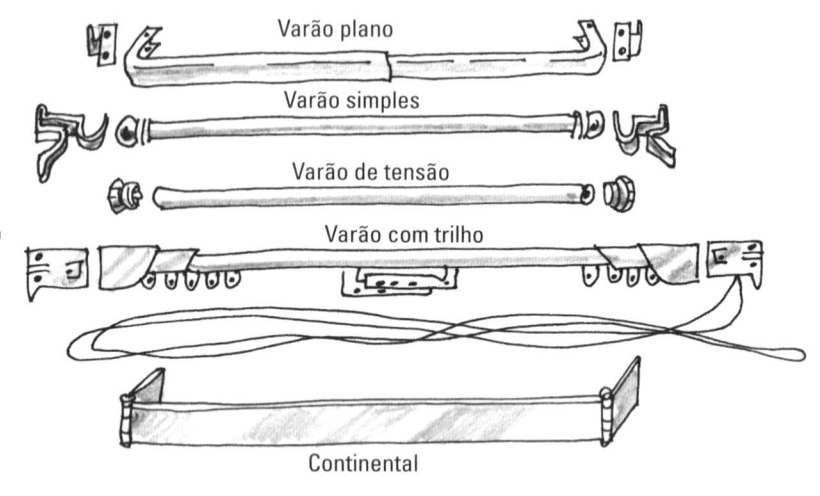

Figura 15-5: Escolha um varão de acordo com o tipo de cortina que você quer.

- ✔ **Varões simples:** montados tanto dentro como fora da armação da janela. Varões simples funcionam bem para cortinas retas, franzidas ou pregueadas.

- ✔ **Varão plano:** seguram as partes das cortinas franzidas, passando o varão pelo passador na parte superior das cortinas. Essa decoração de janela bem básica precisa de um bandô, sanefa ou outra cobertura para janela para ir sobre a cortina na parte superior da armação da janela.

- ✔ **Varão de tensão:** ideais para cortinas leves. Os varões de tensão são mantidos entre paredes ou dentro de uma armação de janela por um mecanismo de molas dentro do varão em vez de um suporte que você aparafusa na parede.

- ✔ **Varão com trilho:** incluem um cordão para cortina que você puxa para abrir ou fechar as cortinas. Alguns varões com trilho deixam você puxar as cortinas para um lado, e outras movem as partes da cortina do centro para que fique um de cada lado.

Determinando as Dimensões da Decoração de Janelas

Depois que você selecionar a cortina curta ou longa que você quer usar em sua janela e determinar o tipo de varão que precisa, você tem que determinar o tamanho que suas decorações de janela precisarão ter e quanto tecido é necessário para o visual acabado.

Medindo a largura e o comprimento finais

O primeiro passo é medir suas janelas para determinar a largura e o comprimento *finais* de sua decoração — a largura e o comprimento da cortina curta ou longa quando você a termina e a pendura sobre a janela.

Tenha essas orientações em mente para obter medidas exatas:

- ✔ **Instale o varão da cortina primeiro.** Se o varão estiver instalado quando você tirar as medidas, você será capaz de medir com precisão a largura e o comprimento necessários. Os varões podem se fixar à armação da janela dentro da armação (chamado de *encaixe interno*), fora da armação ou esquadria (chamado de *encaixe externo*), ou no teto (chamado de *encaixe no teto*). Até a publicação deste livro, a tendência atual de moda de interiores é por varões que fiquem bem acima da parte superior da esquadria da janela. Isso ajuda a fazer com os tetos pareçam mais altos e permite que entre mais luz no cômodo.

- ✔ **Use uma fita métrica de metal bem firme.** Fitas métricas para roupas, as quais podem esticar ou vergar, e fitas de metal delgadas, as quais são difíceis de usar, podem ambas gerar medidas imprecisas.

- ✔ **Se você estiver fazendo decoração para várias janelas, tire medidas de cada janela.** Mesmo que as janelas pareçam ter o mesmo tamanho, suas medidas podem variar. Você quer ter certeza de que cada decoração se ajustará à janela correspondente.

Para determinar o comprimento final para fazer suas cortinas curtas ou longas, meça da parte superior do varão até o comprimento desejado. Para determinar a largura final, meça o varão de uma extremidade a outra e mais os retornos (a parte do varão que "retorna" para a parede).

Cortinas curtas para uma janela sem um anteparo devem ter um comprimento final que esteja pelo menos 10 centímetros abaixo do parapeito ou abaixo da parte inferior da armação. Desta forma, sua cortina ficará proporcional à janela. (Veja "Explorando a anatomia de janelas e varões" neste capítulo.) Se a janela tiver um anteparo, o comprimento final da cortina deve estar 2,5 centímetros abaixo da parte inferior do anteparo.

Calculando a largura e o comprimento de corte do tecido

Depois que souber as medidas finais para sua decoração (veja a seção anterior), você precisa calcular a largura e o comprimento de corte do tecido.

As instruções do molde para cortinas curtas ou longas dizem a você para cortar tantas *alturas* para um projeto em particular. As alturas (ou partes) são simplesmente um certo comprimento de tecido usado na maior largura do tecido.

Procurando por comprimento

Você determina o comprimento de corte da cortina curta ou longa pegando o comprimento final (o comprimento da cortina, curta ou longa, quando você a termina e a pendura sobre a janela) e adicionando um tecido extra para possibilitar a elaboração dos seguintes itens (alguns deles são mostrados na Figura 15-6):

- ✔ **Passador:** um túnel de tecido na parte superior das partes de uma cortina curta ou longa que você passa por um varão.

- ✔ **Cabeçote:** tecido extra decorativo acima do passador que parece um pequeno babado depois que você passa o varão pelo passador.

- ✔ **Barras inferiores duplas:** bainhas duplamente dobradas para dar peso à cortina.

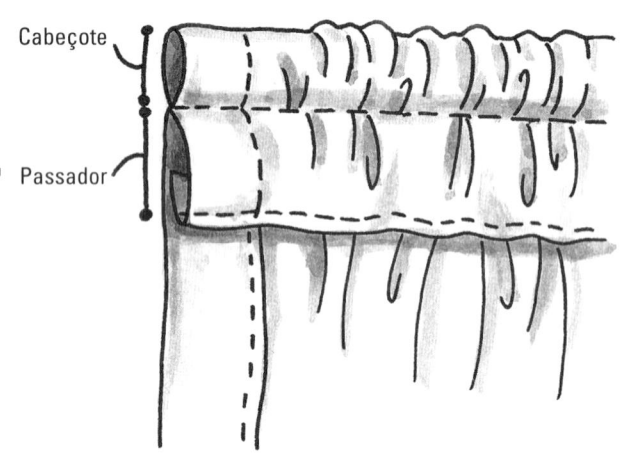

Figura 15-6: Leve em consideração o tecido extra que você precisa para um cabeçote ou passador.

Quando você começar a fazer decoração de janelas, escolha um tecido que tenha uma única cor ou um desenho bem pequeno. As decorações se tornam muito mais difíceis de se trabalhar quando você tem que tentar alinhar uma estampa com padrões muito grandes.

Siga esses passos fáceis para determinar quanto tecido extra deve ser acrescentado ao comprimento final de sua cortina curta ou longa:

1. **Usando sua fita métrica, meça o diâmetro do varão da cortina.**

2. **Adicione 2,5 centímetros à medida que você encontrou no Passo 1.**

Esses centímetros extras levam em consideração uma margem de costura de 1,2 centímetro, e você também tem bastante espaço extra para o varão deslizar suavemente pelo passador.

3. **Decida quão alto (se quiser determinar uma altura) você quer que o cabeçote prolongue-se acima do varão, e dobre esse comprimento.**

   Por exemplo, se quiser um cabeçote de 5 centímetros, adicione outros 10 centímetros ao comprimento do tecido que você precisa cortar.

   Se não quiser um cabeçote, vá para o Passo 4.

4. **Determine quanto comprimento extra acrescentar para a barra dupla, de acordo com as seguintes instruções:**

   - **Tecidos transparentes e de peso leve:** use uma barra duplamente dobrada de 15 centímetros adicionando 30 centímetros ao comprimento de corte.

   - **Tecido de peso médio:** use uma bainha duplamente dobrada de 10 centímetros adicionando 20 centímetros ao comprimento de corte.

   - **Tecido pesado:** use uma bainha duplamente dobrada de 7,5 centímetros adicionando 15 centímetros ao comprimento de corte.

5. **Se estiver fazendo uma cortina longa e quiser que ela esparrame no chão, acrescente 46 a 51 centímetros extras.**

   Pule esse passo se não quiser que a cortina esparrame ou se estiver fazendo uma cortina curta.

6. **Acrescente as medidas dos Passos 2 a 5 ao comprimento final de sua cortina e você tem o comprimento de corte necessário para uma altura de cortina.**

Determinando a largura

Para determinar a largura de corte da cortina curta ou longa, você precisa considerar o seguinte:

- **Peso do tecido:** quanto mais leve for o tecido, mais volume você quer na decoração. É mais provável que o tecido leve pareça pouco volumoso. Siga essas instruções gerais para descobrir a largura ideal da cortina para cada situação:

  - **Tecido transparente e leve:** use 2 ½ a 3 vezes a largura do varão (incluindo os retornos).

  - **Tecido de peso médio:** use 2 a 2 ½ vezes a largura do varão (incluindo os retornos).

  - **Tecido pesado:** use 1 ½ a 2 vezes a largura do varão (incluindo os retornos).

✔ **Largura do tecido:** a maioria das decorações usa mais de uma largura de tecido, ou altura, para que você tenha tecido suficiente estendendo-se por toda a janela para fazer os franzidos, pregas e plissagens. Por exemplo, em um conjunto de partes de cortinas transparentes, você pode ver três partes separadas franzidas em um varão e cada parte concluída pode ser feita de duas alturas cortadas.

Se um tecido tem uma largura de 1,40 metro e você precisa de duas larguras e meia para fazer uma cortina longa, isso significa que precisa de duas partes com 1,40 metro e uma com 69 centímetros.

✔ **Margens de costura:** margens de costura para projetos de decoração de interiores normalmente têm 1,2 centímetro. Para um fácil encaixe do molde, tecidos de decoração de interiores possuem pontos de encaixe e/ou barras de cores nas ourelas (as bordas arrematadas ao longo do comprimento do tecido), e se o tecido é estampado, a estampa normalmente começa a 1,2 centímetro a partir da ourela. (Veja a Figura 15-7 para ver os pontos de encaixe da ourela.)

✔ **Bainhas laterais:** as extremidades à direita e à esquerda da cortina são chamadas de bainhas laterais. Elas são criadas usando-se forro para cortina mais estreito (como no projeto de cortina longa a seguir). Isso ajuda o tecido a manter-se reto e alinhado nas extremidades.

Cortinas Longas sob Medida

Esse projeto, mostrado no Encarte Colorido do livro, usa um único tecido de decoração de interiores e forro para cortina. Forrar suas cortinas faz com que elas tenham melhor caimento e durem mais. O forro também funciona como outra barreira entre o vidro da janela e o resto do cômodo para evitar correntes de ar. Quem diria que um detalhe decorativo poderia ser bom para sua saúde?

Para fazer essa cortina longa, você precisa de seu kit de sobrevivência de costura (sobre o qual eu falo no Capítulo 2), além dos seguintes itens:

✔ Um tecido para cortina de peso médio com uma única cor e um forro para cortina de 1,52 metro de largura. (Veja "Determinando quanto tecido você precisa" na próxima seção para calcular a metragem específica.)

✔ Um varão para cortina e ferragens. (Veja a seção neste capítulo chamada "Explorando a anatomia de janelas e varões" que descreve os diferentes tipos de varões.)

✔ Argolas para cortina suficientes, com *presilhas* (as quais se fecham para fixar as argolas na parte superior das partes da cortina, iguais àquelas usadas para prender suspensórios) para serem colocadas através das cortinas.

✔ Entretela para cortina suficiente (uma entretela especial que é costurada na parte superior da cortina para dar estabilidade) para se espalhar pela parte superior de cada cortina. (Veja mais sobre cabeças de cortina na última seção "Não perca a cabeça com rasgos na cabeça da cortina".)

✔ Linha que combine com o tecido.

Determinando quanto tecido você precisa

Siga estes passos para determinar quanto tecido de peso médio você precisa comprar para sua cortina curta ou longa.

Para seu primeiro projeto de cortina, lembre-se de escolher um tecido que seja de cor única ou com textura. Caso não faça isso, não terá tecido suficiente para combinar com o design.

1. **Instale seu varão de cortina seguindo as instruções do fabricante.**

2. **Meça a largura de seu varão de cortina em centímetros.**

3. **Multiplique a largura de seu varão de cortina por 2.**

   Por exemplo, se seu varão tem 1,47 metro de extensão, 1,47 metro x 2 = 2,95 metros.

4. **Determine quantas alturas de tecido você precisa dividindo o número que conseguiu no Passo 3 pela largura de seu tecido.**

   Usando o mesmo exemplo, 2,95 metros dividido por um tecido com largura de 1,52 metro = 1,93, que você arredonda para 2 alturas. Assim, uma das partes da cortina vai no lado esquerdo da janela e a segunda parte vai no lado direito da janela.

   Se você chegar a um número ímpar de alturas, você cortará um pela metade e irá costurar as alturas restantes juntas igualmente em duas alturas maiores.

5. **Meça da parte superior do varão ao lugar que você quer que suas cortinas curtas ou longas terminem.**

Se seu varão está a 0,30 metro abaixo do teto de 2,45 metros de altura e você quer que as cortinas fiquem logo acima do chão, você mede 2,13 metros.

6. **Adicione 15 centímetros à medida no Passo 5 para barras duplas.**

Por exemplo, 2,13 metros de comprimento + 15 centímetros para bainhas = 2,28 metros de comprimento total.

7. **Multiplique o número que você conseguiu no Passo 6 pelo número de alturas que precisa (veja Passo 4). Esse é o comprimento de tecido que você precisa em centímetros.**

Usando o mesmo exemplo, você precisa 228 centímetros x 2 alturas = 457 centímetros de tecido.

8. **Divida o número que você conseguiu no Passo 7 por 36. Esse é o comprimento de tecido que precisa em metros.**

Você precisaria comprar 4,57 metros de tecido de 1,52 metro. Você precisa da mesma quantidade para o forro.

Montando a cortina

Siga estes passos para criar uma linda cortina:

1. **Se você está usando mais de uma altura por lado de janela, costure as alturas de tecido juntos nas ourelas e pontos de encaixe, como mostra a Figura 15-7, usando uma margem de costura de 1,2 centímetro. (Veja o Capítulo 6 para mais informações sobre costuras.)**

2. **Faça uma bainha dupla no forro, virando-o para cima e pressionando uma bainha de 5 centímetros, em seguida virando-o para cima novamente e pesponte no lugar. (Veja mais sobre pesponto no Capítulo 5.)**

3. **Faça uma bainha dupla no tecido da cortina virando para cima e pressionando uma bainha de 7,5 centímetros, em seguida virando-o para cima novamente e fazendo bainha invisível no lugar. (Veja mais sobre bainha invisível à maquina no Capítulo 7.)**

4. **Pressione a ferro para alisar ambas as bainhas.**

5. **Coloque o forro e o tecido da cortina com os direitos juntos de forma que o forro com bainha esteja 5 centímetros mais curto que o tecido da cortina com bainha.**

6. **Corte o tecido do forro 10 centímetros mais estreito e alinhado com a borda superior do tecido da cortina, como mostrado na Figura 15-8.**

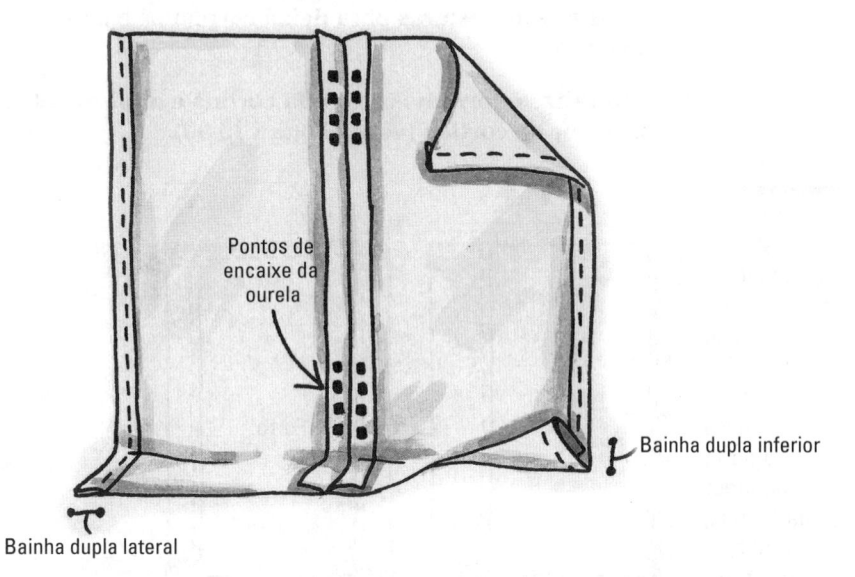

Figura 15-7:
Use os pontos de encaixe da ourela para alinhar o molde de tecido de parte a parte.

Pontos de encaixe da ourela

Bainha dupla inferior

Bainha dupla lateral

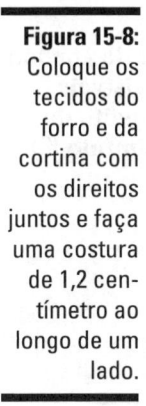

Figura 15-8:
Coloque os tecidos do forro e da cortina com os direitos juntos e faça uma costura de 1,2 centímetro ao longo de um lado.

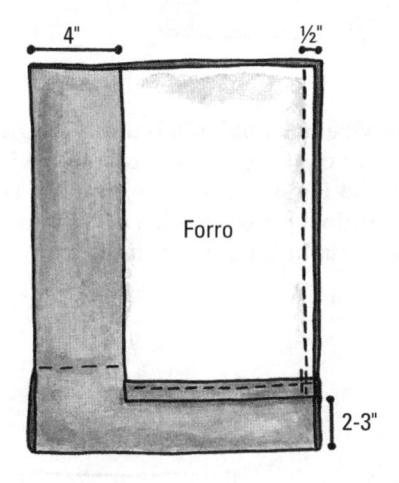

4"

½"

Forro

2-3"

7. **Faça uma costura de 1,2 centímetro prendendo o forro ao lado do tecido da cortina, como mostra a Figura 15-8, parando a costura 2,5 centímetros acima da parte superior da bainha do forro.**

8. **Mova os tecidos a fim de que a borda livre do forro alinhe-se com a borda livre do tecido da cortina. Repita o Passo 7 ao longo desta borda, como mostrado na Figura 15-9a.**

Quando você move o forro e o tecido da cortina para fazer a segunda costura no sentido do comprimento, cria a bainha dobrada que é vista ao longo do lado direito da Figura 15-9a.

9. Pressione as costuras para deixá-las planas e juntas e em direção ao forro.

10. Centralize o forro no tecido da cortina e alinhave através da parte superior da cortina (veja a Figura 15-9b).

Figura 15-9: Costure o outro lado do forro à parte da frente do tecido (a); alinhave através da parte superior da cortina, centralizando o forro na parte da cortina (b).

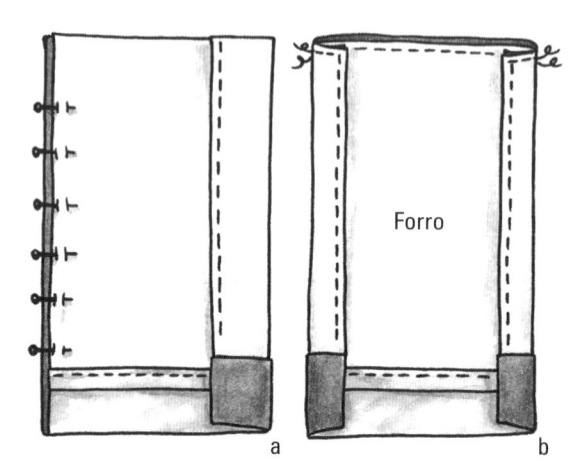

Forro

a   b

11. Para cantos pontudos, vire para baixo a bainha inferior da cortina de forma que ela faça um canto mitrado e dê pontos invisíveis à mão, como mostrado na Figura 15-10. (Veja mais a respeito de cantos mitrado no Capítulo 11 e pontos invisíveis no Capítulo 5.) Repita para o outro lado da bainha da cortina.

Figura 15-10: Costure a cortina e o forro juntos, parando 2,5 centímetros acima da bainha do forro (a); em seguida faça canto mitrado em todos os cantos e faça uma costura invisível (b).

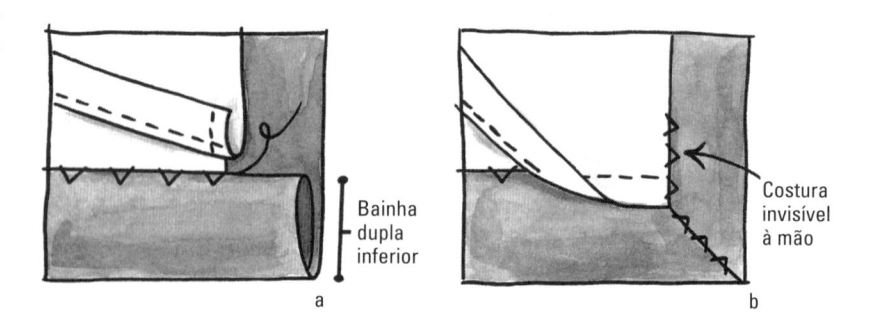

Bainha dupla inferior

Costura invisível à mão

a   b

12. Repita os Passos 1 a 11 para a cortina no outro lado da janela.

Não perca a cabeça com rasgos na cabeça da cortina

Não é para confundir as coisas — ou qualquer coisa — mas a *cabeça* da cortina está na parte superior de uma cortina franzida em um varão ou bastão de cortina (consulte a Figura 15-6). Entretela para *cabeça de cortina* é uma tira dura de fita parecida com entretela que tem 10 a 13 centímetros de largura e é usada na parte superior de cada parte da cortina para reforçar o topo de forma que as ferragens da cortina (ganchos, argolas, presilhas, ou qualquer coisa que você use para fixar as partes da cortina ao varão) não rasguem o tecido quando forem fixadas à cortina. Para este projeto a entretela é costurada dentro da cortina e os anéis do tipo presilha de suspensório se fixam sobre a parte superior da cabeça antes que a cortina vá no varão.

Siga esses passos em um lado da cortina de cada vez para concluir as cortinas e transformar sua tediosa sala em uma linda sala.

1. **Corte a entretela para cortina na largura exata da parte superior da cortina.**

2. **Alfinete e costure a entretela à margem de costura na parte superior da cortina, como mostrado na Figura 15-11a.**

3. **Vire a cortina com o direito para fora e pressione.**

4. **Pesponte em todos os quatro lados da cabeça da cortina, como mostrado na Figura 15-11b. (Leia mais sobre pesponto no Capítulo 7.)**

Figura 15-11: Alfinete e costure a entretela à parte superior da cortina (a); em seguida vire o lado direito para fora e conclua pespontando em torno dos quatro lados da entretela.

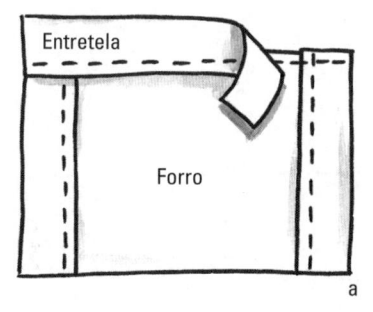

Entretela

Forro

a

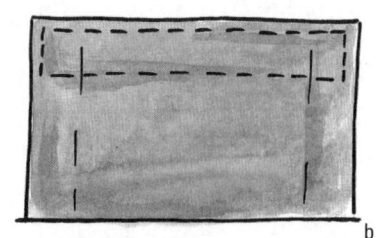

b

5. **Prenda as presilhas de suspensório que estão fixadas às argolas de cortina sobre a parte superior da cortina, separando-as em distâncias iguais ao longo da largura da cortina.**

6. Passe o varão pelos anéis e pendure sua criação.

Se seu varão tiver uma peça redonda ou *ponteira* (um dispositivo decorativo) na extremidade, remova-a puxando gentilmente ou desaparafusando. Passe as argolas de sua cortina no varão, e então ponha a peça ou ponteira de volta no varão e pendure sua decoração. Siga esses mesmos passos simples para remover sua cortina para limpeza.

Capítulo 16

Fazendo uma Transformação em Sua Cama

Neste Capítulo

▶ Transformando seu quarto de um jeito fácil

▶ Fazendo a saia para cama sob medida mais fácil da história

▶ Criando uma capa para edredom

A cama é o ponto focal da maioria dos quartos, portanto a maneira mais rápida para dar uma aparência nova e fresca para seu quarto é transformar a roupa de cama. Desde a saia para cama e a capa para edredom até o porta-travesseiro e as almofadas, mudar um ou todos esses elementos garante uma grande diferença em seu quarto. E mesmo que eles possam parecer projetos intimidadores, projetos de costura para o quarto podem ser bem simples na verdade, e a satisfação e orgulho que você vai sentir por ter transformado seu quarto farão com que você queira exibi-lo para todos que entrarem em sua casa.

Neste capítulo eu mostro como fazer uma saia para cama com pregas bem formadas e uma capa para edredom básica feita com um lençol de cima (aquele com que você se cobre). Para completar a transformação em seu quarto, vá até o Capítulo 14 para criar porta-travesseiros coordenados e uma engenhosa almofada reversível de destaque usando a sobra de tecido de sua roupa de cama. Finalmente, vista suas janelas nuas com uma das maravilhosas decorações para janela do Capítulo 15. Colocar em prática suas habilidades de costura para dar uma nova cara a seu quarto é mais fácil do que você pensa, e você terá exatamente o que deseja.

Poupando Dinheiro ao Preparar um Jogo de Roupa de Cama

Com certeza, você economiza com um daqueles "kits de jogo de cama" das megalojas de varejo ou na internet — e eles podem ter preços bem razoáveis — mas você não pode esperar encontrar um conjunto pelo qual realmente fique louco. Ou o tecido é de qualidade ruim, ou a cor está errada, ou a saia para cama é curta ou frágil demais. Você pode conseguir exatamente o visual que você quer ao criar seu próprio jogo de roupa de cama, usando lençóis para fazer capas de edredom. Lençóis são grandes, então você não precisa fazer muita combinação ou costura, e eles estão disponíveis em muitas cores e desenhos. E como uma capa para edredom é fácil de lavar e trocar, se você mantiver a saia para cama e as cortinas em uma cor neutra, você pode ter um guarda-roupa de capas para edredom que podem ser trocados conforme a estação ou durante um capricho desvairado de decoração.

O maior desafio em boa parte dos projetos de decoração para o lar é manejar o comprimento, volume e peso dos pedaços maiores de tecido. Abra espaço no chão, tire tudo de cima da mesa de jantar e junte uma mesa dobrável extra e tábua de passar antes de começar a costurar! Se não, você estará lutando no último minuto para tentar achar um espaço a mais, portanto planeje agora para evitar frustração depois.

Saia Prequeada para Cama

Uma saia para cama encaixa-se entre o colchão e a cama box e desce até o chão, cobrindo a má aparência da cama box, da armação das camas de madeira ou das grades laterais. Eu gosto de fazer minhas próprias saias para cama, porque uso tecidos melhores que conferem um visual mais rico ao quarto. (Se você está em um dilema a respeito de como coordenar o tecido de sua saia de cama com os outros tecidos em seu quarto, consulte os Capítulos 12 e 20 para alguns conselhos.)

Quando trabalhar com costuras muito longas como aquelas nos projetos deste capítulo, segure o tecido esticado em frente e atrás do pé-calcador enquanto você costura. Costure por alguns centímetros e então reposicione suas mãos, mantendo a tensão em frente e atrás do pé-calcador enquanto você prossegue ao longo do comprimento da costura. Isto mantém as costuras planas e mais fáceis de pressionar e ajuda você a manter o excesso de tecido fora do caminho.

Graças a meu amigo Devin Knuu, proprietário da dk design studio em Toronto, Canadá (e designer por excelência), a engenhosa saia de cama que você cria neste projeto não é apenas fácil de fazer, é fácil de passar. A maioria das saias para cama tem um pedaço de tecido grande e plano posicionado entre o colchão e a cama box com uma saia envolvendo três lados. Quando guardar ou mudar este tipo de saia para cama, você não consegue deixar tudo dobrado ou pendurar em um cabide, então ela fica toda amassada. Assim, quando você tenta passá-la, o volumoso pedaço de tecido plano faz peso e a saia desliza da tábua de passar, de modo que desamarrotar tudo é difícil. A saia para cama a seguir suprime a grande e plana parte central, tornando mais fácil guardar e passar, com um mínimo de amassados e facilitando também sua colocação na cama.

Essa saia para cama tem três lados (o lado da cabeceira não possui saia) e é projetada para uma cama sem dossel ou pé de cama. Caso sua cama tenha dossel ou pé, você pode comprar um molde para saia de cama especificamente apropriado para se ajustar em torno desses itens.

Para fazer a saia para cama você precisa dos seguintes materiais, além de seu kit de sobrevivência de costura (veja o Capítulo 2):

- Tecido plano de cor lisa. (Veja a Tabela 16-1 abaixo para descobrir a quantidade certa de tecido para o tamanho de sua cama.)
- Linha que combine com o tecido.
- Um estabilizador pesado e ultrafirme, de tecido não tecido (um tecido firme, quase como um papelão, disponível na seção de entretela de sua loja de tecidos local). (Veja "Comprando seu tecido" mais adiante neste capítulo para descobrir de quanto você precisa.)

Alguns estabilizadores não tecidos têm um revestimento de produto termocolante (aplicado com ferro) em um dos lados. Certifique-se de usar estabilizador sem termocolante para não grudar seu ferro.

- Alfinetes torcidos (são alfinetes com a forma de um rabinho de porco).
- Fita adesiva.

Medindo a cama box

Para assegurar-se de que a saia cobrirá por completo a cama box e o espaço abaixo da cama, você precisa tirar as medidas mostradas na Figura 16-1. Tire o colchão de sua cama, meça e anote as medidas do box da cama. Você medirá a largura, o comprimento e a *altura da saia*, que é a medida que vai da cama ao chão.

- Largura: _____
- Comprimento: _____
- Altura da saia: _____

Você precisa dessas medidas para ajudar a determinar quanto tecido comprar e cortar para a base e para a saia.

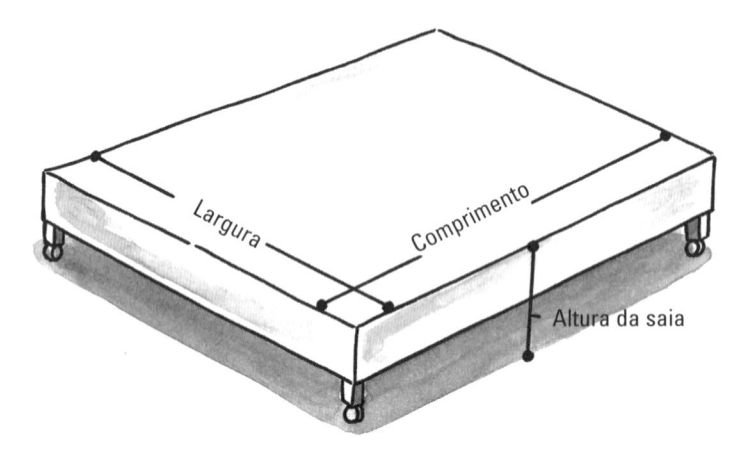

Figura 16-1:
Para um
ajuste perfei-
to, meça sua
cama box de-
pois de tirar
o colchão.

Não pense que você pode cortar caminho nesta etapa das medidas ao deixar o colchão na cama, ou você vai acabar se desfazendo de sua primeira saia de cama e terá que começar tudo de novo (pergunte-me como sei disso)!

Comprando seu tecido

Para proporcionar estrutura a essa saia de cama, você precisa de um tecido de base, geralmente uma entretela bastante rígida e feita de tecido não tecido, (compre 1,8 metro para colchões de solteiro e de viúva; compre 2,05 metros para colchões de tamanho queen e king). Este tecido rígido é cortado em tiras de 16,5 centímetros, costurado da borda da saia e em seguida preso à cama box, por isso você precisa de algo firme e estável.

Você faz a saia em si ao juntar faixas de tecido, costurando-as. A quantidade de tecido necessária depende do tamanho de sua cama e da largura de seu tecido. Para este projeto, use um tecido para decoração de qualidade, com pelo menos 1,40 metro de largura. Tecidos mais estreitos não funcionam, a menos que você queira desperdiçar um monte de tecido. Uma altura normal (a distância que a saia da cama mede desde a parte superior da cama box até o chão) é de 35 centímetros, e um tecido com 1,4 metro de largura permite que você corte faixas que tenham pelo menos 45 centímetros de comprimento, o que deixa uma folga para belas bainhas duplas de 5 centímetros.

Recomendo que você fique com misturas de algodão/poliéster (para uma manutenção fácil) em cores únicas ou texturas lisas (o trabalho fica mais difícil quando você tem que combinar desenhos). Usando as diretrizes na Tabela 16-1, compre tecido suficiente para cobrir sua cama. Repare que eu erro para mais, para que você tenha uma pequena sobra em caso de cometer algum erro.

Nota: o tamanho aproximado de cada colchão está listado abaixo. Compare estas medidas com as medidas que você tirou da cama box para certificar-se de que são iguais. Se suas medidas forem maiores, vá pela quantidade maior de tecido na faixa de medidas.

Tabela 16-1 Quadro de Metragem para a Saia de Cama Pregueada	
Tamanho da Cama	*Comprimento Necessário para Tecido de Decoração com 1,40 a 1,52 Metro de Largura*
Solteiro (0,88 x 1,88 m)	2,2 metros
Viúva (1,28 x 1,88 m)	2,2 a 2,48 metros
Queen (1,58 x 1,98 m)	2,48 a 2,73 metros
King (1,86 x 1,98 m)	2,73 a 2,95 metros
Super king (1,93 x 2,03 m)	2,73 a 2,95 metros

Cortando o tecido

A parte da saia propriamente dita é montada usando-se cinco tiras separadas de tecido — três lados retos com uma prega posicionada em cada canto da parte inferior da cama. Como você quer que cada lado da saia da cama seja feito de um pedaço longo e contínuo de tecido, você dispõe e corta o tecido longitudinalmente — paralelo às ourelas. Neste ramo nós chamamos isso de *cortar o tecido no comprimento*, porque você corta longos pedaços contínuos de tecido, no sentido do fio do comprimento.

Cortando a largura das peças da saia e da prega

Use estas diretrizes para cortar as faixas de tecido:

1. **Corte três faixas de estabilizador de tecido com 16,5 centímetros de largura.**

   A entretela geralmente tem 50 centímetros de largura, portanto corte três faixas dobrando a entretela na metade (como mostra a Figura 1-2) e cortando três faixas de largura igual ao longo do comprimento do tecido.

2. **Corte três faixas de 45 a 50 centímetros de largura do tecido para decoração.**

   Os tecidos para decoração geralmente têm largura entre 1,5 e 3,0 metros, então corte três faixas com largura entre 45 a 50 centímetros, dobrando-o na metade (como mostra a Figura 16-2) e cortando três faixas de largura igual ao longo do comprimento do tecido. Você vai ter uma pequena sobra de tecido da parte da saia que está no pé da cama para fazer as duas peças das pregas localizados nos cantos da cama.

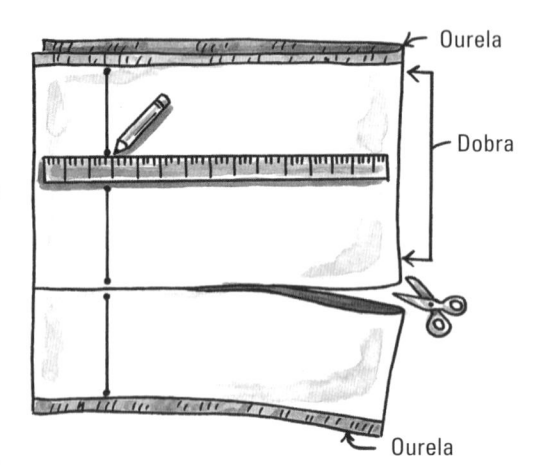

Figura 16-2: Corte três faixas compridas, paralelas às ourelas, do estabilizador e do tecido para decoração.

Cortando o comprimento das peças da saia e da prega

A Tabela 16-2 indica como finalizar o corte das faixas de tecido para decoração que você cortou na seção anterior. Você pode achar que as medidas são grandes demais, mas estas dimensões asseguram que você terá tecido suficiente para fazer bainhas duplas laterais e inferiores. Em vez de criar pregas tradicionais na parte inferior da cama (transtorno demais e muito volumosas), você corta, faz bainha e prende peças separadas das pregas para dar a ilusão de uma prega, com muito menos trabalho. Por causa disso, você fará bainhas duplas separadas em todas as cinco partes da saia.

Nota: Para tirar as medidas na Tabela 16-2, eu somei 10 centímetros à largura e ao comprimento da cama box para uma folga para as costuras e bainhas laterais. Isso dá tecido suficiente para fazer generosas bainhas duplas laterais de 2,5 centímetros e uma bainha dupla inferior de 5 centímetros.

Antes de cortar as faixas de tecido de decoração no comprimento, lembre-se de verificar duas vezes que as dimensões do colchão da cama box na Tabela 16-1 são as mesmas que as suas.

Tabela 16-2   Cortando os Comprimentos para Saia de Cama e Pregas

Tamanho da Cama	Corte 1 Faixa (Para o pé da saia para cama)	Corte 2 Faixas (Para os lados da saia para cama)	Corte 2 Faixas (Para as pregas)
Solteiro	1,1 m	2,00 m	0,30 m
Viúva	1,47 m	2,00 m	0,30 m
Queen	1,63 m	2,13 m	0,30 m
King	2,03 m	2,13 m	0,30 m
Super king	1,93 m	2,24 m	0,30 m

Fazendo bainha dupla na saia e nas pregas

Projetos de decoração para o lar são feitos com bainhas duplas laterais e inferiores. (Veja o Capítulo 15 para mais informações sobre bainhas laterais e inferiores.) Como as bainhas são viradas para cima duas vezes, você não precisa dar acabamento às bordas antes de fazer a bainha. Todas as faixas de tecido de decoração que você cortou recebem duas bainhas laterais e uma inferior. Isso confere peso extra ao tecido nas margens das bainhas, além de um aspecto profissional e arrematado.

Faça bainha dupla nos lados mais curtos

Faça bainha dupla em ambos os lados de cada faixa. O objetivo é que as faixas inferiores e laterais se igualem ao tamanho da cama box que você registrou antes nesse capítulo (veja "Medindo a cama box"). Por exemplo, se a tira lateral cortada para uma cama de solteiro tiver 1,10 metro, ao fazer bainha dupla de 2,5 centímetros em cada lado mais curto, a faixa terminada medirá os 99 centímetros desejados. Siga estes passos para ambos os lados das cinco faixas de tecido:

1. **Coloque o tecido sobre a tábua de passar com o avesso para cima de forma que a borda da bainha lateral esteja no sentido da largura da tábua.**

2. **Pressione com ferro a largura da bainha lateral terminada (aproximadamente 2,5 centímetros).**

3. **Vire para cima e pressione a bainha lateral de novo de modo que fique dobrada. Alfinete-a no lugar.**

   A largura de sua bainha lateral terminada deve ser de aproximadamente 2,5 centímetros (para mais informações sobre bainha dupla veja o Capítulo 15).

4. **Configure sua máquina assim:**

   - Ponto: reto
   - Comprimento: 3 mm/9 pontos por polegada
   - Largura: 0 mm
   - Pé-calcador: de uso geral

5. **Costurando com o avesso da faixa de tecido para cima, pesponte sua bainha dupla, guiando a uma distância regular da margem da bainha.**

   Para uma bainha de 2,5 centímetros, guie a aproximadamente 1,90 centímetro da margem de bainha dobrada. Para mais informações sobre bainhas, veja o Capítulo 7.

Para ajudar a guiá-lo, cole uma tira de fita adesiva na base da máquina de modo que a margem esquerda da fita seja da largura da bainha terminada à direita da agulha e paralela às linhas marcadas na chapa da agulha. Use a borda da fita adesiva como sua guia de costura.

6. **Passe a ferro a bainha para suavizar os pontos.**

Faça bainha dupla nas bordas longas

Antes de fazer bainha dupla nas bordas longas de sua saia para cama, verifique o tamanho na cama. Prenda a borda inferior com alfinete no equivalente a 10 centímetros de uma faixa para simular uma bainha dupla inferior de 5 centímetros. Começando na margem não arrematada superior, meça 1,2 centímetro para baixo e marque. Segure a faixa de modo que a marca feita fique alinhada com a margem superior da cama box e deixe-a pender em direção ao chão. Se o comprimento não estiver certo, aumente ou encurte sua margem de bainha conforme necessário para que a borda da bainha toque o chão. Então faça bainha nas peças da saia e das pregas de acordo com os seguintes passos:

1. **Coloque o tecido sobre a tábua de passar com o avesso para cima de forma que a borda da bainha esteja no sentido da largura da tábua.**

2. **Pressione com ferro a largura da bainha terminada (aproximadamente 5 centímetros) ao longo do comprimento da faixa.**

3. **Vire para cima e pressione a bainha de novo de modo que fique dobrada e alfinete-a no lugar, como mostrado na Figura 16-3a.**

   A largura de sua bainha terminada deve ser de aproximadamente 5 centímetros (para mais informações sobre bainha dupla, veja o Capítulo 15).

4. **Configure sua máquina assim:**
   - Ponto: bainha invisível
   - Comprimento: 3 mm/9 pontos por polegada
   - Largura: 2 a 2,5 mm
   - Pé-calcador: bainha invisível

5. **Costurando com o avesso da faixa da saia para cima, faça uma bainha invisível na bainha inferior, como mostrado (veja a Figura 16-3b).**

6. **Passe a ferro a bainha para suavizar os pontos.**

   As bainhas finalizadas em uma das peças da prega estão mostradas na Figura 16-4.

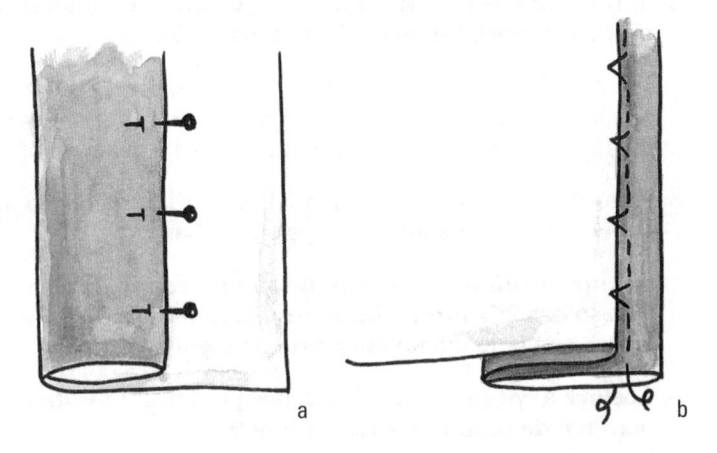

Figura 16-3: Dobre a bainha inferior, pressionando-a, alfinetando-a (a) e fazendo bainha invisível (b).

Figura 16-4: As bainhas finalizadas, como mostradas em uma peça da prega.

Prendendo a saia e as pregas no tecido da base

Enquanto segue estes passos, você junta os cinco pedaços de tecido para formar uma faixa bem comprida. À medida que a saia toma forma, dobre-a para cima e deixe-a apoiada em seu colo para mantê-la fora do caminho.

1. Configure sua máquina assim:

- Ponto: reto
- Comprimento: 3,5 a 4,0 mm/6 a 8 pontos por polegada
- Largura: 0 mm
- Pé-calcador: de uso geral

2. **Junte todas as tiras de entretela, costurando ponta com ponta de modo que você tenha uma tira longa e fina.**

   Isso cria uma tira de vista na qual a saia ficará presa. Uma vez que essa tira pode acabar ficando com 6,35 metros de comprimento, você precisa apará-la no comprimento depois de costurá-la nas peças das pregas.

3. **Alfinete a tira da vista às três faixas embainhadas da saia, direito com direito, como mostra a Figura 16-5a.**

4. **Coloque e alfinete as peças das pregas com o direito para baixo no avesso das faixas da saia, centralizando-as onde as faixas longas e curtas se unem, como mostrado na Figura 16-5b.**

5. **Costure as peças da saia e das pregas à tira de vista usando uma margem de costura de 1,2 centímetro.**

   Segure o tecido esticado na frente e atrás do pé-calcador enquanto você costura. Costure alguns centímetros, removendo os alfinetes antes de costurar por cima deles. Depois reposicione suas mãos, mantendo uma tensão regular na frente e atrás do pé-calcador e ao longo do comprimento da costura para mantê-lo plano e livre de franzidos.

6. **Pressione com o ferro a longa costura para um lado para que fique lisa e reta.**

Figura 16-5:
Alfinete (a) e costure (b) a faixa da saia e as peças das pregas à larga tira de vista.

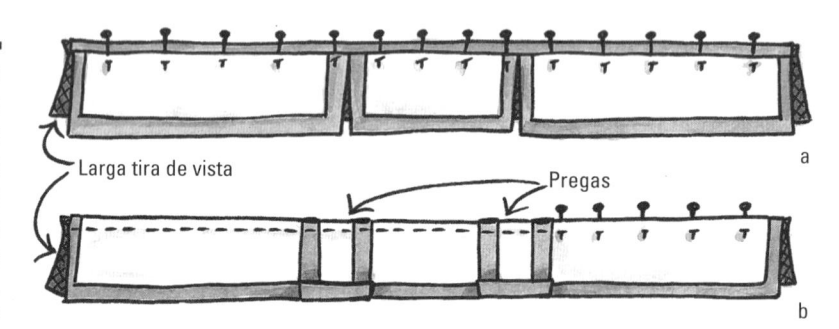

Larga tira de vista

Pregas

a

b

Posicionando a saia na cama box

Esta é a parte emocionante: prender o projeto finalizado à cama box. É moleza:

1. **Coloque a base da saia na cama box. Usando um alfinete torcido, alfinete a saia na cama box, no pé da cama e em cada prega, como mostra a Figura 16-6.**

   Gire os alfinetes torcidos em sentido horário no tecido assim como você faz com um pequeno parafuso.

Figura 16-6: Coloque a larga peça da vista na cama box de modo que a saia penda para o chão; em seguida, ponha os alfinetes torcidos na base e em cada prega.

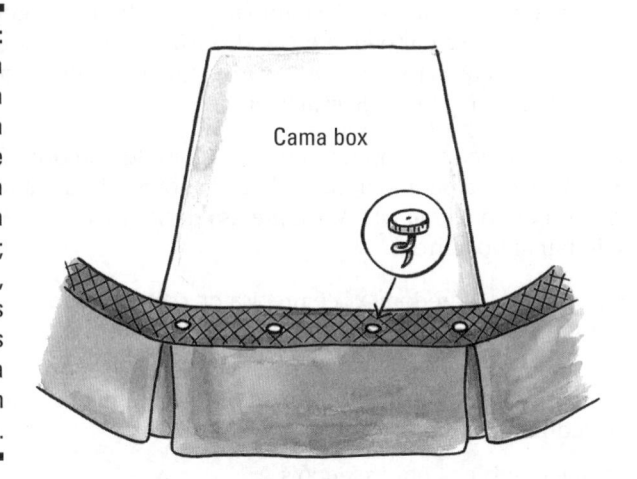

Cama box

2. **Para virar os cantos, aperte o excesso da vista em cada canto e dobre-o para baixo como mostra a Figura 16-7.**

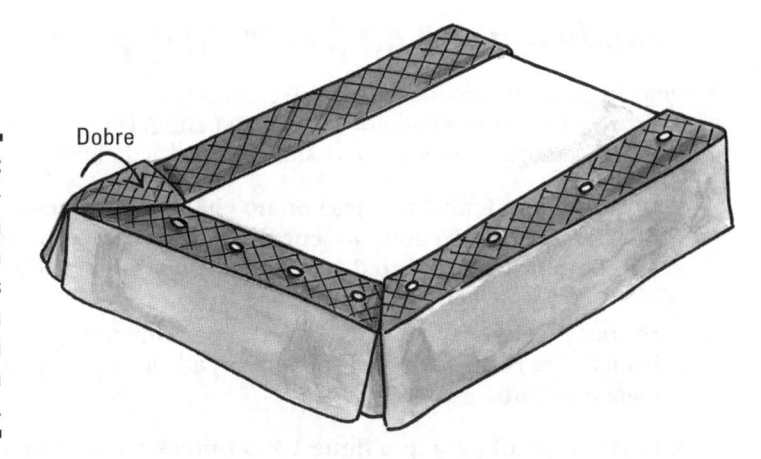

Dobre

Figura 16-7: Aperte e alfinete a tira da vista em cada canto e nos lados para prender a saia da cama à cama box.

3. **Prenda os lados restantes da saia com alfinetes torcidos.**

Capa Customizada para Edredom

Um *edredom* é um acolchoado fofo, coberto de algodão, e preenchido com pluma natural ou sintética, que você coloca dentro de uma capa decorativa separada para edredom. A capa feita nesta seção começa com lençóis simples de cama e possui um fechamento abotoado do tipo envelope. Os lençóis prontos poupam trabalho uma vez que eliminam as etapas de costura e bainha e são tão fáceis de cuidar quanto os lençóis em sua cama. Você utiliza as bainhas prontas em ambas as extremidades do lençol como locais firmes e estáveis onde costurar os botões e fazer suas casas.

Capas para edredom feitas à mão são muito mais baratas que o edredom em si, então você pode se dar o luxo de ter diversas capas de cores que harmonizem — um guarda-roupa de acessórios para o quarto para combinar com seu humor ou com a troca de estações.

Antes de começar, meça o comprimento e a largura do edredom que você pretende cobrir (não há padrão industrial, portanto os edredons variam de tamanho dependendo da marca). Você precisa destas medidas para comprar os lençóis do tamanho correto.

Para fazer a capa para edredom, você precisa dos seguintes materiais, além de seu kit de sobrevivência de costura (veja o Capítulo 2):

- Dois lençóis de cima com comprimento e largura maiores que os de seu edredom.
- Linha que combine com os lençóis.
- De seis a oito botões com cerca de 2 centímetros que harmonizem com o tecido.

Cortando a parte da frente da capa do edredom

A frente da capa do edredom é um pedaço inteiro de lençol, com a maior parte do trabalho acontecendo no verso do edredom (descrito na seção seguinte). Siga estes simples passos para fazer a peça da frente:

1. **Disponha um lençol na mesa ou no chão, com o avesso para cima. Centralize seu edredom no lençol de modo que as bordas do edredom fiquem dentro das margens embainhadas do lençol.**

Se você precisar de um pouco mais de comprimento, descosture as bainhas das partes superior e inferior de cada lençol e então pressione as bainhas a ferro.

2. **Corte o lençol para que fique 1,2 centímetro maior que o edredom nos quatro lados.**

Corte tecido excedente nos lados e partes superior e inferior. Esta peça é a parte da frente do edredom.

Construindo o verso da capa do edredom

Siga estes passos para fazer o verso de sua capa de edredom:

1. **Estenda o segundo lençol na parte superior da peça da frente da capa. Usando a peça cortada como um molde, apare os lados longos do segundo lençol tanto quanto for necessário para igualar ao primeiro. *Não* corte na parte de cima ou debaixo.**

2. **Corte 30,5 centímetros da parte de cima do segundo lençol, usando a margem com a bainha mais larga. Este pedaço de 30,5 centímetros se tornará a tira da casa do botão.**

O tecido extra nessa bainha é um lugar ótimo e firme para fazer as casas dos botões.

3. **Estenda a frente da capa do edredom, com o direito para cima. Coloque a tira da casa do botão em cima dela, direito para cima, com a margem não arrematada alinhada à margem superior da peça da frente. Junte-as com alfinete, como mostra a Figura 16-8a.**

4. **Disponha a grande sobra do segundo lençol na parte superior, com o direito para baixo, sobrepondo a bainha estreita restante na bainha larga da tira para casa de botão. Corte a parte inferior do lençol de forma que fique alinhada com a margem não arrematada do primeiro lençol.**

Sobreponha as bainhas em uma distância suficiente para deixar espaço para os botões. Estes são costurados na bainha estreita do segundo lençol para que não sejam arrancados com o desgaste decorrente do uso e arrumação da cama.

5. **Usando a tira para a casa de botão com a bainha larga, marque e faça de seis a oito casas de botão regularmente espaçadas sobre a bainha e paralelas à margem da bainha. (Veja a Figura 16-8 para verificar a posição da casa do botão e o Capítulo 9 para mais informações sobre marcação e confecção de casas de botão.)**

6. **Usando como guia as casas de botão feitas no passo anterior, marque e pregue os botões no direito da bainha estreita no verso da capa.**

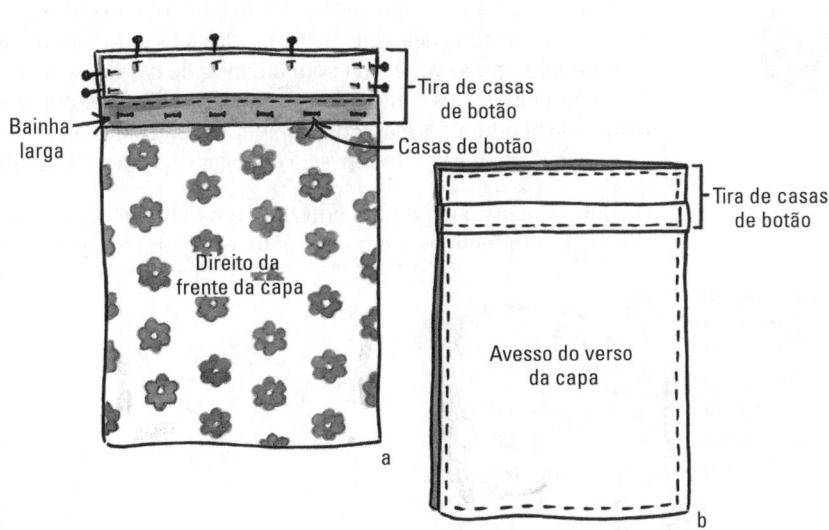

Figura 16-8: Faça as casas de botão; em seguida alfinete a tira da casa de botão à frente da capa do edredom (a). Monte a capa, costurando em torno dos quatro lados (b).

Bainha larga

Tira de casas de botão

Casas de botão

Direito da frente da capa

a

Tira de casas de botão

Avesso do verso da capa

b

Posicione os botões de modo que eles fiquem centralizados em vez de ficarem nas pontas das casas de botão, para haver menos pressão sobre as linhas do botão. (Veja o Capítulo 9 para mais informações sobre marcação e costura de botões.)

Juntando todas as partes

Siga estes passos para montar sua capa de edredom. Lembre-se, o lado com os botões é o verso do edredom, e o lençol inteiro é a frente.

1. **Abotoe a grande peça traseira do edredom à tira de casas de botão.**

2. **Com os direitos do tecido unidos, junte com alfinete as partes inferior e laterais da frente e do verso da capa.**

3. **Configure sua máquina assim:**

    • Ponto: reto

    • Comprimento: 3 a 3,5 mm/8 a 9 pontos por polegada

    • Largura: 0 mm

    • Pé-calcador: de uso geral

4. **Junte as quatro partes do edredom, costurando-as, usando uma margem de costura de 1,2 centímetro, como mostra a Figura 16-8b.**

    Passe a ferro as costuras para deixá-las lisas e planas.

5. **Abra os botões e coloque seu edredom dentro de sua capa legal.**

Se você tiver muita dificuldade para colocar o edredom dentro da capa, tente o seguinte: coloque a capa com o avesso para fora no chão, e então coloque o edredom em cima dela. Envolva com elásticos todos os cantos da capa e do edredom (como você faria com um rabo de cavalo — veja a Figura 16-9). Enrole firmemente os cantos. Em seguida vire a capa do edredom para dentro através da abertura. Os elásticos mantêm os cantos da capa e do edredom juntos e evitam que o edredom saia do lugar e se amontoe dentro da capa.

Coloque sua nova capa para edredom em cima de sua cama, afaste-se e admire seu trabalho por um momento, e depois se jogue para uma soneca.

Figura 16-9:
Junte com elástico os cantos de sua capa e do edredom antes de virar o avesso para dentro.

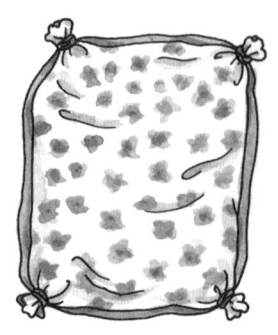

Parte V

Fazendo Reformas e Ajustes Rápidos por um Guarda-Roupa Sustentável

A 5ª Onda

Por Rich Tennant

"Estou vendo que você ainda está juntando retalhos para seus projetos de restauração."

Nesta parte...

*V*ocê conhece o velho ditado: às vezes, acontece. Bom, acontece com nossas roupas também. Aparecem buracos na sua camisa favorita e um dia você pode experimentar suas calças da sorte e descobrir que o caimento já não é mais o mesmo.

Quando coisas ruins acontecem com suas roupas preferidas, não as jogue fora. Leia os capítulos desta parte e dê a suas roupas uma nova chance. Alguns dos projetos que mostro para você nesta parte podem, de fato, tornar suas roupas mais bonitas do que elas eram antes de a tragédia acontecer!

Capítulo 17

Quando as Roupas Estão Curtas Demais, Compridas Demais, Apertadas Demais ou Frouxas Demais

- -

Neste Capítulo

▶ Alongando e encurtando calças, saias e mangas
▶ Aumentando o espaço para jaquetas e calças respirarem
▶ Ajustando calças largas demais
▶ Ajudando as calças a se ajustarem de maneira fácil com um cinto ajustável

- -

*V*ocê está sofrendo dos *terríveis demais*? Você sabe, roupas que estão compridas demais, curtas demais, apertadas demais ou frouxas demais? Eu tenho a maior dificuldade de me livrar de roupas que ainda são usáveis, especialmente quando eu sei que se eu perder apenas uns três quilos, elas servirão. Então, se você for como eu e não quiser jogar fora roupas que consegue usar perfeitamente apesar do caimento imperfeito, você pode usar os atalhos criativos neste capítulo para colocá-las em forma — isto é, na sua forma.

Quando Está Curto Demais

Você pode reduzir o encolhimento da maioria dos tecidos se não cozinhar os tecidos laváveis na secadora no programa mais quente, para algodão. Os tecidos duram mais e não encolhem tanto quando você os seca no programa de temperatura média (para tecidos que não precisam ser passados).

Mas e se essas informações forem águas passadas e sua roupa estiver curta demais para ser respeitável? Continue lendo para descobrir o que fazer.

Cortando as pernas das calças e fazendo novas bainhas

Você pode transformar calças curtas em calças de comprimento capri ou em shorts ao simplesmente cortar as pernas e fazer bainha nelas novamente. (Veja o Capítulo 7 para mais informações sobre bainhas.) Olhe para a largura das pernas da calça e imagine-as cortadas na altura em que você normalmente usa suas calças de barra mais curta ou shorts. As pernas da calça em questão são largas o bastante para você cortar? Ou, elas são estreitas como você gosta? A resposta depende de sua preferência pessoal. Quanto ao tecido, fique com tecidos planos, como brim, veludo cotelê, gabardine ou popeline. O Capítulo 7 contém instruções completas sobre como fazer bainhas.

Descendo a bainha e aplicando vista

Se suas calças ou saia estão curtas demais, a margem da bainha pode ser generosa o bastante para que você a desça e aumente o comprimento. Olhe a margem de bainha de uma roupa:

- A bainha é virada duas vezes e então costurada?
- A margem da bainha tem generosos 5 centímetros ou mais?

Em caso positivo, você pode conseguir descer a bainha, e você terá um acréscimo na largura de bainha (menos a margem de costura de 0,5 centímetro necessária para aplicar o revestimento de bainha).

Para esse projeto, você precisa de *fita de viés para revestimento de bainha*, que você pode encontrar em sua loja de tecidos local. A fita é feita de tecido plano leve, geralmente mistura de algodão/poliéster, e possui bainhas pré-passadas de 0,5 centímetro nas duas longas bordas, e tem quase 2,05 centímetros de largura. É cortada no viés para que possa ser costurada e pressionada para se adaptar a quase qualquer borda de bainha. A opção de cor é limitada, mas você deve conseguir encontrar uma que tenha cor parecida com a do seu projeto.

Siga estes passos para aumentar sua bainha com a aplicação de vista:

1. **Usando um abre-casas, desfaça a sua bainha existente. (Veja mais sobre desfazer pontos no Capítulo 6.)**

2. **Usando o ferro a vapor, pressione a bainha para desfazer o antigo vinco da bainha.**

Às vezes o vinco da bainha não desaparece por completo. Geralmente você pode desfazer um vinco difícil ao borrifar uma mistura com partes iguais de vinagre branco e água em um pano de passar (veja o Capítulo 2), estendendo o pano umedecido em cima do vinco da bainha e então pressionando até que o pano esteja seco.

3. **Desdobre uma borda da fita para revestimento de bainha pré-dobrada e alfinete a borda da fita alinhada com a borda da bainha, colocando os direitos juntos como mostra a Figura 17-1.**

Figura 17-1:
Desdobre a fita para revestimento, costure-a na borda da bainha e então junte as pontas da fita, costurando-as.

Deixe a fita para bainha em um longo pedaço único. Você só corta depois de costurar as pontas.

4. **Configure sua máquina assim:**

   - Ponto: reto
   - Comprimento: apropriado para o tecido (dê alguns pontos de teste para encontrar aquele que mais se assemelhe com o comprimento de ponto usado nas outras costuras)
   - Largura: 0 mm
   - Pé-calcador: de uso geral

5. **Começando a 2,5 centímetros da extremidade da fita, costure em volta da bainha na dobra da fita para bainha, com o lado da fita para cima (consulte a Figura 17-1).**

6. **Pare de costurar na fita cerca de 2,5 centímetros de onde você começou.**

   Não corte a fita ainda. Pegue a roupa e dirija-se à tábua de passar.

7. **Dobre para cima a bainha com vista na largura da fita e, usando um ferro a vapor, pressione suavemente a fita de revestimento.**

   Pressione no avesso da roupa, usando um pouco de vapor e um pano de passar para ajudar a modelar a fita de revestimento de modo que ela se torne parte da roupa.

8. **Corte o comprimento extra da fita de revestimento da bainha, deixando comprimento suficiente em cada ponta para uma margem de costura.**

9. **Junte as pontas da fita de revestimento da bainha, costurando-as, abra a costura a ferro, e então arremate costurando a fita de revestimento à borda da bainha (consulte a Figura 17-1).**

10. **Faça a bainha novamente usando um dos métodos para bainha que descrevi no Capítulo 7.**

Adicionando ribana em uma abertura

As faixas de malha encontradas nos decotes e punhos de camisetas e agasalhos são chamadas de *ribana*. Meu tipo favorito de ribana tem elastano misturada com algodão ou náilon (veja mais a respeito das fibras e tecidos no Capítulo 3) e não deforma com lavagens e uso pesado.

Quando meu filho era pequeno e tinha surtos frequentes de crescimento, meu jeito favorito de aumentar o comprimento das calças ou da manga de uma camisa era descer as bainhas e colocar ribana. Depois de fazer isso para ele algumas vezes, eu acabei usando a mesma técnica para mim mesma, com grandes resultados.

Fechando a ribana de malha

Antes que você possa usar ribana para resolver o problema de uma roupa curta demais, você deve preparar a ribana para a abertura, fechando-a com costura. Os seguintes passos mostram como criar a costura mais lisa e invisível para a ribana:

1. **Corte a ribana na largura e comprimento adequados:**

   • **Comprimento da ribana:** para decotes, corte a ribana com três quartos do comprimento da circunferência da abertura (se a abertura tiver 50 centímetros de circunferência, corte a ribana com 38 centímetros de comprimento). Para mangas, tornozelos e cinturas, corte a ribana com dois terços do comprimento da circunferência da abertura (se a abertura tiver 30 centímetros de circunferência, corte a ribana com 20 centímetros de comprimento).

   • **Largura da ribana:** dobre a largura final desejada e some 1,2 centímetro (se você quiser uma largura final de 5 centímetros, corte a ribana com 11,2 centímetros de largura).

2. Configure sua máquina assim:

- Ponto: overloque
- Comprimento: o mais longo
- Largura: 5 a 6 mm
- Pé-calcador: bordado

3. Dobre a ribana como mostra a Figura 17-2 e, usando uma margem de costura de 0,5 centímetro, junte as pontas curtas, costurando-as.

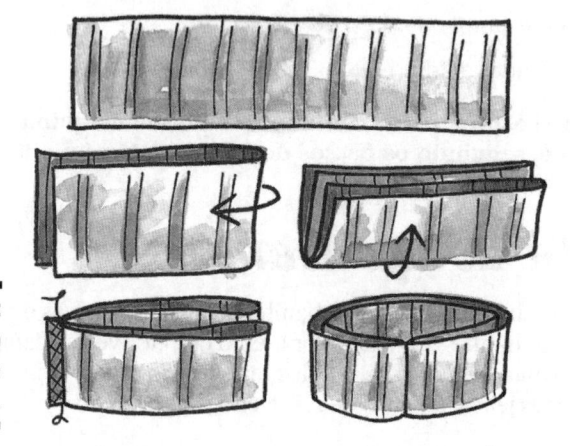

Figura 17-2:
Costurando
ribana de
malha.

4. Pressione com os dedos a costura para um lado, e então vire a ribana de modo que, quando virada com o direito para fora, forme um círculo com a costura do lado de dentro da faixa.

Costurando ou chuleando a ribana no lugar

Quando você perceber como é rápido e fácil pregar a ribana na abertura, você vai querer colocar ribanas em tudo que estiver por perto.

Siga estes passos para pregar sua ribana como um profissional:

1. Use alfinetes para marcar a abertura em quartos.

Esse processo é chamado de *marcar em quartos*.

Até que você pegue mais prática, você pode achar que marcar a abertura e a ribana em oito partes iguais, em vez de quatro, é mais fácil.

2. Marque a ribana em quatro.

3. Com o avesso da roupa para fora e a ribana enfiada na abertura fazendo com que as duas peças estejam com os direitos juntos, alinhe e junte a ribana e a abertura com alfinetes, de modo que as costuras e as marcações de alfinete fiquem juntos.

4. Configure sua máquina assim:

- Ponto: overloque
- Comprimento: o mais longo
- Largura: 5 a 6 mm
- Pé-calcador: bordado

Ou configure sua overloque assim:

- Ponto: overloque de quatro linhas
- Comprimento: 2,5 a 3,50 mm
- Largura: 4 mm
- Pé-calcador: padrão

5. Faça uma costura de 0,5 centímetro com sua máquina ou com a overloque, seguindo os passos descritos no Capítulo 6.

Quando Está Longo Demais

Claro, você pode simplesmente fazer bainha de novo em calças e saias que você achar longas demais para o comprimento correto (veja o Capítulo 9). Mas, quando se trata de mangas e tecidos mais grossos como brim, as seguintes soluções são meus jeitos favoritos de resolver o problema do longo demais.

Mudando o botão no punho de uma manga

Um modo rápido de cuidar de uma manga ligeiramente longa demais em uma camisa de botões é mudar o botão de lugar para que os punhos se ajustem confortavelmente ao redor do pulso. Esse ajuste impede o punho de deslizar e cobrir sua mão, como mostra a Figura 17-3.

Reveja a informação sobre as formas de pregar botões no Capítulo 9.

Figura 17-3:
Mude o botão de lugar para encurtar uma manga longa demais; antes (a) e depois (b).

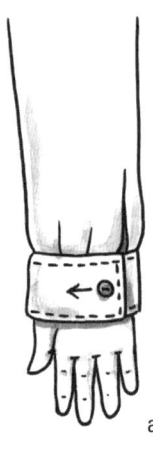
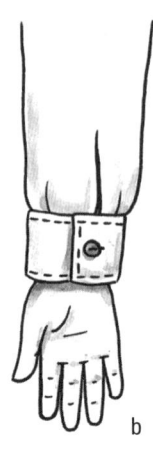

a   b

Removendo o punho para encurtar a manga

Os braços de meu marido são mais curtos do que os fabricantes acham que deveriam ser, aparentemente, então eu sempre encurto as mangas de camisas para ele, subindo o punho na manga (eu me ofereci para subir algumas pregas em suas mangas, mas ele não se interessou — um pouco bufante e pirata demais).

Você pode facilmente encurtar mangas no punho quando segue estes passos:

1. **Usando um abre-casas, descosture o punho, cortando com cuidado os pontos que o seguram na manga.**

   Deixe o punho com a margem de costura passada em direção ao interior.

   Como um referencial, remova um punho de cada vez. Assim, caso você precise checar a forma original com que o fabricante da camisa costurou o punho, você pode fazê-lo com aquele que você ainda não removeu.

2. **Alfinete o punho de volta à camisa, de modo que a margem arrematada do punho esteja na posição desejada.**

   Experimente a camisa e dobre seu braço para certificar-se de que o punho está no lugar certo.

3. **Usando um marcador para tecido, marque ao longo da parte superior do punho, estabelecendo a nova posição deste.**

4. **Tire os alfinetes do punho e corte o excesso de tecido da manga, deixando uma margem de costura de 1,2 centímetro na parte inferior da manga, abaixo das marcas de colocação do punho que você fez no Passo 3 (veja a Figura 17-4).**

Figura 17-4:
Marque a nova posição do punho e apare o excesso de tecido na manga.

5. **Faça novas pregas e alfinete o botão na manga, usando as pregas originais como guia e afundando-as tanto quanto necessário para ajustar o volume da manga no punho.**

6. **Depois de encurtar uma manga, repita os Passos 1 a 5 para o outro punho.**

   Verifique de novo para ter certeza de que você fez as pregas da outra manga iguais às da primeira. (Leia mais sobre pregas no Capítulo 8.)

7. **Alfinete cada punho (veja a Figura 17-5) de forma que a linha de costura esteja alinhada com as marcas que você fez no Passo 3.**

Figura 17-5:
Alfinete o
punho.

8. **Configure sua máquina assim:**
   - Ponto: reto
   - Comprimento: 2,5 a 3 mm/10 a 12 pontos por polegada
   - Largura: 0 mm
   - Pé-calcador: de uso geral

9. **Prenda o punho na manga com uma costura reta reforçada, guiando os pontos para que sejam feitos na linha de costura original. (Veja o Capítulo 6 para saber mais sobre costura reta reforçada.) Repita na outra manga.**

Encurtando jeans

Encurtar e fazer bainhas novas em jeans apresenta alguns desafios reais, a menos que você tenha as ferramentas e técnica certas. Algumas das costuras duplas de jeans não cabem sob o pé-calcador das máquinas de costura caseiras. E se o pé-calcador afasta-se do volume, você fica com uma grande confusão em suas mãos — a menos que você use um calço.

Você coloca um calço sob o pé-calcador para ajudar a costurar sobre um volume de tecido irregular. Calços para costura, disponíveis em vários tipos, funcionam como um pedaço de madeira sob um pé de mesa, estabilizando o pé-calcador conforme ele se movimenta sobre costuras trabalhosas.

Siga estes passos para encurtar seus jeans longos demais:

1. **Antes de subir a bainha de seu jeans, lave-o e seque-o na temperatura alta ou média para algodão.**

Depois de refazer a bainha, lave e seque seu jeans no programa de temperatura média (para tecidos que não precisam ser passados) para assegurar-se de que eles não encolherão mais.

2. **Meça e marque a linha de bainha desejada com seu giz de alfaiate.**

3. **Corte o excesso de tecido, deixando pelo menos 1,2 a 1,6 centímetro para a margem de bainha.**

4. **Dê acabamento à margem não arrematada, usando um dos pontos de chuleio de sua máquina de costura ou o ponto de overloque de três linhas em sua overloque. (Veja o Capítulo 7 para saber a melhor maneira de finalizar margens não arrematadas.)**

5. **Dobre para cima e pressione a margem de bainha na marca que você fez no Passo 2.**

Ainda que seu jeans tenha bainha dupla, essa camada excedente é, muitas vezes, demais para a maioria das máquinas de costura. Você pode fazer sua bainha de modo mais fácil, e deixá-la com um aspecto melhor, se dobrá-la apenas uma vez.

6. **Configure sua máquina assim:**
   - Ponto: reto
   - Comprimento: 3,0 a 4,0 mm/6 a 9 pontos por polegada
   - Largura: 0 mm
   - Pé-calcador: de uso geral, Teflon ou bainha enrolada
   - Agulha: tamanho 90/14 para Jeans
   - Acessórios: calço (às vezes chamado de pé-calcador para pregar botão)

7. **Costure a bainha, começando na parte da frente ou de trás da perna (mas não em uma costura interna ou externa).**

8. **Ao chegar a uma costura interna ou externa, costure até que a ponta do pé-calcador erga-se sobre o volume de tecido criado pelas margens de costura. Pare com a agulha no tecido e levante o pé-calcador.**

9. **Coloque o calço sob a parte traseira do pé-calcador e abaixe o calcador.**

O calço levanta a parte traseira do pé-calcador de forma que este fique na altura do volume de tecido.

10. **Costure sobre o volume até que a ponta do calcador comece a abaixar. Pare com a agulha no tecido e levante o pé-calcador novamente.**

11. **Remova o calço da parte debaixo do calcador, coloque-o sob a ponta do calcador e abaixe este último como mostra a Figura 17-6.**

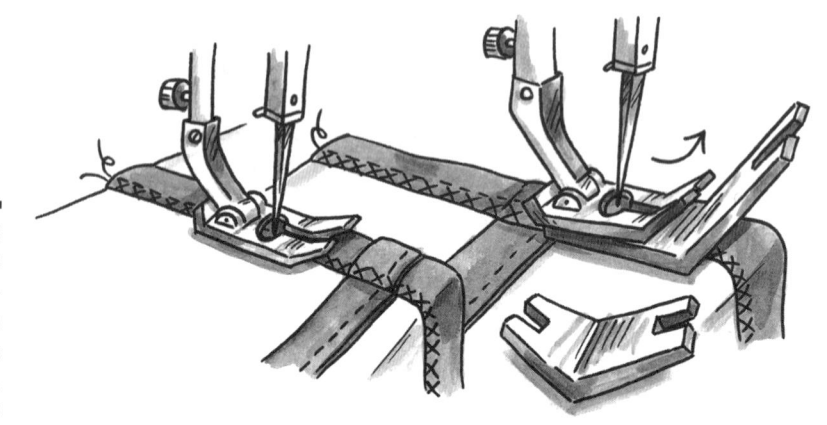

Figura 17-6: Use o calço para mano-brar sobre costuras grossas.

12. **Costure até que a agulha e a parte traseira da ponta do calcador estejam fora do volume.**

    Conforme você se afasta do volume, o calço nivela o pé-calcador para um transporte alinhado e para pontos ainda melhores.

13. **Levante o pé-calcador e remova o calço, e então abaixe o pé-calcador e costure até que você chegue na próxima costura grossa.**

    Repita os Passos 8 a 12 até que você termine a bainha.

Quando Está Apertado Demais

As iguarias nesta seção podem ajudá-lo a conseguir usar um pouco mais suas roupas sem ter que forçá-lo a perder peso ou começar um programa de exercícios.

Mudando os botões em uma jaqueta

Uma maneira fácil de conseguir mais espaço em uma jaqueta é simplesmente mudar os botões de lugar. Mudar um botão em 1,2 centímetro faz uma grande diferença na aparência da roupa e na sensação ao vesti-la.

Transforme uma jaqueta de abotoamento duplo em uma com abotoamento único ao eliminar uma fileira de botões e mudando de lugar a outra fileira, para que os botões e suas casas fiquem centralizados (veja a Figura 17-7). Você obtém mais espaço e o modelo de abotoamento único é geralmente emagrecedor. (Veja o Capítulo 9 para saber mais sobre como pregar botões à mão e à máquina.)

Figura 17-7: Aumente o espaço em uma jaqueta de abotoamento duplo, mudando os botões de lugar.

a   b

Adicionando espaço no cós

Normalmente, você corta o cós no sentido do comprimento do fio. (Veja o Capítulo 4 para mais informações sobre o sentido do fio.) Quando lavado e seco em temperatura alta, o tecido geralmente encolhe no sentido longitudinal e continua encolhendo mesmo depois que você lavou a roupa diversas vezes. Não é de admirar que estes coses apertem um pouco depois! Eis como conseguir um espaço adicional de 1,9 centímetro:

1. **Encontre um lugar na roupa onde você possa roubar um pedacinho de tecido para fazer uma extensão.**

   Uma margem de bainha ou um passador de cinto adicionais, ou a margem inferior de um bolso de costura interna (se combinar com o tecido da roupa) funcionam bem.

2. **Corte a extensão tão comprida quanto possível e com a mesma largura que o cós, e aplique entretela termocolante nela (veja o Capítulo 3).**

3. **Na parte de trás da calça, desfaça cuidadosamente qualquer passador de cinto que possa estar no caminho. (Veja o capítulo 6 para saber mais sobre como desfazer pontos com segurança.)**

4. **Desfaça os pontos que seguram o cós à cintura, removendo os pontos por 7,5 a 10 centímetros em ambos os lados do centro das costas. Corte o cós no sentido da largura, como mostrado na Figura 17-8.**

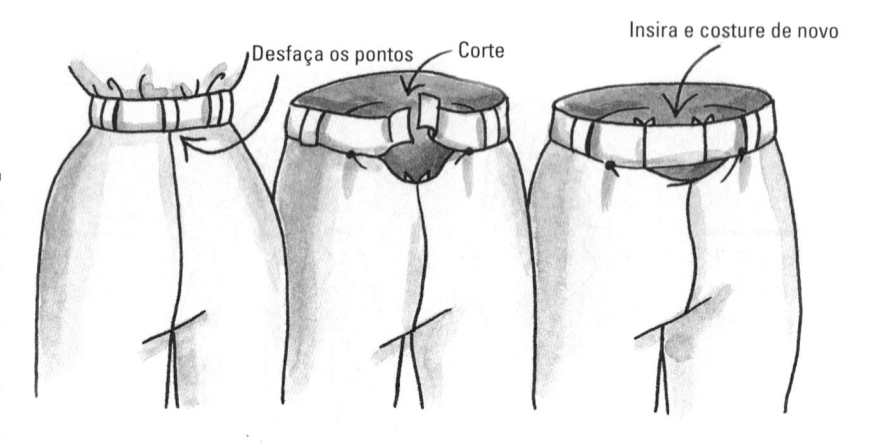

Desfaça os pontos — Corte — Insira e costure de novo

Figura 17-8: Cós apertado demais? Adicione uma extensão de tecido no centro das costas.

5. **Corte sua extensão de tecido.**

   Experimente a roupa e calcule quanta extensão será necessária. Corte a extensão longa o suficiente para caber no cós *mais* as margens de costura.

   Acrescente margens de costura generosas para que você possa abrir a ferro as costuras em ambos os lados da extensão, tornando o cós estendido macio e confortável.

6. **Configure sua máquina assim:**
   - Ponto: reto
   - Comprimento: apropriado para o tecido (dê alguns pontos de teste para encontrar aquele que mais se assemelhe com o comprimento de ponto usado nas outras costuras)
   - Largura: 0 mm
   - Pé-calcador: de uso geral

7. **Costure a extensão ao centro das costas do cós (consulte a Figura 17-8).**

Junte o direito da ponta aberta e curta do cós com o direito da extensão com entretela e faça uma costura. Repita para a outra ponta da extensão.

8. **Costure o cós de volta no lugar e prenda os passadores de cinto onde estavam antes.**

Como o cós original encolhe e a cintura do tecido não, adicionar esse pedacinho de comprimento ao cós "relaxa" o caimento da roupa, permitindo que você tenha espaço e conforto adicionais.

Quando Está Frouxo Demais

Eis alguns truques que uso quando as coisas estão frouxas demais. Uma vez que os quadris são proporcionalmente maiores que a cintura, esta solução rápida diminui a cintura. Se sua cintura vive em um efeito sanfona de estação para estação, usar um cinto ajustável sobre uma cintura larga demais pode ser a solução.

A diminuição da cintura funciona bem nas calças femininas e masculinas informais que possuem um zíper frontal e não possuem a costura tradicional no cós no centro das costas. Basta seguir estes passos:

1. **Com a calça pelo avesso, puxe e alinhave com alfinetes a quantidade necessária do centro das costas, indo do cós para baixo conforme preciso.**

Para alinhavar com alfinete, ponha os alfinetes próximos e ao longo da nova linha da costura. Você também pode querer marcar a nova linha da costura com giz de alfaiate.

2. **Costure ao longo da linha de alfinetes, diminuindo o tecido necessário para o ajuste determinado no Passo 1.**

3. **Começando no gancho e subindo com a costura pelo cós, faça uma costura reta reforçada (veja o Capítulo 6 para mais informações sobre costura reta reforçada) perto da linha da costura, o que faz com que a margem de costura fique lisa e para um só lado (veja a Figura 17-9).**

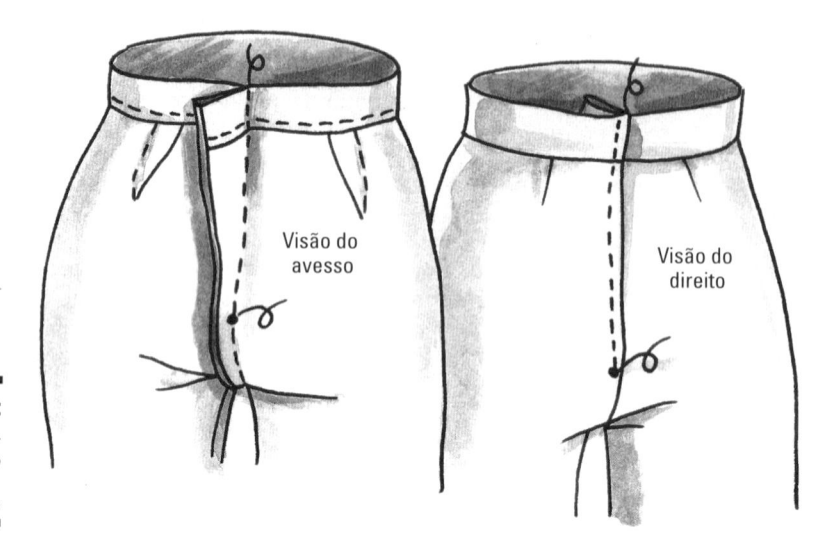

Visão do avesso

Visão do direito

Figura 17-9: Cintura frouxa demais? Aperte-a.

Cinto Cruzado

Acrescentar um cinto à sua roupa pode ajudar a diminuir espaço extra em uma camisa, blusa ou vestido, criando uma solução verdadeiramente rápida e fácil para o problema do ajuste. Quer um cinto que encolha ou cresça com você? Prepare de modo rápido esse cinto muito confortável de fita de algodão para cintos.

Além de seu kit de sobrevivência de costura (sobre o qual você pode ler no Capítulo 2), você precisa dos seguintes materiais:

- 1,05 metro de cadarço colorido para cinto ou algum outro tecido bordado de 5 centímetros (veja o Apêndice para saber onde encontrá-lo)
- Duas tiras de 5 centímetros da camada de gancho do velcro
- Duas tiras de 20 centímetros da camada de laço do velcro
- Linha que combine com o cadarço
- Cola para tecido, como acrilex
- Selante para costura, como termolina

Para criar o cinto, siga estes passos:

1. **Pingue uma linha de selante para costura em cada extremidade do cadarço para evitar que se desfiem, e deixe secar por cerca de 5 minutos.**

2. Configure sua máquina assim:

- Ponto: reto
- Comprimento: 3,5 mm/7 pontos por polegada
- Largura: 0 mm
- Pé-calcador: de uso geral

3. Dobre, pressione e costure pequenas pregas em cada uma das extremidades do lado externo do cadarço, como mostra a Figura 17-10.

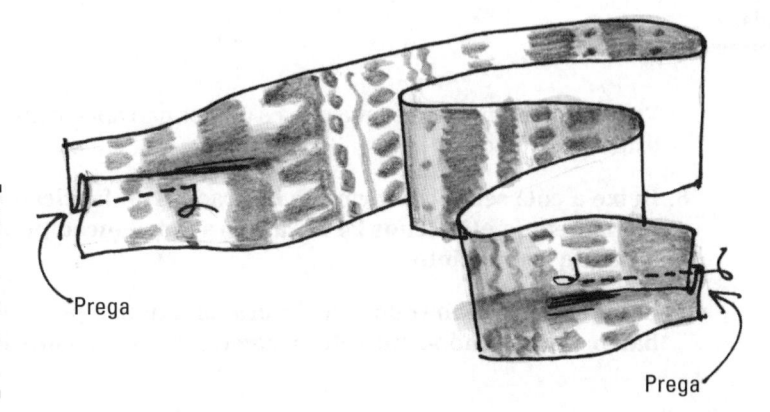

Figura 17-10: Dobre pequenas pregas em cada extremidade do cadarço.

Prega

Prega

4. Alfinete as duas tiras curtas da camada de gancho do velcro sobre as pregas no lado externo do cadarço e prenda o velcro no lugar, costurando nos quatro lados (veja a Figura 17-11).

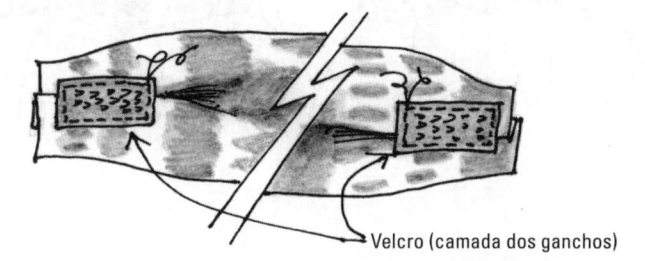

Figura 17-11: Costure o velcro por cima das pregas em cada extremidade.

Velcro (camada dos ganchos)

5. Disponha e cole as duas longas tiras da camada de laço do velcro a 10 centímetros de cada extremidade e no lado interior (ou no outro lado) da faixa de cadarço, como mostrado na Figura 17-12.

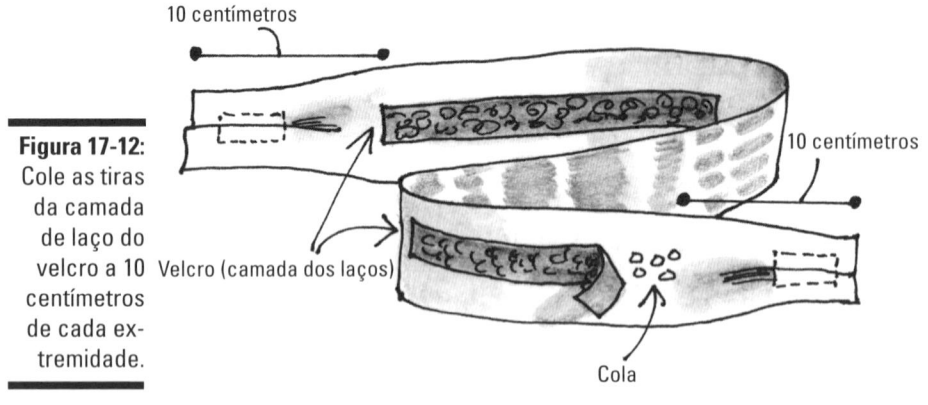

Figura 17-12:
Cole as tiras
da camada
de laço do
velcro a 10
centímetros
de cada ex-
tremidade.

Você cola as longas tiras para que os pontos não apareçam pelo lado exterior do cinto.

6. **Deixe a cola secar conforme as indicações do fabricante (geralmente pelo menos 24 horas para uma junção permanente) antes de usar o cinto.**

7. **Coloque o cinto ao redor da cintura, enfiando a ponta solta por baixo e prendendo-a no velcro, como mostra a Figura 17-13.**

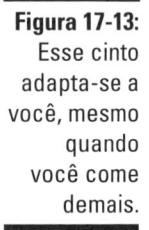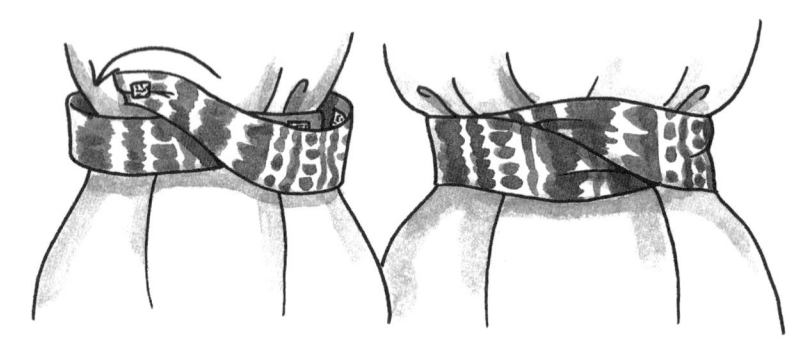

Figura 17-13:
Esse cinto
adapta-se a
você, mesmo
quando
você come
demais.

Capítulo 18

Fazendo Reparos às Pressas

*V*ocê já olhou em seu armário e descobriu que não tinha nada para vestir? Talvez você esteja ficando sem roupas usáveis, porque sua camisa favorita tem uma costura desfeita ou seus jeans precisam de um zíper novo. Neste capítulo eu divido alguns de meus atalhos favoritos para diminuir, sem sofrimento, sua pilha de roupas que precisam de consertos. Descubra como consertar uma costura desfeita, remendar um buraco, reparar um rasgo e substituir um zíper. Se você estiver procurando por informações sobre o reparo mais básico (e comum) de todos — pregar um botão novo — vá ao Capítulo 9.

Reparando uma Costura Desfeita

Se você tem uma costura desfeita simples, onde os pontos de uma costura estão descosturados ou rompidos, sua tarefa de reparo é fácil. O tipo de tecido — plano ou malha — determina os pontos que você usa para reparar a costura. Eu abordo as possibilidades nas seções seguintes.

Se o tecido se deteriorou, afastou-se dos pontos, ou está totalmente destruído na margem de costura ou em torno dela, você usa uma técnica diferente para consertá-lo. Consulte "Remendando Buracos e Rasgos" mais adiante neste capítulo para mais informações.

Reparando uma costura em tecidos planos

Siga estes passos para reparar uma simples costura desfeita em um tecido plano, o qual não possui muita elasticidade (ou nenhuma).

1. **Vire a roupa do avesso para que você tenha fácil acesso às margens de costura.**

2. **Usando seu desmanchador de pontos ou tesouras de bordado, remova os pontos rasgados e rompidos. (Para saber mais sobre como descosturar, veja o Capítulo 6.)**

3. **Alfinete as margens de costura de volta em suas posições originais (veja a Figura 18-1a).**

4. **Configure sua máquina desta forma:**
   - Ponto: reto
   - Comprimento: 2,5 a 3 mm/10 a 12 pontos por polegada
   - Largura: 0 mm
   - Pé-calcador: de uso geral

5. **Começando 1,2 centímetro antes do rasgo na costura, costure sobre a costura intacta, sobre o rasgo, e 1,2 centímetro sobre a costura intacta no outro lado do rasgo, como mostra a Figura 18-1b.**

   Arremate no início e no fim dos pontos reparados.

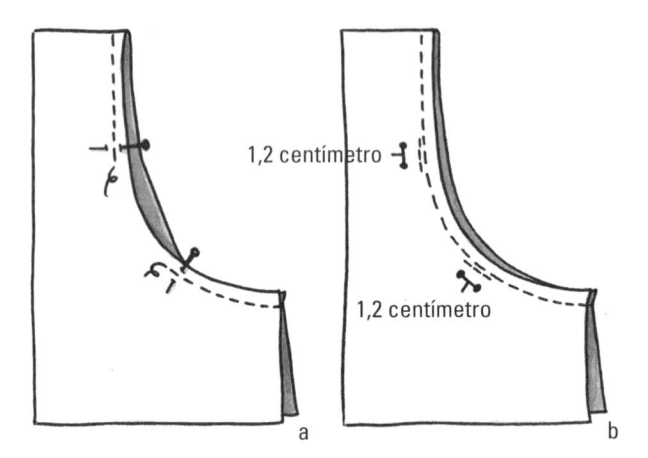

Figura 18-1: Alfinete (a) e feche a costura desfeita, costurando 1,2 centímetro antes e além do rasgo (b).

1,2 centímetro

1,2 centímetro

a

b

Reparando uma costura em malhas

Malhas possuem graus variados de elasticidade. A fim de manter a elasticidade em uma costura reparada, você deve usar um ponto zigue-zague. Para um remendo verdadeiramente firme, siga esses passos:

1. **Vire a roupa do avesso para que você tenha fácil acesso às margens de costura.**

2. **Usando seu desmanchador de pontos ou tesouras de bordado, remova os pontos rasgados e rompidos. (Para saber mais sobre como descosturar, veja o Capítulo 6.)**

3. **Alfinete as margens de costura de volta em suas posições originais.**

4. **Configure sua máquina desta forma:**

   - Ponto: zigue-zague

   - Comprimento: 1,0 a 1,5 mm/20 a 24 pontos por polegada

   - Largura: 1,0 a 1,5 mm

   - Pé-calcador: de uso geral ou bordado

5. **Começando 1,2 centímetro antes da costura desfeita, costure sobre a costura intacta, sobre a parte desfeita, e 1,2 centímetro sobre a costura intacta no outro lado da parte desfeita (veja a Figura 18-1).**

Remendando Buracos e Rasgos

Meu irmão é um pescador comercial de salmão no Alasca. Antes de se casar, ele me dava uma pilha de roupas para remendar sempre que eu o visitava. E põe remendo nisso! Ele tinha tantas camisas com buracos nos cotovelos que acabou desistindo e começou a cortar as mangas de suas camisas de manga comprida antes que elas rasgassem.

Ainda que você não ponha suas roupas à prova do mesmo jeito que um pescador, você pode encontrar buracos que precisam de remendos em suas roupas e em outros projetos de costura de vez em quando.

Cobrindo buracos com remendos

Acho que a técnica a seguir é a melhor maneira de remendar buracos. Você pode usar este método para remendar sobre buracos em cotovelos, joelhos, ou em qualquer lugar no tecido em que os buracos resolvam aparecer.

Você pode fazer remendos grandes ou pequenos e arrumá-los habilmente para cobrir outras confusões além de buracos. No Encarte Colorido você pode ver como eu usei pequenos remendos de bolso arrumados em uma composição para cobrir uma mancha de tinta indelével. (Veja o Capítulo 11 para saber mais sobre costura de bolsos.)

Remendos aplicados a ferro são muito bons para serem verdade: a experiência me ensinou que, depois de lavar e usar algumas vezes, o adesivo acaba e o remendo cai. Se você estiver usando remendos aplicados a ferro, costure-os também.

Siga esses passos para costurar um remendo:

1. **Encontre um tecido similar à roupa que você está remendando.**

   Se possível, roube um pouco do tecido original fechando um bolso sem muito uso e cortando o tecido debaixo dele.

   Guarde jeans usados para que você tenha um bom estoque de brim usado para usar como remendos.

2. **Corte um remendo 1,2 a 1,9 centímetro maior do que o buraco em todo o seu contorno. Você pode cortar o remendo em qualquer formato que quiser.**

   Antes de cortar o remendo neste tamanho, verifique o tecido ao redor do buraco. Você pode decidir que precisa de um remendo maior para cobrir quaisquer desfiados na área.

3. **Alfinete o remendo no lugar, centralizando-o sobre o buraco de forma que o direito do tecido do remendo fique para cima, como mostrado na Figura 18-2.**

   Alfinete em torno das bordas do remendo, através do remendo e da roupa sob ele.

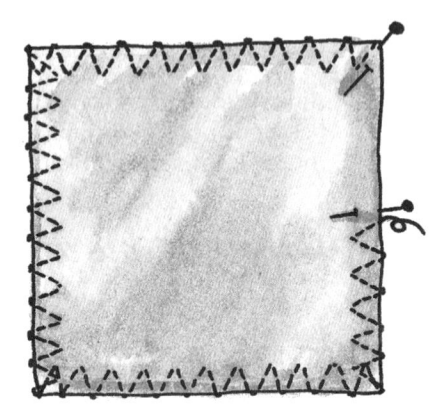

Figura 18-2: Alfinete o remendo no lugar e costure-o com um ponto zigue-zague de três pontos.

4. **Configure sua máquina desta forma:**
   - Ponto: zigue-zague de três pontos
   - Comprimento: 0,5 a 0,8 mm/fino ou 60 pontos por polegada
   - Largura: 5 mm (ou a maior largura que tiver)
   - Pé-calcador: bordado
   - Agulha: nº 90/14 brim ou jeans (para tecidos pesados), nº 80/12 universal para todo os demais

5. **Coloque a roupa e remende sob o pé-calcador, com o direito para cima.**

O remendo deve estar sob o calcador a fim de que a borda esteja levemente à direita da agulha.

6. **Comece a costurar de forma que, quando a agulha se movimente pelo tecido do remendo para a direita, o último ponto formado esteja na borda exterior do remendo.**

Lembre-se de remover os alfinetes antes de costurar sobre eles. Esta costura é muito compacta e ajuda a fundir os dois pedaços de tecido para que o remendo seja tão forte quanto o tecido que está sendo remendado.

7. **Se o remendo for um círculo, costure em todo seu contorno. Se o remendo for um retângulo ou quadrado, costure para o canto e gire seguindo esses passos:**

   1. Costure para o canto, parando com a agulha na extrema direita da costura. Desta forma, o remendo é posicionado para que você o reforce no canto.

   2. Levante o pé-calcador, gire 90 graus, abaixe o pé e costure o segundo lado do remendo, novamente parando com a agulha na extrema direita da costura e girando.

   3. Continue assim até que você tenha costurado em torno do remendo.

8. **Puxe as linhas para trás do tecido e amarre-as. (Veja o Capítulo 6 para mais informações sobre como amarrar linhas.)**

Remendando com aplicações

Você pode ser criativo fazendo ou comprando uma aplicação já pronta — um pedaço de tecido com forma que pode ser completa ou parcialmente coberto por pontos de bordados e que pode ter uma fileira de pontos zigue-zague bem juntos chamados *pontos cheios* na borda. Use-a como um remendo em uma área de pouca tensão. Antes de remendar com uma aplicação, contudo, considere onde você quer posicioná-la na roupa. As aplicações normalmente não são grandes o bastante para remendar joelhos, cotovelos, e outras áreas de alto desgaste, e podem ser salientes e não muito confortáveis. Sua melhor opção é usá-los para disfarçar buracos menores.

As aplicações diminuem o trabalho de consertar buracos. Apenas siga esses passos para remendar com uma aplicação:

1. **Alfinete a aplicação sobre o buraco.**

   Se a aplicação for muito grossa para se alfinetar, cole-a temporariamente no lugar usando sua cola em bastão para tecido.

2. **Configure sua máquina desta forma:**

   • Ponto: reto

   • Comprimento: 3,0 mm/10 pontos por polegada

- Largura: 0 mm
- Pé-calcador: bordado

3. **Usando uma linha que combine com a aplicação, dê pontos retos em torno dela, costurando dentro da borda costurada com ponto cheio. (Veja o Capítulo 5 para mais informações sobre esses dois tipos de pontos.)**

4. **Puxe as linhas para o avesso e amarre-as.**

Às vezes você pode disfarçar suas aplicações e fazê-las parecer com enfeites. Por exemplo, eu remendei um buraco com a aplicação e então coloquei mais uma ou duas aplicações na roupa em outros lugares para que parecesse que as aplicações faziam parte da roupa o tempo todo.

Consertando Rasgos em Tecido

O objetivo de se consertar um rasgo é fazer com que o reparo fique tão plano e invisível quanto possível. Você completa esse reparo fácil usando um ponto zigue-zague de três pontos e um pouco de entretela termocolante leve. (Veja o Capítulo 3 para mais informações sobre entretela.)

Se você tiver sorte de encontrar uma linha para cerzir ou bordar de algodão, leve por meio de seu revendedor de máquinas de costura local na cor que combina com sua roupa, use-as em vez da linha de costura de uso geral. Esta linha mais fina funciona lindamente para um reparo quase invisível.

Para consertar rasgos em tecidos planos, apenas siga esses passos:

1. **Corte uma tira de entretela termocolante leve com largura de 1,2 centímetro e no comprimento do rasgo mais 2,5 centímetros.**

Para um conserto mais invisível, use um par de tesouras de picotar e picote as bordas da entretela. A borda irregular é menos visível e pode não aparecer através do direito do tecido quando for pressionada.

2. **Apare as sobras de linha do rasgo.**

3. **Disponha o reparo com avesso para fora na tábua de passar.**

4. **Una as bordas não arrematadas do rasgo; coloque a entretela sobre o rasgo.**

5. **Usando seu ferro de passar, cole a entretela no verso do rasgo de acordo com as instruções do fabricante.**

6. **Configure sua máquina desta forma:**
   - Ponto: zigue-zague de três pontos
   - Comprimento: 0,5 a 0,8 mm/fino ou 60 pontos por polegada

- Largura: 5 a 7 mm
- Pé-calcador: bordado

7. **Com o direito do tecido para cima, posicione sua agulha 0,6 centímetro antes de uma extremidade do rasgo e abaixe o pé-calcador, centralizando-o sobre o rasgo.**

8. **Costure de forma que os pontos vão de um lado a outro sobre e 0,6 centímetro sob o rasgo, como mostra a Figura 18-3.**

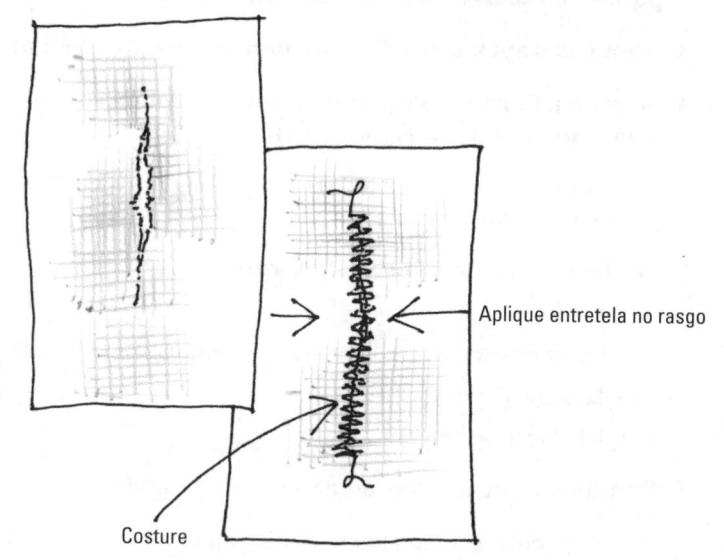

Aplique entretela no rasgo

Costure

Figura 18-3:
Aplique entretela no rasgo antes de costurá-lo.

Se o rasgo for maior que a largura dos pontos do reparo, costure duas fileiras de pontos perto uma da outra para que a segunda fileira fique mesclada com a primeira.

9. **Puxe as linhas para trás e amarre-as.**

Substituindo um Zíper de Braguilha

Aposto que você tem um par de calças, jeans, *shorts* ou uma saia na pilha de reparos precisando muito de uma substituição de zíper. Não adie esse conserto por nem mais um minuto! Na verdade, é muito mais fácil do que você pensa. O tecido já está formatado, pressionado e costurado com o zíper original, portanto o trabalho já está todo resolvido para você. Você tem apenas que retirar o zíper antigo e então colocar e costurar o novo.

Você não precisa encontrar um zíper que meça exatamente o mesmo que aquele que você quer substituir. Use um zíper que seja mais comprido que a abertura. Usar um zíper mais longo permite que você manobre o pé-calcador sem passar sobre o cursor.

Siga essas instruções para substituir um zíper:

1. **Anote ou tire fotos digitais de como o fabricante instalou originalmente o zíper.**

   Essas notas e fotos vêm a calhar quando você coloca tudo de volta no lugar.

2. **Abra o zíper antigo e remova-o desfazendo cuidadosamente os pontos que o fixam à roupa usando um par afiado de tesouras de bordado ou um desmanchador de pontos. (Consulte o Capítulo 6 para saber mais sobre desmanchar pontos.)**

3. **Abra o cós apenas o suficiente para remover o zíper antigo.**

4. **Marque a linha de pesponto original na roupa com fita transparente (veja a Figura 18-4).**

   Apesar de você ter removido os pontos, ainda pode ver onde o pesponto estava.

5. **Configure sua máquina desta forma:**

   - Ponto: reto
   - Comprimento: 2,5 a 3 mm/10 a 12 pontos por polegada
   - Largura: 0 mm
   - Pé-calcador: zíper

6. **Prenda o zíper à extensão da vista da braguilha.**

   Abra a carcela da braguilha (a parte da roupa usada para fazer a aba que cobre o zíper). Com o lado direito do zíper no lado direito da carcela, alfinete ou alinhave à mão o zíper de forma que a borda esquerda do cadarço do zíper esteja alinhada com a borda esquerda da carcela, como mostrado na Figura 18-4.

7. **Costurando da parte inferior do cadarço do zíper, costure por todo o comprimento da borda esquerda do cadarço do zíper, costurando cerca de 0,3 centímetro a partir da borda.**

8. **Alfinete o outro lado do zíper.**

   Abra o zíper. Alfinete o lado que você ainda não costurou de forma que o cadarço do zíper fique entre o acabamento do trespasse e o trespasse inferior (o pedaço de tecido atrás do zíper que evita que sua roupa íntima fique presa no zíper), e a dobra esteja próxima ao dente do zíper, como mostrado na Figura 18-5.

9. **Feche o zíper e verifique se o zíper e a braguilha estão regulares.**

   Se não estiverem regulares, reposicione os alfinetes.

10. **Quando tudo estiver regular, abra o zíper de novo e costure o outro lado do zíper, costurando perto dos dentes.**

11. **Abra o zíper, corte o excesso do cadarço do zíper, enfie a ponta do trespasse do zíper sob o cós, e alfinete o cós de volta à parte superior das calças com os direitos juntos.**

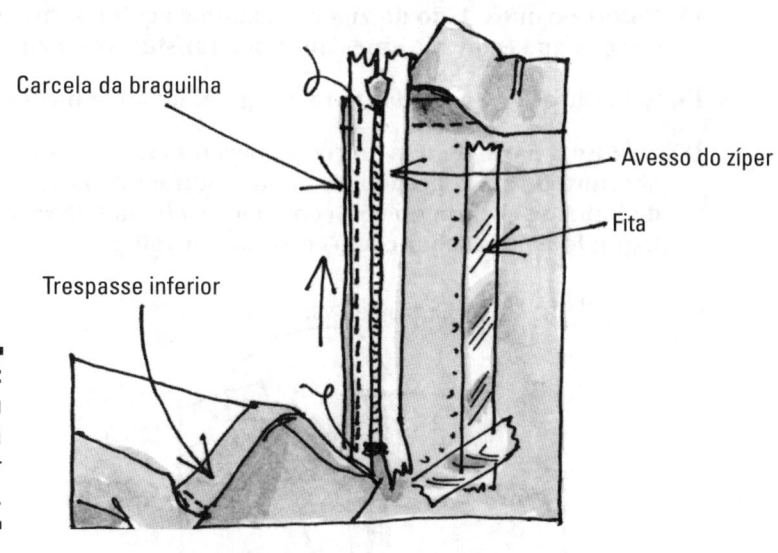

Carcela da braguilha

Avesso do zíper

Fita

Trespasse inferior

Figura 18-4: Alfinete ou alinhave à mão o zíper na abertura.

Trespasse inferior

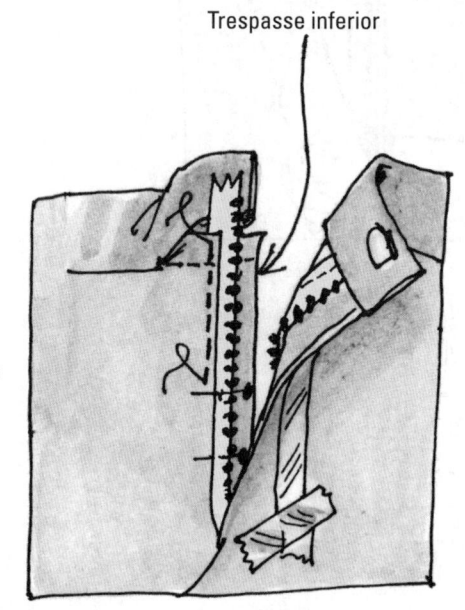

Figura 18-5: Abra o zíper e costure- -o entre o trespasse e o trespasse inferior.

12. **Pesponte a braguilha como mostrado na Figura 18-6.**

Deslize a ponta do pé-calcador para um lado de forma que ele evite os dentes do zíper. Abaixe o calcador, colocando-o na braguilha e guiando a agulha perto da fita transparente na borda interior. A fita é um gabarito para manter sua costura reta.

13. Alfinete a abertura da cintura para um lado do cós de forma que os direitos fiquem juntos e incluam a parte superior do zíper na costura.

14. Costure o outro lado do zíper, guiando a agulha sobre a linha de costura que estava lá antes que você substituísse o zíper.

15. Coloque seu pé-calcador para uso geral de volta na máquina.

16. Costure a parte de trás do cós à abertura em ambos os lados da abertura do zíper pespontando ou costurando em vala na fenda da linha de costura do cós, como mostrado na Figura 18-6. (Veja o Capítulo 5 para saber como costurar em vala.)

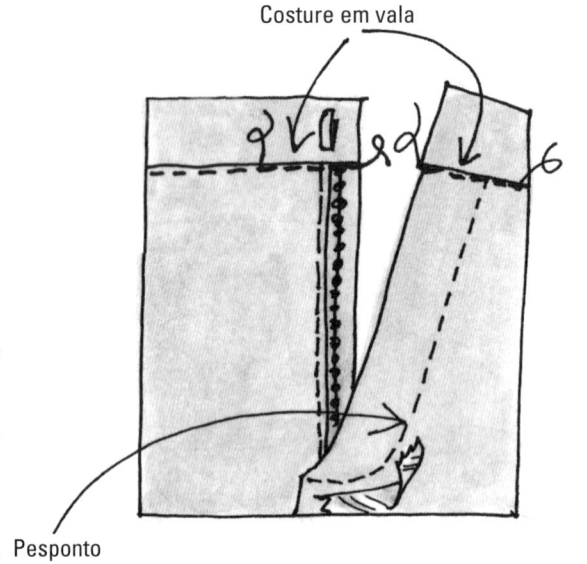

Figura 18-6:
Pesponte sobre o zíper e costure em vala para reunir o cós.

Capítulo 19

Eco-Moda: Dando uma Nova Vida às Roupas Existentes

"*V*erde é o novo preto" — mas o que isso realmente quer dizer? Acredito que signifique que a recém-descoberta consciência conservacionista de nossa cultura passou a ser agora atraente e relevante em praticamente tudo o que fazemos. As pessoas plantam jardins, compram em revendas e brechós, bem como nas lojas do Exército de Salvação e bazares de caridade, e reciclam quase tudo que encontram. A ideia de reformar ou refazer uma peça de roupa é algo que ocorreu naturalmente à minha mãe ou minha avó — sobreviventes da Grande Depressão — e elas passaram esse conhecimento para mim.

Por que você deveria se preocupar com a eco-moda? Por muitas razões. Em primeiro lugar, quando você começa com uma roupa pronta, a parte difícil já está feita para você; em segundo lugar, poupa tempo; e em terceiro lugar, você fica com uma peça de roupa elegante e reaproveitada que permanecerá fora do lixo por mais algum tempo. Veja o projeto do avental de babados no Capítulo 8, por exemplo. Você pode começar (assim como eu) gastando apenas R$ 6,00 em bazares de caridade em uma saia de brim, ou você pode apenas dar uma olhada em seu próprio armário em busca de algo parecido. Uma saia velha já tem um cós, bolsos, passadores de cinto e um zíper (costura que ocupa tempo, não concorda?). Em cerca de três horas você pode cortar a saia, adicionar franzidos e um cadarço para cinto, e conseguir dois aventais prontos para deslumbrar qualquer entusiasta por aventais que se preze.

Neste capítulo, compartilho com você dois projetos ecologicamente corretos. O primeiro é um chapéu de lã feltrada feito de um de meus suéteres de lã que foi lavado e seco na máquina por acidente. O segundo projeto vem de meus amigos na DIYStyle (www.diystyle.net, conteúdo em inglês) — um vestido de sutiã. Você leu certo — um vestido que começa com um sutiã. Muito moderno, bonito, e fácil de fazer.

Chapéu de Lã Feltrada

O que você faz com um suéter de lã que acidentalmente fez uma viagem pelo ciclo de lavagem e secagem? Recicla-o. Intencionalmente ou não, lavar e secar resulta em *lã feltrada*, que é um material maravilhoso para fazer tudo desde abafadores de bule e pegadores de panela a este chapéu quente e fácil de fazer, que aparece no Encarte Colorido. Muito obrigada a Judy Raymond e a Simplicity Pattern Company (www.simplicity.com, conteúdo em inglês) por fornecerem o molde para este projeto bem legal.

Além de seu kit de sobrevivência de costura (veja o Capítulo 2), você precisa dos seguintes materiais para este projeto:

- Um suéter de lã pronto para ser feltrado
- Um botão de 5 centímetros que combine com o suéter
- 0,45 metro de fio ou acabamento estreito que complemente o chapéu
- Linha de uso geral, de algodão/poliéster para combinar
- Papel de decalque
- Lápis

Conseguindo e preparando a lã

Lembro de aprender na escola primária sobre como a lã é tosquiada das ovelhas e então cardada para limpar e endireitar as fibras de forma que elas possam virar fios para suéteres e entrelaçadas em tecido. A lã encolhe e feltra quando lavada em água quente, porque ela retorna à sua forma enrolada original — da forma como cresce nas ovelhas. Para este projeto, use um suéter feltrado. Por conta das laçadas da lã tricotada, quando é lavada e seca, a lã cria um pedaço de tecido liso, compacto e, portanto, excelente de se trabalhar.

Se você não tem um suéter feltrado à mão (ou algum em seu armário que você esteja disposto a feltrar para este projeto), procure em brechós locais, vendas de garagem, e no fundo dos armários de seus amigos e parentes. Certifique-se que o suéter que você usará seja de lã, porque fibras sintéticas e caxemira não feltram. Algumas fibras de lã feltram melhor que outras, então use essas orientações para conseguir o visual que pretende.

✔ Lã de cordeiro e combinações de lã de cordeiro e angorá dão uma lã feltrada muito fina e macia.

✔ Misturas de lã de cordeiro, angorá e náilon podem ser usadas desde que a porcentagem da fibra de náilon seja de 20% ou menos.

✔ Lã de merino e alpaca são os favoritos dos profissionais de feltragem por causa da textura feltrada sedosa.

✔ Lã de Shetland cria um feltro mais grosso e áspero.

✔ Lã islandesa — como os suéteres tricotados naturalmente coloridos de pescadores da Islândia — produzem uma lã feltrada muito grossa que é difícil de passar sob o pé-calcador da máquina de costura, portanto fique longe dela para este projeto.

Feltrando a lã

Siga estes passos para feltrar um suéter de lã:

1. **Deslize as mangas para dentro do corpo do suéter, mas mantenha o suéter com o direito virado para fora.**

2. **Configure sua máquina de lavar para água quente e faça o primeiro ciclo de lavagem de três a cinco vezes até que você obtenha a textura feltrada desejada.**

   Você não precisa de detergente ao feltrar um suéter. A não ser que, claro, o suéter esteja sujo.

Pare a máquina de lavar de vez em quando para limpar o fiapo do filtro, pegar fiapo de sua máquina ou para tirar os fiapos da superfície da água. Se não fizer isso, você pode quebrar sua máquina de lavar com repetidos feltros não filtrados.

3. **Seque o suéter à máquina em um secador moderadamente quente.**

Para estocar tecido de lã feltrada, você pode feltrar vários suéteres simultaneamente. Dependendo de seus tamanhos, você pode lavar de seis a dez suéteres de uma vez. Divida-os em claros e escuros para lavar cada grupo de cor separadamente (como você faria para uma lavagem normal). Depois, siga os mesmos passos para feltrar um único suéter (veja a lista anterior).

Dispondo e cortando as peças do chapéu

Siga estes passos para um chapéu feltrado bem quente.

1. **Usando o papel de decalque e um lápis, decalque o molde do chapéu na Figura 19-1.**

O molde possui o tamanho real que você precisa para fazer um chapéu que caberá em praticamente qualquer tamanho de cabeça.

Você precisa cortar seis peças de molde de chapéu, então eu recomendo que você decalque três peças de molde. Desta forma, você pode dispô-los no suéter dobrado e cortar todas as seis peças de uma única vez (veja a Figura 19-2).

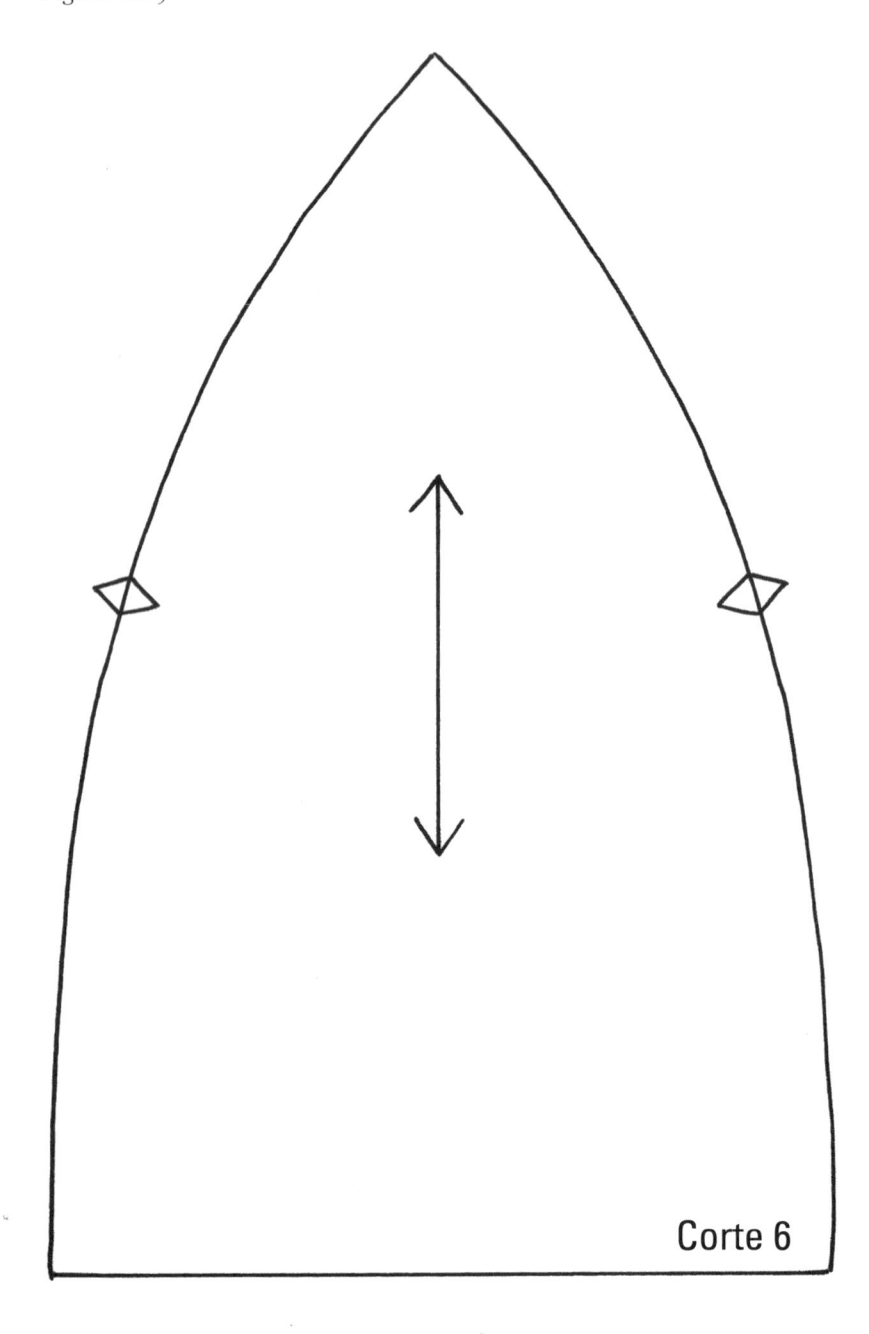

Figura 19-1:
Decalque
a peça de
molde do
chapéu.

Corte 6

2. **Corte a ribana da parte inferior do suéter e deixe-a de lado para usar mais tarde no projeto.**

3. **Estenda o suéter sobre a mesa; então coloque, alfinete, e corte as seis peças de molde do chapéu como mostrado na Figura 19-2.**

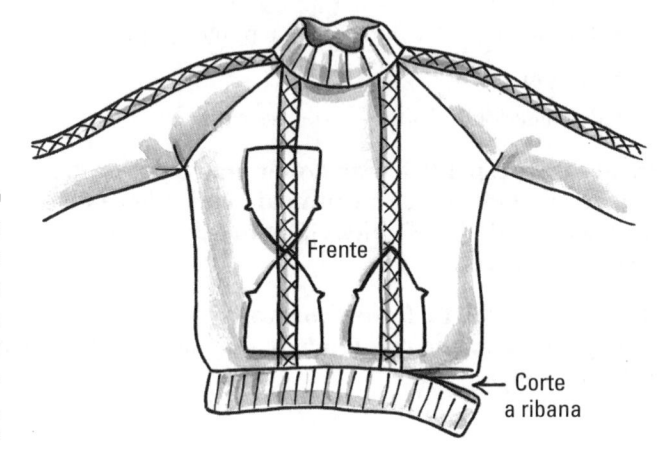

Figura 19-2: Corte seis peças do chapéu da frente e das costas do suéter feltrado.

Montando o chapéu

Você pode montar esse projeto simples mas elegante em uma curta sessão de costura. Primeiro, você costura três peças de molde juntas para criar um lado da copa, e então você repete para fazer a outra metade da copa. Depois disso, você costura ambas as metades juntas no centro da frente e das costas.

Fazendo as duas metades primeiro

Siga estes passos para criar duas metades do chapéu:

1. **Configure sua máquina desta forma:**
   - Ponto: zigue-zague leve
   - Comprimento: 3,5 a 4 mm/4 a 6 pontos por polegada
   - Largura: 1 mm
   - Pé-calcador: bordado ou de uso geral

As espessuras de suéteres feltrados variam, portanto teste seu comprimento de ponto em um retalho. Se o tecido enrugar, aumente o comprimento do ponto; se deformar, diminua o comprimento do ponto.

2. **Coloque os direitos de duas de suas peças de molde do chapéu juntas, encaixando os piques como mostrado na Figura 19-3a, e então costure-os juntos usando uma margem de costura de 1,5 centímetro.**

3. **Abra a costura a ferro usando vapor e um leve movimento de pressão para cima e para baixo. (Para saber mais sobre pressionar, veja o Capítulo 5.)**

4. **Configure sua máquina desta forma:**

   - Ponto: reto
   - Comprimento: 3 a 4 mm/3,5 a 6 pontos por polegada
   - Largura: 0 mm
   - Pé-calcador: bordado ou de uso geral

5. **Do avesso, pesponte em qualquer lado da costura guiando a borda não arrematada de forma alinhada com a borda do pé-calcador. (Veja o Capítulo 5 para saber mais sobre dicas e truques de pesponto.)**

6. **Repita os Passos 1 a 5 para costurar a terceira peça do chapéu às duas primeiras; isso cria um lado do chapéu, como mostrado na Figura 19-3b.**

Figura 19-3: Faça cada lado do chapéu separadamente, costurando e pespontando três peças do molde para criar cada lado.

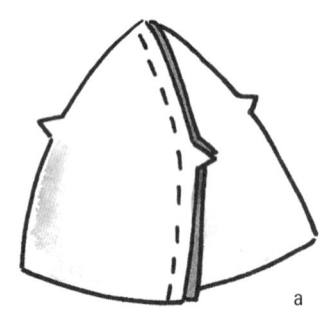

7. **Repita os Passos 1 a 6 com as três peças do molde restantes para criar a outra metade do chapéu.**

Juntando as metades

A seção anterior cria duas metades de seu chapéu de lã feltrada. Essa seção junta-os e cria uma copa macia. É só seguir estes passos:

1. **Configure sua máquina assim:**

   - Ponto: zigue-zague leve
   - Comprimento: 3,5 a 4 mm/4 a 6 pontos por polegada
   - Largura: 1 mm
   - Pé-calcador: bordado ou de uso geral

2. **Coloque as duas peças do chapéu com os direitos juntos, encaixando os piques. Junte o chapéu, costurando-o, começando em uma borda e fazendo uma costura de 1,5 centímetro para cima e por sobre a copa e então para baixo em direção à borda oposta, como mostrado na Figura 19-4a.**

3. **Abra a costura a ferro.**

4. **Configure sua máquina desta forma:**

   - Ponto: reto

   - Comprimento: 3 a 4 mm/3,5 a 6 pontos por polegada

   - Largura: 0 mm

   - Pé-calcador: bordado ou de uso geral

5. **Vire o chapéu com o direito para fora e pesponte em qualquer lado da costura como mostrado na Figura 19-4b.**

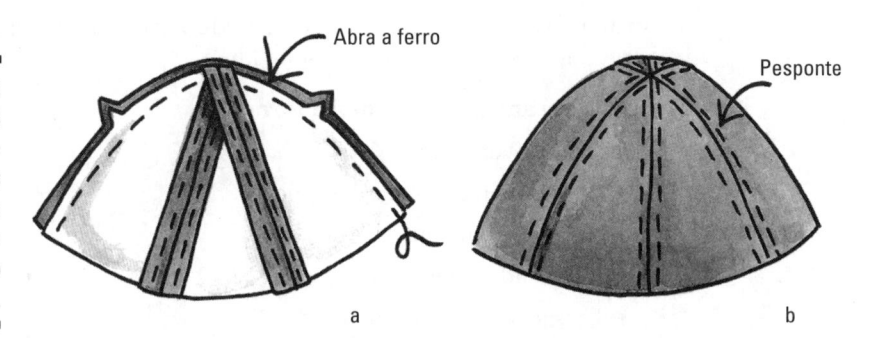

Figura 19-4: Costure as duas metades juntas (a); abra a costura a ferro, e então pesponte (b).

Abra a ferro

Pesponte

a

b

Acrescentando a ribana

A ribana que você cortou da parte inferior do suéter é usada para criar a faixa do chapéu, que é costurada na parte inferior deste. Siga esses passos fáceis:

1. **Estique a ribana em torno de sua cabeça para determinar o comprimento necessário para um ajuste firme e confortável, e então corte-a no comprimento, adicionando 1,2 centímetro para a margem de costura.**

2. **Usando uma margem de costura de 0,5 centímetro, costure as duas extremidades curtas juntas usando o ponto zigue-zague leve que você usou para costurar as peças do chapéu juntas (veja o Passo 1 em "Juntando as metades"), e então abra a costura a ferro.**

3. **Marque com alfinete tanto a abertura do chapéu como a ribana em oito partes, como mostrado na Figura 19-5.**

4. **Com o direito do chapéu para fora, alfinete a ribana à borda inferior do chapéu, unindo as marcas de alfinete e alinhando a costura da ribana no centro das costas do chapéu.**

   Para encontrar o centro das costas, examine as duas costuras que unem as duas metades juntas. Use aquela que parecer pior no centro das costas.

5. **Configure sua máquina desta forma:**
   - Ponto: ponto zigue-zague largo
   - Comprimento: o mais comprido
   - Largura: 5 a 6 mm
   - Pé-calcador: bordado
   - Tensão superior: frouxa

6. **Usando uma margem de costura de 0,5 centímetro, alinhave à máquina a ribana ao corpo do chapéu (veja a Figura 19-5).**

   Ao alinhavar a ribana primeiro, você pode verificar o encaixe e fazer os ajustes apropriados antes da costura final.

7. **Configure sua máquina desta forma:**
   - Ponto: overloque
   - Comprimento: o mais comprido
   - Largura: 5 a 6 mm
   - Pé-calcador: bordado
   - Tensão superior: normal

   Se estiver usando uma overloque, use essa configuração:
   - Ponto: linha de 3/4
   - Comprimento: apropriado para o tecido
   - Largura: 4 mm
   - Pé-calcador: padrão

8. **Usando uma margem de costura de 0,5 centímetro, costure a ribana e o chapéu juntos, como mostra a Figura 19-5. (Para saber mais sobre costura de ribanas, veja o Capítulo 6.)**

9. **Costure à mão o botão na copa onde todas as peças do chapéu se unem usando o fio ou acabamento decorativo. Use um dos métodos de costura de botões mostrados no Capítulo 9.**

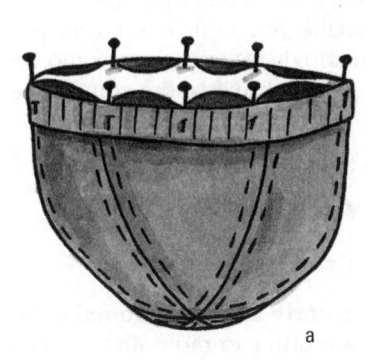 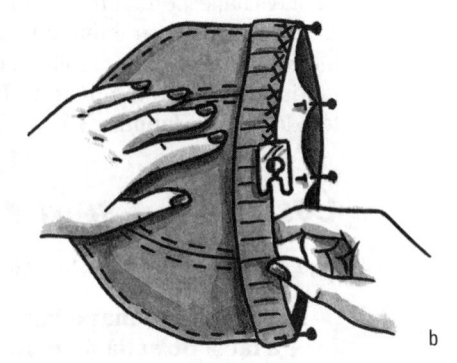

Figura 19-5: Alfinete (a) e costure (b) a ribana ao chapéu usando uma margem de costura de 0,5 centímetro.

a

b

Vestido de Festa (Quase) Instantâneo

Uma de minhas páginas de costura favoritas da internet é a DIYStyle (`www.diystyle.net`), porque ela realmente me mostra o que está acontecendo no mundo da costura de moda, tal como ele é visto pelos olhos de *designers* promissores. A inspiração para esse projeto veio de membros da equipe da DIYStyle que viram vestidos baby-doll prontos para uso no que pareciam ser sutiãs embutidos. Esses designers inovadores descobriram sutiãs enfeitados e de cores vivas que podiam fazer par com estampas coordenadas, e nascia o Vestido de Festa (Quase) Instantâneo. Confira no Encarte Colorido.

Além de seu kit de sobrevivência de costura (veja o Capítulo 2), você precisa de:

- ✔ Um sutiã (veja a próxima seção para saber qual tipo funciona melhor)
- ✔ 2,05 metros de estampa coordenada de algodão ou algodão/poliéster
- ✔ Linha para combinar com seu projeto

Encontrando o sutiã e tecido perfeitos

Você quer que esse vestido se pareça com um vestido de festa, e não com uma peça de roupa íntima na qual você costurou uma saia. Portanto, procure por um sutiã com um tecido e acabamento igual ou similar tanto nas costas quanto na frente — não com o elástico que parece com um sutiã padrão. Você também quer um sutiã que se feche nas costas e tenha cobertura suficiente (pode ser com enchimento ou não) para que você se sinta confortável ao usar em público. Não escolha um com aros; a saia é costurada ao sutiã e a máquina não consegue costurar através dele.

Para a saia, escolha um tecido plano de algodão/poliéster em cores e desenhos que combinem com o sutiã. A maioria das *lingeries* requer lavagem à mão, portanto pré-encolha o tecido da saia da forma como você pretende cuidar do vestido terminado. (Para saber mais sobre como pré-encolher seu tecido, veja o Capítulo 3.)

Cortando a saia e as alças

Siga estes passos para esta festa (de vestido) começar:

1. **Para determinar a largura, corte as partes frontal e das costas, meça a faixa do sutiã de ponta a ponta e então dobre essa medida.**

2. **Para determinar o comprimento, corte as partes frontal e das costas, meça desde abaixo da linha do sutiã até onde você gostaria que ficasse a bainha do vestido concluído, e então adicione 2,5 centímetros (1,25 centímetro de margem de costura e 1,25 centímetro para a bainha).**

3. **Corte duas partes de saia com a largura e o comprimento determinados nos Passos 1 e 2, como mostrado na Figura 19-6.**

4. **Corte duas tiras de 15 centímetros de largura por 91,5 centímetros de comprimento para as alças (veja a Figura 19-6).**

Figura 19-6: Corte duas peças de saia com o dobro da largura do sutiã e com o comprimento desejado acrescido de 2,5 centímetros (a). Corte também duas tiras para as alças (b).

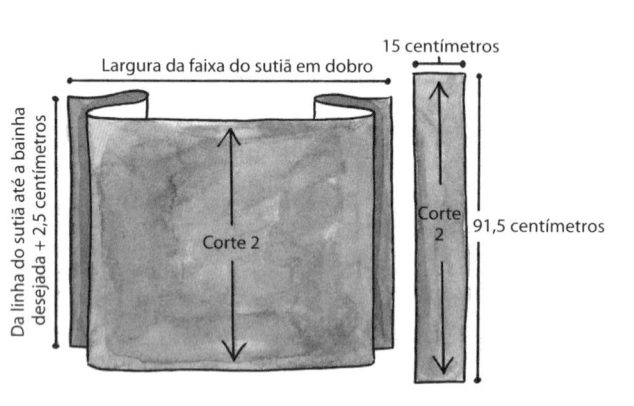

Fazendo a saia

A saia é franzida e então fixada à parte inferior do sutiã, criando um visual sedutor e gracioso. Veja como:

1. Na parte superior e central da parte das costas da saia, marque uma linha vertical de 10 a 13 centímetros de comprimento (veja a Figura 19-7).

2. Configure sua máquina desta forma:

   - Ponto: reto
   - Comprimento: apropriado para o tecido (veja o Capítulo 5)
   - Largura: 0 mm
   - Pé-calcador: de uso geral

3. Começando a partir da borda do tecido a 1,2 centímetro à esquerda da linha, dê pontos retos fazendo um *V* em torno da marca, indo até um ponto abaixo da parte inferior da linha e terminando de volta na parte superior a 1,2 centímetro à direita da linha (veja a Figura 19-7). Pressione com o ferro a linha de costura.

4. Usando as pontas de sua tesoura, corte ao longo da linha marcada no centro do *V*, tomando cuidado para não cortar os pontos na ponta.

5. Dobre duas vezes o tecido em qualquer lado do corte e costure descendo por um lado e então subindo pelo outro lado do "V" em uma contínua linha de costura, como mostrado na Figura 19-7 para concluir. Pressione.

Isso cria a abertura no centro das costas da saia.

Figura 19-7:
Marque uma linha reta, costure um *V*, e corte e faça uma bainha estreita para criar a abertura no centro das costas.

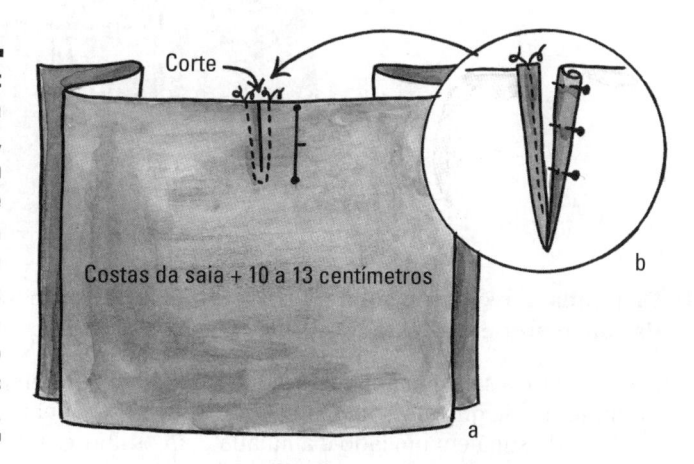

Corte

Costas da saia + 10 a 13 centímetros

a

b

6. Para evitar que o tecido desfie, arremate as bordas não acabadas das costuras laterais nas partes frontal e das costas. (Veja o Capítulo 6 para saber mais sobre arremate de costuras.)

7. Alfinete as partes frontal e das costas com os direitos juntos e costure-os na margem de costura de 1,5 centímetro. (Para saber mais sobre técnicas de costura, veja o Capítulo 6.)

Abra as costuras a ferro. (Para saber mais sobre como pressionar costuras a ferro, veja o Capítulo 5.)

8. **Faça pontos de franzido a 1,2 centímetro da borda não arrematada na parte superior da saia e então puxe para cima cerca de um quarto do volume em franzidos iguais. (Veja o Capítulo 8 e escolha a técnica de franzido que você gostar mais.)**

Não há muita elasticidade sob as taças do sutiã, então faça os franzidos no centro da frente um pouco mais compacto que no resto da saia.

9. **Marque com alfinete a faixa do sutiã em quatro partes, como mostrado na Figura 19-8.**

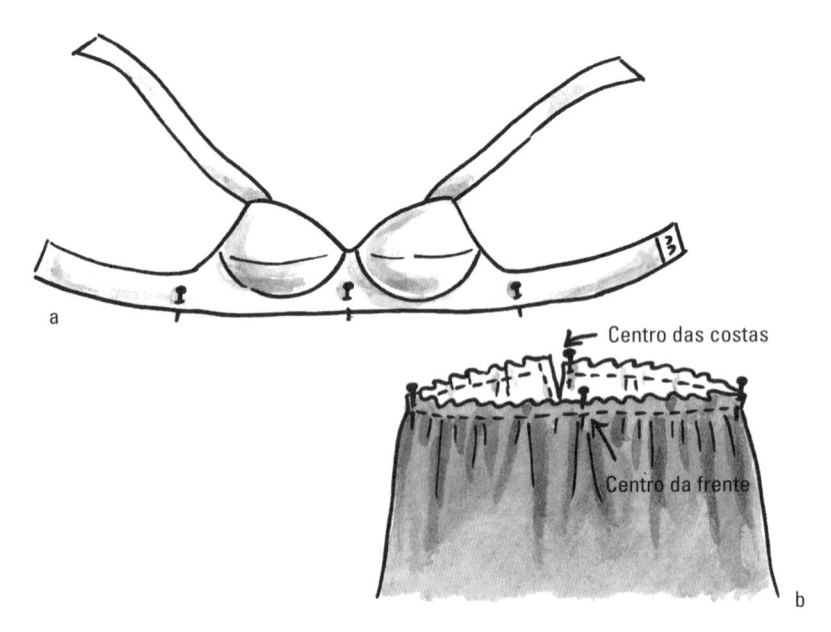

Figura 19-8: Marque com alfinete a faixa do sutiã e a saia em quatro partes.

10. **Disponha o avesso do sutiã na parte superior do direito da parte da saia e alfinete a faixa do sutiã à saia.**

Nesse ponto, a saia é maior que o sutiã — tudo bem por enquanto. Certifique-se de que uma borda do "V" acabado está alinhada com os ganchos do sutiã em um lado e alinhada com os ilhoses mais frouxos nas costas do sutiã no outro lado. Desta forma, mesmo que o sutiã esteja fechado da maneira mais frouxa, o vestido cobre suas costas.

11. **Configure sua máquina desta forma:**
    - Ponto: zigue-zague de três pontos
    - Comprimento: 1,5 a 2 mm ou fino
    - Largura: 4 a 5 mm
    - Pé-calcador: bordado

12. Com o direito para cima, coloque o projeto de forma que a parte inferior do sutiã esteja sob o pé-calcador e a saia esteja à esquerda.

13. Começando de uma extremidade e costurando de uma marca de alfinete à próxima, estique a faixa do sutiã em frente e para trás do calcador enquanto você costura, esticando a faixa do sutiã para se ajustar à saia levemente franzida. Puxe as linhas para o avesso e amarre-as.

Costurando as alças

O vestido está quase pronto; faltam apenas alguns toques finais. Eis como fazer as alças:

1. Remova as alças originais do sutiã cortando os pontos que as seguram no sutiã. Descarte as alças.

2. Usando as tiras de 15 por 91,5 centímetros de tecido cortado, dobre cada tira pela metade no sentido do comprimento, direitos juntos (veja a Figura 19-9a).

3. Faça uma costura de 1,2 centímetro em cada tira, como mostra a Figura 19-9b, dobrando a costura em um ângulo para baixo na dobra em uma extremidade e deixando a outra extremidade aberta.

Figura 19-9:
Colocando os direitos juntos (a), faça cada costura (b) e então vire cada alça com o direito para fora (c).

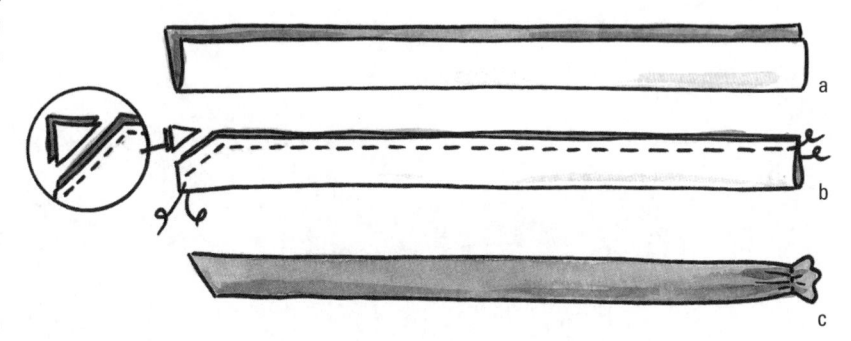

4. Vire cada tira com o direito para fora (veja a Figura 19-9c), pressione, e arremate a borda não acabada usando um dos acabamentos de costura encontrados no Capítulo 6.

5. Usando uma agulha para costura à mão e linha, franza as extremidades arrematadas de cada alça e alfinete uma a cada lado do sutiã, no lado inferior da frente, onde as alças originais estavam costuradas.

6. Costure as novas alças no lugar com pontos retos de forma que elas possam ser amarradas confortavelmente em torno do pescoço, em um modelo frente única. Arremate em cada extremidade da costura.

Fazendo a bainha do vestido

Esse pequeno exemplar possui uma bainha estreita. Siga esses passos para colocar o toque final no vestido (e veja o Capítulo 7 para saber mais sobre técnicas de bainha):

1. **Usando o vestido, alinhe e ajuste o comprimento conforme necessário.**

2. **Arremate a borda da bainha não acabada como descrito em um dos métodos do Capítulo 7.**

   Obviamente, você deve se despir do vestido antes de tentar costurar.

3. **Coloque o vestido com o avesso para cima em sua tábua de passar e pressione e alfinete uma bainha de 1,2 centímetro em todo o contorno da borda da bainha.**

4. **Pesponte a bainha, costurando com o direito para cima e removendo cada alfinete antes de costurar sobre eles. (Leia mais sobre pesponto no Capítulo 5.**

   Tudo o que você precisa agora é de uma festa para mostrar seu mais novo e elegante projeto de costura!

Parte VI

A Parte dos Dez

A 5ª Onda

Por Rich Tennant

"Talvez uma cortina de banheiro não fosse a melhor coisa para tentar transformar em um vestido de festa."

Nesta parte...

Esta parte do livro é a mais curta, mas é a maior em número de informações. Estes capítulos incluem dicas e sugestões de tecidos e costura que eu gostaria de saber quando estava aprendendo a costurar. Cada uma das dicas poupa você de erros indesejados, tempo perdido e incontáveis irritações. Se você descobrir que apenas uma dessas sugestões ajuda você a terminar um projeto complicado ou a aperfeiçoar sua experiência de costura, meu trabalho foi feito!

Capítulo 20

Dez Dicas para Combinar Estampas

Neste Capítulo

▶ Deixando sua imaginação correr (quase) livre

▶ Usando contraste para criar interesse

▶ Tornado a combinação fácil... de se ver

*V*ocê lembra de sua mãe dizendo-lhe para não misturar uma estampa com xadrez ou colocar bolinhas com listras? Se você segue essa regra, *pare*. Pegue qualquer revista de decoração ou de moda e veja quantas modelos lindamente vestidas ou cômodos belamente decorados quebram essa regra. Meu objetivo neste capítulo é dar a você a confiança de que precisa para brincar com estampas e combiná-las, quer esteja selecionando tecido para costura de moda ou projeto de decoração para o lar.

Fique com uma Base

Há muitos anos atrás, encontrei um sofá novo à venda que achei que combinaria com meu tapete. Ambos possuíam tons de violeta e azul. (Eram os anos 1980, o que posso dizer?) Quando coloquei o tecido do sofá junto com o tapete, alguma coisa parecia errada. Percebi mais tarde que eu estava colocando uma cor base quente com uma cor base fria. Ainda que as cores no sofá e no tapete fossem similares, elas entravam em conflito.

Evite este dilema mantendo as mesmas cores bases juntas em sua casa. Consulte o Capítulo 12 para obter os fatos a respeito de cores bases, e confira o conselho na seção seguinte.

Cheque o Fundo

Quando combinar tecidos estampados em uma roupa ou cômodo, certifique-se de que a cor de fundo de cada tecido combine com as outras. Se o fundo de um tecido estampado for branco, o fundo dos outros tecidos coordenados também deve ser branco. Se o fundo de um tecido estampado for bege ou creme, o fundo dos tecidos coordenados também deve ser bege ou creme. Se você misturar fundos de branco vivo com fundos cor creme ou bege, o tecido cor creme parece sujo, ainda que não esteja.

Seja Único e Poupe Dinheiro

Persista nos tecidos lisos, de cor única, para suas roupas mais caras ou peças estofadas. Em moda, isso significa um blazer, terno ou par de calças sociais. Em decoração de interiores, isso se traduz em seu sofá de dois ou três lugares. O tecido pode ter diversas cores entrelaçadas em uma textura agradável, mas quando você se afasta e olha rapidamente para ele, seu item caro deve parecer ter uma única cor. Se você escolher um tecido com uma estampa óbvia, pode se cansar dele antes que se desgaste ou esteja pronto para o brechó. Portanto, fique com uma cor única, ressaltando com estampas modernas ou acessórios decorativos — substituir acessórios para atualizar um visual é mais fácil e barato do que substituir o item principal.

Misture e Combine Fabricantes

Se seu projeto envolve a combinação de várias estampas, como o avental no Capítulo 8, ou a mistura e combinação de estampas em um cômodo, você pode usar tecidos de diferentes fabricantes desde que possuam as mesmas cores e fundos. Certa vez, eu juntei uma grande estampa floral em preto e branco com um xadrez preto e branco de 1,2 centímetro. Fabricantes diferentes fizeram ambos os tecidos, mas eles ficavam ótimos juntos porque as cores eram as mesmas e os tamanhos das estampas eram diferentes. (Veja "Pese os Tamanhos" para saber mais sobre mistura de estampas de tamanhos diferentes.)

Encare Suas Estampas

Quando misturar estampas, afaste-se e olhe rapidamente. Dependendo de onde você estiver, estampas miúdas parecem quase como tecidos de cor única, o que pode afetar o esquema total de cores em um cômodo, em uma colcha ou em uma roupa.

Por exemplo, um tecido com xadrez vermelho e branco miúdo pode parecer com um tom leve de vermelho na amostra — ou pode mesmo parecer rosa — quando você se afasta uns 2,5 metros. E, apesar de o vermelho do xadrez miúdo combinar exatamente com a grande tulipa vermelha em outro tecido, as cores podem não parecer que combinam quando você as observa do outro lado da sala. Talvez você precise escolher um tom ligeiramente diferente ou uma estampa maior para conseguir o visual desejado.

Pese os Tamanhos

Ao misturar padrões diferentes tais como florais, xadrezes ou bolinhas, não use desenhos que possuam o mesmo tamanho. Do outro lado da sala, você não consegue diferenciar dois tecidos com o mesmo esquema de cores e que possuem a mesma estampa com flores de 8 centímetros. Para um contraste mais interessante, combine os tamanhos e padrões. Use uma estampa miúda com uma estampa média de padrão diferente: por exemplo, experimente uma estampa de flores de 1,2 centímetro com um xadrez príncipe de Gales de 4 centímetros que possua a mesma cor do floral.

Siga estas instruções para misturar suas estampas de decoração de interiores em grande estilo:

- ✔ Use apenas uma estampa grande com uma ampla repetição por cômodo (a repetição é a distância entre o mesmo desenho ao longo do comprimento de um pedaço de tecido). Uma repetição de 38 a 60 centímetros é considerada ampla. Usar mais de uma estampa grande confunde os olhos. (Para ver um exemplo de estampa grande que não deveria ser reunida com outras estampas grandes, veja o tecido que usei na decoração do quarto no Encarte Colorido.)

- ✔ Use a mesma estampa grande em apenas uma ou, no máximo, três áreas no mesmo cômodo.

- ✔ Complete o cômodo usando tecidos de cor única e destaques menores tais como florais, listras ou xadrezes em almofadas ou em uma otomana.

Experimente Antes de Comprar

Quando vejo um tecido que gosto para um possível projeto de costura de moda, normalmente apenas imagino o que eu poderia fazer com o tecido e compro a quantidade necessária. Por exemplo, se encontro um pedaço de tecido que daria um ótimo par de calças, sei que as calças requerem cerca de 1,15 a 1,40 metro dependendo da largura do tecido, e eu o compro para usar em outra ocasião. Mas quando se trata de projetos de decoração de interiores, que requerem mais metragem e podem ser caros, eu peço ao vendedor uma amostra do tecido para levar para casa e ver como ele fica perto do ladrilho, tapete ou cor da parede. Se tentar isso e ainda assim não puder dizer que este tecido é "o tecido", compre um quadrado de tecido (se o tecido tiver uma largura de 1,40 metro, compre 1,40 metro dele para fazer um quadrado perfeito), cubra o sofá ou cadeira, e conviva com ele por alguns dias. Veja como ele fica na luz da manhã, da tarde e da noite. Se ainda gostar dele, compre o que precisar para seu projeto. Além de ter uma chance de experimentar um tecido em um cômodo antes de se comprometer seriamente e comprar vários metros, você pode fazer a bainha em sua amostra quadrada e usá-la como roupa de mesa (veja o Capítulo 13 para ver como fazer uma) que funcione em qualquer tamanho de mesa.

Conte com uma Coleção

Confuso com as estampas? Alguns fabricantes de tecidos facilitam sua vida desenhando coleções de tecidos complementares que funcionam juntos. Quando fizer um projeto de costura de vestuário, veja como a loja de tecido reuniu os tecidos. Se estiver fazendo uma colcha, muitas lojas possuem grupos de tecidos coordenados chamados de *fat quarters*, pedaços de tecidos que equivalem a um quarto de metro ou de jarda. Os *fat quarters* são vendidos agrupados, e são projetados para serem usados no mesmo projeto. No que diz respeito a projetos de decoração, muitos fabricantes criam coleções de tecidos que são complementos perfeitos. Usando estes tecidos, você pode criar com sucesso um visual coerente em um cômodo e conseguir que as cores se harmonizem tranquilamente de um cômodo para o outro.

Consulte o Encarte Colorido deste livro para ver como eu usei uma coleção em meu quarto principal. Usei uma estampa grande no edredom e uma estampa miúda de bicho e círculos gráficos coordenados no porta-travesseiro e em uma almofada decorativa.

Compre Mais, Use Menos

Você já ouviu que menos é mais, certo? Essa regra se aplica no planejamento da quantidade de tecido para seu próximo projeto de costura de moda ou de decoração para sua casa. Depois que escolher o esquema de cores e se apaixonar pelo tecido primário correto, encontre outros dois — e não quatro ou cinco — que funcionem com ele.

Compre o bastante de cada tecido para os projetos coordenados que você planeja fazer neste mês e talvez queira fazer no ano que vem. Os fabricantes costumam tirar tecidos de suas coleções, e lotes de cor variam, portanto comprar todo o tecido de uma vez é a única forma de garantir que você terá o bastante. Quando a inspiração bater, você já terá o tecido que precisa para fazer uma nova almofada para substituir aquela que o cachorro comeu, outro caminho de mesa para ficar no lugar daquele que desbotou depois de muitas lavagens, uma nova manta para jogar fora aquela com mancha de café — enfim, você entendeu.

Consulte um Profissional

Se ainda não estiver seguro sobre se uma cor combina com outra ou se as cores que escolheu criam o clima que está procurando para uma sala, consulte seu designer de interiores, decorador ou especialista em cores local. Quando estiver procurando por alguém, consiga referências profissionais e descubra que tipo de escola frequentou. Procure nas seguintes instituições:

- **IBDI** (Instituto Brasileiro de Design de Interiores)

- **ABD** (Associação Brasileira de Designers de Interiores)

- **ANP** (Associação Nacional de Paisagismo)

- **UNIP** (Universidade Paulista; Curso Superior de Tecnologia em Design de Interiores)

- **UVA** (Universidade Veiga de Almeida; Graduação Tecnológica em Design de Interiores)

- **Universidade Estácio de Sá** (Graduação Tecnológica em Design de Interiores)

- **SENAC** (Serviço Nacional de Aprendizagem Comercial; Formação Inicial em Decoração de Ambientes, Curso Técnico de Design de Interiores e de Paisagismo, Bacharelado em Design)

- **Senai Cetiqt** (Centro de Tecnologia da Indústria Química e Têxtil; Design, habilitação Moda)

Capítulo 21

Dez Erros de Principiantes na Costura para se Evitar

- -

Neste Capítulo

▶ Equiparando seus projetos a seu nível de habilidade

▶ Rejeitando tecidos problemáticos e estilos desfavoráveis

▶ Evitando armadilhas comuns de costura

▶ Facilitando as coisas para si mesmo

- -

Costura é uma daquelas atividades que ficam mais fáceis e produzem resultados melhores quanto mais você faz. Se você sabe para quais erros comuns e armadilhas deve ficar atento, é mais provável que tenha uma agradável experiência de costura com resultados positivos. Este capítulo o alerta para os dez obstáculos mais comuns com os quais eu e meus estudantes nos deparamos.

Tentar um Projeto Acima de Seu Nível de Habilidade

Gosto de desafios tanto quanto qualquer pessoa, mas quando se trata de costura, estabeleço uma linha entre desafio e frustração. O ponto principal de seu primeiro projeto: nem pense em fazer um paletó com lapelas de lã com xadrez irregular. Começar nesse nível é garantia de desastre. Você provavelmente perderá tempo e dinheiro — e talvez nunca vista a coisa depois que a terminar. Pode ser que você nunca mais costure novamente. Em vez disso, procure por projetos com poucas costuras, tais como a capa de almofada no Capítulo 14 ou a toalha de mesa no Capítulo 13, que possuem poucas costuras ou bainhas e não precisam de ajuste; você pode fazer cada uma em duas horas ou menos.

Saiba também que na primeira vez em que faz alguma coisa, você está em uma curva de aprendizagem, e o resultado provavelmente não será perfeito. Na verdade, talvez você nunca vista ou use o projeto, o que não é problema. Suas habilidades progridem a cada projeto. Depois que dominar os fundamentos, você pode avançar para projetos mais desafiadores que tenham um pouco mais de estilo.

Escolher Tecidos Difíceis de Trabalhar

Não escolha tecidos que possam ser muito pesados, muito finos, muito complicados (tais como xadrezes, listras e quadriculado vichi de 2,5 centímetros), ou muito caros (com a ressalva de que usar os melhores tecidos que você puder comprar contribuem para a experiência táctil da costura). Leia a informação sobre tecidos e fibras no Capítulo 3, e escolha aqueles tecidos que funcionam melhor com seu estilo de vida, estilo pessoal e requisitos de conforto.

Também fique longe de tecidos leves e escorregadios tais como faille de poliéster, crepe de seda ou charmeuse, raiom acetato, forros de acetato e toda a categoria de microfibras (de novo, leia mais sobre esses tecidos no Capítulo 3). Esses tecidos escapam durante o corte, atraem eletricidade estática, deslizam quando você os alfineta juntos e precisam de um manuseio especial ao costurar e pressionar.

Por causa de seu *pêlo*, ou textura felpuda, tecidos como veludo e veludo cotelê também são desafiadores, porque você só pode dispor e cortar as peças do molde em uma direção. Sugiro que quando você estiver pronto para fazer um projeto de um tecido peludo, escolha um tecido como o polar fleece e faça a manta do Capítulo 6. Quando tiver um pouco mais de experiência, tente os cotelês e veludos. Mas quando está iniciando, fique com tecidos mais fáceis como popeline de algodão, cambraia e sarja de algodão.

Escolher um Estilo Desfavorável

Ao escolher moldes de roupas, procure por estilos que você já sabe por experiência que ficam bem em você. Se as calças de elástico de sua loja de departamentos local não ficam bem em você, é provável que as calças de elástico que fizer para si mesmo também não ficarão bem.

Usar o Tecido Errado para o Molde

Se o molde diz "apenas para malhas" e você decide usar um popeline plano porque adorou a cor, o projeto não ficará bom. As malhas esticam e contribuem para o caimento geral da roupa. Se você escolhe um molde que diz "não apropriado para xadrezes" e decide ignorar essa instrução, você está se preparando para falhar.

Dispor o Tecido de Maneira Errada

Você já teve as pernas das calças torcendo desconfortavelmente em torno das pernas enquanto anda? E talvez esse mesmo par de calças faça com que suas pernas pareçam arqueadas mesmo quando você pressiona cuidadosamente os vincos. É provável que o tecido tenha sido cortado fora do fio.

Antes de cortar, disponha o molde da forma como as instruções da folha-guia de seu molde recomendam e leia o Capítulo 4. Para evitar erros dispendiosos, lembre-se do velho provérbio: meça duas vezes para cortar uma.

Deixar de Usar Entretela

Lembro que minha mãe reclamava de usar entretela nos projetos. "De qualquer forma, ela não aparece", ela diria, "e eu não quero gastar dinheiro nisso". Nós concordamos em divergir.

Entretela é uma camada de tecido que dá corpo e vigor a colarinhos, pulsos e carcelas frontais. Ela não aparece no exterior da roupa, mas faz toda a diferença na aparência final do projeto. Se estou gastando meu tempo e esforço fazendo algo, quero que fique o mais profissional possível. A entretela me ajuda nisso. Veja o Capítulo 3 para informações sobre entretela e cogite usá-la em seu próximo projeto. Você vai adorar os resultados.

Deixar de Pressionar Enquanto Costura

Lembro de um dos meus professores favoritos no New York Fashion Institute of Technology (abreviado como FIT) dizendo para "ter um caso de amor com o ferro de passar". Eu realmente nunca pensei muito a respeito do valor de pressionar roupas em andamento até que ele disse isso, mas ele estava certo. Quando você pressiona um projeto após cada costura, você molda um pedaço de tecido plano e sem forma em algo que se ajusta às formas e curvas de qualquer coisa debaixo dele — quase como pressionar o tecido a obedecê-lo. Para começar seu próprio caso de amor com seu ferro, siga as dicas de pressão no Capítulo 5.

Usar uma Máquina de Costura Velha e Acabada

Eu trabalho com uma amiga que costumava costurar e tem uma máquina de costura velha e surrada. Ela esteve escondida na garagem, sem ver a luz do dia pelos últimos 10 a 15 anos. De vez em quando a ouço dizer: "Acho que vou desenterrar a máquina e começar a costurar novamente". Ela nunca faz isso, e posso apenas imaginar quão mal a máquina funciona depois de todo esse tempo de aposentadoria.

Quando costuro, parte da diversão para mim é sentar em frente à máquina, sabendo que ela sempre funciona perfeitamente. Portanto, em vez de pegar emprestado o ferro-velho da vovó, consiga uma máquina que costure sem problemas.

- ✔ Alugando ou pegando emprestada uma máquina de seu revendedor de máquinas de costura local.
- ✔ Fazendo aulas de costura e fazendo toda sua costura nas máquinas da escola.
- ✔ Comprando uma máquina nova ou restaurada de um revendedor de máquinas de costura. Uma máquina de costura usada vendida por um revendedor bem conceituado passou por uma inspeção mecânica completa, então você pode ter certeza que funciona bem.

Você não precisa comprar um daqueles modelos faz-tudo de R$ 8.000. Você apenas precisa de uma que forneça um serviço bom e confiável. Troque por um modelo melhor à medida que suas habilidades progredirem e seu orçamento permitir.

Quando você usa uma máquina que costura sem problemas, também precisa preservá-la para que continue assim. Leia o manual de instruções de sua máquina para aprender como cuidar dela e então trate-a com o amor e carinho que ela merece.

Deixar de Usar uma Nova Agulha em Cada Projeto

Certa vez encontrei uma mulher que reclamava que a linha saía de sua agulha cada vez que ela costurava. Ela me trouxe a máquina para que eu pudesse diagnosticar o problema, e descobri que ela havia desgastado a agulha até o olho! Colocamos uma nova agulha, e a máquina funcionou perfeitamente.

Trabalhei com uma outra mulher que teve uma experiência terrível com pontos pulados. Ela tentou substituir a agulha por uma diferente direto de seu alfineteiro, mas experimentou o mesmo problema. Ela estava pronta para levar a máquina à assistência técnica local até que eu insisti que ela usasse uma agulha nova em folha direto da embalagem — acabaram-se os pontos pulados.

Apesar de a agulha parecer perfeita a olho nu, a ponta dobra, fica imprestável, e simplesmente desgasta com o uso, como uma navalha. Portanto troque sua agulha e jogue fora a velha depois de cada projeto.

Recusar-se a Dar uma Folga a Si Mesmo

Lembra de quando você começou a andar de bicicleta? Você não era perfeito, era? Passei meu primeiro verão andando de bicicleta com ambos os joelhos ralados até que entendi o que estava fazendo.

Costurar é como qualquer coisa nova. Você não pode ser perfeito logo de início, portanto dê um tempo a si mesmo. Se puder viver com um erro de costura, *não* o desmanche.

Capítulo 22

Dez Fundamentos Importantes de Costura

Neste Capítulo

▶ Tornando a costura mais fácil recordando-se de algumas regras básicas

▶ Tendo mais prazer na costura seguindo dicas para resultados melhores

*N*este capítulo dou a você algumas dicas que eu gostaria que alguém tivesse compartilhado comigo quando comecei a costurar. Cole essas sugestões na parede em frente a você quando costurar, ou as escreva em notas adesivas e coloque-as em sua máquina de costura.

Compre o Melhor Tecido que Puder

A costura é um ofício tátil. Para mim, um dos prazeres de costurar está em trabalhar com o melhor tecido que eu puder comprar. Tecidos melhores são mais fáceis de se trabalhar; são planos, malhas, ou possuem a estampa alinhada com o fio longitudinal do tecido; suportam frequentes lavagens, limpezas e usos; e normalmente geram um produto final melhor. (Veja o Capítulo 4 para mais informações sobre tecidos que são estampados alinhados.)

Descubra se um tecido passa no teste

✔ **Verificando o tipo de fibra.** O Capítulo 3 aborda tecidos e tipos de fibra. Essa informação (que aparece na extremidade do rolo de tecido) ajudará você na compra do tecido correto para o projeto e para a maneira como você quer cuidar do projeto depois de pronto. Se você é uma pessoa que prefere lavagens rápidas ou roupas que vão direto da máquina de lavar para o armário, não queira comprar tecidos que precisam ser levados para lavagens a seco.

✔ **Levando em conta o que você paga por metro.** Apesar de conseguir pensar em exceções, eu descobri que você normalmente obtém aquilo pelo que pagou.

✔ **Examinando o toque do tecido.** A maneira como o tecido é percebido pelo tato e drapeja em sua mão ou contra seu corpo é seu *toque*. Junte uma porção de tecido em uma mão e então drapeje um pedaço dele sobre seu braço, em torno de seu pescoço, ou sobre um ombro. Ele drapeja em dobras suaves ou enruga em vincos rígidos? Ele sequer drapeja? Se ele tem um caimento em dobras suaves, possui um toque macio. Se torce e enruga, ou nem sequer torce, possui um toque duro ou rígido. Dependendo do que você estiver fazendo, ambos os tipos podem funcionar.

No que diz respeito a projetos de decoração para o lar, eu geralmente compro tecido para mais uma repetição do padrão do que penso que preciso. (Veja o Capítulo 4 para determinar a repetição do padrão em um tecido.)

Compreenda a Terminologia de Seu Tecido

Tecidos possuem *ourelas*, um *fio transversal*, um *fio longitudinal*, e um *viés*. Você precisa conhecer esses termos para compreender a disposição do molde e as instruções de corte, a estrutura básica do projeto, como comprar a quantidade adequada de tecido, e como planejar seu projeto. Aqui está o resumo:

✔ **Ourelas:** as bordas acabadas do tecido. As ourelas seguem o comprimento do tecido.

✔ **Fio transversal ou atravessado:** a largura do tecido, perpendicular às ourelas.

✔ **Fio longitudinal ou fio reto:** o comprimento do tecido de uma extremidade cortada à outra, paralelo às ourelas.

✔ **Viés:** o ângulo de 45 graus entre o fio transversal e o fio longitudinal.

Veja o Capítulo 4 para mais detalhes sobre esses termos.

Saiba a Diferença entre Direito e Avesso

Após uma de minhas palestras de duas horas para costureiros iniciantes, um rapaz levantou-se no fundo da sala e disse (com uma expressão perplexa no rosto), "Que história é essa sobre direito e avesso? Acho que seria melhor se você dissesse a parte de cima e a parte debaixo ou a frente e o verso. Não entendo."

Essa experiência lembrou-me de nunca pular os fundamentos com alguém novo no ofício. Aqui estão os fatos sobre direitos e avessos:

> 🖙 **O direito do tecido:** o lado bonito que fica no exterior do projeto e normalmente tem as cores mais vivas e texturas mais definidas.
>
> 🖙 **O avesso do tecido:** o lado que fica para dentro do projeto, onde estão as costuras.

Alguns tecidos parecem iguais em ambos os lados. Nesse caso, o direito do tecido é dobrado para dentro quando está envolvido no rolo. Ou se você estiver trabalhando com uma malha de trama, ela enrola para o direito do tecido quando você a estica transversalmente ao fio. Outros tecidos têm aparência igual em ambos os lados, mas o avesso pode ter uma combinação de cores diferente do direito, portanto escolha o lado que você mais gostar para o projeto.

Ao costurar, coloque os direitos do tecido juntos para fazer uma costura. Esse conceito é tão básico na costura quanto agulha e linha. Em outras palavras, coloque o direito de um pedaço de tecido contra o direito de outro pedaço de tecido (normalmente encaixando os piques ao longo da linha de costura). Veja o Capítulo 6 para mais informações sobre como fazer costuras perfeitas.

Abaixe o Pé Antes de Costurar

Quero dizer, abaixe o pé-calcador. O pé-calcador segura com firmeza o tecido sob a agulha. Sem o pé-calcador, o tecido oscila de um lado a outro e você não consegue costurar reto. Quando você abaixa o calcador no tecido, a tensão superior da linha também engata para que os pontos se formem adequadamente.

Abaixe o pé-calcador quando começar a costurar, e levante-o para girar em um canto ou para remover seu trabalho depois de concluído.

Lembre-se de que sua máquina de costura vem com vários pés-calcadores diferentes projetados para usos diferentes. Reveja o manual de instruções de sua máquina e o Capítulo 2 para descobrir os benefícios de costurar com pés diferentes.

Pare e Comece a Costurar da Maneira Correta

Não consigo pensar em nada mais frustrante do que me preparar para costurar uma costura comprida, pisar no pedal, e a linha sair da agulha. As dicas seguintes ajudam você a parar e começar a costurar da maneira correta para evitar esse problema:

- Pare de costurar na extremidade do ciclo do ponto, que é quando a agulha está fora do tecido e a alavanca do estica-fio está em sua posição mais alta. Se você não parar ali, a alavanca do estica-fio puxa uma porção de linha para o próximo ponto e tira a linha da agulha.

  Sua máquina pode ter um botão que coloca a agulha para cima ou para baixo quando você o aperta, para assegurar que você pare a agulha onde você quiser. Se você precisa parar sua costura manualmente, solte o pedal, e então vire manualmente o volante no sentido anti-horário até que a agulha esteja fora do tecido e a alavanca do estica-fio esteja em sua posição mais alta. (Veja o Capítulo 2 para saber mais sobre as partes da máquina de costura.)

- Ao costurar um canto, pare com a agulha em sua posição mais baixa antes de girar no canto para evitar um ponto pulado.

- Comece a costurar puxando as linhas para o lado direito do pé-calcador, paralelo à base frontal da máquina, e então abaixe seu pé-calcador na borda do tecido. Desta forma, a pressão criada pelo pé-calcador mantendo o tecido no lugar também segura as linhas com firmeza para que elas não embaracem ao dar o primeiro ponto. (Veja o Capítulo 5 para mais informações sobre como dar o primeiro ponto.)

À Direita, Apertado; à Esquerda, Afrouxado

Essa pequena rima diz respeito aos botões de tensão em sua máquina de costura e overloque. Virar os discos de tensão para a direita aumenta a tensão. Virá-los para a esquerda diminui a tensão — esse truque funciona com potes de picles e manteiga de amendoim também. (Você pode descobrir mais sobre como equilibrar tensões de linha no Capítulo 2.) Ao longo deste livro, forneço configurações de máquina e instruções ocasionais para apertar ou afrouxar a tensão da linha de modo a fazer com que uma técnica de costura em particular funcione melhor.

Faça um Teste de Costura Primeiro

Ao costurar, você quer que as costuras e casas de botões fiquem tão planas e com boa aparência quanto possível para que você não lute com elas quando tiver que pressioná-las a ferro. A melhor maneira de assegurar a obediência das linhas de costura é testar o ponto que você pretende usar para a costura em um retalho de tecido antes de costurar para valer.

Depois que você fizer um teste de costura, use as seguintes orientações para ajudá-lo a ajustar o comprimento do ponto conforme for necessário:

- **Se seu tecido enruga, diminua o comprimento do ponto.** Diminuir o comprimento do ponto coloca mais linha nos pontos para que o tecido fique relaxado em sua forma original.

- **Se seu tecido deforma, aumente o comprimento do ponto.** Aumentar o comprimento do ponto coloca menos linha no ponto para que o tecido preserve sua forma original.

Costure Debaixo para Cima e do Centro para Fora

Para manter suas peças de tecido do molde em bom estado para o ajuste e pressionar a ferro mais facilmente, lembre-se dessas regras absolutas quando estiver fazendo costuras verticais ou horizontais em qualquer projeto:

- Quando fizer uma costura vertical (como uma costura lateral em uma saia ou em um par de calças), costure da borda da bainha, subindo até a linha da cintura.

- Quando fizer uma costura horizontal (como uma costura do ombro), costure das bordas externas em direção ao centro.

- Quando costurar uma gola ou vista, costure do centro em direção à ponta ou borda não arrematada em um lado, e então do centro em direção à ponta ou borda não arrematada no outro lado.

Pressione as Costuras Juntas e Abertas ou Pressione para um Lado

As técnicas adequadas para pressionar e passar a ferro transformam projetos feitos em casa em obras-primas personalizadas. (Para entender as importantes diferenças entre pressionar e passar a ferro, vá ao Capítulo 5.) As instruções de seu projeto podem dizer-lhe para pressionar em qualquer uma das formas a seguir:

- **Pressione a costura plana e junta:** coloque o projeto em sua tábua de passar com o avesso para cima (direito com direito) e com a linha de costura aparecendo — como a costura fica ao costurar. Pressione o ferro sobre a linha de costura no avesso do tecido. Isso assenta ou *integra* os pontos ao tecido. Coloque o ferro de forma que você pressione junta a margem de costura a partir da linha de costura em direção à borda arrematada ou não.

- ✔ **Abra a costura a ferro:** pressione uma costura de 1,5 centímetro do avesso do tecido de forma que uma margem de costura caia para a direita e a outra margem de costura caia para a esquerda. A linha de costura em si acaba centralizada entre as margens de costura. Usar um rolo de passar torna mais fácil abrir as costuras. (Veja o Capítulo 2 para saber mais sobre ferramentas para passar.)

- ✔ **Pressione a costura para um lado:** pressione uma costura de 0,5 centímetro pelo avesso do tecido para um lado ou para o outro para que a fenda da costura se volte para o verso do projeto.

Corte com as Pontas de Suas Tesouras

Não abra um buraco em seu projeto onde você não quer um! Sempre que você cortar de uma borda para uma margem de costura (por exemplo, quando você picota ou entalha uma curva; veja o Capítulo 6 para informações sobre picotar e entalhar) e em direção a uma linha de costura, use somente as pontas de suas tesouras. Desta forma, você não corta acidentalmente a linha de costura.

Apêndice

Recursos de Costura

O mundo da costura inclui empresas de tecidos, empresas de moldes, empresas de aviamentos, editores, e organizações que o ajudam a desfrutar seu ofício e a costurar melhor. As listas a seguir fornecem a você os dados de contato para colocá-lo na direção correta e ajudá-lo a fazer uma pesquisa mais profunda nos vários aspectos da indústria.

Organizações de Costura

Essas organizações reúnem costureiros com afinidades comuns. Se estiver interessado, entre em contato com elas e veja se possuem uma seção em sua vizinhança.

Associação Brasileira da Indústria Têxtil e de Confecção
http://www.abit.org.br/site/

Portal de Artesanato
http://www.portaldeartesanato.com.br/

Sindicato das Costureiras de São Paulo e Osasco
http://www.costureirassp.org.br/

Publicações de Costura

Essas publicações mantêm você atualizado em todas as técnicas mais modernas de costura, tendências de moda, ferramentas, e eventos da indústria.

Revista Manequim
http://manequim.abril.com.br/

Revista Costura Perfeita
http://www.costuraperfeita.com.br/

Comunidades de Costura na Internet

Essas páginas são locais interativos para costureiros se reunirem, aprenderem e compartilharem. Ambas incluem projetos e moldes gratuitos. O estúdio DIYStyle, em inglês, também possui vários vídeos sobre como fazer, entrevistas com designers, um blog, e dicas de costura. A maioria do conteúdo é gratuito.

BananaCraft
`http://www.bananacraft.com/blog/`

Cortando e Costurando
`http://cortandoecosturando.com/`

DIYStyle (conteúdo em inglês)
`http://www.diystyle.net`

Mais Moda
`http://www.maismoda.com/faca-voce-mesmo/`

Rainhas da Costura
`http://www.rainhasdacostura.com/`

Superziper
`http://www.superziper.com/`

Fabricantes de Máquinas de Costura

Esta é uma lista de fabricantes de máquinas de costura e overloques. Visite suas páginas na internet para consultar modelos, ou visite a página da marca de equipamento que você já usa para saber tudo sobre as últimas atualizações do produto e ideias de projetos bem legais.

Bernina
`http://www.bernina.pt/naviinfo-n1-sPT.html`

Brother Brasil
`http://www.brother.com.br/Scripts/produtos/prod_cat.asp?idCatProduto=35`

Grupo Elgin S.A.
`https://www.elgin.com.br/portalelgin/Site/Divisao.aspx?Divisao=4&maincat=35`

Janome
`http://www.janome.com.br/`

Silmaq S.A.
`http://www.silmaq.com.br/website/pt_br/index.php`

Singer do Brasil Ind. Com. Ltda.
http://www.singer.com.br/

Zimaq
http://www.zimaq.com.br/

Zoje Máquinas de Costura
http://www.zoje.com.br/

Empresas de Moldes

Aqui está uma lista de algumas empresas de moldes. Consulte seus catálogos online para todo o tipo de inspirações de projetos.

Cortando e Costurando
http://cortandoecosturando.com/

Editora Simplex
http://www.editorasimplex.com.br/

Manequim Moldes Online
http://manequim.abril.com.br/faca-e-use/moldes/

Moldes Exacto
http://www.moldesexacto.com.br/index.php/

Moldes Modelitu's
http://www.moldesmodelitus.com.br/

Moldes Roberto Marques
http://www.moldesrobertomarques.com.br/

Simplicity Pattern Company (conteúdo em inglês)
http://www.simplicity.com

Armarinhos Web
http://armarinhosweb.com.br/moldes-de-roupas-e-manuais

Escola de Moda Profissional
http://www.escolademoda.com.br/kits-de-moldes-de-roupas.html

Super Moldes Exacto
http://www.moldesexacto.com.br

Lojas de Tecido Nacionais

Os varejistas a seguir possuem uma ampla variedade de tecidos, aviamentos, artesanatos e itens de decorações de interiores. Para encontrar a loja mais próxima de você, use a função de localizador de lojas em cada página da internet. Se não houver uma loja próxima a você, cada página possui um carrinho de compras para que você possa comprar online; e lembre-se de se inscrever para receber descontos por e-mail e cupons valiosos.

Caçula
http://www.cacula.com/

Casas Franklin
http://www.casasfranklin.com.br/

Country Craft (loja online)
http://www.panoxadrez.com.br/

Donatelli Tecidos
http://www.donatelli.com.br/

Lojas de Tecido Regionais

Se você tiver a sorte de viver próximo a qualquer uma dessas lojas de tecido, você pode encontrar todos os tipos de inspiração, tecidos, provisões, e mesmo algumas aulas para satisfazer suas fantasias mais criativas.

Armarinho São José
Londrina, PR
http://www.armarinhosaojose.com.br/octopus/?sid=94

Casa Assuf
Rio de Janeiro, RJ
http://casaassuf.com.br/

Casa Pinto
Rio de Janeiro, RJ
http://www.casapinto.com.br/

Casa Turuna
Rio de Janeiro, RJ
http://casaturuna.com.br/

Fernando Maluhy
São Paulo, SP
http://www.fernandomaluhy.com.br/

GJ Tecidos
São Paulo, SP
http://www.gjtecidos.com.br/

Lealtex
Rio de Janeiro, RJ
http://www.lealtex.com.br/

Polo Têxtil Rio
Rio de Janeiro, RJ
`http://www.polo-textil.com.br/`

Puro Pano
Brasília, DF
`http://www.puropano.com.br/`

Empresas de Aviamentos

Se você adora ferramentas de costura novas como eu, veja o que o mundo da costura tem a oferecer. Essas empresas não têm apenas aviamentos e ferramentas de costura, mas também outros dispositivos para artesanato e diversões criativas.

Corozita
`http://www.corozita.com.br/`

HAK Aviamentos
`http://www.hak.com.br/`

Indústria de Botões Guaíra Ltda.
`http://www.botao.com.br/`

Jore Comércio e Representações Ltda.
`http://www.jore.com.br/`

Oeste Aviamentos
`http://www.oesteaviamentos.com.br/`

YYK Do Brasil Ltda.
`http://www.ykk.com.br/hp/index_n.html`

Empresas de Tecido e Aviamentos via Internet

Procurando pelo que há de mais moderno em roupas, decoração de interiores, e tecidos para colchas, além de ferramentas e aviamentos muito legais? Experimente uma dessas empresas para ótimos preços e opções.

Arte Têxtil
`http://www.artetextil.com.br/loja/`

Aslan
`www.aslan.com.br`

Bazar Horizonte
`http://www.bazarhorizonte.com.br/octopus/?sid=56`

Country Craft (loja online)
`http://www.panoxadrez.com.br/`

Mix3Arts
`http://www.mix3arts.com.br/index.php/`

Welli
`http://www.welli.com.br/`

Fabricantes de Linhas

Linha de qualidade é importante para seu sucesso na costura. Consulte os diferentes tipos de linha disponíveis para qualquer projeto que você possa imaginar e alguns sobre os quais você nunca pensou.

Coats Corrente Ltda.
`http://www.coats.com.br/scripts/home/home.asp`

Círculo S.A.
`http://www.circulo.com.br/`

Linhas Setta Ltda.
`http://www.setta.com.br/`

Linhanyl S.A.
`http://www.linhanyl.com.br/`

Pingouin Fios
`http://www.pingouin.com.br/website/`

Índice

• N •